Das neue FALKEN Kinderlexikon

Das neue FALKEN Kinder Lexikon

Stichwörter passend
zu allen Lehrplänen
vom 1. bis 4. Schuljahr

FALKEN

So kannst du dieses Lexikon gebrauchen

Ein Weg, der dich in dieses Buch hineinführt, ist schön und einfach: Schlag es irgendwo auf und fang an zu blättern. Du wirst ganz verschiedene Sachen entdecken, hier und da etwas lesen und viele Bilder ansehen. So in den Seiten herumzuwandern, macht Spaß und gehört dazu: Ein Lexikon ist immer auch ein Buch zum Blättern und Stöbern.
Wer sich erst einmal mit ihm bekannt gemacht hat, wird bald erkennen, was ein Lexikon vor allem ist: ein Hilfsmittel. Es hilft dir, Dinge kennenzulernen, und gibt Antwort auf viele Fragen.

Suchen und Finden

Dieses Lexikon hat zwei große Teile. Der erste ist besonders für die jüngeren Kinder bestimmt. Sie finden hier große Bildseiten. Jede von ihnen behandelt ein Thema. Hier lernt man viele Sachen kennen und erfährt, wie sie heißen. Sieh dir das Beispiel an: Viele verschiedene Lebensmittel liegen auf einem Tisch. Ihre Namen stehen am Rand der Seite; sie sind nach dem Abc geordnet. Deshalb steht *Brot* vor *Butter* und *Chips*. Vor dem Wort *Brot* siehst du die Zahl 1. Dieselbe Zahl entdeckt man auf dem Brot, das zwischen den vielen anderen leckeren Sachen auf dem Tisch liegt.
Versuch einmal, zu den Namen die passenden Dinge in den Zeichnungen zu finden. Du wirst sehen, dass es manchmal einfach ist, in vielen Fällen aber auch ganz schön schwierig.
Wenn hinter einem Wort dieses Zeichen auftaucht, bedeutet das: Es gibt hierzu im zweiten Teil des Lexikons eine Erklärung. Du findest dort also unter dem Stichwort *Brot* einen kleinen Text. Wer ihn liest, erfährt zum Beispiel, wie man Brot backt.

Der Aal schwimmt voran, zuletzt kommt der Zylinder

Der zweite Teil des Buches ist wie ein normales Lexikon aufgebaut. Er ist vor allem für Kinder, die im Lesen schon geübt sind. Schüler der 3. und 4. Klasse werden leicht lernen, damit umzugehen.
Man muss wissen, dass in einem Lexikon eine verflixt strenge Ordnung herrscht. Sein Inhalt ist nach Stichwörtern geordnet. Und die Stichwörter wiederum stehen in genauer Reihenfolge nach dem Abc. Deshalb findest du den *Regenbogen* vor dem *Regenwurm* und die *Robbe* vor dem *Roboter.*
Jedes Stichwort steht farbig gedruckt über dem Text, der es erklärt. Fast zu jedem Stichwort haben wir den Artikel (Begleiter) hinzugefügt. So erfährst du gleich, wie es richtig heißen muss: *der* Aal, *die* Bank, *das* Cockpit. Viele Texte werden durch eine Abbildung ergänzt. Es lohnt sich, sie genau anzusehen, denn oft gibt sie zusätzliche Erklärungen und erleichtert das Verstehen.
Und noch ein wichtiger Hinweis: Du entdeckst am Ende vieler Texte einen Pfeil. Das sieht zum Beispiel so aus:

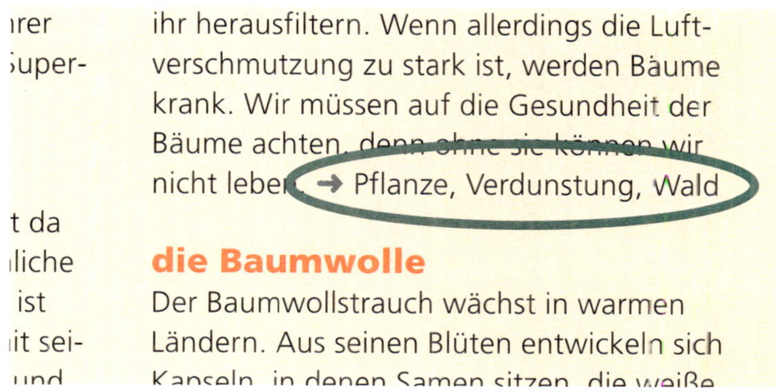
ihr herausfiltern. Wenn allerdings die Luftverschmutzung zu stark ist, werden Bäume krank. Wir müssen auf die Gesundheit der Bäume achten, denn ohne sie können wir nicht leben. → Pflanze, Verdunstung, Wald

die Baumwolle
Der Baumwollstrauch wächst in warmen Ländern. Aus seinen Blüten entwickeln sich Kapseln, in denen Samen sitzen, die weiße

Dieser Pfeil → weist auf andere Stichwörter hin. Wenn du *Pflanze, Verdunstung* oder *Wald* aufschlägst und dort nachliest, bekommst du noch mehr Informationen zum Thema *Baum* oder findest Erklärungen zu Dingen, die im Text über den Baum vorkommen. Falls du also beim Lesen mal über Wörter stolperst, die du nicht kennst oder deren Bedeutung du nicht verstehst: Hilf dir weiter, indem du dem Pfeil am Textende folgst. Er führt dich dann hoffentlich zu der Erklärung, die dir noch fehlt.
Klar, dass man auch den Gebrauch eines Lexikons üben muss. Probier es aus! Das Suchen und Finden wird dir immer besser gelingen. Und dann bist du bald, was wir dir wünschen: ein richtiger Findefuchs!

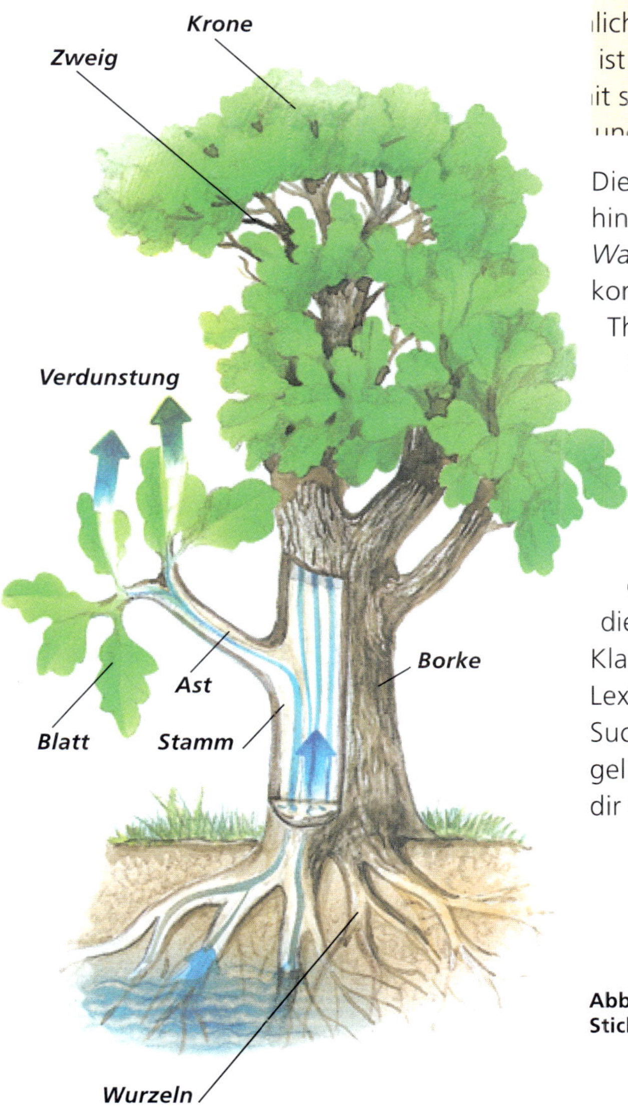

Abbildung zum Stichwort *Baum*

6. Januar
Februar oder März
März oder April
24. Juni
Juli
Anfang Oktober
11. November
Dezember
6. Dezember
24. Dezember
25. und 26. Dezember
31. Dezember
1. Januar
Zuckerfest
22:01

Jedes Ding hat seinen Namen

Viele Menschen, viele Familien

1 Baby
2 Badezimmer
3 Bett
4 Braut
5 Bräutigam
6 Bruder
7 Eltern
8 Familie
9 Geburtstag
10 Geschwister
11 Gespräch
12 Gitarre
13 Großeltern
14 Haustier
15 Hochzeit
16 Küche

17 Meer-schweinchen
18 Mutter
19 Oma
20 Onkel
21 Opa
22 Schwester
23 Tante
24 Teddy
25 Trommel
26 Vater
27 vorlesen
28 Wohnung
29 Zimmer
30 Zwillinge

Wir sind in der Schule

1 Abc 📖
2 Bild
3 Bleistift
4 Buch 📖
5 Buchstabe
6 Buntstift
7 Büro 📖
8 Efeu
9 erste Hilfe 📖
10 Federmappe
11 Fibel 📖
12 Filzstift
13 Freund
14 Freundin
15 Füller
16 Hausmeister
17 Kaktus 📖
18 Klassenzimmer
19 Kreide
20 Lehrerin
21 Lesebuch

22 Lineal
23 Medizinball
24 Pause
25 Pflaster
26 Pinnwand
27 Ranzen
28 Schule
29 Schülerlotse
30 Schulgarten
31 Schulhof
32 Schulleiterin
33 Seil
34 Spielplatz
35 Stundenplan
36 Tafel
37 Tauziehen
38 Toiletten
39 Trampolin
40 Turnhalle
41 Turnmatte

Jn der Stadt

1 Altstadt
2 Bank
3 Brücke 📖
4 Bücherei 📖
5 Denkmal
6 Fleischerei
7 Gasse
8 Hochhaus
9 Kamin
10 Kaufhaus
11 Kino
12 Litfaßsäule 📖
13 Markt 📖
6 Metzgerei
14 Mietshaus
15 Müllauto

16 Museum 📖
17 Park 📖
18 Parkhaus
19 Pizzeria
20 Platz
21 Rathaus 📖
22 Rolltreppe
23 Schaufenster
9 Schornstein
24 Springbrunnen
25 Straßenbahn 📖
26 Straßenlaterne
27 Supermarkt
28 Taxi
29 Telefonzelle
30 Theater 📖

Jm Dorf

1 Anhänger
2 Bauer
3 Bäuerin
4 Bauernhof
5 Brunnen
6 Dünger
7 Egge
8 Feld
9 Futter
10 Gasthaus
11 Haltestelle
12 Haus
13 Heu
14 Hühner
15 Hund
16 Hundehütte
17 Katze
18 Kirche
19 Kuh
20 Mähdrescher
21 Melkmaschine
22 Milchauto

23 Mist
24 Mistgabel
25 Pfad
26 Pflug
27 Post
28 Reihenhaus
29 Reiter
30 Sattel
31 Scheune
32 Schubkarre
33 Silo
34 Spielplatz
35 Stall
36 Storch
37 Stroh
38 Teich
39 Traktor
40 Turmuhr
41 Weide
42 Wiese
43 Zaun

Mein Körper

1 Arm
2 Auge
3 Bauch
4 Bein
5 Blut
6 Brust
7 Bürste
8 Creme
9 Dusche
10 Ellenbogen
11 Finger
12 Fuß
13 Gelenk
14 Haare
15 Hals
16 Hand
17 Haut
18 Hüfte
19 Kamm
20 Knie
21 Knochen
22 Kopf

23 Mund
24 Muskel
25 Nabel
26 Nagelschere
27 Nase
28 Oberschenkel
29 Ohr
30 Penis
31 Po
32 Rippen
33 Scheide
34 Seife
35 Shampoo
36 Sonnencreme
37 Unterschenkel
38 Waschlappen
39 Zahnbürste
40 Zähne
41 Zahnpasta
42 Zeh
43 Zunge

Vom Essen und Trinken

1 Brot
2 Butter
3 Chips
4 Cola
5 Eier
6 Essig
7 Fisch
8 Fleisch
9 Gemüse
10 Haferflocken
11 Hirse
12 Honig
13 Jogurt
14 Kartoffeln
15 Käse
16 Kräuter
17 Kuchen
18 Limonade
19 Margarine

20 Milch
21 Müsli
22 Nudeln
23 Nüsse
24 Obst
25 Öl
26 Oliven
27 Pfeffer
28 Pudding
29 Reis
30 Rosinen
31 Saft
32 Salat
33 Salz
34 Schokolade
35 Tee
36 Wasser
37 Wurst
38 Zucker

Bei der Arbeit

1 abwaschen
2 Ärztin
3 aufräumen
4 Bäcker
5 Besen
6 bügeln
7 Busfahrerin
8 einkaufen
9 fegen
10 Frisör
11 Geschirrspüler
12 Handfeger
13 Kaminkehrer
14 Kassiererin
15 Kehrblech
9 kehren
16 Kindergärtnerin
17 Koch
18 kochen
19 Kranführer
20 Lehrerin

21 Maler
22 Maurer
23 Mülltonne
24 Müllmann
25 Polizist
26 Postbote
27 putzen
13 Schornstein-feger
28 Schreiner
29 Schrubber
30 staubsaugen
31 Supermarkt
32 Taxifahrer
28 Tischler
33 Verkäufer
34 Wäsche
35 Wasch-maschine
36 wischen

Unterwegs auf Straßen und Schienen

1 Ampel
2 Auto
3 Autobahn
4 Bahnhof
5 Bremse
6 Bus
7 Dynamo
8 Eisenbahn
9 Fahrkarte
10 Fahrrad
11 Fahrradschloss
12 Fahrradständer
13 Fußgänger
14 Gangschaltung
15 Gehweg
16 Haltestelle
17 Kette
18 Klingel
19 Kreuzung
20 Laster
21 Motorrad
22 Mountainbike

23 Parkplatz
24 Pedal
25 Polizeiauto
26 Radweg
27 Rennrad
28 Rücklicht
29 Schülerlotse
30 Schutzblech
31 Sicherheits-
gurt
32 Signal
33 Speichen
34 Straßenbahn
35 Sturzhelm
36 U-Bahn
37 Unfall
38 Ventil
39 Verkehrspolizist
40 Verkehrs-
zeichen
41 Zebrastreifen

Haustiere

1 Aquarium
2 Brotrinde
3 Bürste
4 Fische
5 Futter
6 Futternapf
7 Goldhamster
8 Hafer
9 Heu
10 Hund
11 Käfig
12 Kanarienvogel
13 Kaninchen
14 Karotte
15 Katze
16 Körner
17 Laufrad

18 Maus
19 Meerschweinchen
14 Mohrrübe
20 Nymphensittich
21 Pferd
22 Pony
23 Sägespäne
24 Salat
25 Schlafhaus
26 Spiegel
27 Streu
28 Wellensittich
29 Welpe
30 Zwergkaninchen

Tiere im Stall und auf der Weide

1 Eber
2 Ente
3 Erpel
4 Esel
5 Ferkel
6 Futterkrippe
7 Gans
8 Hahn
9 Huhn
10 Hund
11 Kalb
12 Kaninchen
13 Katze
14 Kuh
15 Küken
16 Lamm

17 Maus
18 Pute
19 Puter
20 Ratte
21 Sau
22 Schaf
23 Schwalbe
24 Schwein
25 Stall
26 Stier
27 Stroh
28 Tränke
29 Unterstand
30 Weide
31 Zaun
32 Ziege

Tiere in Garten, Wald und Wiese

1 Ameise 📖
2 Amsel 📖
3 Biene 📖
4 Blind-schleiche 📖
5 Buchfink
6 Dachs 📖
7 Eichelhäher 📖
8 Eich-hörnchen 📖
9 Eidechse 📖
10 Elster 📖
11 Fischotter
12 Frosch 📖
13 Fuchs 📖
14 Graugans
15 Hase 📖
16 Hirsch 📖
17 Hummel 📖
18 Junikäfer
19 Krähe 📖
20 Kröte 📖

21 Lerche
22 Maikäfer
23 Marienkäfer
24 Maulwurf
25 Mäusebussard
26 Meise
27 Ratte
28 Raupe
29 Regenwurm
30 Reh
31 Rotkehlchen
32 Schmetterling
33 Schwalbe
34 Schwan
35 Sieben-schläfer
36 Singdrossel
37 Spatz
38 Specht
39 Star
40 Wildschwein
41 Zaunkönig

Am Teich

1 Aal 🕮
2 Alge 🕮
3 Angel
4 Barsch
5 Biber 🕮
6 Biene 🕮
7 Egel
8 Ente 🕮
9 Erpel
10 Fischotter
11 Fischreiher
12 Fliege 🕮
13 Forelle 🕮
14 Frosch 🕮
15 Hecht
16 Heuschrecke 🕮
17 Käfer 🕮
18 Karpfen
19 Kaulquappe
20 Kescher
21 Kiemen 🕮

22 Kröte
23 Laich
24 Larve
25 Libelle
26 Molch
27 Mücke
28 Muschel
29 Raupe
30 Regenwurm
31 Ringelnatter
32 Schilf
33 Schmetterling
34 Schwimmer
35 Seerose
36 Stichling
37 Teichrose
38 Wasserfloh
39 Wasserläufer
40 Wasser-
schnecke

Tiere im Zoo

1 Affe
2 Antilope
3 Braunbär
4 Delphin
5 Dromedar
6 Eisbär
7 Elefant
8 Flamingo
9 Geier
10 Giraffe
11 Gorilla
12 Hyäne
13 Jaguar
14 Kamel
15 Känguru
16 Krokodil
17 Leopard
18 Löwe
19 Luchs

20 Marabu
21 Nashorn
22 Nilpferd
23 Orang-Utan
24 Papagei
25 Pavian
26 Pelikan
27 Pinguin
28 Schildkröte
29 Schimpanse
30 Schlange
31 Seehund
32 Steinbock
33 Strauß
34 Tiger
35 Walross
36 Wolf
37 Zebra

Blumen und andere Pflanzen

1 Ableger
2 Akelei
3 Beet
4 Blatt
5 Blumentopf
6 Blüte
7 Efeu
8 Erdbeere
9 Erde
10 Feuerbohne
11 Gänse-
blümchen
12 Geranie
13 Gießkanne
14 Grünlilie
15 Gummibaum
16 Harke
17 Huflattich
18 Kaktus

19 Keimling
20 Klee
21 Kompost
22 Kresse
23 Krokus
24 Kürbis
25 Löwenzahn
26 Märzenbecher
27 Narzisse
28 Radieschen
29 Samen
30 Schaufel
31 Schlüsselblume
32 Schnee-glöckchen
33 Sonnenblume
34 Spaten
35 Stängel
36 Tulpe
37 Zwiebel

Bäume und Sträucher

1 Ahorn
2 Apfel
3 Apfelbaum
4 Ast
5 Birke
6 Birnbaum
7 Birne
8 Blatt
9 Blüte
10 Borke
11 Buche
12 Buchecker
13 Eiche
14 Eichel
15 Fichte
16 Frucht
17 Hagebutte
18 Haselnuss

19 Heckenrose
20 Juckpulver
21 Kastanie
22 Kätzchen
23 Kern
24 Kiefer
25 Knospe
26 Nadel
27 Nuss
28 Rinde
29 Samen
30 Sanddorn
31 Stachelbeere
32 Stamm
33 Wurzeln
34 Zapfen
35 Zweig

Wolken, Wind und Wetter

1 Barometer
2 Blitz
3 Drachen
4 Eis
5 Eiszapfen
6 Federwolken
7 Gewitter
8 Gummistiefel
9 Hagel
10 Mütze
11 Nebel
12 Pfütze
13 Regen
14 Regenbogen
15 Regenschirm
16 Regenwolken

17 Reif

18 Schäfchen-
wolken

19 Schauer

20 Schnee

21 Skala

22 Sonne

23 Sturm

24 Tau

25 Thermometer

26 Wasser

27 Wetterhahn

28 Wetter-
häuschen

29 Wind

30 Wolken

31 Zugvogel

Wie Kompost entsteht

1 Abfall
2 Abfalleimer
3 Bakterien
4 Eierschalen
5 Erde
6 Fadenwurm
7 feucht
8 Fliege
9 Grasschnitt
10 Gurkenpflanze
11 Jungpflanzen
12 Kaffeesatz
13 Kellerassel
14 Kohlrabi
15 Kohlweißling
16 Kompost
17 Kompost-
behälter
18 Kompost-
haufen

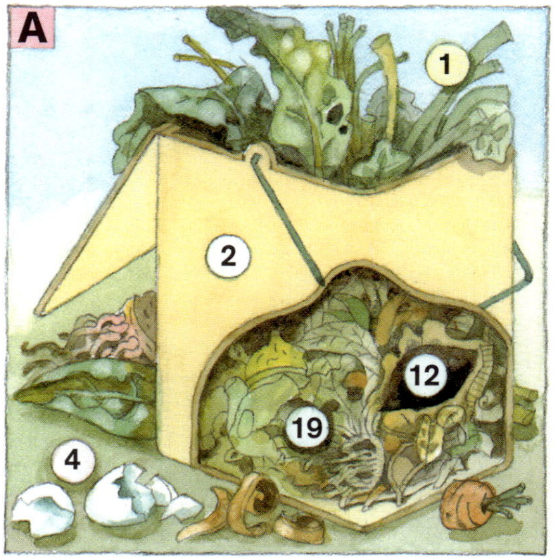

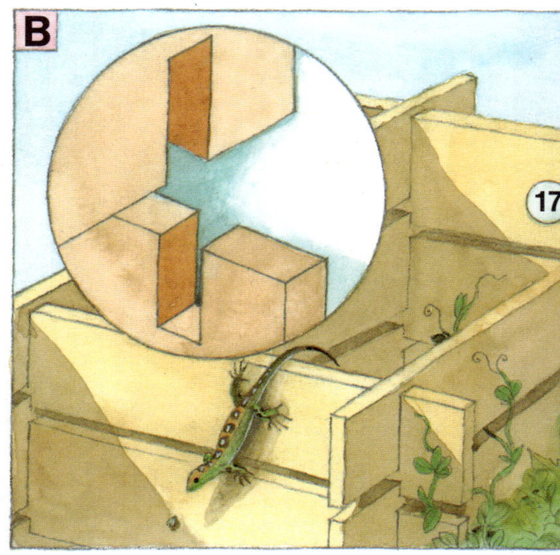

19 Küchenabfall
20 Laub
21 Luft
22 Lupe
23 Made
24 Mistwurm
25 Nacktschnecke
26 Nahrung
27 Pilze
28 Raupe
29 Regenwurm
30 Schnecke
31 Schubkarre
32 Sieb
33 Spaten
34 Unkraut
35 Wasser
36 Wurzeln

Mehr Müll – weniger Müll

1 Abfalleimer
2 Altglas
3 Altpapier
4 Biotonne
5 Dose
6 Einkaufskorb
7 Einkaufswagen
8 Einwegflasche
9 Flasche
10 Folie
11 Gelber Sack
12 Jogurtbecher
13 Kompost
14 Kunststoff
15 Müll
16 Müllauto
17 Müllhalde

18 Mülltonne
19 Müll-
verbrennung
20 Packung
21 Papiertonne
22 Papiertüte
23 Pfandflasche
24 Plastik
25 Plastiktüte
26 Regenwurm
27 Schornstein
28 Spraydose
29 Stofftasche
30 Trinkpäckchen
31 Umweltzeichen

Bauen und Technik

1 Achse
2 Bast
3 Blech
4 Bohrer
5 Brett
6 Dübel
7 Eisen
8 Feile
9 Flaschenzug
10 Floß
11 Hammer
12 Hobel
13 Holz
14 Klebstoff
15 Knoten
14 Leim
16 Leiste
17 Lenkung
18 Messer
19 Metermaß
20 Nagel
21 Papier

22 Papierflieger
23 Pappe
24 Rad
25 Rolle
26 Säge
27 Schere
28 Schnur
29 Schraube
30 Schrauben-
mutter
31 Schrauben-
zieher
32 Seifenkiste
33 Seil
34 Seilbahn
35 Ton
36 Wasserrad
37 Werkzeug-
kasten
38 Windmühle
39 Wolle
40 Zange
19 Zollstock

Jm Jahreslauf

1 Advent
2 April
3 August
4 Dezember
5 Dreikönig
6 Erntedank
7 Fasching
7 Fastnacht
8 Februar
9 Fest
10 Frühling
11 Heiligabend
12 Herbst
13 Jahr
14 Januar
15 Johanni
16 Johannisfeuer
17 Juli
18 Juni

7 Karneval
19 Laterne
20 Mai
21 Martinstag
22 März
23 Neujahr
24 Nikolaus
25 November
26 Oktober
27 Ostern
28 September
29 Silvester
30 Sommer
31 Sommerfest
32 Sternensinger
33 Weihnachten
34 Winter
35 Zuckerfest

Uhren messen die Zeit

1 Abend
2 Armbanduhr
3 Datum
4 Digitaluhr
5 früh
6 Jahr
7 Kuckucksuhr
8 Minute
9 Minutenzeiger
10 Mittag
11 Monat
12 Morgen
13 Nachmittag
14 Nacht
15 Sanduhr
16 Sekunde
17 Sekunden-
zeiger

18 Sonnenuhr
19 spät
20 Standuhr
21 Stoppuhr
22 Stunde
23 Stundenzeiger
24 Tag
25 Taschenuhr
26 Turmuhr
27 Uhr
28 Vormittag
29 Wecker
30 Woche
31 Zeiger
32 Zifferblatt

Von **A**al bis **Z**ylinder

der Aal

Der Aal sieht wie eine Schlange aus und ist doch ein Fisch. Er schlängelt sich über den Boden unserer Flüsse und Seen. Bevor er in unsere Gewässer kommt, ist dieser Aal um die halbe Welt gewandert. Er hat ein riesiges Meer durchquert, den Atlantischen Ozean.
Zur Welt kam er auf der anderen Seite dieses Ozeans, vor der Küste Amerikas. Von dort treibt er als winzige Larve durchs Meer, bis er vor unserer Küste eintrifft. Hier verwandeln sich die Larven dann in kleine Aale und steigen die Flüsse hinauf.
Sie leben dann einige Jahre bei uns, bis sie groß und fett geworden sind. Weibchen werden bis zu 1,5 Meter lang, die Männchen ungefähr 1 Meter. Dann machen sich die Aale auf den Rückweg. Sie schwimmen durch die Flüsse und quer übers Meer dorthin zurück, wo sie hergekommen sind. Genau da und nirgendwo sonst legen die Weibchen ihre Eier ab. Kurz darauf sterben die alten Aale. Die Jungen aber gehen auf die gleiche weite Wanderung wie ihre Eltern. ➜ Fisch, Larve, Ozean

das Aas

Aas werden Tierkörper genannt, die tot sind und nun anderen Tieren als Nahrung dienen. Geier sind als Aasfresser berühmt, aber auch andere Tiere fressen Aas, zum Beispiel Füchse, Ratten und Würmer. ➜ Geier

das Abc

26 Buchstaben hat unsere Schrift. Im Abc stehen sie geordnet in einer festen Reihenfolge, die man auch Alphabet nennt. Mit seiner Hilfe können wir uns in Nachschlagewerken zurechtfinden, zum Beispiel in Telefonbüchern, in Wörterbüchern oder in diesem Lexikon. ➜ Lexikon, Schrift

der Abendstern

An manchen Abenden leuchtet, kaum ist die Sonne untergegangen, ein heller Stern. Das ist der Planet Venus, den wir den Abendstern nennen. Er ist früher zu sehen als alle anderen Sterne. Nur die Sonne und der Mond leuchten heller als er.
Wir können die Venus zu anderen Zeiten auch frühmorgens, vor Sonnenaufgang, am östlichen Himmel sehen. Dann nennen wir sie den Morgenstern. ➜ Planet, Stern

das Abgas

Die meisten Abgase sind giftig und deshalb für Menschen, Tiere und Pflanzen schädlich. Sie entstehen überall dort, wo etwas verbrannt wird. Wenn ein Auto startet, kommen aus dem Auspuff Abgase heraus, denn im Motor verbrennt Benzin. Solange der Automotor dann läuft, bringt er Abgase in die Luft.
Abgase kommen außerdem aus den Schornsteinen von Häusern, Kraftwerken und Fabriken. Auch Flugzeuge verschlechtern die Luft: Bei jedem Start strömen aus den Düsentriebwerken eines einzigen Flugzeugs riesige Mengen Abgase.
Wenn Menschen Luft atmen, die zu stark mit Abgasen belastet ist, werden sie krank. Der Wind treibt Abgase überallhin. Deshalb machen sie auch Wälder krank, die weit entfernt von Städten und Fabriken liegen.
Die Luft möglichst rein zu halten, ist eine wichtige Aufgabe des Umweltschutzes. Es gibt Filter, die Abgase zumindest teilweise auffangen können. Und alle Menschen können etwas für bessere Luft tun, wenn sie so oft wie möglich ihr Auto stehen lassen und zu Fuß gehen. Für längere Wege kann man das Fahrrad oder die Eisenbahn nehmen. ➜ Luft, Umweltschutz, Waldsterben

das Abwasser

Wasser, das wir gebraucht und verschmutzt haben, ist Abwasser. Es entsteht im Haushalt, wenn wir baden, Wäsche waschen

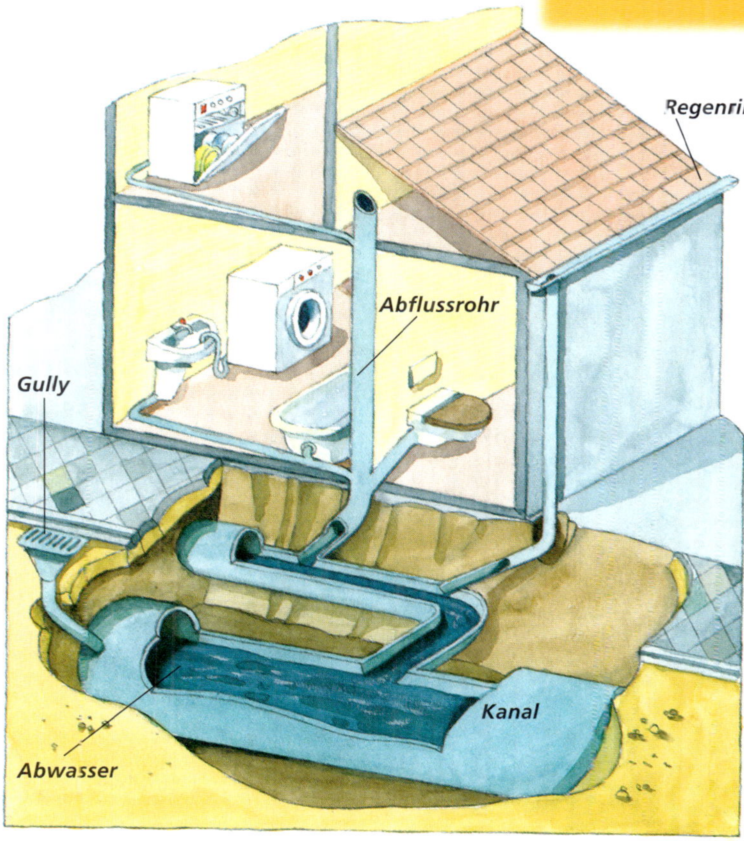

oder die Toilette benutzen. Große Fabriken brauchen ebenfalls sehr viel Wasser und verschmutzen es oft stark. Dabei kommen auch giftige Stoffe hinein. Schlimm ist, wenn solches Abwasser dann auf direktem Weg zurück in die Gewässer fließt und sie vergiftet. Deshalb werden Abwässer durch Kanäle zu Kläranlagen geführt. Dort wird ein großer Teil des Schmutzes aus dem Wasser herausgefiltert, bevor es wieder in Flüsse, Seen und Meere zurückfließt. ➜ Kläranlage

der Acker

Acker heißt ein Stück Land, das der Landwirt nutzt. Der Acker wird mit Pflug und Egge bearbeitet, anschließend werden Gemüsepflanzen gesetzt oder Getreidesamen in die Erde gesät.
Wenn das Getreide einige Monate später reif ist, hat sich der Acker in ein üppiges Kornfeld verwandelt. Das Getreide wird geerntet. Zurück bleiben kurze Stoppeln von Stroh, die aus der Erde hervorpiksen, bis der Acker wiederum gepflügt wird. ➜ Egge, Getreide, Pflug

die Ader

Adern sind Blutgefäße. Sie sehen aus wie Schläuche. Manche sind dick und andere fein und dünn. Unser Herz pumpt das Blut durch sie hindurch. Vom Herzen weg verlaufen Adern, die Sauerstoff und Nährstoffe in alle Teile unseres Körpers bringen; sie heißen Arterien. Das Blut fließt dann durch andere Adern, die Venen genannt werden, zum Herzen zurück. So schließt sich der Blutkreislauf.
An den großen Arterien können wir die Pumpbewegungen unseres Herzens spüren. Wie ganz leichte Schläge fühlen sie sich an, darum nennt man die Arterien auch Schlagadern. An der Innenseite unserer Handgelenke können wir diesen Pulsschlag gut ertasten. ➜ Blut, Blutkreislauf, Herz

das Adjektiv

Das Adjektiv ist eine Wortart. Es benennt die Eigenschaft eines Dinges oder Lebewesens. Es sagt dir, wie etwas ist und heißt deshalb auch Wiewort. Im folgenden Beispielsatz ist es leicht zu finden: „Ich verschlucke eine dicke Fliege". Die Fliege hat die Eigenschaft, dick zu sein.
Adjektive sind auch daran zu erkennen, dass man sie steigern kann: dick, dicker, am dicksten. Du kennst und benutzt viele andere Adjektive: echt und schlecht, alt und kalt, dumm und krumm, ...
➜ Wort

der Adler

Der Adler ist ein großer Greifvogel. Man nennt ihn auch den König der Vögel. Diesen Namen trägt er nicht nur wegen seiner mächtigen Körpergröße. Der Adler erscheint auch wie ein König, wenn er hoch oben in der Luft, höher als alle anderen Vögel, seine Kreise zieht. Fast ohne einen Flügelschlag schwebt er dahin. Hat er mit seinen ungeheuer scharfen Augen eine Beute erspäht, stürzt er zur Erde hinab wie ein Pfeil. Mit seinen gebogenen Krallen und dem kräftigen Schnabel schlägt er blitzschnell zu. Er jagt Wühlmäuse, Maulwürfe und Hasen, aber auch Füchse und Murmeltiere.
Steinadler werden fast 1 Meter groß, die Spannweite ihrer Flügel misst über 2 Meter. Noch etwas größer ist der Seeadler.
In der Vergangenheit wurden so viele Adler von Menschen getötet, dass sie heute fast ausgerottet sind. Es gibt nur noch wenige Brutpaare. Ihre Nester werden oftmals Tag und Nacht von Vogelschützern bewacht.
➜ Greifvogel, Vogelschutz

die Adoption

Ein Kind, das adoptiert wird, bekommt neue Eltern. Es gibt viele Kinder, die ohne Eltern leben müssen. Manchmal sind Vater und Mutter gestorben; dann ist das Kind eine Waise. Andere Eltern können nicht selbst für ihr Kind sorgen, sie sind vielleicht zu krank oder zu arm. Anderseits gibt es Menschen, die sich ein Kind wünschen und kein eigenes bekommen können. Sie beschließen manchmal, ein Kind zu adoptieren. Durch einen Vertrag vor Gericht nehmen sie es in ihre Familie auf. Das Kind trägt jetzt den Familiennamen der neuen Eltern. ➜ Waise

die Adresse

Sie darf auf keinem Brief und keiner Postkarte, keinem Päckchen und keinem Paket fehlen. Die Adresse zeigt dem Postboten an, wer die Post erhalten soll. Die Post kommt sicher und schnell ans Ziel, wenn die Adresse des Empfängers so geschrieben ist wie hier:
➜ Brief, Post

der Advent

Am vierten Sonntag vor Weihnachten fangen wir an, Advent zu feiern. Advent ist die Zeit, in der Christen auf die Geburt des Christkindes warten. Ein Adventskalender hilft, die Zeit zu verkürzen. An jedem Tag wird ein kleines Türchen mehr geöffnet, und an jedem Sonntag leuchtet eine Kerze mehr am Adventskranz. Am Heiligabend geht die Adventszeit zu Ende: Das Christkind wird geboren.
➜ Christ, Weihnachten

der Affe

Affen sind die Säugetiere, die dem Menschen am ähnlichsten sind. Besonders gilt das für die Gorillas, Orang-Utans und Schimpansen. Sie heißen deshalb auch Menschenaffen.
Aber es gibt noch viele andere Arten von Affen. Bei manchen kommt man nicht so leicht darauf, dass sie eng mit dem Menschen verwandt sind. So wird das winzige Zwergseidenäffchen nicht einmal halb so groß wie ein Eichhörnchen. Und der Bärenstummelaffe hat einen Schwanz, der mit 1 Meter länger als sein ganzer Körper ist.
Beinahe alle Affen sind sehr gute Kletterer, weil sie mit ihren Füßen ebenso gut greifen können wie mit den Händen. Solche, die einen Schwanz haben, nehmen ihn noch zusätzlich als Kletterwerkzeug zu Hilfe.
Affen leben nur in den warmen Ländern der Erde, die meisten auf den Bäumen der Urwälder. Sie leben oft in Herden zusammen und fressen mit Vorliebe Früchte, Pflanzen und Insekten. ➜ Gorilla, Orang-Utan, Säugetier, Schimpanse

Afrika ➜ Erdteile

der Ahorn

Der Ahorn ist ein Laubbaum. Er steht oft am Straßenrand, aber auch in Parks und Gärten. Du kannst ihn gut von anderen Bäumen unterscheiden. Im Frühjahr leuchtet der Ahorn hellgrün, noch bevor die meisten anderen Bäume Blätter tragen. Was da leuchtet, sind die gelbgrünen Blüten, die auf seinen Zweigen zusammengebündelt sitzen wie kleine Blumensträuße. Seine Blätter entwickeln sich erst nach der Blüte.

Noch leichter ist der Ahorn im Herbst zu erkennen. Seine Früchte haben zwei Flügel. Bei jedem Windstoß lösen sich einige dieser Früchte und umsegeln den Baum wie kleine Hubschrauber. Kinder fangen Ahornfrüchte auf und kleben sie sich gern als „Nasenzwicker" auf die Nase. ➜ Baum, Blüte, Frucht

die Ähre

Jeder Getreidehalm trägt eine Ähre. Sie ist der Blütenstand der Pflanze. Viele winzige Blüten sitzen untereinander an der Spitze des Halms. Sie werden vom Wind bestäubt und entwickeln sich dann zu Körnern. So wird aus dem Blütenstand die Fruchtähre. Bei der Ernte wird das Getreide gedroschen. Heute geschieht das mit einer Maschine, dem Mähdrescher. Die wertvollen Körner werden dabei aus den Ähren gelöst. Sie werden gesammelt und in Mühlen zu Mehl gemahlen. ➜ Ernte, Getreide, Mähdrescher

Aids

Aids ist eine schwere Krankheit, die bisher noch nicht geheilt werden kann. Sie wird durch ein Virus ausgelöst, das HIV-Virus. Wenn wir gesund sind, kann sich unser Körper gut gegen Krankheiten wehren. Jeder Mensch hat Zellen, die ihm helfen, gesund zu bleiben. Sobald Bakterien und Viren in unseren Körper eindringen, werden sie von diesen Helferzellen angegriffen und unschädlich gemacht.

Das HIV-Virus ist deshalb so gefährlich, weil es gerade diese Abwehrzellen zerstört. Die Abwehrkraft gegen Krankheiten wird immer mehr geschwächt, sodass schließlich schon eine Grippe oder Lungenentzündung zum Tode führen kann.

Wer an Aids erkrankt ist, hat das HIV-Virus in den Körperflüssigkeiten: im Blut, im Speichel, in der Samen- oder Scheidenflüssigkeit. Wichtig zu wissen ist, dass man sich nur ansteckt, wenn das Virus ins eigene Blut gelangt. Am häufigsten geschieht das, wenn sich zwei Menschen körperlich lieben und einer von ihnen das Virus in sich trägt. Vor einer Ansteckung hierbei schützen Kondome. ➜ Bakterie, Kondom, Krankheit, Virus, Zelle

die Alge

Wenn du am Meer oder an einem Teich entlanggehst, siehst du im Wasser manchmal Pflanzen, die wie lange Fäden durchs Wasser schweben. Das sind Algen. Sie sind sehr zart gebaut und fallen deshalb zusammen, sobald du sie aus dem Wasser ziehst.

Algen kommen auch im Süßwasser vor, aber die meisten wachsen im Meer. Ihre Farbe und ihre Größe sind sehr verschieden. Algen können grün, braun, blau oder rot sein. Manche sind so winzig klein, dass du sie mit bloßem Auge nicht erkennen kannst. Andere, die man auch Tang nennt, können riesengroß werden. Braunalgen sind oft mehr

als 50 Meter lang. Sie sitzen am Meeresgrund fest oder schwimmen frei im Wasser. Die bekannteste Braunalge ist der Blasentang, der nicht so groß wird, aber an unseren Meeresküsten oft zu finden ist.
Algen sind sehr nährstoffreich und deshalb ein wichtiges Nahrungsmittel für viele Wassertiere. Sie werden in Zukunft wahrscheinlich auch immer mehr Menschen als Nahrung dienen.

der Alkohol

In Bier, Wein und Schnaps ist Alkohol enthalten. Viele Erwachsene trinken solche alkoholischen Getränke gern. Sie schmecken ihnen und versetzen sie meistens in gute Laune.
Alkohol hat aber auch noch andere Wirkungen: Wer zuviel davon trinkt, kann nicht mehr klar denken, er reagiert oft falsch, und manchmal torkelt er sogar beim Gehen. Deshalb dürfen Menschen, die Alkohol getrunken haben, nicht mehr selbst mit dem Auto fahren.
Alkohol ist eine Droge. Wie andere Drogen kann Alkohol süchtig machen. Ein Alkoholiker ist krank und braucht ärztliche Hilfe. Kinder dürfen keinen Alkohol trinken, denn er schadet ihrem Körper, der noch wächst. Außerdem ist die Gefahr einer Alkoholvergiftung sehr groß. ➜ Droge

die Allergie

Viele Menschen haben Allergien. Wer eine Allergie gegen Erdbeeren hat, verträgt keine Erdbeeren. Wenn er trotzdem welche isst, wird er krank. Er bekommt einen juckenden Hautausschlag und manchmal auch Fieber. Wer gegen Tierhaare allergisch ist, leidet unter Atemnot, sobald er mit Tieren zusammenkommt, die ein Fell haben.
Auch der Heuschnupfen ist eine allergische Erkrankung. Er wird durch den Blütenstaub von Gräsern und Bäumen hervorgerufen. Man nennt diesen Blütenstaub Pollen. Sie werden vom Wind durch die Luft getrieben. Jeder, der draußen herumgeht, atmet sie ein, und normalerweise geschieht nichts. Aber bei Menschen, die dagegen allergisch sind, können Pollen Atemnot und Niesanfälle, eine laufende Nase und tränende Augen auslösen.
Gegen eine Allergie hilft am besten, die Berührung mit allem zu vermeiden, wogegen man allergisch ist. Leider geht das nicht immer. Manchmal ist es besonders schwer, seine Allergie zu ertragen: Wenn man zum Beispiel kein Tier mit Fell haben darf, weil man gegen Tierhaare allergisch ist.

die Alm

Im Gebirge gibt es sehr hoch gelegene Weiden, auf denen saftiges Gras wächst. Aus den Dörfern im Tal werden im Frühjahr Kühe auf diese Bergweiden hinaufgetrieben. Dann heißt es: Die Kühe sind oben auf der Alm. Ein Almhirt, Senn genannt, oder eine Sennerin ziehen mit hinauf und bleiben den ganzen Sommer über auf der Alm. Sie wohnen in einer Almhütte, hüten die Kühe, melken sie und machen aus der Milch Butter und Käse.
Ein besonderes Fest ist in vielen Orten der „Almabtrieb". An einem Herbsttag werden den Kühen nach altem Brauch Blumenkränze und prächtige Glocken umgehängt. So geschmückt führt man sie ins Dorf zurück in ihre Winterställe. ➜ Gebirge

die Alpen

Die Alpen sind Europas höchstes Gebirge. Ihr mächtiger Gebirgszug zieht sich durch acht europäische Länder: Deutschland, Frankreich, Italien, Liechtenstein, Monaco, Österreich, Schweiz, Slowenien. Der höchste Berg der Alpen liegt in Frankreich. Er heißt Montblanc und ist 4810 Meter hoch.

Es ist noch nicht lange her, da war ein großer Teil der Alpen eine Wildnis, in der die Tiere und Pflanzen der Berge ungestört leben und wachsen konnten: Steinböcke und Gämsen, Adler und Murmeltiere, ebenso die berühmten Alpenblumen Enzian, Edelweiß und Alpenrose. Nur wenige Straßen führten in die Berge hinauf.

Heute ist das anders. Inzwischen sind die Straßen durch die Berge breit ausgebaut; Tunnel erleichtern den Verkehr für Autos und Eisenbahnen. Im Sommer kommen sehr viele Feriengäste zum Wandern und Bergsteigen; alle wollen die Schönheit der Landschaft erleben. Und im Winter zieht es Scharen von Skifahrern in die Alpen. Für sie wurden große Gebiete der Bergwildnis bebaut und umgestaltet. Der Lebensraum der Alpentiere und -pflanzen wurde dadurch stark verkleinert oder sogar ganz zerstört. Inzwischen versuchen die Alpenländer gemeinsam, den Naturschutz in den Bergen zu verbessern. ➜ Gebirge, Naturschutz

das Alphabet ➜ Abc

der Altar

In jeder Kirche steht vorne auf einem gut sichtbaren Platz der Altar. Er ist der Mittelpunkt des Gottesdienstes. Fast alle Religionen der Welt haben in ihren Gotteshäusern einen Altar. Er kann sehr verschieden aussehen. Meistens gleicht er einem schön geschmückten Tisch. In alten Kirchen gibt es auch Altäre, die eine bemalte oder geschnitzte Rückwand haben. ➜ Gottesdienst

die Ameise

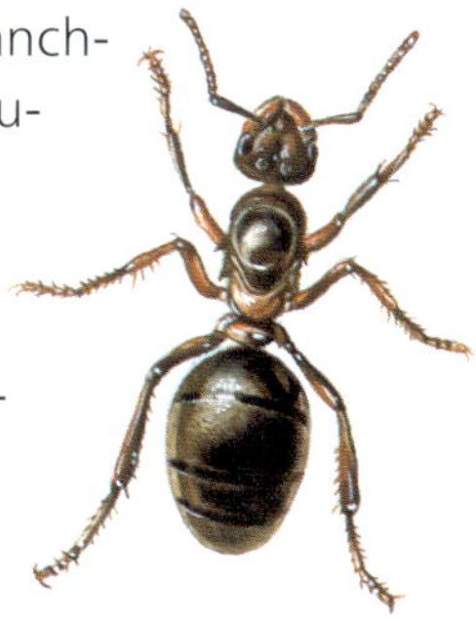

Im Wald kommen wir manchmal an einem runden Haufen aus Tannennadeln und Holzstückchen vorbei, einem Ameisenhügel. Er ist das selbstgebaute „Haus" der Roten Waldameise. In diesem Hügel und in seinem Unterbau, der oft tief in die Erde hinunterreicht, lebt ein ganzes Ameisenvolk. Dazu gehören eine oder mehrere Königinnen, sehr viele Arbeiterinnen, und für kurze Zeit im Sommer auch einige Männchen, die Drohnen.
Die Arbeiterinnen legen Gänge und Kammern an, in die die Königin ihre Eier legt. Sie sorgen für Nahrung und pflegen den Nachwuchs. Außerdem verteidigen sie ihren Bau gegen Feinde. Unerschrocken greifen sie sogar Tiere an, die viel größer sind als sie. Sie beißen und spritzen dann ihr Gift in die Wunde. Dieses Gift, die Ameisensäure, ist für andere Insekten meistens tödlich, für uns ist sie jedoch ungefährlich. Ein Ameisenbiss ist allerdings sehr schmerzhaft!
Die Männchen sind nur für die Befruchtung der Königin wichtig. Nach dem Hochzeitsflug sterben sie.
Ameisen sind Insekten. Es gibt sie fast überall auf der Welt. Manche Arten sind sehr klein. Die größten Ameisen werden mehrere Zentimeter groß. ➜ Befruchtung, Insekt

Amerika ➜ Erdteile

die Ampel

Ampeln regeln den Straßenverkehr. Sie stehen vor allem dort, wo Straßen aufeinandertreffen. Durch Lichtsignale zeigen sie den Verkehrsteilnehmern an, wie sie sich verhalten müssen. Ampeln für Autofahrer haben drei verschiedene Lichter. Bei Rot müssen alle Autos anhalten. Gelb bedeutet „Achtung". Bei Grün dürfen die Autos weiterfahren. Ampeln für Fußgänger und Radfahrer haben meistens nur zwei Lichter. Auch hier bedeutet Rot „Halt!" und Grün „Freie Bahn". ➜ Kreuzung, Verkehrszeichen

die Amsel

Die Amsel ist ein Vogel, den du oft sehen und hören kannst. Leicht zu erkennen ist das Männchen: Es ist ganz schwarz und hat einen leuchtend gelben Schnabel. Das Weibchen und die jungen Amseln sind braun. Hören kann man ihren Gesang im Frühling und im Sommer, besonders gut am frühen Morgen oder Abend. Die Amsel sitzt gern auf einem Straßenbaum. Von hoch oben singt sie mit so klarer Stimme, dass sie sogar den Verkehrslärm übertönen kann. „Tik, tik, tik", schimpft sie, wenn Gefahr droht.
Früher lebten Amseln nur im Wald und waren sehr scheu. Heute sind sie überall da, wo Menschen leben. Einen Platz für ihr Nest finden sie sogar mitten in der großen Stadt. Deshalb entdeckt man an vielen Orten ihre blaugrünen Eierschalen.
Die Amsel isst genauso gern Kirschen wie du, allerdings auch Schnecken und Regenwürmer. ➜ Vogel

Antarktis ➜ Erdteile

die Antenne

Ohne eine Antenne bliebe das Radio stumm und der Fernsehbildschirm leer. Antennen sorgen dafür, dass wir Töne und Bilder empfangen können, die in Rundfunk- und Fernsehstationen entstehen.
Antennen senden und empfangen elektrische Signale. Diese Signale werden von Wellen getragen.
Es gibt Sendeantennen für Radio und Fernsehen. Das sind oft Eisenmasten, die möglichst hoch sind, damit die Übertragung der Signale nicht durch hohe Gebäude oder Berge gestört wird. Sie strahlen Wellen aus, die von Empfangsantennen auf oder in unserem Haus empfangen werden. Viele Radiogeräte besitzen eingebaute Antennen.

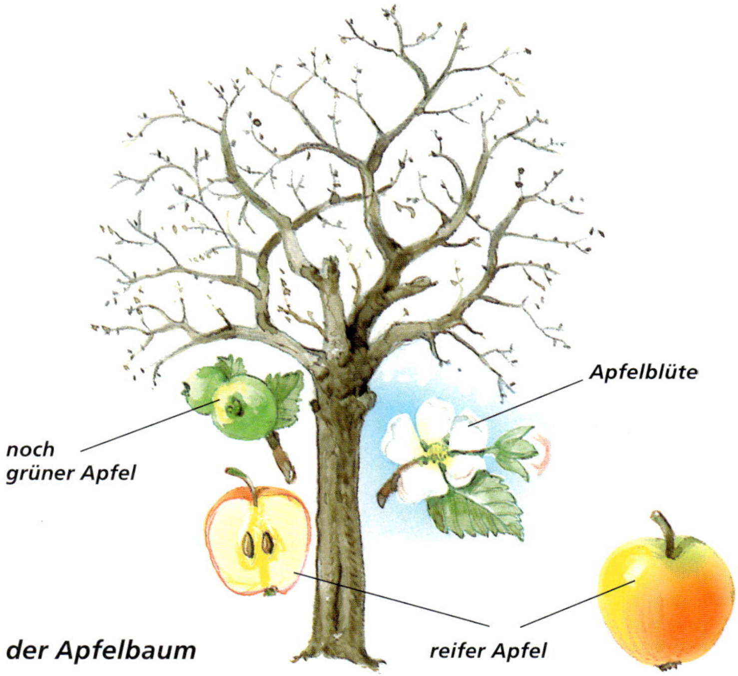

der Apfelbaum

Signale, die man über Satelliten sendet, werden von Parabolantennen („Satellitenschüsseln") empfangen. Nur wenn Radio- und Fernsehprogramme über ein Kabel ins Haus kommen, wird keine Antenne gebraucht.
Antennen sind auch wichtig für die Erforschung des Weltraums. Riesige Antennen, die Wellen von fernen Sternen empfangen können, heißen Radioteleskope.
Schließlich gibt es Antennen, die keine von Menschen gebauten Geräte sind: Das sind die Fühler von Insekten und Krebsen, mit denen sie Schwingungen im Wasser oder in der Luft wahrnehmen. ➜ Fernsehen, Insekt, Rundfunk, Satellit

die Antilope

Antilopen gehören zu den Tieren, die Hörner tragen. Nicht nur die Hörner, auch die Antilopen selbst können sehr verschieden aussehen. Manche sind klein wie Hasen, andere groß wie unsere Kühe. Die einen tragen nur Stifte auf dem Kopf, die anderen lange Spieße oder Hörner, die wie Korkenzieher aussehen.
Alle Antilopen sind schnelle Läufer und geschickte Kletterer. Die meisten leben in den Graslandschaften Afrikas und Asiens. Antilopen haben besonders große und schöne Augen. So erklärt sich der Name „Antilope": Er kommt aus der griechischen Sprache und bedeutet „Blumenauge".

der Apfelbaum

Der Apfelbaum zählt zu den kleinen Bäumen; er wird höchstens 15 Meter hoch. Seine breite und niedrige Baumkrone lässt ihn rundlich wirken. Anfang Mai ist er besonders schön anzusehen. Dann sind seine Zweige über und über mit rosaweißen Blüten bedeckt. Steht man nahe am Baum oder sitzt auf einem seiner Äste, kann man den angenehmen Duft der Blüten genießen. Dann ist auch das Summen der Bienen zu hören, die in den Apfelblüten viel Nektar finden. Im Spätsommer oder Herbst werden die Äpfel gepflückt oder einfach heruntergeschüttelt und ... gegessen!
➜ Baum, Blüte

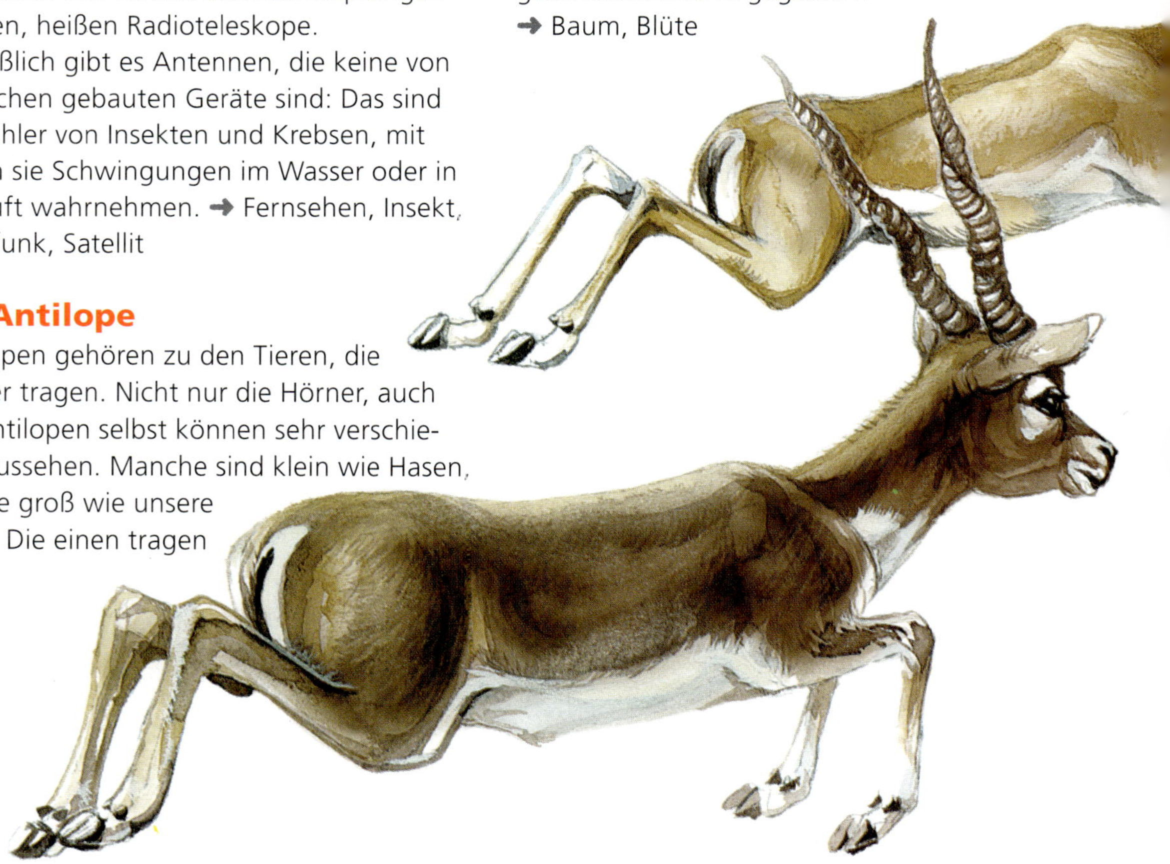

die Apfelsine

Jedes Kind weiß heute, wie Apfelsinen aussehen und schmecken. Früher war das anders. Da waren sie bei uns nicht bekannt, denn der Apfelsinenbaum braucht viel Sonne und wächst nur in warmen Ländern. Erst vor etwa 500 Jahren brachten Seeleute die ersten Apfelsinen aus China mit. Die runde Form dieser unbekannten Früchte erinnerte die Menschen an eine Frucht, die sie sehr gut kannten: den Apfel. Weil damals das Land China noch „Sina" genannt wurde, kam die Apfelsine zu ihrem Namen: Der Apfel aus „Sina".

das Aquarium

Fische können spannende Haustiere sein. Es macht Spaß, sie zu beobachten. Wer das tun will, braucht ein Aquarium. Das ist ein Behälter aus Glas oder Kunststoff, in dem Fische und Wasserpflanzen leben können.

Fische brauchen, wie alle anderen Tiere, Sauerstoff zum Atmen. Man setzt Wasserpflanzen ins Aquarium, weil sie Sauerstoff ins Wasser abgeben. Außerdem lieben es Fische, sich zu verstecken. Sie sollten daher eine Landschaft aus Pflanzen und Steinen um sich herum haben. Oft ist eine Heizung nötig, die das Wasser erwärmt, denn viele Aquarienfische kommen aus Afrika oder Südamerika und können im kalten Wasser nicht leben. Am wichtigsten für die Ausrüstung eines Aquariums ist ein Filter, der das Wasser rein hält.

Wer ein Aquarium so einrichten will, dass sich Fische darin wohlfühlen, muss allerhand wissen. Man kann sich auch Rat holen, indem man in eine Bücherei geht und sich ein Buch über das Aquarium ausleiht. ➜ Fisch, Sauerstoff

Hirschziegenantilopen

die Arbeit

Verkäufer arbeiten in einem Geschäft, Krankenschwestern im Krankenhaus, Arbeiter in der Fabrik, Fernsehreporter in der Fernsehstation, Astronauten im Weltraum, ein Opernsänger auf der Bühne; es gibt so viele verschiedenen Arbeiten, dass niemand sie alle aufzählen kann.

Man unterscheidet körperliche und geistige Arbeit. Der Architekt, der einen Hausbau plant, leistet geistige Arbeit. Der Maurer, der die Hauswände mauert, arbeitet körperlich. Arbeit erfordert Anstrengung. Man verdient damit Geld für den Lebensunterhalt. Viele Menschen suchen Arbeit. Wer keinen Arbeitsplatz hat, ist arbeitslos. Er muss mit weniger Geld auskommen. ➜ Beruf, Geld

der Architekt

Der Beruf des Architekten ist sehr alt. Architekten sind Baumeister. Sie sollen dafür sorgen, dass schöne Häuser gebaut werden, die nicht einstürzen.

Wenn heute jemand ein Haus bauen will, geht er zu einem Architekten und sagt ihm, wie er sich sein Haus wünscht. Der Architekt entwirft daraufhin einen Bauplan und rechnet aus, was das Haus kosten wird. Er muss die strengen Bauvorschriften kennen und sie bei allem, was er plant, berücksichtigen. Später bauen die Handwerker das Haus genau nach diesem Bauplan.

Architekten, die nur Innenräume gestalten, heißen Innenarchitekten. Außerdem gibt es Landschaftsarchitekten, die Gärten und Parks entwerfen. ➜ Beruf, Grundriss

der Artikel

Der Artikel wird auch Begleiter genannt. Er begleitet das Substantiv: der Mann, die Frau, das Kind.

„Der", „die" und „das" sind die drei bestimmten Artikel. Die unbestimmten Artikel heißen „ein" und „eine". ➜ Substantiv, Wort

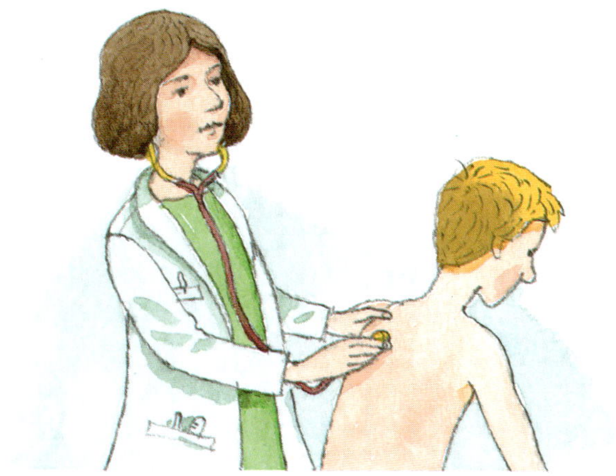

der Arzt

Der Arzt kann dich behandeln, wenn du krank oder verletzt bist. Zuerst untersucht er dich und stellt die Ursache deiner Krankheit fest. Er verordnet dann eine Behandlung und stellt meistens ein Rezept für eine Medizin aus. Zu seinen Aufgaben gehört auch nachzuprüfen, ob die Krankheit gut heilt. Wer Ärztin oder Arzt werden will, muss an einer Universität studieren. Ärzte müssen sehr viel über Krankheiten und Heilkunde wissen. Es gibt Kinderärzte, die sich besonders gut mit Kinderkrankheiten auskennen, ebenso gibt es Augenärzte, den Hautarzt und noch viele andere Fachärzte. Der Hausarzt heißt auch „Arzt für Allgemeinmedizin"; er behandelt alle einfachen Krankheiten. ➜ Beruf, Krankheit, Universität

Asien ➜ Erdteile

der Astronaut

Die Erde verlassen und zu den Sternen fliegen – davon träumen die Menschen seit langer Zeit. Sterne sind zu weit entfernt, aber es gab schon Astronauten, die den Mond besucht haben. Astronauten sind Weltraumfahrer. Sie fliegen in Raumschiffen ins Weltall. Sie müssen körperlich vollkommen gesund und gut trainiert sein. Die meisten Astronauten sind zugleich hervorragende Wissenschaftler. Ihre Hauptaufgabe besteht darin, in Raumstationen, die die Erde umkreisen, zu leben und zu forschen. ➜ Beruf, Mond, Raumfahrt, Weltall

das Asyl

Das Wort „Asyl" kommt aus der griechischen Sprache. Es bedeutet „beschützter Raum".

Wenn Menschen in ihrem eigenen Land wegen ihrer Meinung, ihres Glaubens oder ihres Aussehens verfolgt werden, brauchen sie Schutz. Manchmal gelingt es ihnen, in ein anderes Land zu fliehen. Die Flüchtlinge können dann um das Recht bitten, dort bleiben zu dürfen. Wird ihnen dieses Recht gegeben, so werden sie dadurch vor weiterer Verfolgung geschützt: Sie erhalten Asyl.

Wir verwenden das Wort „Asyl" noch in einem anderen Zusammenhang: Ein Haus, in dem Menschen übernachten können, die keine Wohnung haben, nennt man Obdachlosenasyl. ➜ Menschenrechte, Obdachlose

der Atlas

Der Atlas ist ein Buch, in dem Landkarten gesammelt sind. Ein Weltatlas zeigt auf seinen Karten alle Erdteile und Meere.

Wer den Namen eines Landes hört und wissen möchte, wo es liegt, kann im Atlas nachsehen. Man findet dort das Land eingezeichnet und kann verschiedene Dinge erkennen: wie groß das Land ist, welches seine Hauptstadt ist, welche Nachbarländer es hat und noch vieles mehr. ➜ Landkarte

die Atmung

Was lebt, atmet. Menschen, Tiere und Pflanzen atmen auf verschiedene Weise. Menschen und die meisten Tiere atmen mit der Lunge, Fische durch die Kiemen und Pflanzen durch ihre Blätter.

Unsere Atemorgane sehen aus wie ein Baum, der auf dem Kopf steht: Die Luftröhre ist der Stamm, die Bronchien sind die Zweige, und die beiden Lungenflügel bilden

die Baumkrone. Durch die Luftröhre und die Bronchien strömt die Luft beim Einatmen in die Lunge. Dort nimmt unser Blut den Sauerstoff aus der Atemluft auf. Gleichzeitig gibt das Blut die verbrauchte Luft, das Kohlendioxid, ab. Das atmen wir dann aus.
Unser Brustkorb hebt sich, wenn wir einatmen, und senkt sich wieder beim Ausatmen. Du kannst gut fühlen, wie die Luft in dich hinein- und wieder herausströmt, wenn du dich hinlegst, die Augen schließt und dein Atmen ruhig beobachtest. ➜ Blut, Kiemen, Lunge, Sauerstoff

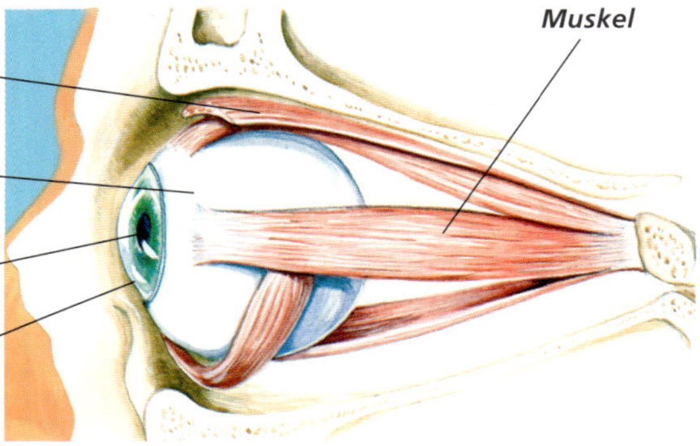

das Auge

Mit unseren Augen sehen wir, was uns umgibt. Sie helfen uns dabei, uns in der Welt zurechtzufinden. Das Auge zählt zu den Sinnesorganen. Es ruht in der Augenhöhle und wird durch verschiedene Muskeln bewegt. Das Lid mit seinen Wimpern und die Augenbrauen schützen es.
In einem Spiegel kannst du den vorderen Teil des Augapfels betrachten. Er ist bedeckt von einer durchsichtigen Schicht, der Hornhaut. In der Augenmitte siehst du die Iris. Ihre Färbung bestimmt deine Augenfarbe. Der schwarze Punkt inmitten der Iris ist die Pupille. Man kann beobachten, wie sie größer und kleiner wird. Sie vergrößert sich, wenn es dunkler wird, und zieht sich schnell ganz eng zusammen, wenn helles Licht auf dein Auge trifft.
Die Pupille wird auch das „Sehloch“ genannt, denn durch sie fallen die Lichtstrahlen ins Innere des Auges. Das Licht gelangt durch die Augenlinse auf die Netzhaut. Dort entsteht ein Bild, das an unser Gehirn weitergeleitet wird.
Wenn sich unser Augenlid bewegt, wird jedesmal etwas Tränenflüssigkeit auf dem Auge verteilt. Tränen haben auch diese wichtige Aufgabe: Sie befeuchten das Auge und reinigen es von Schmutzteilchen.
Unsere Augen vertragen kein grelles Sonnenlicht. Deshalb dürfen wir niemals ungeschützt direkt in die Sonne sehen. ➜ Linse, Sinnesorgan, Träne

das Ausland

Das Ausland beginnt dort, wo das eigene Land aufhört; diese Stelle nennt man Grenze. Wenn du über diese Grenze hinweg in ein anderes Land reist, kommst du ins Ausland. Die Menschen, die in diesem Land leben, sehen das genau andersherum. Für sie kommst du aus dem Ausland und bist ein Ausländer. ➜ Staat

Australien ➜ Erdteile

der Ausweis

Ein Ausweis ist ein kleines Stück Papier oder Pappe, das oft in Folie eingeschweißt ist. Auf ihm stehen Name und Vorname des Inhabers, sein Geburtsdatum und seine Adresse. Ein Foto von ihm gehört außerdem dazu. Jeder Bürger eines Landes hat einen Personalausweis und meistens auch einen Reisepass. Wer in ein fremdes Land einreisen will, zeigt an der Grenze seinen Ausweis. Kinder haben einen eigenen Kinderausweis.
Daneben gibt es Fahrausweise für öffentliche Verkehrsmittel. Und wer ein Auto fährt, braucht als Ausweis einen Führerschein.
➜ Bürger, Pass

das Auto

Auto ist eine Abkürzung. Mit vollem Namen heißt das Auto „Automobil“, und das bedeutet: sich selbst von der Stelle bewegend. Man muß kein Pferd vor ein Auto spannen, um es voranzubringen, und (normalerweise)

muss man es auch nicht selbst irgendwohin schieben: Das Auto bewegt sich fort durch seinen Motor, der es antreibt.
Die meisten Autos haben Verbrennungsmotoren. Sie verbrennen Benzin oder Diesel. Rückstände und Abgase, die hierbei entstehen, werden durch den Auspuff abgegeben und verschmutzen unsere Luft. Viele Autos haben heute einen Katalysator; er befreit die Abgase von einem Teil der Schadstoffe. Personenkraftwagen sind auf unseren Straßen am häufigsten zu sehen. Aber zu den Autos zählen auch Lastkraftwagen und Omnibusse. Außerdem gibt es Polizeiautos, Feuerwehrautos, Rennautos, Krankenwagen und viele andere Autoarten.
Autos haben das Leben der Menschen im Laufe der letzten hundert Jahre sehr verändert. Von der Pferdekutsche zum modernen Auto war es ein weiter Schritt. Autos haben unser Leben bequemer gemacht, aber sie bedrohen es auch: Weil immer mehr Autos fahren, wachsen die Gefahren für die Umwelt. ➜ Abgas, Motor, Verkehrsmittel

der Automat

Automaten sind Maschinen, die selbstständig etwas tun, was früher Menschen getan haben. Sie können sehr verschieden aussehen und sehr verschiedene Aufgaben übernehmen.
Ein Automat, den es an vielen Orten gibt, ist der Fahrkartenautomat. Wenn du genügend Geld in ihn hineinwirfst, gibt er dir eine Fahrkarte. Als es diese Automaten noch nicht gab, waren viel mehr Menschen als heute damit beschäftigt, Fahrkarten zu verkaufen.
Ein anderer Automat, den es bei uns fast in jeder Wohnung gibt, ist die Waschmaschine. Vollautomatisch wäscht sie unsere Wäsche. Die Waschmaschine macht unser Leben bequemer.
In Fabriken arbeiten Automaten, die selbstständig Geräte herstellen, ja sogar Autos. Man nennt sie Roboter.
➜ Maschine, Roboter

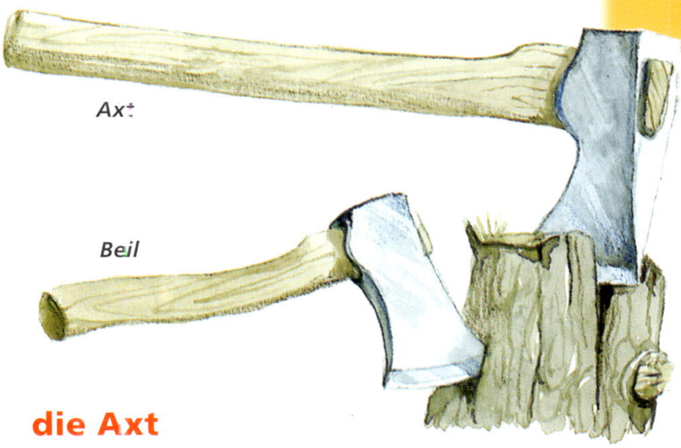

die Axt

Die Axt ist ein Werkzeug, das die Menschen schon seit alter Zeit benutzen. Sie wird heute meistens zum Baumfällen und zum Spalten von großen Holzstücken gebraucht.
Die Axt besteht aus zwei Teilen: einem Stahlblatt mit einer geschliffenen Schneide und einem hölzernen Stiel. Kleine Äxte mit einem kürzeren Stiel, die nur mit einer Hand geführt werden, nennt man Beile.
➜ Werkzeug

Kaugummiautomat

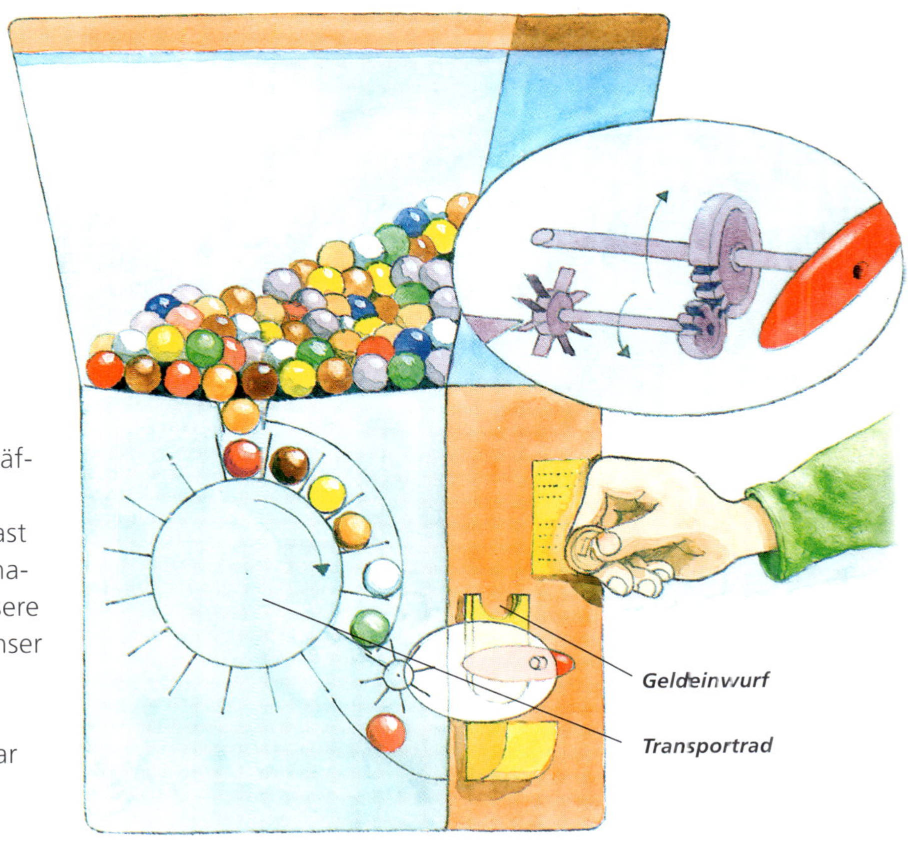

das Baby

Ein neugeborenes Kind ist ein Baby. In den ersten Wochen nach seiner Geburt will es nur Milch saugen und schlafen. Gleichzeitig braucht es aber auch die körperliche Nähe und Wärme der Mutter oder anderer Menschen, die es versorgen. Es verdoppelt in den ersten sechs Lebensmonaten sein Geburtsgewicht, danach wächst es langsamer. Das Baby lernt sich zu bewegen: Zuerst kommt das Greifen und Sitzen, später übt es herumzurollen und zu krabbeln. Etwa mit einem Jahr lernt es laufen – dann ist aus dem Baby ein Kleinkind geworden.
➜ Geburt, Schwangerschaft

der Bach

Murmeln und Plätschern ist zu hören: Durch die Wiese fließt ein Bach. Die Vertiefung, in der das Wasser dahinfließt, nennt man das Bachbett. Es zieht sich in engen Kurven durch die Wiesen und immer weiter, bis der Bach in den nächsten Fluss mündet.
Viele Tiere leben im Bach: Wasserschnecken, kleine Krebse, Libellenlarven und Fische. Durch das klare Wasser kann man sie gut beobachten. An seinen Ufern stehen Schwarzerlen, andere Bäume und große Büsche, die gern am Wasser wachsen.
Aber bei uns sehen nur noch sehr wenige Bäche so aus. Die meisten wurden in künstliche, schnurgerade Betonbetten geleitet. An deren Rändern fehlen Pflanzen, das Wasser ist verschmutzt, und Tiere, die sauberes Wasser brauchen, können darin nicht leben. An manchen Orten wird heute versucht, Bächen ihren natürlichen Verlauf zurückzugeben: Sie bekommen dann wieder ein kurvenreiches Bett mit vielen Pflanzen an ihren Ufern. ➜ Fluss, Ufer

das Backbord

Das Backbord ist die linke Seite eines Schiffes – aber von wo aus gesehen? Wenn du am Heck eines Schiffes stehst und nach vorn siehst, ist Backbord links. ➜ Schiff, Steuerbord

der Bäcker
Bäcker sind Handwerker. Sie haben gelernt, Brote, Brötchen, Gebäck und Kuchen zu backen. Sie kennen die Rezepte für viele verschiedene Sorten von Backwaren und auch die richtigen Backzeiten und Temperaturen. Elektrische Rührmaschinen und Backöfen erleichtern heute den Bäckern die Arbeit. Aber weil viele Leute morgens frische Brötchen essen wollen, müssen Bäcker noch immer sehr früh aufstehen. ➜ Beruf, Brot, Handwerker

der Bagger
Beim Hausbau und beim Straßenbau muss man oft Erde ausheben und wegräumen. Früher machten das Arbeiter mit Hacke und Schaufel. Heute erledigt diese Arbeit ein Bagger. Schaufelbagger fahren meistens auf Raupenketten. Sie haben sehr starke Motoren, um auch schwere Lasten bewegen zu können. Außer Schaufelbaggern gibt es Greif-, Schwimm- und viele andere Bagger.

Greifbagger

der Bahnhof
Wo Züge regelmäßig anhalten und abfahren, wo Reisende aus dem Zug steigen und andere einsteigen, befindet sich ein Bahnhof. Ein kleiner Ort hat meistens einen Durchgangsbahnhof. Dort fahren die Züge nach kurzem Aufenthalt in gleicher Richtung weiter. Große Städte haben oft Kopfbahnhöfe. In einem Kopfbahnhof, der auch Sackbahnhof genannt wird, enden die Gleise in der Bahnhofshalle. Hier muss der Zug nach dem Aufenthalt in entgegengesetzter Richtung wieder aus dem Bahnhof herausfahren. ➜ Eisenbahn

die Bakterie
Bakterien sind winzige Lebewesen, die man nur unter dem Mikroskop erkennen kann. Sie sind sehr nützlich. Sie leben beispielsweise in unserem Darm und helfen dabei, unsere Nahrung zu verdauen.
Bakterien gibt es fast überall: nicht nur im menschlichen Körper, auch in der Erde, im Wasser und in der Luft. Wo Bakterien vorkommen, erscheinen sie in unermesslicher Zahl. In einer Handvoll Gartenerde stecken viele Milliarden Bakterien. Sie fressen und zerlegen abgestorbene Pflanzenteile, lockern dabei den Boden auf und sorgen so dafür, dass er fruchtbar bleibt.
Manche Arten von Bakterien sind schädlich. Sie können Krankheiten erregen, zum Beispiel Halsentzündungen oder Keuchhusten. ➜ Entzündung, Keuchhusten, Mikroskop, Verdauung

das Ballett
Das Ballett ist ein kunstvoller Tanz, der von Musik begleitet und auf einer Bühne aufgeführt wird. Die Tänzer erzählen den Zuschauern durch ihre Bewegungen und Sprünge eine Geschichte. Die Tänzerin, die die Hauptrolle tanzt, heißt Primaballerina.

der Ballon

Ein Luftballon sinkt zu Boden, wenn er mit Atemluft aufgeblasen ist. Füllt man denselben Ballon mit leichtem Gas, steigt er schnell in die Höhe. Auch alle großen Ballons fliegen, weil sie mit einem Gas gefüllt sind, das leichter als Luft ist.
Menschen haben in der Vergangenheit sehr verschiedene Ballons gebaut. Der Ballon war das erste Fluggerät, mit dem es ihnen gelungen ist, sich in die Lüfte zu erheben. Es gibt Fesselballons, die durch ein Stahlseil mit dem Boden verbunden bleiben, und Freiballons, die frei in den Himmel schweben.
Heute ist das Ballonfahren zu einem Sport geworden. Die Ballonfahrer befinden sich in einem Korb, der unter dem Ballon hängt. Sie haben mit Sand gefüllte Säcke bei sich. Dieser so genannte Ballast wird abgeworfen, wenn das Gefährt steigen soll. Zur Landung lässt man etwas Gas ab: Der Ballon wird schwerer und sinkt.
Eine Ballonfahrt ist immer ein Abenteuer, denn richtig steuern kann man den Ballon nicht. Wohin die Fahrt geht, bestimmt letztlich der Wind. ➜ Gas, Luft

die Banane

Die Bananenpflanze wächst nur dort, wo es feucht und heiß ist. Sie wird bis zu 10 Meter hoch und hat mächtige Blätter. Da ihre reifen Früchte sehr empfindlich sind, werden sie unreif gepflückt. Die Bananen werden in Kühlschiffe verladen und sind noch grün, wenn sie bei uns eintreffen. Sie reifen in Lagerhäusern und werden dann erst gelb.
Auf die berühmte Frage, warum die Banane krumm ist, gibt es eine Antwort. Bananen wachsen in großen Bündeln, die bald so schwer sind, dass sie sich zum Boden neigen. Die Blüten, die auf den Früchten sitzen, sind aber hungrig nach Licht. Sie streben deshalb nach oben, der Sonne entgegen, und die Früchte biegen sich mit. Später fallen die Blüten ab, die Früchte aber behalten ihre krumme Form. ➜ Frucht, Obst

die Bank

Eine Bank leiht und verleiht Geld. Wer Geld gespart hat, kann es zur Bank bringen und einzahlen. Man eröffnet dann ein Sparkonto. Das ist eine Liste, auf der genau eingetragen ist, wie viel Geld eingezahlt wurde. Man bekommt von der Bank ein Sparbuch, in dem die Einzahlung vermerkt ist.
Warum trägt man aber sein Geld zur Bank? Erstens sind Banken ein sicherer Aufbewahrungsort. Zweitens bezahlt die Bank für das Geld, das man ihr bringt Zinsen. Zinsen sind eine Leihgebühr. Die Bank leiht sich das Geld der Sparer aus, um damit Geschäfte zu machen. Dazu gehört, dass die Bank ihrerseits Geld an Kunden verleiht. Von der Bank geliehenes Geld nennt man einen Kredit. Banken funktionieren gut: Sie verlangen höhere Zinsen, wenn sie selbst Geld ausleihen, bezahlen aber niedrigere Zinsen an diejenigen, die ihnen ihr erspartes Geld geben. ➜ Geld, Konto

der Bär
Bären sind Raubtiere besonderer Art: Sie sind Allesfresser. Braunbären töten auch andere Tiere, aber sie ernähren sich hauptsächlich von Früchten, Wurzeln, Gräsern und Pilzen.
Bären haben einen dicken, zottigen Pelz. Sie sehen plump aus, aber das täuscht: Sie sind geschickte Kletterer, die gut schwimmen und schnell laufen können.
Der größte Bär ist der Kodiakbär. Er wird bis zu 3 Meter lang und zählt zu den Braunbären. Die riesige Kodiakbärin bringt winzige Junge zur Welt, die kaum ein Pfund wiegen. Die meisten Braunbären haben zwei bis drei Junge. Sie werden im Winterversteck geboren, und die Bärin versorgt und beschützt sie länger als ein Jahr.
Ausgewachsene Bären sind Einzelgänger. Sie halten keinen richtigen Winterschlaf, sondern nur eine Winterruhe.
Eisbären leben am Rande des Eismeeres und sind ausgeprägte „Räuber"; sie ernähren sich fast nur von Robben und Fischen.

Braunbär

das Barometer
Wie wird das Wetter? Das Barometer weiß meistens eine Antwort. Es ist ein wichtiges Mittel zur Wettervorhersage. In seinem Innern befindet sich eine luftleere Metalldose, deren Deckel sich verformt, wenn der Luftdruck fällt oder steigt. Dabei muß man wissen: Hoher Luftdruck bedeutet schönes Wetter, fallender Luftdruck bringt Wetterveränderung und meistens Regen. Durch das Sichtglas des Barometers sehen wir einen Zeiger; er zeigt uns auf einer Skala jede Veränderung des Luftdrucks an. ➜ Luft, Skala, Wetter

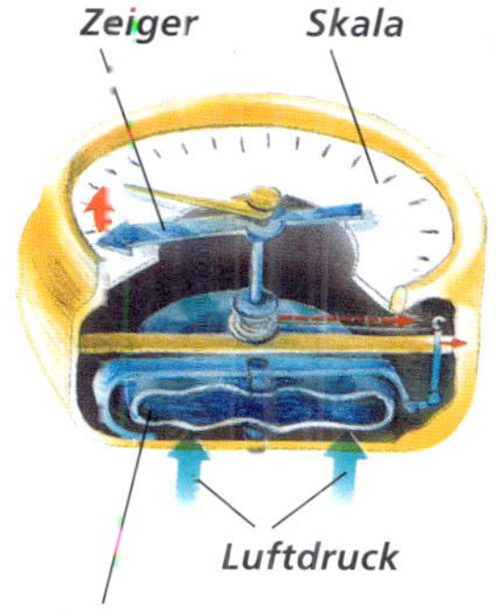

die Batterie
Eine Batterie speichert Strom. Taschenlampe, Wecker, Walkman und ferngesteuertes Auto – diesen und vielen anderen Geräten liefern Batterien elektrische Energie.
Oft ist der Stromvorrat von Batterien schnell verbraucht. Leere Batterien enthalten gefährliche Stoffe wie Quecksilber oder Blei. Sie gehören deshalb in den Sondermüll.
Viel umweltfreundlicher sind Batterien, die sich viele Male wieder aufladen lassen. Diese „Stromsammler" werden Akkumulatoren oder kurz Akkus genannt. Auch eine Autobatterie ist ein Akku. ➜ Quecksilber, Strom

der Bauernhof
Bauernhöfe versorgen uns mit wichtigen Nahrungsmitteln. Früher betrieb man fast auf jedem Bauernhof beides: Ackerbau und Viehzucht. Auf den Feldern wurden Getreide, Kartoffeln oder Rüben angebaut, im Stall gab es Kühe und Schweine, die für Milch und Fleisch sorgten, und die Bäuerin hielt noch Hühner, Gänse und Enten. Es gab viele kleine Bauernhöfe, auf denen eine Bauernfamilie beinah alles selbst erzeugte, was sie zum täglichen Leben brauchte.
Moderne Bauernhöfe sind meistens große landwirtschaftliche Betriebe, in denen mit vielen Maschinen gearbeitet wird. Viele Bauern haben sich entweder für Ackerbau oder für Viehzucht entschieden. Auf dem einen

die Baumwolle

Hof werden zum Beispiel nur Kartoffeln und Getreide angebaut; auf dem anderen hält der Bauer nur Kühe oder Schweine. Die Bauernfamilien kaufen den größten Teil ihrer Lebensmittel wie andere Familien im Supermarkt. ➜ Getreide, Landwirtschaft

der Baum

Ein Baum ist ein Naturwunder. Er steht da und vollbringt fast unbemerkt erstaunliche Dinge. Zum Beispiel: Ein großer Baum ist eine riesige Wasserpumpe. Er saugt mit seinen Wurzeln Wasser aus der Erde auf und pumpt es durch den Stamm bis hinauf in die höchsten Blätter. Über sie gibt der Baum dann Wasser ab. Was diese Verdunstung von Wasser bedeutet, kannst du spüren, wenn du dich an einem heißen Sommertag unter Bäumen aufhältst. Die Luft ist dort angenehm kühl und feucht.

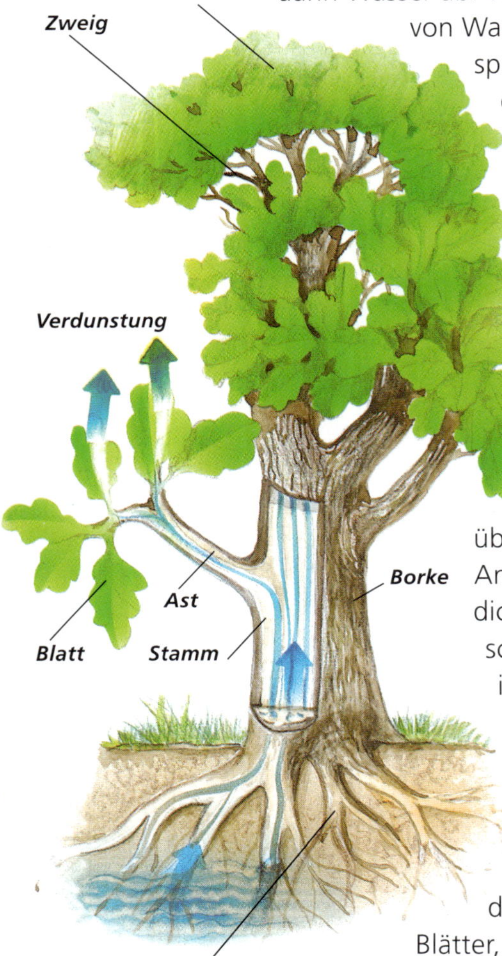

Bäume sind die größten Pflanzen. Manche wachsen höher hinauf als Hochhäuser; Mammutbäume werden zum Beispiel über 100 Meter hoch. Andere Bäume werden so dick, dass es eine Menschenkette braucht, um ihren Stamm zu umfassen. Es gibt Laub- und Nadelbäume. Ein Laubbaum trägt Blätter, die er meistens im Herbst abwirft. Auch die Nadeln des Nadelbaums sind Blätter, sie bleiben aber das ganze Jahr über am Baum. Nadelbäume sind immergrün.
Jeder Baum hat einen kräftigen Stamm und eine Krone. Sie besteht aus vielen Ästen und Zweigen.

Bäume liefern uns Holz für viele Zwecke. Sie reinigen unsere Luft, indem sie mit ihren Blättern große Mengen Staub und Gifte aus ihr herausfiltern. Wenn allerdings die Luftverschmutzung zu stark ist, werden Bäume krank. Wir müssen auf die Gesundheit der Bäume achten, denn ohne sie können wir nicht leben. ➜ Pflanze, Verdunstung, Wald

die Baumwolle

Der Baumwollstrauch wächst in warmen Ländern. Aus seinen Blüten entwickeln sich Kapseln, in denen Samen sitzen, die weiße Haare tragen. Wenn die Kapseln reif sind, platzen sie auf, und die Haare quellen heraus. Das sind die Baumwollfasern, die nun gepflückt werden. Die Fasern werden zu Garnen gesponnen und anschließend zu Stoffen verwoben. Baumwolle ist ein sehr beliebter Kleidungsstoff; sie ist leicht und angenehm zu tragen. ➜ Strauch, Textilie

die Befruchtung

Ein neues Lebewesen entsteht, wenn eine weibliche Eizelle sich mit einer männlichen Samenzelle vereinigt. Diesen Vorgang nennt man Befruchtung. Bei Menschen und Tieren geschieht die Befruchtung der Eizelle mithilfe der Geschlechtsorgane. Bei Pflanzen

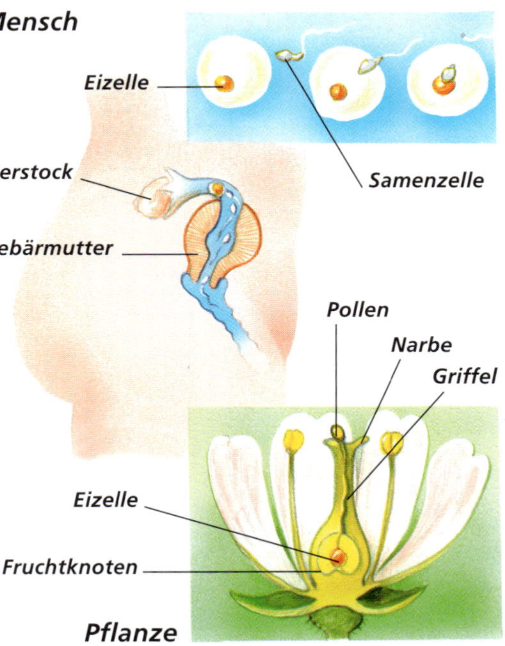

sorgen zuerst Insekten oder der Wind für die Bestäubung; darauf folgt dann die Befruchtung. ➜ Bestäubung, Ei, Samen, Zelle

der Begleiter ➜ Artikel

die Behinderung
Menschen, die eine Behinderung haben, sind Nichtbehinderten gegenüber im Nachteil. Wer gelähmt ist, kann nicht gehen und muss im Rollstuhl fahren; Geistigbehinderte können vieles nicht verstehen und finden sich nicht allein zurecht; Gehörlose leben in einer Welt ohne Töne, und Blinde können nichts sehen.
Es gibt viele verschiedene Behinderungen. Sie können durch Krankheiten oder Unfälle entstehen, aber manche Menschen sind auch von Geburt an behindert. Es ist wichtig, dass Behinderte ausreichende Hilfen bekommen, um wie alle anderen am Leben in der Gemeinschaft teilnehmen zu können.

das Bergwerk
In einem Bergwerk werden Bodenschätze aus der Erde herausgeholt. Die Steinkohle ist so ein Bodenschatz. Um an sie heranzukommen, müssen Schächte tief in die Erde getrieben werden. Quer zu diesen Schächten werden Gänge gegraben, die Stollen heißen; sie sind oft kilometerlang. Die Bergleute dringen in den Stollen bis zur Kohle vor. Sie aus der Erde herauszubrechen, ist eine harte Arbeit. Heute wird sie den Bergleuten durch Maschinen erleichtert. Trotzdem hat der Bergmann einen der anstrengendsten und gefährlichsten Berufe, die es gibt. Andere Bodenschätze, die in Bergwerken abgebaut werden, sind Metalle, Salz und Edelsteine. ➜ Kohle, Metall

der Beruf
Um Geld zu verdienen, müssen die meisten Menschen arbeiten gehen. Für sehr viele Arbeiten braucht man eine Ausbildung. Hand-

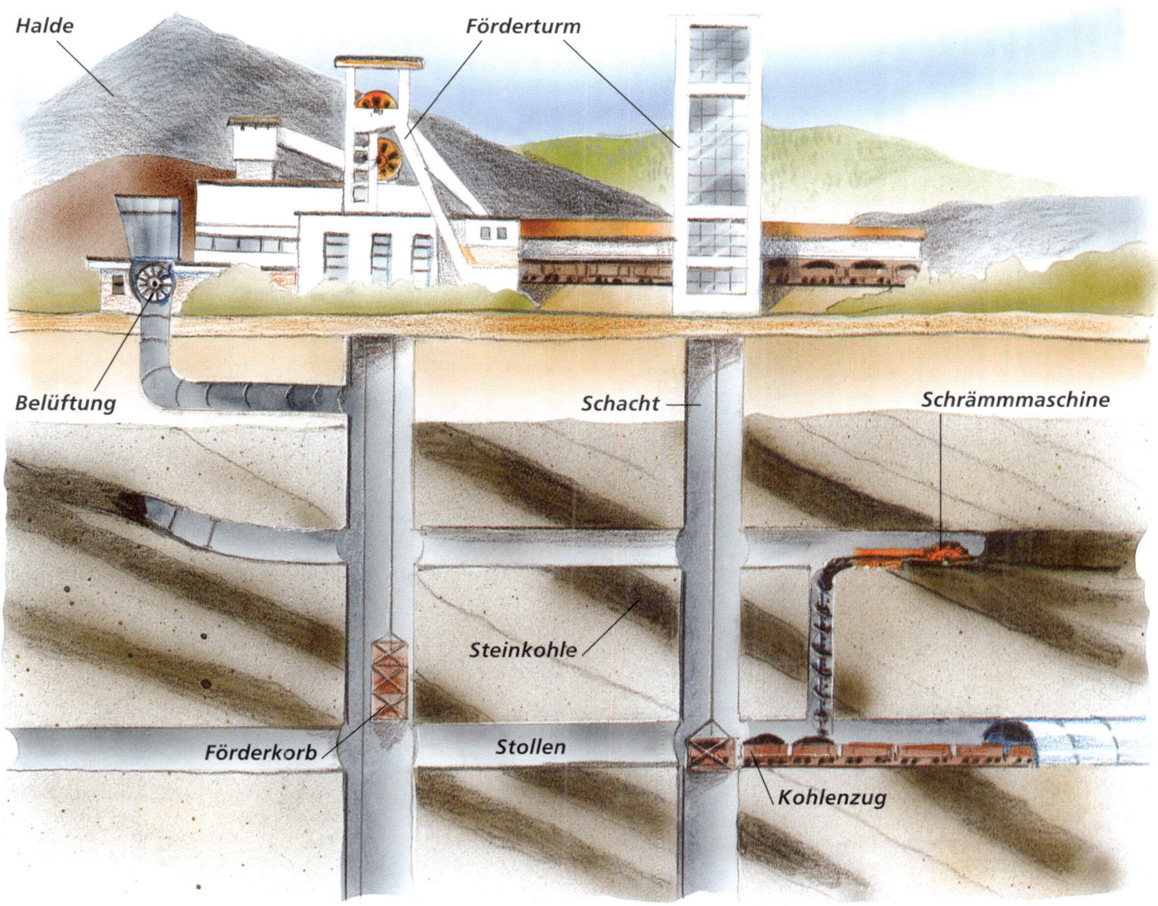

das Bergwerk

werker und Kaufleute zum Beispiel bekommen ihre Ausbildung in einem Betrieb und in der Berufsschule. Für andere Berufe muss man an der Universität studieren, etwa um Arzt, Lehrer oder Architekt zu werden.
➜ Arbeit, Handwerker, Universität

die Bestäubung

Damit eine Pflanze Früchte tragen kann, müssen ihre Blüten bestäubt werden. Blütenstaub, den man auch Pollen nennt, besteht aus winzigen Pollenkörnern mit Samenzellen. Eine dieser Samenzellen muss bis zur Eizelle im Fruchtknoten der Blüte vordringen und mit ihr verschmelzen, erst dann kann eine Frucht heranwachsen. Bei vielen Pflanzen wird der Blütenstaub durch den Wind übertragen. Aber auch Bienen, Schmetterlinge und Hummeln tragen Pollen von einer Blüte zur anderen. Sie kriechen in die Blüten hinein, um Nektar zu sammeln. Dabei bleibt Blütenstaub an ihnen hängen. In der nächsten Blüte streifen sie staubbedeckt über einen kleinen Stab, der im Innern der Blüte sitzt und Griffel genannt wird. An seiner klebrigen Spitze, der Narbe, bleiben einige Pollen hängen: Die Blüte ist bestäubt. ➜ Befruchtung, Blüte, Nektar

der Beton

Beton ist der wichtigste Baustoff unserer Zeit. Er besteht meistens aus Zement, Sand, Kies und Wasser. Diese Stoffe werden in Mischmaschinen zu einem dicken Brei vermischt. Auf der Baustelle gießt man ihn dann zwischen Holzwände, die man Verschalungen nennt. Der Beton wird schnell steinhart, danach kann man die Verschalungen entfernen.
Damit eine Betonmauer nicht gleich wieder einstürzt, setzt man vor dem Eingießen des Betonbreis Geflechte aus Stahldraht in die Verschalungen ein. Die weiche Masse verbindet sich mit dem Stahl zum Stahlbeton; ihm können selbst große Lasten und Erschütterungen nichts anhaben. ➜ Zement

die Bibel

Die Bibel ist ein sehr altes Buch; man nennt sie auch das Buch der Bücher. Sie wurde häufiger gedruckt als jedes andere Buch und in fast alle Sprachen der Welt übersetzt.
Die Bibel besteht aus zwei Teilen: Altes Testament und Neues Testament. Für Juden ist das Alte Testament die Heilige Schrift und die Grundlage ihres Glaubens. Das Alte Testament berichtet von der Erschaffung der Welt und erzählt viele Geschichten von Gott und den Menschen. Das Neue Testament handelt vom Leben des Jesus von Nazareth und von dem, was er gelehrt hat. Christen erkennen in beiden Teilen der Bibel das Wort Gottes. ➜ Christ, Gott

der Biber

Biber sind Nagetiere und berühmt als Baumeister. Sie fällen Bäume, um damit zu bauen. Bei dieser Holzfällerarbeit hinterlassen

sie deutliche Spuren: Wo Bäume von Bibern gefällt wurden, sehen deren Stämme aus wie angespitzte Bleistifte.
Aus Zweigen, Borke und kleinen Bäumen bauen Biber Dämme, um das Wasser von Flüssen zu stauen. Aus dem gleichen Material errichten sie auch ihre Biberburg. Darin leben sie in großer Sicherheit, denn der Eingang zur Burg liegt versteckt unter der Wasseroberfläche. Biber können sehr gut schwimmen und tauchen. Sie ernähren sich hauptsächlich von frischer grüner Rinde und weichem Holz. ➔ Nagetier

die Biene

Königin

Drohne

Arbeiterin

Bienen sind Insekten. Zu einem Bienenvolk der Honigbiene gehören eine Königin, viele tausend Arbeiterinnen und einige hundert Männchen, die Drohnen. Die Drohnen befruchten die Königin während ihres Hochzeitsfluges; danach sterben sie. Die Königin legt unermüdlich Eier in leere Waben. Das sind kleine, meistens sechseckige Kammern, die von den Arbeiterinnen aus Wachs gebildet werden. Nach ein paar Tagen schlüpfen aus den Eiern kleine, weiße Larven. Sie werden von den Arbeiterinnen gefüttert und wachsen schnell. Schon nach 6 Tagen spinnen sie sich ein. Ihre Verwandlung zur Biene dauert 3 Wochen. Nun haben sie einen braungelb geringelten Pelz, Beine mit Bürstenhaaren zum Sammeln der Pollen und durchsichtige Flügel.
Die frisch geschlüpfte Biene beginnt sofort damit, die Larven zu pflegen und neue Waben zu bauen. Später verteidigt sie den Bienenstock gegen Feinde. Dabei hilft ihr der Giftstachel, mit dem sie andere Insekten töten kann. Schließlich wird sie zur Flugbiene und sammelt Nektar und Pollen aus den Blüten. ➔ Honig, Insekt, Larve, Nektar

die Birke

Die Birke ist ein Laubbaum mit einem deutlichen Erkennungszeichen: Weiß ist die Rinde von Stamm und Ästen. Die Birke treibt schon früh im Jahr ihre Kätzchen und hellgrünen Blätter hervor. Ihre Samen sind besonders klein und leicht. Der Wind kann sie im Herbst über weite Strecken tragen. Deshalb ist die Birke meistens der erste Baum, der freigewordene Bodenflächen besetzt. Sie wächst als junger Baum sehr schnell. Mit 10 Jahren ist sie schon 5 Meter hoch. Das weiße harte Holz der Birke wird gern zu Möbeln verarbeitet, dient oft aber auch als Kaminholz. ➔ Baum

der Birnbaum

Der Birnbaum wird höher als ein Apfelbaum. Seine Äste sind steil aufwärts gerichtet. Dadurch hat seine schlanke, hohe Krone die Form einer Pyramide. Der Birnbaum blüht ganz weiß, seine Blüten riechen allerdings – für unsere Nasen – nicht besonders anziehend nach Fisch. Umso besser duften und schmecken die Früchte. ➔ Baum

das Blatt

Fast alle Pflanzen haben Blätter. Sie dienen ihrer Ernährung und Atmung. Wenn man mit einem Mikroskop die Unterseite eines Blattes genauer untersucht, erkennt man viele kleine Spaltöffnungen. Durch sie hindurch atmen die Pflanzen. Sie nehmen Kohlendioxid aus der Luft auf und geben Wasser und Sauerstoff ab. Ein großer Baum hat viele Blätter, die auf diese Art unserer Atemluft viel Sauerstoff geben. Zugleich spielt sich im Innern des Blattes ein komplizierter Vorgang ab: Mithilfe des Sonnenlichts wird aus dem Kohlendioxid und dem Wasser Zucker hergestellt. Der Zucker ernährt die Pflanze. Dieser Vorgang, der für alles Leben auf der Erde von größter Bedeutung ist, hat einen schwierigen Namen. Er wird mit einem griechischen Fremdwort „Fotosynthese" genannt.

Das Blatt eines Laubbaumes ist von Adern durchzogen. Sie stützen das Blatt und leiten das Wasser und die Nährstoffe, also auch den Zucker. Im Herbst versorgen viele Laubbäume ihre Blätter nicht mehr mit Wasser. Die Blätter verfärben sich daraufhin, werden leuchtend gelb, rot oder braun und fallen ab. ➜ Baum, Pflanze, Sauerstoff

die Blindenschrift

Ein blindes Kind kann auch lesen und schreiben lernen, denn es gibt eine Blindenschrift. Sie ist eine Tastschrift aus kleinen punktartigen Erhebungen auf dickem Papier und wird mit den Fingerspitzen gelesen.

Sechs Punkte sind die Grundlage der Tastbuchstaben; sie sind so angeordnet:

Das A hat einen stärker fühlbaren Punkt links oben:

Das B hat zwei dickere Punkte:

Beim C können die Fingerspitzen fühlen, dass von den sechs Punkten die beiden oberen stärker sind:

➜ Schrift

die Blindschleiche

Die Blindschleiche wird oft für eine Schlange gehalten. Sie ist aber keine, sondern zählt zu den Echsen. Nur weil sie keine Beine hat, schleicht sie am Boden wie eine Schlange. Sie kann wie die Eidechse ihren Schwanz abwerfen, wenn Gefahr droht. Eine Blindschleiche bringt lebende Junge zur Welt. Blindschleichen werden höchstens einen halben Meter lang. Ihre Färbung kann sehr unterschiedlich sein: manchmal rötlich, manchmal braun oder sogar schwarz. Du begegnest einer Blindschleiche am ehesten an schattigen, feuchten Orten – im Laubwald, aber auch in Parks und Gärten. Sie ist ein ganz harmloses Tier, das sich nur von Regenwürmern und Nacktschnecken ernährt. ➜ Eidechse, Reptil, Schlange

der Blitz ➜ Gewitter

das Blut

Das Blut ist eine Körperflüssigkeit. Jedes Kind hat ungefähr 3 Liter davon, ein Erwachsener 5 bis 6 Liter. Es durchfließt den Körper in Adern. Das Blut arbeitet wie ein Transporter. Es bringt den Sauerstoff aus der Lunge in alle Körperzellen und Kohlendioxid zurück in die Lunge. Auch Nähr- und Abfallstoffe werden vom Blut befördert. Das Blut wird im Knochenmark gebildet. Es besteht aus einer hellen Flüssigkeit – dem Plasma –, den roten und weißen Blutkörperchen und den Blutplättchen. Die roten Blutkörperchen sind die eigentlichen Transporter, während die weißen für die Bekämpfung eingedrungener Bakterien oder anderer Fremdkörper zuständig sind. Die winzigen Blutplättchen sorgen dafür, dass Blut bei einer Verletzung gerinnt und so die Wunde schließt. ➜ Ader, Bakterie, Lunge, Sauerstoff, Zelle

die Blüte

Viele Pflanzen tragen Blüten. Aus ihnen entwickeln sich Früchte und Samen. Blüten sehen sehr unterschiedlich aus. Manche sind groß und prächtig gefärbt wie die des Klatschmohns, andere sind klein und unscheinbar wie die der Stachelbeere. Die Blüten von Flieder, Lavendel, Rosen und vielen anderen Pflanzen sind bekannt für ihren Duft, doch längst nicht alle Blüten duften. Es gibt Pflanzen, die zwei Arten von Blüten tragen: weibliche, aus denen die Frucht wächst, und männliche, die Samenzellen enthalten. Birken und Kiefern haben solche Blüten. Eine Blüte, die zugleich männliche Staubgefäße und den weiblichen Fruchtknoten hat, ist rechts abgebildet: eine Apfelblüte. ➜ Befruchtung, Bestäubung, Frucht

der Blutkreislauf

Unser Herz pumpt das Blut durch den ganzen Körper. Dabei fließt es durch die Adern wie durch Einbahnstraßen: Das sauerstoffreiche Blut strömt vom Herzen weg durch die Arterien, und das sauerstoffarme Blut zum Herzen zurück durch die Venen. Unser Herz arbeitet pausenlos; mehr als tausendmal pro Tag treibt es die gesamte Blutmenge durch den Kreislauf. ➜ Ader, Herz

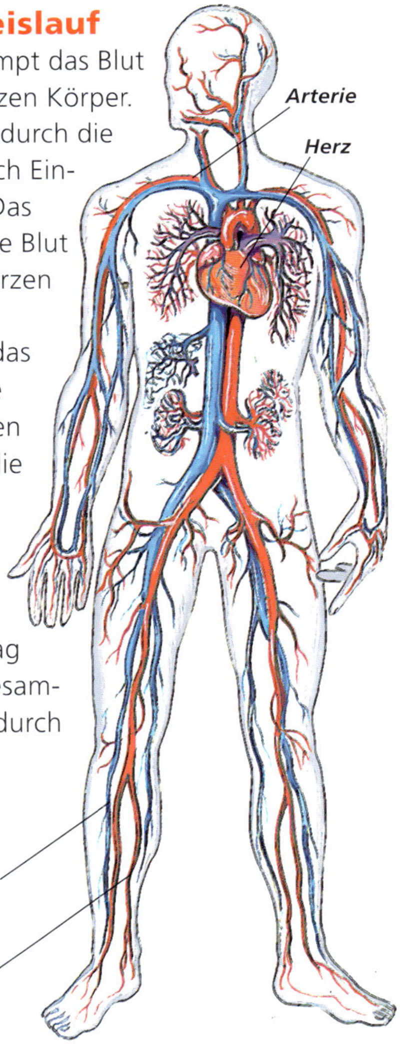

der Bohrer

Ein Bohrer ist ein Werkzeug, das man braucht, um Löcher in feste Gegenstände zu bohren. Wer mit einem Handbohrer arbeitet, braucht Kraft. Eine elektrische Handbohrmaschine erleichtert die Arbeit; mit ihrer Hilfe ist es auch möglich, Löcher in sehr hartes Material wie Stein oder Beton zu bohren.
Die größten Bohrer werden auf der Suche nach Erdgas oder Erdöl eingesetzt. Ein hoher Bohrturm ist nötig, um diese Bohrer zu tragen; sie können mehrere Kilometer tief in die Erde eindringen. ➜ Bohrer, Erdöl

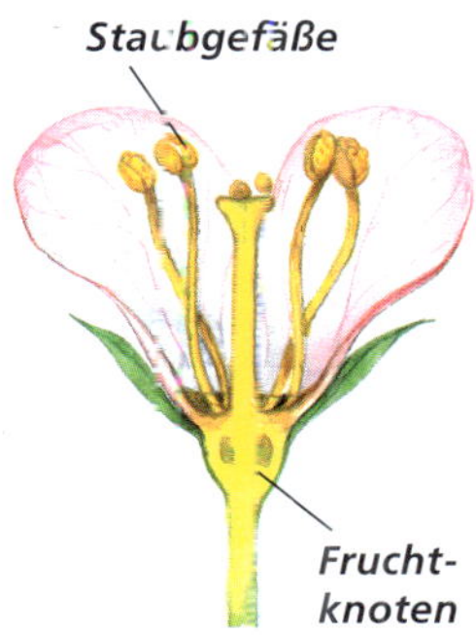

die Blüte

die Borke

Die rauhe rissige Haut, die einen Baumstamm umgibt, nennen wir Borke. Ein junger Baum hat nur eine dünne, weiche Rinde. Aus ihr entsteht im Laufe der Jahre die Borke, die bei alten Bäumen oft sehr hart und mehrere Zentimeter dick ist. Sie schützt den Baum gegen Verletzungen und Kälte. Kiefern und Eichen haben eine besonders ausgeprägte Borke. ➜ Baum, Eiche, Kiefer

die Bremse

Fahrzeuge brauchen Bremsen, um ihre Geschwindigkeit zu verringern und anhalten zu können. Fahrräder haben Felgenbremsen. Wenn man die Bremshebel anzieht, werden über ein Zugseil Bremsklötze von zwei Seiten gegen die Radfelgen gedrückt. Die Gummiklötzchen reiben an den Felgen entlang und verlangsamen die Bewegung der Räder, bis das Fahrrad schließlich steht. Manche Fahrräder haben auch eine Rücktrittbremse.
Beim Auto gibt es verschiedene Bremsen: Während die Fußbremse auf alle vier Räder einwirkt, stellt die Handbremse nur die Räder der Vorder- oder Hinterachse fest.

die Brennnessel

Brennnesseln wachsen fast überall: an Wegrändern, im Garten, im Wald und auf Wiesen. Ihre länglichen, gesägten Blätter sind mit vielen harten Haaren bedeckt. Diese Brennhaare sind wie kleine, oben geschlossene Röhren aus hauchdünnem Glas. Bei der kleinsten Berührung zerbrechen sie und ritzen mit ihren scharfen Kanten winzige Wunden in die Haut. Zugleich fließt die Nesselflüssigkeit, die in den Röhren steckt, in die Wunden. Es bilden sich brennende, juckende Bläschen.
Dennoch sind junge Brennnesseltriebe essbar wie Spinat. Beim Kochen wird das Nesselgift zerstört. Sie schmecken gut und enthalten viel Vitamin C und Eisen. ➜ Vitamin

der Brief

Briefe sind geschriebene Mitteilungen, die in verschlossenen Umschlägen verschickt werden. Die meisten Briefe befördert die Post. Hierfür muss der Absender eine Gebühr bezahlen: das Porto. Er kauft Briefmarken und klebt eine oder mehrere davon auf den Brief. So kann jeder erkennen: Das Porto ist bezahlt.
Auf jeden Brief gehört außer der Adresse des Empfängers auch die des Absenders. Wenn der Brief sein Ziel nicht erreicht, wird er an den Absender zurückgeschickt. Das Briefgeheimnis verbietet bei Strafe, einen fremden Brief zu öffnen. ➜ Adresse, Post

das Brot

Brote werden nach einfachem Rezept gebacken. Man braucht Mehl, Wasser, Salz und Hefe oder Sauerteig. Diese Zutaten werden vermischt und kräftig geknetet, geformt und gebacken.
Hefe oder Sauerteig lockern den Teig. Nach dem Durchkneten ruht er eine Weile. Es bilden sich Bläschen in ihm, und er wird größer. Man sagt: Der Teig geht auf.
Brot kann aus jedem Getreide gebacken werden. Für dunkles Brot braucht man Roggenmehl, Weißbrot ist aus Weizenmehl gemacht. Ganz gleich, welches Getreide für den Teig genommen wird: Brot aus Vollkornmehl ist besonders gesund. ➜ Getreide

die Brücke

Die einfachste Brücke, die man bauen kann, besteht aus einem Brett oder Baumstamm, den man über einen Bach legt. Damit kann man den Bach überqueren, ohne nasse Füße zu bekommen.
Große Brücken überspannen größere Hindernisse: Flüsse, Täler, Schluchten oder sogar Teile des Meeres. Sie führen meistens eine Straße oder Eisenbahnlinie über das Hindernis hinweg. Es ist die Aufgabe eines Ingenieurs, genau zu planen, welche Brückenart an welchem Ort besonders geeignet ist. Man unterscheidet Balkenbrücken, Bo-

genbrücken und Hängebrücken. Eine besonders große Strecke lässt sich mit einer Hängebrücke überspannen. ➜ Ingenieur

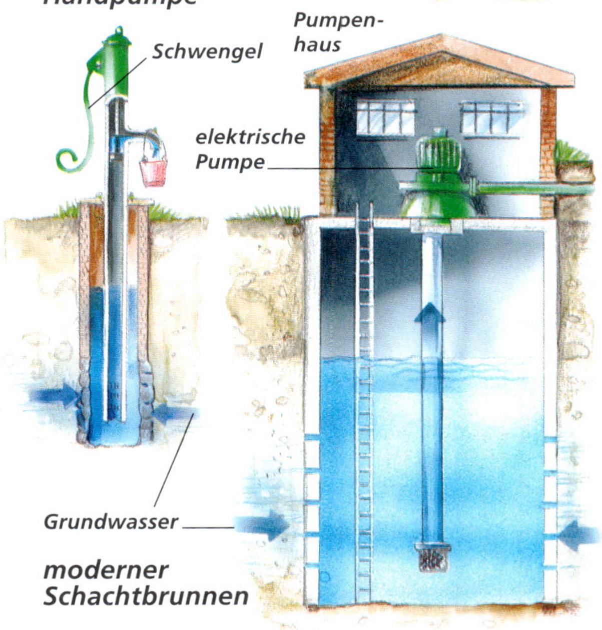

der Brunnen

Brunnen werden gebaut, um Wasser aus der Erde heraufzuholen. Sie versorgen uns mit Trinkwasser. Ein einfacher Schachtbrunnen besteht aus einem gemauerten Schacht, der so tief in die Erde gegraben ist, dass er das Grundwasser erreicht. Die unterste Brunnenwand ist wasserdurchlässig; durch sie dringt Grundwasser ein, das dann nach oben befördert werden kann. Früher zog man das Wasser mit Eimern in die Höhe, die an einem Seil hingen; heute bringen elektrische Pumpen das Wasser hinauf.
➜ Grundwasser, Pumpe, Wasserwerk

die Brüste

Wenn ein Mädchen in die Pubertät kommt, wachsen auch ihre Brüste. Zuerst werden die Brustwarzen größer und dunkler. Dann werden die Brüste runder, weil sich unter den Brustwarzen die Milchdrüsen ausbilden. Die Milchdrüsen sind wie Gänge angelegt. In diesen Milchgängen wird Muttermilch gebildet, wenn eine Frau ein Baby bekommen hat. Weil jeder Milchgang einen Ausgang an der Brustwarze hat, kommt das Baby beim Saugen an die Milch heran.
➜ Frau, Pubertät, Schwangerschaft

das Buch

Das Buch, das du jetzt in der Hand hältst, besteht aus vielen bedruckten Papierseiten; sie werden durch einen Einband aus Karton zusammengehalten. Die meisten Bücher, die heute hergestellt werden, sind so beschaffen.
Aber Bücher gibt es seit langer Zeit, und sie bestanden früher aus ganz anderen Materialien. Man schrieb Bücher auf Tontafeln, Palmblätter, Papyrusrollen und Pergament. Geschrieben wurde mit der Hand; das geschah oft sehr kunstvoll und dauerte lange. Der Buchdruck mit beweglichen Buchstaben aus Metall wurde vor 500 Jahren erfunden. Seitdem hat sich die Art, wie Bücher entstehen, sehr verändert. Heute druckt eine große Druckerei viele Bücher in kurzer Zeit. Die Buchbinderei fügt anschließend die bedruckten Seiten zu einem Buch zusammen.
➜ Papier, Pergament

die Buche

Die Buche ist ein Waldbaum. Sie gehört zu den Laubbäumen, die in jungen Jahren wenig Licht brauchen und langsam wachsen. Ausgewachsene Buchen sind besonders große Bäume. Die geraden Stämme sind

auffallend glatt, ihre Rinde schimmert silbergrau. Es gibt reine Buchenwälder, die schattiger sind als andere Wälder, weil die Kronen der Buchen das Sonnenlicht sehr stark abschirmen.
Die Früchte der Buche heißen Bucheckern; sie werden im Oktober reif. Es sind dreieckige Nüsschen, die zu zweit in einer kleinen stacheligen Schale sitzen. Für Eichhörnchen sind sie ein wichtiger Teil ihrer Nahrung, aber du kannst sie auch probieren: Sie schmecken gut! ➜ Baum, Wald

die Bücherei

In einer Bücherei werden Bücher gesammelt und ausgeliehen. Jeder kann eine Bücherei besuchen und sich nach Büchern umsehen. Eine Bücherei wird auch Bibliothek genannt. Menschen, die dort arbeiten, heißen Bibliothekare. Sie ordnen die Bücher und helfen den Besuchern sich zurechtzufinden.
Wer Bücher ausleihen will, muss einen Leserausweis haben. Man darf sie nur eine bestimmte Zeit behalten. Bevor die Leihfrist abgelaufen ist, muss man die Bücher zu-

die Burg

rückbringen. In vielen Büchereien gibt es nicht nur Bücher, sondern auch Zeitschriften, Spiele, Videos und Kassetten. ➜ Buch, Medien

die Burg

Ritter und Fürsten haben früher in Burgen gewohnt. Die meisten dieser Burgen sind heute zu Ruinen verfallen.

Viele Burgen lagen auf steilen Felsen oder kleinen Inseln. Sie waren Orte, in die auch die Bewohner der umliegenden Dörfer flüchteten, wenn Feinde das Land überfielen. Sie boten Schutz, denn sie waren immer von hohen und dicken Mauern umgeben. Man konnte viele Burgen nur über eine Zugbrücke betreten; sie wurde hochgezogen, sobald Feinde näherrückten. Jede Burg besaß Vorratslager und hatte in ihrer Mitte meistens einen Brunnen; so konnten die Bewohner manchmal einer Belagerung lange Zeit widerstehen. ➜ Mittelalter, Ritter, Ruine

der Bürger

Bürger hießen früher die Menschen, die im Schutz einer Burg wohnten. Heute sind alle Personen, die einem Staat angehören, dessen Bürger. Jeder Staatsbürger hat die gleichen Rechte und Pflichten. ➜ Staat

der Bürgermeister

Die Bürger eines Dorfes oder einer Stadt wählen ihren Bürgermeister. Er leitet die Verwaltung einer Gemeinde. Er steht außerdem an der Spitze des Gemeinde- oder Stadtrates. Zusammen mit dessen Mitgliedern entscheidet er über wichtige Dinge, die oft für alle Bürger große Bedeutung haben. ➜ Gemeinde, Wahl

das Büro

Ein Büro ist ein Arbeitsraum. Ein oder zwei Personen sitzen dort an einem Schreibtisch und erledigen meistens schriftliche Arbeiten. Große Firmen und Behörden haben oft zahlreiche Büros. Räume, in denen viele Menschen nebeneinander arbeiten, heißen Großraumbüros. Technische Geräte, die man in fast allen Büros findet, sind Telefon, Telefax, Fotokopierer und Computer. ➜ Computer, Telefax, Telefon

der Bussard

Bussarde sind Greifvögel und eng mit den Adlern verwandt. Sie sind aber kleiner als Adler, denn sie werden nur etwas über 50 Zentimeter lang.

Die Bussard-Art, die bei uns am häufigsten vorkommt, ist der Mäusebussard. Er brütet meistens im Wald, aber sein Lebensraum ist eigentlich das freie Feld. Man sieht ihn oft stundenlang über Wiesen und Äcker kreisen. Er lauert dann auf seine Lieblingsbeute, die Feldmaus.

Mäusebussarde sitzen häufig auch auf Weidezäunen oder den unteren Ästen eines einzeln stehenden Baumes. Von dort starten sie lautlos und fangen ihre Beute aus dem Gleitflug heraus.
➜ Adler, Greifvogel

der CD-Spieler

CD ist die Abkürzung für das englische Wort „compact disc". Es bedeutet „Kompaktschallplatte". Eine CD ist eine glänzende Scheibe aus Metall und Kunststoff. Auf dieser Scheibe sind Informationen über Töne in Form von winzigen, mit bloßem Auge nicht sichtbaren Vertiefungen gespeichert. Der CD-Spieler ist das Gerät, mit dem man CDs abspielt. Die CD wird dabei von einem feinen Lichtstrahl, einem Laserstrahl, abgetastet. Alle auf der Scheibe gespeicherten Informationen werden im CD-Spieler in Töne zurückverwandelt. Durch die Lautsprecher hörst du dann Sprache oder Musik.
➜ Information, Kassettenrekorder, Laser

der Champignon

Von Juni bis Oktober wächst auf Wiesen und Weiden ein weißer Pilz: der Wiesenchampignon. Von allen Champignonarten kommt er am häufigsten vor.
Champignons gehören zu den Lamellenpilzen. Lamellen heißen die dünnen Blättchen an der Unterseite des Hutes. Beim jungen Champignon sind sie rosa; später werden sie braun, zuletzt schwarz. Pilzsammler müssen wissen, dass Champignons farbige Lamellen haben. Der lebensgefährlich giftige Weiße Knollenblätterpilz ist dem Champignon sehr ähnlich bis auf ein Merkmal: Er hat weiße Lamellen.
Champignons lassen sich gut züchten. Wir können sie deshalb das ganze Jahr über im Supermarkt kaufen. ➜ Pilz

der Chef

Der Leiter eines Geschäfts oder einer Firma wird oft Chef genannt. Manchmal ist der Chef auch der Inhaber des Unternehmens. Für alle Angestellten ist er der Vorgesetzte. Sie besprechen sich mit ihm; er teilt ihnen die Arbeiten zu und kann ihnen Anweisungen geben. Ein Chef muss über vieles Bescheid wissen. Er ist dafür verantwortlich, dass in der Firma alles klappt.

der Chor

Ein Chor ist eine Gruppe von Sängern, die gemeinsam ein Lied vortragen. In einem Kinderchor singen nur Kinder; ebenso gibt es reine Frauen- und Männerchöre. In einem gemischten Chor singen Frauen und Männer zusammen. In einer Kirche wird der erhöhte Raum rund um den Altar Chor genannt. Früher war hier der Ort, an dem die Sänger standen. ➜ Altar

der Christ

Christen bekennen sich zur christlichen Religion. Sie glauben daran, dass Jesus Christus als Sohn Gottes auf die Erde kam und durch seinen Tod am Kreuz die Menschen erlöst hat. Das Kreuz ist deshalb für alle Christen das Zeichen ihrer Religion. Die Taufe ist die Handlung, durch die ein Mensch in die Gemeinschaft der Christen aufgenommen wird. Ein Christ betrachtet die Bibel als Heilige Schrift und Grundlage seines Glaubens. Wichtigstes Gebot der christlichen Lehre ist die Liebe zu Gott und die Nächstenliebe.
➜ Bibel, Gott, Religion, Taufe

die City

Die City liegt in der Mitte einer großen Stadt; sie ist das Geschäftsviertel, in dem sich besonders viele Geschäfte und Büros befinden. Zahlreiche Menschen arbeiten in der City oder fahren dorthin, um einzukaufen. Weil die Mieten in der City sehr hoch sind, gibt es dort oft nur noch sehr wenige Wohnungen. Die City wird manchmal auch Innenstadt genannt. ➜ Büro, Stadt

der Clown

Ein Clown tritt im Zirkus als Spaßmacher auf. Meistens bringt er die Zuschauer durch seine Ungeschicklichkeit zum Lachen. Viele Clowns machen während ihrer Vorstellung auch Musik, oft mit einer Trompete oder einer sehr kleinen Geige. ➜ Zirkus

das Cockpit ➜ Flugzeug

der Comic

Comic ist eine Abkürzung für Comicstrip und bedeutet „lustiger Streifen". Ein Comic ist eine gezeichnete Bildergeschichte. Ihr Text ist meistens kurz und steht in Sprechblasen.

Nicht alle Comics sind lustig. Manche erzählen spannende Abenteuer, andere erklären auf unterhaltsame Art ein bestimmtes Thema. Zu den berühmtesten Comicfiguren zählen Mickymaus, Asterix und Batman.

der Computer

Computer sind elektronische Rechenanlagen; sie gewinnen für unser Leben immer größere Bedeutung. Vielen Menschen dienen sie als Hilfsmittel bei ihrer Arbeit. Computer steuern Ampelanlagen und lenken Flugzeuge, sie entwerfen komplizierte Zeichnungen und lesen an der Supermarktkasse den Strichcode auf den Waren. Ohne Computer würden Banken, Fabriken, Kaufhäuser und vieles andere nicht mehr funktionieren. Computer leisten eine Menge; trotzdem sind sie nichts anderes als Rechenmaschinen, die Zahlen zusammenzählen und miteinander vergleichen. Das tun sie allerdings unglaublich schnell. Alle Informationen, die wir in einen Computer eingeben, werden von ihm in Zahlen umgewandelt. Die Ergebnisse seiner Berechnungen werden dann wieder in Buchstaben, Bilder oder Töne zurückübersetzt, die über einen Bildschirm oder Lautsprecher ausgegeben werden. Dieser gesamte Vorgang – Eingabe, Verarbeitung, Ausgabe – heißt Datenverarbeitung. ➜ Information, Internet

der Container

Ein Container ist ein großer Behälter, in dem Güter aller Art transportiert werden. Die Größen von Containern sind genau festgelegt und auf der ganzen Welt gleich. Container lassen sich leicht von einem Fahrzeug auf ein anderes verladen und auch gut aufeinanderstapeln. Große Containerschiffe sind manchmal mit Tausenden solcher Behälter beladen. Auch Sattelschlepper, Eisenbahnwaggons und Flugzeuge transportieren Container.

Die Sammelbehälter für Glas, Altpapier und Kunststoff, die an vielen Orten am Straßenrand stehen, sind ebenfalls Container. Sie erleichtern den Abtransport dieser Stoffe zur Wiederverwertung. ➜ Recycling

der Dachs

Der Dachs lebt im Wald. In der Abenddämmerung verlässt die Dachsfamilie ihren Bau und geht auf Nahrungssuche. Regenwürmer und Schnecken, Früchte, Pilze und Wurzeln werden in großen Mengen verzehrt.
Dachse haben an den Vorderpfoten starke Krallen, die sich gut zum Graben eignen. Damit legen sie ihren weitverzweigten Bau an, zu dem viele Gänge und Kammern gehören. Sie leben in großen Familien und bauen ihre Wohnung ständig weiter aus Im Winter halten Dachse eine ausgiebige Winterruhe und verlassen ihren Bau nicht.

der Dampf

Wasser, das wir erhitzen, fängt bei 100 Grad Celsius an zu kochen: Es verwandelt sich dabei in Dampf, den gasförmigen Zustand des Wassers.
Wasserdampf braucht viel mehr Platz als das Wasser, aus dem er entstanden ist. Bildet er sich in einem geschlossenen Behälter, entsteht hoher Druck. Erfinder haben diese Kraft des Wasserdampfes schon vor langer Zeit ausgenutzt. Sie bauten Dampfmaschinen, mit denen Lokomotiven und Schiffe angetrieben wurden. Heute benutzt man statt Dampfkraft meistens Elektrizität oder Wärmeenergie. ➜ Energie, Strom, Wasser

der Darm

Der Darm ist wichtig für unsere Verdauung. Die Speisen, die aus dem Magen kommen, werden im Darm weiter zerlegt. Er ist ein 6 bis 8 Meter langer Schlauch, der in Schlingen in unserem Bauch liegt. Er reicht vom Magen bis zum Darmausgang, dem After. Im Darm werden dem Speisebrei Nährstoffe entzogen; durch die Darmwände gelangen sie ins Blut. Was unser Körper nicht verwerten kann, bleibt im Darm, wandert zum After und wird als Kot ausgeschieden. Der Darm ist von Bakterien besiedelt, die unsere Verdauung unterstützen. Bei Tieren ist der Darm unterschiedlich lang. Fleischfressende Tiere haben einen kurzen, Pflanzenfresser einen langen Darm. Der Darm einer Kuh ist etwa 20-mal so lang wie ihr Körper. ➜ Bakterie, Organ, Verdauung

das Datum

Die Zeit vergeht, und es ist nicht einfach, sich in ihr zurechtzufinden. Das Datum hilft uns dabei. Es gibt an, welcher Tag heute ist. Aber es kann auch einen Zeitpunkt in der Vergangenheit oder Zukunft bezeichnen. Zu einem vollständigen Datum gehören die Angaben von Tag, Monat und Jahr. Man kann im Kalender nachsehen und dort das heutige Datum finden. Auch manche Uhren zeigen es an, und es steht immer auf der ersten Seite einer Zeitung. Ein besonders wichtiges Datum in der Vergangenheit ist für jeden Menschen sein Geburtsdatum. Noch in ganz ferner Zukunft liegt der 22. Februar 2222! ➜ Jahr, Kalender, Zeit

der Deich

Deiche gibt es an der Meeresküste und an Flussufern; sie sollen das Land vor Überschwemmungen schützen. Es sind Dämme aus aufgeschütteter Erde. Oft sind sie mit Gras bewachsen. Am Meer werden sie Seedeiche genannt. Sie müssen hohen Wellen und Sturmfluten standhalten. Ihre Böschung fällt zur Meeresseite hin lang und flach ab, damit sich die Wellen daran totlaufen können. ➜ Ufer

Seedeich

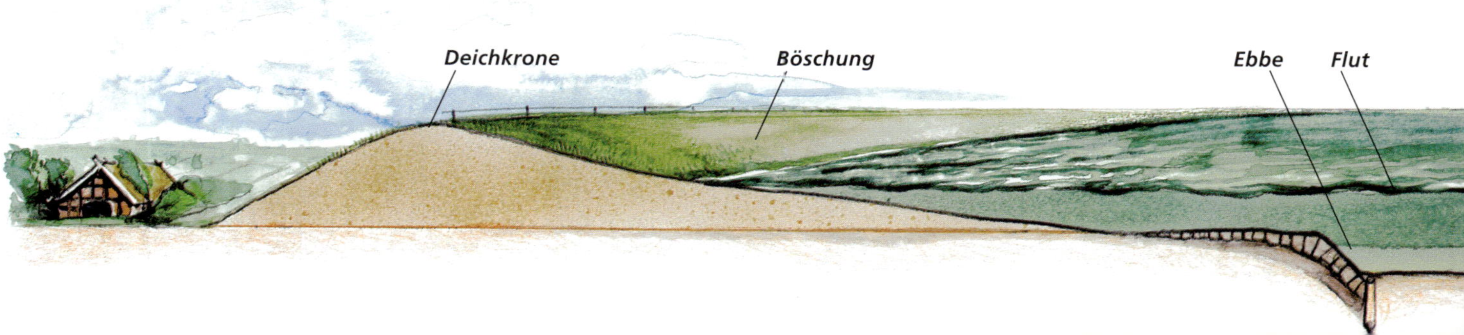

der Delphin

Delphine leben im Meer. Man kann sie leicht mit Fischen verwechseln. Aber Delphine gehören zu den Walen und sind daher Säugetiere.
Weil Delphine durch Lungen atmen, müssen sie von Zeit zu Zeit auftauchen. Sie lieben es, dabei hoch aus dem Wasser herauszuspringen. Manchmal begleitet eine ganze Herde von Delphinen ein Schiff und unterhält die Seeleute und Reisenden mit ihren Sprüngen.
Delphine zählen neben den Affen zu den intelligentesten Tieren. Sie unterhalten sich miteinander durch eine Art Pfeifsprache.
Es gibt viele Geschichten, die erzählen, wie Delphine Menschen aus Seenot gerettet haben.
Delphine ernähren sich hauptsächlich von Krebsen und Fischen. Manche Arten werden nur 1 Meter, andere bis zu 9 Meter lang. Der größte Delphin ist der Schwertwal. An unseren Küsten kommt der Große Tümmler vor, der über 3 Meter lang wird. ➜ Fisch, Säugetier, Wal

die Demokratie

Demokratie bedeutet Herrschaft des Volkes. Wir leben in einer Demokratie. Sie ist die Staatsform der meisten modernen Staaten. In einer Demokratie sollen alle Bürger frei sein, gleiche Rechte haben und ihre Meinung frei äußern können. Die Bürger bestimmen die Politik des Staates mit. Sie wählen die Frauen und Männer, die die Regierung übernehmen sollen. ➜ Bürger, Politik, Regierung, Staat

die Demonstration

Eine Demonstration findet unter freiem Himmel – meist auf der Straße – statt. Menschen, die sich dort versammeln, wollen auf ihre Meinung aufmerksam machen. Sie tragen oft Spruchbänder und Plakate; darauf haben sie ihre Forderungen und Wünsche geschrieben.
In einer Demokratie haben alle Bürger das Recht zu demonstrieren. Demonstrationen müssen nur rechtzeitig angemeldet werden und friedlich ablaufen. ➜ Bürger, Gesetz

der Detektiv

Detektive haben sehr unterschiedliche Aufgaben. In England und Amerika sind sie Polizeibeamte, die Verbrechen aufklären. Bei uns gibt es nur Privatdetektive. Sie haben die Aufgabe, gegen Bezahlung Auskünfte einzuholen. Außerdem überwachen sie Leute, um etwas über sie herauszufinden. Einer der berühmtesten Detektive ist Sherlock Holmes. Er kommt allerdings nur in Detektivgeschichten vor. Sie erzählen, wie der Meisterdetektiv mit List und großer Sorgfalt Verbrechen aufdeckt. ➜ Beruf

Deutschland

Deutschland liegt mitten in Europa und hat daher viele Nachbarländer. Es ist ein Bundesstaat; seine 16 Bundesländer bilden gemeinsam die Bundesrepublik Deutschland. Die Hauptstadt ist Berlin.
Deutschland hat sehr unterschiedliche Landschaften. Im Norden liegt eine große Ebene. Zwei Meere begrenzen sie: die Nordsee im Westen, die Ostsee im Osten. Südlich des norddeutschen Tieflandes liegen Mittelgebirge mit großen Wäldern. Daran schließen

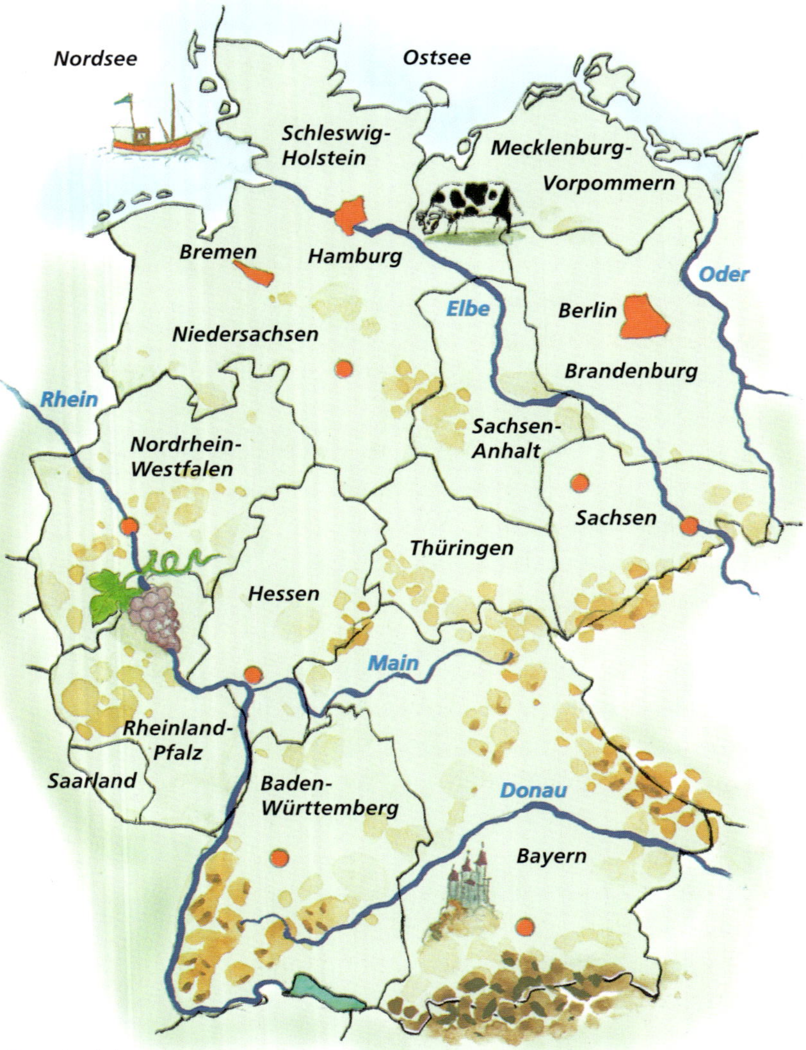

Deutschland

sich weite Hochflächen und Hügelland an. Ganz im Süden liegt das Hochgebirge, die Alpen.
In vielen Teilen Deutschlands gibt es große Industriegebiete; das größte ist das Ruhrgebiet. Deutschland ist ein dichtbesiedeltes Land mit über 80 Millionen Einwohnern.
➜ Industrie, Staat

die Diät

Eine Diät ist eine Art der Ernährung, bei der man ganz bestimmte Regeln einhält. Oft macht man eine Diät, um Gewicht zu verlieren. Dann darf man nur wenig essen.
Viele Krankheiten bessern sich nur mithilfe einer Diät. Sie wird von einem Arzt verordnet. Oft muss man dann bestimmte Nahrungsmittel vermeiden. Wer gegen Zucker allergisch ist, darf nichts essen, was mit Zucker zubereitet wurde: keinen Kuchen, keine Süßigkeiten. Eine Diät beeinflusst die ganze Lebensweise eines Menschen. ➜ Ernährung

der Dinosaurier

Dinosaurier waren riesige Kriechtiere. Kein Mensch hat je welche gesehen, denn sie lebten, lange bevor es Menschen gab. Aber man hat Knochenreste von Dinosauriern gefunden, die eine Menge über ihr Aussehen und ihr Leben verraten.
Dinosaurier waren die größten Landtiere, die es jemals gab. Räuberische Fleischfresser waren darunter wie der über 10 Meter große Tyrannosaurus rex. Er ging aufrecht auf seinen Hinterbeinen und machte Jagd auf andere Saurier. Die größten Dinosaurier waren Pflanzenfresser, die sich auf allen vier Beinen fortbewegten. Der Brontosaurus zum Beispiel war 30 Meter lang und wog mehr als 10 Elefanten. Dinosaurier hatten im Verhältnis zu ihrer Körpergröße ein sehr kleines Gehirn.
Alle Saurierarten sind vor unvorstellbar langer Zeit ausgestorben: vor 65 Millionen Jahren. Bis heute weiß niemand genau warum.

Brontosaurus

die Diskussion

Die Diskussion ist eine besondere Art des Gesprächs. Kinder und Erwachsene können über alles Mögliche diskutieren: über ein Buch, einen Film oder ein politisches Thema. Eine Diskussion ist oft ein Streitgespräch, denn die Meinungen, die aufeinandertreffen, sind verschieden und manchmal gegensätzlich. Trotzdem ist sie etwas anderes als eine Streiterei.
Alle Teilnehmer sind gleichberechtigt und können ihre Ansichten frei äußern. Sie hören einander zu. Jeder sagt seine Meinung in sachlicher Form. Persönliche Beleidigungen sind verboten. Manchmal ist es gut, einen Diskussionsleiter zu wählen. Er hält das Gespräch zusammen und sorgt für die Einhaltung der Regeln. In einer gelungenen Diskussion lernen die Beteiligten voneinander. ➜ Politik

die Distel

Disteln wachsen an Wegrändern, Böschungen und auf steinigen Schuttplätzen. Sie haben stachelige Stiele und Blätter, deshalb gehen Menschen und Tiere ihnen aus dem Weg. Die einzigen Tiere, die gern stachlige Disteln fressen, sind Esel.

das Dorf

Ein Dorf ist kleiner als eine Stadt, und in ihm leben auch weniger Menschen. Früher waren es vor allem Bauernfamilien. Die meisten Häuser im Dorf waren Bauernhöfe. Außerdem gab es Handwerksbetriebe, Gasthäuser, eine Metzgerei, eine kleine Schule und eine Kirche. Die Menschen arbeiteten in ihrem Dorf und bildeten eine Gemeinschaft. Aber solche Dörfer sind selten geworden.
Heute haben Dörfer nur noch wenige oder gar keine Bauernhöfe mehr. Stattdessen werden neue Wohnhäuser gebaut, oder man erneuert alte Gebäude. Die meisten Bewohner arbeiten außerhalb des Dorfes. Sie fahren jeden Tag zu ihrem Arbeitsplatz, der oft weit entfernt ist: in einer Stadt oder einem Industriegebiet. Auch viele Dorfkinder fahren zur Schule in eine nahegelegene Stadt. ➜ Bauernhof, Stadt

die Distel

der Drache

Es gibt keine Drachen! Trotzdem wird in vielen Geschichten und Märchen von ihnen erzählt. Es heißt, Drachen waren mächtig und böse und hatten eine furchtbare Gestalt: Meistens waren es riesige Echsen mit Fledermausflügeln und mehreren Köpfen. In ihren

Höhlen hatten sie kostbare Schätze angehäuft. Sie konnten Feuer speien und fraßen Menschen.
Wer einen Drachen tötete, war ein großer Held. Sagen und Legenden berichten von solchen Heldentaten. Berühmte Drachentöter sind Siegfried von Xanten und der Heilige Georg.
In China haben die Menschen ein ganz anderes Bild von einem Drachen. Er gilt als Himmelsbote und Glücksbringer. ➜ Märchen, Sage

der Drachen

Vor einigen hundert Jahren kamen aus China die ersten Spielzeugdrachen zu uns. Seitdem sind sie bei Kindern und Erwachsenen beliebt.
Ein Drachen besteht aus einem Holz- oder Kunststoffgestell, das mit Papier, Stoff oder Plastik bespannt ist. Man hält ihn gegen den Wind und lässt ihn an einem Seil in die Höhe steigen. Eine besondere Drachenform sind Lenkdrachen. Man kann sie so steuern, dass sie Kurven oder Kreise fliegen.

die Droge

Die meisten Drogen gewinnt man aus Pflanzen. Sie können Heilmittel sein, die nach der Anweisung eines Arztes eingenommen werden. Andere Drogen wie Alkohol und Nikotin sind Genussmittel, die im Körper eine anregende Wirkung auslösen können. Aber bei jeder Droge besteht die Möglichkeit des Missbrauchs. Wer unkontrolliert Arzneimittel einnimmt oder regelmäßig zu viel Alkohol trinkt, wird abhängig von diesen Drogen. Er ist süchtig, denn er kann nicht mehr ohne sie leben.
Eine Droge, die wie Alkohol einen Rausch verursacht, ist Haschisch. Besonders gefährliche Rauschdrogen sind Kokain, Heroin und Crack.
Aus künstlichen Stoffen hergestellt wird die Droge Ecstasy. Sie ist heute weit verbreitet und sehr gefährlich, weil ihre Wirkung ganz unberechenbar ist. ➜ Alkohol, Nikotin

das Dromedar

Das Dromedar ist ein Kamel mit einem Höcker. Wenn eine Karawane durch die Wüste zieht, sind Dromedare fast immer dabei. Sie tragen schwere Lasten, und oft sitzt ein Reiter auf ihrem Rücken. Weil ein Ritt auf einem Dromedar sehr schaukelig ist, nennt man diese Tiere auch „Wüstenschiffe".
Dromedare bewohnen heiße und trockene Gebiete im Norden Afrikas und in Arabien. Für die Menschen dort sind sie wichtige Helfer, denn sie sind gut an das Leben in der Wüste angepasst. Selbst bei größter Hitze kommen Dromedare viele Tage ohne Wasser aus. Man hält sie deshalb schon seit alter Zeit als Haustiere.
➜ Haustier, Kamel, Karawane, Wüste

Singdrossel

die Drossel
Drosseln sind Singvögel. Bei uns kommen verschiedene Arten vor. Auch die Amseln gehören dazu: Weil das Federkleid ihrer Männchen tiefschwarz ist, nennt man sie Schwarzdrosseln.
In der warmen Jahreszeit sind Insekten, Würmer, Schnecken und Spinnen die Hauptspeise aller Drosseln. Im Herbst und Winter fressen sie vor allem Beeren.
Die Singdrossel nistet in Wäldern, Gärten und Parks. Sie ist etwas kleiner als die Amsel und gut zu erkennen an ihrer hellen Bauchseite mit den braunen Flecken. Singdrosseln können, wie ihr Name verrät, besonders schön singen. ➜ Amsel, Vogel

der Dübel
Ein Dübel hilft, wenn ein Nagel oder eine Schraube in der Wand nicht festhalten will. Man bohrt ein Loch in die Wand und steckt in dieses Loch einen passenden Kunststoffdübel. Nagel oder Schraube werden in den Dübel hineingehämmert oder -geschraubt. Je tiefer sie in ihn eindringen, desto stärker spreizt er sich auf. Er verhakt sich so fest in der Wand, dass man ihn kaum wieder herauskriegt. Nagel oder Schraube stecken im Dübel und finden so ebenfalls festen Halt. Für verschiedene Materialien gibt es verschiedene Dübel. Alle haben den gleichen Zweck: zwischen Bauteilen eine feste Verbindung zu schaffen. ➜ Material

der Dünger
Pflanzen brauchen fruchtbaren Boden, um wachsen zu können. Durch ihre Wurzeln entnehmen sie dem Boden Nährstoffe. Weil in der Landwirtschaft Felder immer wieder besät und abgeerntet werden, müssen die Bauern dem Boden Nährstoffe in Form von Dünger zurückgeben.
Es gibt verschiedene Arten von Dünger. Naturdünger sind Stallmist, Jauche und auch Kompost. In großer Menge wird Kunstdünger verwendet, den man in chemischen Fabriken herstellt. Er enthält genau die Stoffe, die Pflanzen für ihr Wachstum brauchen.
Dünger ist nützlich, aber er kann auch gefährlich sein. Wird zu stark gedüngt, können die Pflanzen nicht alle Nährstoffe aufnehmen. Sie werden vom Regen ausgewaschen und belasten das Grundwasser und unsere Flüsse und Seen. ➜ Grundwasser, Kompost, Landwirtschaft, Pflanze

der Dynamo
Wenn du Fahrrad fährst und den Dynamo einschaltest, merkst du, dass du kräftiger als vorher in die Pedale treten musst, um deine Geschwindigkeit zu halten. Deine Muskelkraft bewegt nun nicht nur das Rad, sondern betreibt zugleich auch ein kleines Kraftwerk: Ein Fahrraddynamo erzeugt Strom.
Das Laufrädchen des eingeschalteten Dynamos liegt am Reifen an und dreht sich bei jeder Radbewegung mit. Im Dynamo bewegt sich dadurch eine Drahtspule zwischen den Polen eines Magneten. Bei jeder Drehung der Spule entsteht ein Stromstoß. Er bringt die Fahrradlampen zum Leuchten.
In großen Kraftwerken gibt es ebenfalls Dynamomaschinen. Sie heißen dort Generatoren. ➜ Fahrrad, Kraftwerk, Magnet, Strom

der Dübel

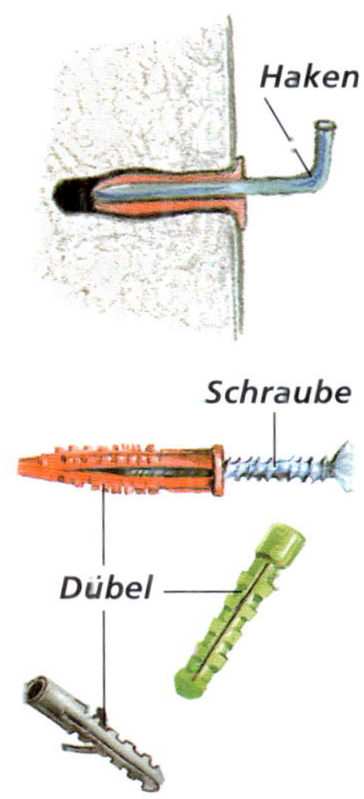

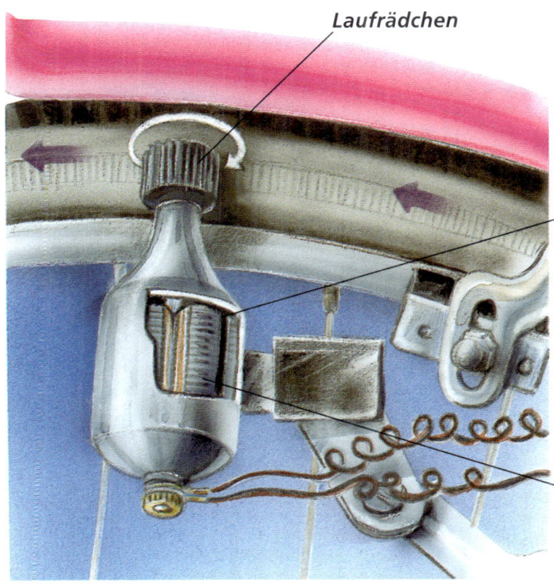

das Echo

Töne und Geräusche breiten sich in der Luft unsichtbar über Schallwellen aus. Wenn diese Schallwellen auf eine Mauer oder eine Felswand treffen, werden sie von dort zurückgeworfen. Wer unter einem hohen Brückenbogen steht und etwas ruft, hört nach kurzer Zeit den Widerhall seines Rufs: das Echo. ➜ Radar, Schall

der Edelstein

Brillant

Edelsteine gibt es nur an wenigen Stellen der Erde; weil sie so selten sind, misst ihnen der Mensch einen sehr hohen Wert bei. Man findet sie entweder eingeschlossen in anderem Gestein oder lose im Geröll und Sand mancher Flüsse.

Die wertvollsten Edelsteine sind der glasklare Diamant, der rote Rubin, der grüne Smaragd und der blaue Saphir. Diese durchsichtigen Steine werden in bestimmten Formen und Mustern geschliffen, damit sie noch stärker glitzern. In solchen Schmucksteinen scheint dann ein Feuer zu brennen. Undurchsichtige Edelsteine wie Achat, Opal oder Türkis bekommen einen glatten oder gewölbten Schliff.

Viele Edelsteine sind sehr hart. Diamanten sind am härtesten; deshalb verwendet man kleine Diamanten in Werkzeugen zum Bohren und Schleifen. ➜ Kristall

die Egge

Die Egge ist ein Ackergerät. Der Bauer zieht sie mit seinem Traktor über das Feld, nachdem er es gepflügt hat. Die Egge hat lange eiserne Zinken. Sie zerkrümeln die Erdschollen. Die tiefen Furchen, die vorher der Pflug gezogen hat, werden wieder aufgefüllt. Der Ackerboden wird eben gemacht, damit er neue Saat aufnehmen kann. ➜ Pflug

das Ei

Sehr viele Lebewesen entstehen aus einem Ei. Bei Säugetieren und beim Menschen sind die Eier winzig klein. Sie entwickeln sich im Körper der Mutter. Vögel, Kriechtiere und Insekten legen ihre Eier ab. Sie entwickeln sich außerhalb des Mutterleibes weiter.

Alle Vogeleier sind von einer harten Kalkschale umgeben. Auch das Hühnerei wird von Schale und Schalenhaut geschützt. Im Innern befinden sich das Eiweiß und der Dotter. Beim befruchteten Ei entwickelt sich das Küken aus der Keimscheibe, die auf dem Dotter schwimmt. Eiweiß und Eigelb dienen dem Küken als Nahrung. Am stumpfen Ende des Eis liegt eine kleine Kammer mit Atemluft. ➜ Befruchtung

die Eiche

Eichen sind Laubbäume, die langsam wachsen und dabei sehr groß werden. Ihr Stamm bleibt ziemlich kurz, doch sie bilden eine hohe, weit ausladende Krone. Eichen können 1000 Jahre alt werden. Die Borke von Eichen ist dunkel und rissig; in ihr finden viele Insekten ein gutes Winter- oder Regenversteck.

Eichenblätter sind am Rand stark eingekerbt. Die Früchte der Eiche, die Eicheln, sitzen in kleinen Bechern. Sie sind sehr nahrhaft und deshalb für viele Waldtiere eine wichtige Winternahrung. Eichenholz ist besonders hart und dauerhaft. Früher wurde es im Brücken- und Schiffsbau verwendet, heute baut man daraus vor allem Möbel.

➜ Baum, Borke

der Eichelhäher

Der Eichelhäher ist ein Waldvogel. Er wird ungefähr 30 Zentimeter groß und ist leicht zu erkennen: Auf seinen Flügeln leuchtet ein Streifen blauschwarzer Federchen. Im Herbst sammelt er viele Eicheln, Bucheckern und Nüsse und vergräbt sie als Vorrat in zahllosen Futterverstecken. So kann er den Winter gut überstehen. Weil er nicht alle Verstecke wiederfindet, trägt er damit zur Verbreitung von Bäumen bei. Im Frühjahr und Sommer frisst er Regenwürmer und Käfer, aber auch kleine Vögel und Mäuse. Eichelhäher gehören zu den Rabenvögeln. Sie können andere Vogelstimmen täuschend ähnlich nachahmen. Sobald ein Mensch oder ein Raubtier sein Revier betritt, warnt der Eichelhäher mit lautem Kreischen alle anderen Waldbewohner. ➜ Vogel

das Eichhörnchen

Eichhörnchen sind Nagetiere. Man trifft sie in Wäldern und Parks. Ihr Leben spielt sich hoch oben in den Baumkronen ab, denn Eichhörnchen können sehr gut klettern. Mit ihren spitzen, scharfen Krallen klammern sie sich an der Rinde fest. So steigen sie mühelos sogar an ganz glatten Baumstämmen hinauf. Und sie springen auch geschickt von Baum zu Baum. Dabei hilft der lange buschige Schwanz: Mit ihm steuert das Eichhörnchen seinen Flug. Fällt es wirklich einmal aus der Höhe zum Erdboden hinunter, dann bremst der Schwanz wie ein Fallschirm.

Eichhörnchen fressen vor allem Baumsamen, Eicheln und Nüsse; wie die Eichelhäher legen sie davon Vorräte für den Winter an. Manchmal überfallen sie auch Vogelnester und fressen Eier und Jungvögel.

Sie bauen ihr Nest aus kleinen Zweigen und Moos. Der kugelige Bau sitzt meistens in einer Astgabel und heißt Kobel. Eichhörnchen halten keinen Winterschlaf. Bei starker Kälte ruhen sie aber tagelang im Nest, verschließen den Eingang und decken sich mit ihrem breiten Schwanz zu. ➜ Nagetier

Zauneidechsen

die Eidechse

Eine junge Eidechse schlüpft aus dem Ei

Eidechsen brauchen Wärme. Sie halten sich deshalb gern an trockenen, sonnigen Plätzen auf. Wenn man sich nähert, verschwinden sie flink.

Gelegentlich entkommen Eidechsen ihren Feinden auf besondere Art. Ihr langer Schwanz kann leicht abbrechen. Der Angreifer bleibt mit dem zappelnden Schwanzende zurück, während die Eidechse schnell davonflitzt. Und ihr wächst sogar ein neuer, allerdings kürzerer Schwanz.

Eidechsen sind wechselwarme Tiere. Wenn es kälter wird, sinkt ihre Körpertemperatur, und sie werden unbeweglicher. Schließlich verfallen sie in eine monatelange Winterstarre.

Eidechsen fressen Fliegen, Käfer, Spinnen und Raupen. Bei uns kommt die Zauneidechse am häufigsten vor; sie wird ungefähr 20 Zentimeter lang. Alle Eidechsen stehen unter Naturschutz. ➜ Naturschutz, Reptil

das Eis

Eis ist die feste Form des Wassers. Es entsteht, wenn die Wassertemperatur auf Null Grad Celsius sinkt. Wenn Wasser zu Eis gefriert, dehnt es sich aus; deshalb kann es Gefäße und Rohre sprengen. Eis ist leichter als Wasser und schwimmt daher oben. Seen und Flüsse frieren im Winter von oben her zu: So können die Wassertiere unter der Eisdecke überleben. ➜ Gletscher, Temperatur, Wasser

die Eisenbahn

Eisenbahnen fahren auf Schienen aus Eisen. Früher zogen Dampflokomotiven die Waggons, heute verkehren auf allen wichtigen Bahnlinien Elektroloks. Sie tragen auf ihrem Dach einen Stromabnehmer, der sich den Strom aus der Hochspannungsleitung über den Schienen holt. Auf Nebenstrecken fahren auch Dieselloks, die mit Dieselkraftstoff betrieben werden. Man unterscheidet Personenzüge und Güterzüge.

Die Eisenbahn ist das umweltfreundlichste Verkehrsmittel: Sie kann viele Fahrgäste und schwere Lasten befördern und verbraucht dabei nur eine vergleichsweise geringe Menge Energie. Außerdem ist sie ein sehr sicheres und schnelles Verkehrsmittel. Moderne Züge wie der ICE können Geschwindigkeiten von über 250 Kilometer pro Stunde erreichen. ➜ Lokomotive, Strom, Verkehrsmittel

die Eiszeit

Das Klima auf der Erde ist veränderlich. Eiszeit nennen wir einen Zeitraum, in dem es viel kälter war als heutzutage. Die letzte Eiszeit ist vor mehreren tausend Jahren zu Ende gegangen. Damals war es so kalt, dass ein großer Teil des Landes von dicken Eisfeldern bedeckt war. An vielen Orten haben die Bewegungen von Gletschern unsere Land-

Mammute sind seit der letzten Eiszeit ausgestorben

schaft geformt. Viele Hügel, Täler und Seen sind während der Eiszeiten entstanden. Große Steine, so genannte Findlinge, sind ebenfalls Spuren der Eiszeit. Die Gletscher haben sie auf ihrer Wanderung aus fernen Gebirgen herangeschleppt. Als das Klima sich wieder erwärmte, schmolz das Eis, und die Findlinge blieben liegen. ➜ Gletscher, Klima

der Elefant

Elefanten sind die größten auf dem Land lebenden Tiere. Ihr auffälligstes Merkmal ist der lange Rüssel. Mit ihm saugen sie wie durch einen Strohhalm Wasser ein – ungefähr einen Eimer voll – und spritzen es sich dann ins Maul. Mit dem Rüssel pflücken sie ihre Nahrung: Gräser, Blätter, Zweige und Früchte. Wenn Elefanten in tiefem Wasser schwimmen, halten sie ihn über das Wasser wie einen Schnorchel.
Elefanten leben in Herden, die von weiblichen Tieren angeführt werden. Eine Elefantenkuh trägt ihr Kind fast 2 Jahre lang im Bauch – länger als jedes andere Säugetier. Elefanten sind klug und haben ein gutes Gedächtnis. Sie werden in Asien seit langer Zeit als Arbeitstiere eingesetzt.
Zwei verschiedene Arten gibt es: den afrikanischen und den asiatischen Elefanten. An der Größe ihrer Ohren kann man sie unterscheiden. Nur der afrikanische Elefant hat große Flügelohren.
Die beiden Stoßzähne der Elefanten ragen weit aus ihrem Maul heraus. Sie bestehen aus einer Knochenmasse, die Elfenbein genannt wird. Um an das sehr kostbare Elfenbein heranzukommen, haben Menschen schon so viele Elefanten getötet, dass sie in manchen Gegenden vom Aussterben bedroht sind.

die Elektrizität

Elektrizität ist eine Form von Energie. Wenn wir von Elektrizität sprechen, meinen wir meistens den elektrischen Strom. ➜ Energie, Kraftwerk, Strom

die Elster

Elstern sind Rabenvögel und bei uns sehr häufig. Siehst du eine Elster fliegen, dann wird dir wahrscheinlich ihr sehr langer, schmaler Schwanz auffallen. Ihr Gefieder ist schwarz-weiß und schimmert wie Metall.
Elstern bauen große Nester, die immer ein Schutzdach aus dornigen Zweigen tragen. Sie fressen vor allem Insekten, Würmer und Mäuse. Oft rauben sie aber auch Vogelnester aus. Gegenstände, die glänzen und blinken, werden von Elstern gern aufgesammelt und versteckt. ➜ Vogel

die Energie

Energie ist die Fähigkeit, Arbeit zu leisten. Wenn ein Mensch einen schweren Koffer trägt, braucht er Muskelkraft: Sie ist eine Art von Energie.
Viel Energie steckt in fließendem Wasser: Es kann Wasserräder und Turbinen antreiben. Weitere Energieformen sind Elektrizität, Windkraft und Wärme.
Für unser Leben ist von großer Bedeutung, dass sich die verschiedenen Energieformen

Afrikanischer Elefant

Asiatischer Elefant

ineinander umwandeln lassen. Die Bewegungsenergie des Wassers treibt Turbinen an, und es entsteht elekrischer Strom. Die Energie des elektrischen Stromes wiederum wird in einer Glühbirne umgewandelt in Licht- und Wärmeenergie.
Über die Hälfte der Energie, die wir heute verbrauchen, stammt von Erdöl und Erdgas. Unsere allergrößte Energiequelle ist die Sonne. ➜ Erdöl, Strom, Turbine

Stockente (Erpel)

die Ente

Enten sind Wasservögel. Sie liegen wie kleine Schiffchen auf dem Wasser und kommen schnell vorwärts, indem sie mit den Füßen paddeln. Ihre langen Vorderzehen sind durch Schwimmhäute verbunden. Enten streichen ihr dichtes Gefieder mit Fett aus ihrer Bürzeldrüse ein, damit es sich nicht voll Wasser saugt. Die dünne Fettschicht schützt sie auch vor Kälte.
Auf unseren Teichen und Seen sehen wir am häufigsten Stockenten. Entenmännchen werden Erpel genannt. Sie sind bei den Stockenten vom Herbst bis zum Frühjahr bunt gefärbt. Im Sommer tragen sie ein Federkleid, das dem der graubraunen Weibchen sehr ähnlich sieht. Hausenten sind meistens weiß; sie stammen von den Stockenten ab. ➜ Vogel

die Entzündung

Entzündungen entstehen in unserem Körper auf verschiedene Weise. Eine kleine Wunde am Finger, die nicht ausreichend gesäubert und verbunden wurde, kann eine Entzündung hervorrufen. Der Finger wird rot und dick, er fühlt sich heiß an, und es fängt an zu pochen. Um die Wundstelle herum wird das Gewebe stark durchblutet, denn viele weiße Blutkörperchen bekämpfen die eingedrungenen Erreger und Schadstoffe. Die Entzündung ist also eine Abwehrmaßnahme unseres Körpers. Im Fall des entzündeten Fingers können wir den Heilungsvorgang durch Bäder und Heilsalben unterstützen. Entzündungen innerer Organe sind zum Beispiel die Lungen- und Mandelentzündung. Sie werden durch Bakterien oder Viren ausgelöst. Man bekommt dabei meistens hohes Fieber. ➜ Bakterie, Blut, Infektion, Virus

das Erdbeben

Bei einem starken Erdbeben wird der Erdboden mächtig erschüttert. Häuser stürzen ein, Erdrutsche entstehen, manchmal werden ganze Dörfer und Städte zerstört. Das Erdbeben dauert oft nur wenige Sekunden, doch viele Menschen können dabei ihr Leben verlieren.
Erdbeben entstehen durch Vorgänge in der Erdkruste. In ihren Gesteinsschichten gibt es langsame Bewegungen und Verschiebungen. Sie bewirken, dass sich riesige Gesteinsmassen über viele Jahre immer mehr verbiegen. Irgendwann ist die Spannung zu groß, und das Gestein bricht. In diesem Moment werden Erdbebenwellen ausgelöst.

die Erdbeere

Erdbeeren sind die Früchte niedriger Staudengewächse. Sie pflanzen sich nicht durch Samen fort, sondern durch Ausläufer. So heißen die langen Triebe, die neben den Blattstielen entspringen und zur Seite hin wachsen. In einiger Entfernung von der Mutterpflanze bilden sich Wurzeln

und Blätter. Der Zwischenteil stirbt ab. Eine selbstständige Pflanze wächst heran. Wildwachsende Walderdbeeren haben kleine würzig schmeckende Früchte. Gartenerdbeeren sind größer und süßer. ➜ Obst

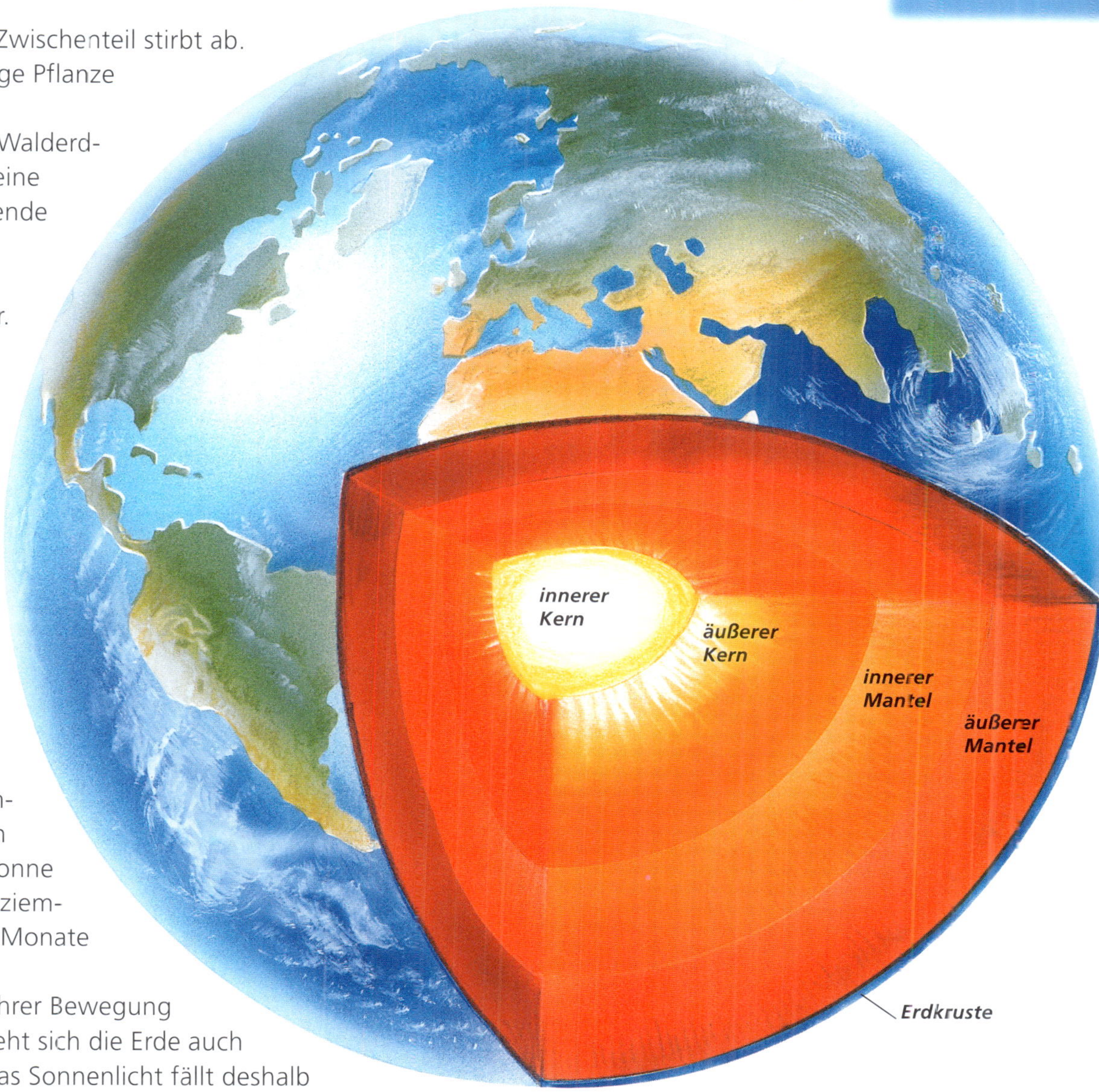

die Erde

Unsere Erde ist eine riesige Kugel. Vom Weltraum aus gesehen erscheint sie wie ein großer blauer Ball. Sie ist einer von den 9 Planeten, die die Sonne umkreisen. Für einen Umlauf um die Sonne braucht die Erde ziemlich genau zwölf Monate oder ein Jahr.
Gleichzeitig mit ihrer Bewegung um die Sonne dreht sich die Erde auch um sich selbst. Das Sonnenlicht fällt deshalb nur eine Zeitlang auf einen Teil der Erde. So entsteht der Wechsel von Tag und Nacht.
Wir leben auf der Außenhaut der Erde, die man auch die Erdkruste nennt. Sie reicht bis in eine Tiefe von 40 Kilometer. Darauf folgt der Erdmantel. Tief im Innern der Erde ist der glühend heiße Erdkern; er besteht vermutlich aus flüssigen Metallen.
Ein Blick auf den Globus zeigt, dass der größte Teil der Erdoberfläche mit Wasser bedeckt ist. Das Festland und die Inseln nehmen viel weniger Raum ein. So gesehen ist die Erde ein Wasserplanet. ➜ Globus, Planet, Sonne, Wasser

das Erdgas ➜ Rohstoff

das Erdöl

Erdöl ist einer der wichtigsten Rohstoffe, denn es liefert uns riesige Mengen an Energie. Es lagert tief in der Erde und wird durch Bohrungen aufgespürt. Die größten Erdölvorkommen liegen in Arabien. Bohrinseln erschließen Ölfelder, die unter dem Meeresboden liegen.
Fabriken, in denen das gewonnene Erdöl weiterverarbeitet wird, heißen Raffinerien. Von der Bohrstelle wird das Öl entweder durch Rohrleitungen dorthin gepumpt, oder große Tanker übernehmen den Transport. Man gewinnt aus Erdöl Benzin, das in Automotoren verbrannt wird. Auch Dieselkraft-

stoff und Heizöl werden daraus hergestellt, und Kraftwerke brauchen es für die Stromerzeugung. Außerdem verarbeitet man Erdöl zu Kunststoffen, Reifen, Farben, Heilmitteln und vielem mehr.
Die Ölvorräte der Erde sind begrenzt. Unser Verbrauch von Erdöl ist so groß, dass diese Vorräte in nicht allzu langer Zeit verbraucht sein werden. ➜ Energie, Kraftwerk, Rohstoff

die Erdteile

Die Landgebiete der Erde sind in 6 Erdteile unterteilt. Der größte ist Asien, der kleinste Australien. Der heißeste Erdteil ist Afrika, der kälteste die Antarktis. Amerika besteht eigentlich aus zwei Erdteilen, aus Nord- und Südamerika. Deshalb spricht man oft auch von 7 Erdteilen.
Nur Europa und Asien haben eine gemeinsame Grenze auf dem Land. Die anderen Erdteile sind durch Meere und Ozeane voneinander getrennt. Erdteile werden mit einem Fremdwort auch Kontinente genannt.

die Ernährung

Menschen und Tiere müssen Nahrung zu sich nehmen, um am Leben zu bleiben. Nährstoffe, die in unserer Nahrung enthalten sind, versorgen uns mit Energie. Wir brauchen sie, um unsere Körperwärme aufrechtzuerhalten und uns bewegen zu können. Ohne Nährstoffe könnte unser Körper auch nicht wachsen.
Menschen nehmen pflanzliche und tierische Nahrung zu sich. Wichtig ist vor allem, dass unsere Ernährung vielfältig ist. Eiweiße, Kohlenhydrate und Fette heißen die wichtigsten Nährstoffe. Zur gesunden Ernährung gehören Obst, Gemüse und Salate. Sie versorgen uns mit lebenswichtigen Vitaminen. Ungesund sind zuviel tierische Fette und Zucker. ➜ Energie, Lebensmittel, Verdauung, Vitamin

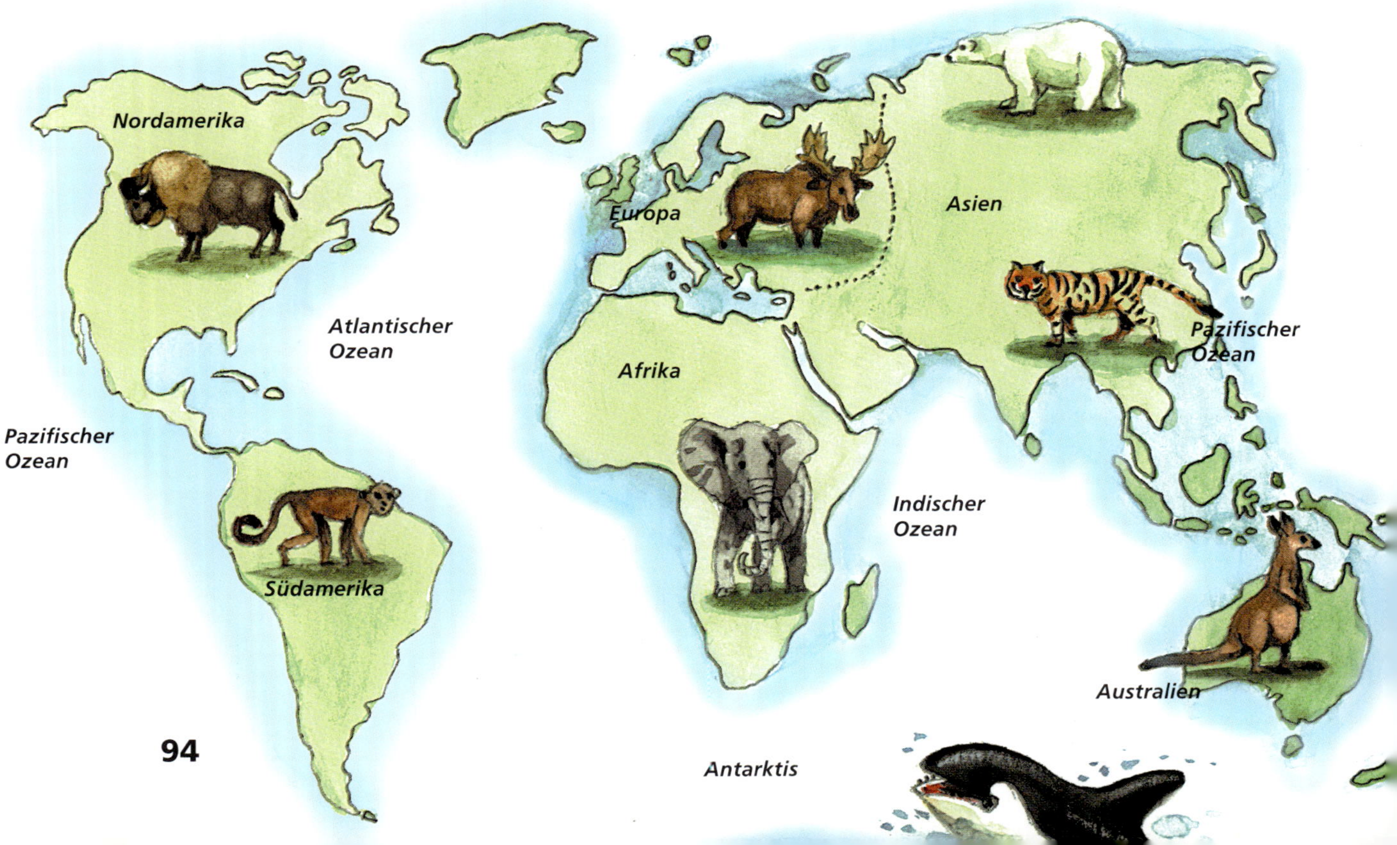

die Ernte

Die Ernte beginnt, wenn die von Menschen angebauten Pflanzen reif sind. Gärtner ernten ihre Gartenfrüchte. Bauern fahren aufs Feld, um das Getreide und andere Feldfrüchte einzubringen. Etwas Besonderes ist die Heuernte; sie kann auf vielen Wiesen mehr als einmal im Jahr stattfinden.
Wenn im Herbst die gesamte Ernte eingebracht ist, wird an vielen Orten das Erntedankfest gefeiert. In den Kirchen schmückt man den Altar mit Blumen, Ähren und Früchten, die anschließend verschenkt werden. ➜ Ähre, Heu, Mähdrescher

die erste Hilfe

Erste Hilfe leistet jemand, der einem Verletzten oder plötzlich Erkrankten hilft. Oft geht es darum, die Zeit zu überstehen, bis ein Arzt eintrifft und die weitere Versorgung übernimmt.
In Erste-Hilfe-Kursen lernt man, wie Verbände angelegt und Verletzte richtig gelagert werden. Wichtige Erste-Hilfe-Maßnahmen sind zum Beispiel die Mund-zu-Mund-Beatmung und die stabile Seitenlage.

die Eule

Eulen sind Dämmerungs- und Nachttiere; sie gehören zu den Greifvögeln. In der Abenddämmerung beginnen sie mit der Jagd. Sie fliegen vollkommen lautlos und bleiben deshalb von ihren Beutetieren unbemerkt. Sie fressen Insekten, kleinere Vögel, Mäuse und andere Nagetiere.
Eulen können mit ihren großen Augen auch bei wenig Licht noch sehr gut sehen. Die Augen sind starr nach vorn gerichtet und unbeweglich. Diesen Nachteil gleichen Eulen aus, denn sie können ihren Kopf sehr weit nach hinten drehen. Außerdem hören sie ungewöhnlich gut. Der dichte Federschleier rund um die Augen hilft ihnen dabei; wie ein Schalltrichter leitet er jedes Geräusch an die Ohren weiter.
Die größte Eule ist der Uhu; er wird über 70 Zentimeter groß. Dagegen wird der Sperlingskauz nur so groß wie eine Amsel; er ist Europas kleinste Eule. ➜ Greifvogel, Uhu

Europa

Europa ist der Erdteil, in dem wir leben.
➜ Erdteile

die Fabel

Fabeln sind kurze Geschichten. Wer sie liest, soll dabei etwas lernen. Meist sind Tiere die Hauptpersonen, manchmal auch Pflanzen oder Dinge. Sie können sprechen und handeln wie Menschen. Ihre guten oder schlechten Verhaltensweisen werden belohnt oder bestraft. So zeigen die Fabeln am Beispiel von Tieren und Pflanzen, wie man richtig handelt.

die Fabrik

In einer Fabrik werden Waren in großer Menge hergestellt. Maschinen machen es möglich, dass dies schnell und daher billig geschieht.
Außerdem wird die Arbeit in einer Fabrik aufgeteilt. Jeder einzelne Arbeiter erledigt nur wenige, genau festgelegte Handgriffe an einem Fließband oder einer Maschine. So fertigt man in einer Schuhfabrik Schuhe in vielen kleinen Arbeitsschritten: Hier schneiden Maschinen das Leder zu, dort wird es zum Schuh zusammengeklebt; hier werden Verschlüsse eingesetzt, dort der Absatz angenagelt. Man nennt dies Verfahren Arbeitsteilung; es erspart Zeit und Kosten.
Heute wächst die Zahl der Fabriken, in denen nur noch wenige Menschen arbeiten. Computer und Roboter haben die meisten Arbeiten übernommen. ➜ Computer, Industrie, Maschine, Roboter

das Fachwerk

Die Wände eines alten Hauses sind manchmal von dicken Holzbalken durchzogen. Sie verlaufen senkrecht, waagrecht und schräg und unterteilen die Wand in einzelne Fächer. Diese Bauweise nennt man Fachwerk.
Bei einem Fachwerkhaus wurde zuerst der tragende Holzrahmen gezimmert und darauf dann der Dachstuhl gesetzt. Später füllte man jedes Fach zwischen den Holzbalken mit Baumaterial aus. Bei ganz alten Häusern war es Lehm, später wurden Ziegelsteine benutzt. ➜ Lehm

das Fahrrad

Ein Fahrrad wird mit Muskelkraft vorwärts bewegt. Sie wird beim Fahren sehr gut ausgenutzt, weil seine Technik klug ausgedacht ist: Wir treten nur einmal in die Pedale und legen damit schon eine weite Strecke zurück.
Das ist nur möglich, weil die Antriebskraft, die wir erzeugen, durch eine Kette auf das Hinterrad übertragen wird. Der Zahnkranz des Hinterrads hat einen viel kleineren Umfang als das mit den Pedalen verbundene Kettenrad. Deshalb dreht sich das Hinterrad bei einer einzigen Pedalumdrehung bis zu 4-mal.
Mit einer Gangschaltung lässt sich das Größenverhältnis zwischen Kettenrad und Zahnkranz verändern. Ein Mountainbike hat viele Gänge; mit ihnen kann man sich den Bedingungen einer Fahrstrecke

Mountainbike

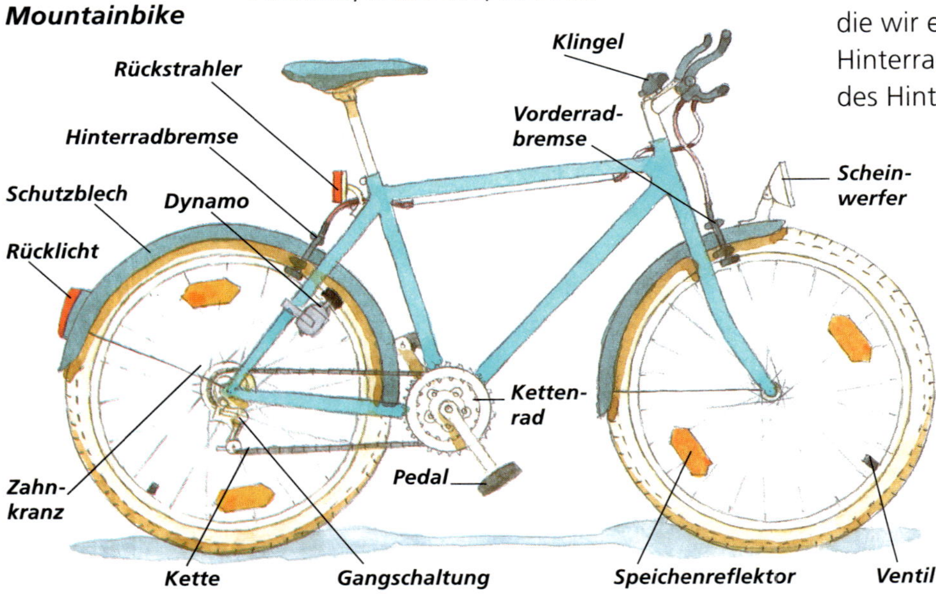

besonders genau anpassen. Ein Fahrrad, auf dem zwei Personen zugleich in die Pedale treten, heißt Tandem. ➜ Tandem, Verkehrsmittel, Zahnrad

der Falke

Falken sind kleine, schlanke Greifvögel. Sie haben spitze Flügel, einen langen Schwanz und können sehr schnell fliegen. Der Wanderfalke ist der schnellste von allen. Er jagt fliegende Vögel. Aus dem Flug heraus stürzt er blitzschnell auf sie herab. Er ist sehr selten geworden und steht unter Naturschutz. ➜ Greifvogel, Naturschutz

die Familie

Heute leben bei uns oft nur Eltern und Kinder zusammen und bilden die Familie. Sie besteht manchmal auch nur aus einem Elternteil und einem oder mehreren Kindern. Früher lebten die Menschen meistens in der Großfamilie. Zu ihr gehören auch die Großeltern und die Onkel und Tanten mit ihren Kindern.

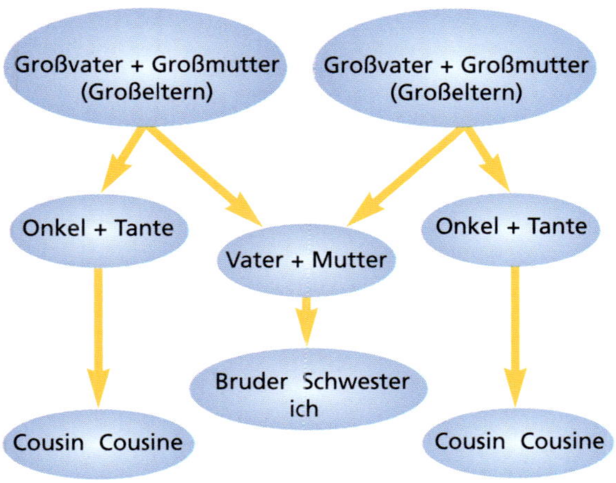

Viele Familienmitglieder lebten zusammen in einem Haushalt; vor allem dann, wenn die Familie von der Landwirtschaft lebte. In anderen Ländern ist es auch heute noch üblich, dass die Großfamilie zusammenlebt. ➜ Verwandschaft

die Fantasie

Fantasie hat, wer sich gut etwas vorstellen kann. Sie wird oft gebraucht: Ohne sie können wir keine Geschichte erfinden. Ein Maler braucht sie, wenn er das Bild einer fremden, unbekannten Landschaft malen möchte. Und auch ein Erfinder, der etwas Neues erfinden will, ist auf sie angewiesen. In unseren Träumen steckt besonders viel Fantasie. Manchmal erleben wir da Dinge, die wir uns im wachen Zustand gar nicht ausdenken könnten.

die Farbe

Farbe und Licht sind untrennbar miteinander verbunden. In einem dunklen Raum können wir die Farbe eines Gegenstands nicht erkennen. Sie wird erst sichtbar, sobald Licht auf ihn fällt.
Das Licht der Sonne halten wir für weiß. Aber jeder Regenbogen zeigt uns, dass es sich in Wirklichkeit aus verschiedenen Farben zusammensetzt: Rot, Orange, Gelb, Grün, Blau und Violett.
Gegenstände, auf die das Sonnenlicht trifft, verschlucken einen Teil dieser Farben und werfen nur bestimmte andere zurück. Gras erscheint uns grün, weil es nur den grünen Anteil der Farbe zurückwirft und alle anderen Farbanteile des weißen Lichts verschluckt.
Der Eindruck von Schwarz entsteht in unserem Auge, wenn ein Gegenstand das gesamte Licht verschluckt. Dagegen wirft eine weiße Blüte alle Farben zurück und erscheint uns daher weiß.
➜ Licht, Regenbogen, Schatten

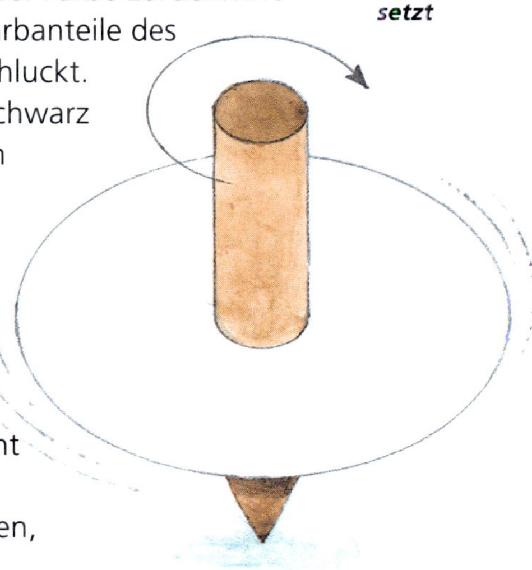

Der Farbkreisel zeigt, dass sich weißes Licht aus verschiedenen Farben zusammensetzt

Wurmfarn

der Farn

Farne zählen zu den ältesten Pflanzen der Erde. Es gibt viele tausend Arten. Der Wurmfarn ist bei uns am weitesten verbreitet. Auf feuchtem Waldboden, im Schatten großer Bäume finden wir seine gefiederten Blattwedel. Oft bilden sie ein richtiges Dickicht. Wenn die Farne im Frühjahr aus der Erde kommen, sind die Blätter noch ganz zusammengerollt – sie entfalten sich erst allmählich. Farne bilden keine Blüten und Samen. Sie pflanzen sich durch Sporen fort: Das sind winzige Körnchen, die in kleinen braunen Kapseln an der Unterseite der Blätter sitzen.

der Fasching

Fasching heißt in manchen Gegenden auch Fastnacht oder Karneval. Faschingsbräuche sind sehr verschieden. Hier verkleiden sich die Leute und gehen auf einen Kostümball, dort setzt man alte, kostbare Masken auf und streift singend und tanzend durch den Ort. In vielen Städten ziehen große Umzüge mit geschmückten Wagen durch die Straßen. Oft ist es Brauch, dass die Alltagsordnung für die tollen Tage nicht mehr gültig ist. Man sagt: „Die Narren regieren".

die Feder

Federn bilden das Kleid der Vögel. Sie bestehen aus Horn wie unsere Haare und sind erstaunlich leicht und stabil zugleich.
Es gibt verschiedene Federtypen: Flaumfedern werden auch Daunen genannt; sie halten den Vogelkörper warm und schützen ihn vor Nässe. Dieselbe Aufgabe haben die Deckfedern; sie liegen über den Daunen und geben dem Vogel seine äußere Gestalt. Kräftige Schwungfedern sitzen an den Flügeln und am Schwanz. Ohne sie könnten Vögel nicht fliegen. Ein oder zweimal im Jahr werden die Federn erneuert. Dieser Federwechsel heißt Mauser.
Aus den großen Schwungfedern von Gänsen hat man früher Schreibfedern hergestellt. Der Federkiel wurde angespitzt und gespalten, man tauchte die Feder in ein Tintenfass und schrieb los. ➜ Vogel

die Feile

Eine Feile ist ein Werkzeug aus sehr hartem Stahl. Mit ihr lassen sich verschiedene Materialien wie Holz, Metall oder Kunststoff bearbeiten. Wir benutzen eine Feile, um ein Werkstück in die richtige Form zu bringen. Schiefe, unebene oder unerwünschte Stellen kann man wegfeilen. Die rauhe Oberseite der Feile wird so lange darüber gezogen, bis alles passt.
➜ Werkzeug

das Fernsehen

Beim Fernsehen werden Bilder von einem Ort zum andern übertragen. Eine Fernsehkamera nimmt die Bilder auf. Sie werden in elektrische Signale umgewandelt und in dieser Form zu den Empfängern gesendet. Im Fernsehgerät werden die Signale in Bilder zurückverwandelt und auf einem Bildschirm dargestellt. Der Ton wird von einem Mikrofon ebenfalls in elektrische Signale umgeformt, mit den Bildsignalen übertragen und im Fernseher wieder hörbar gemacht.
Die Fernsehkamera zerlegt jedes einzelne Bild, das sie aufnimmt, in eine Vielzahl winziger Bildpunkte. Sie werden in der Bildröhre des Fernsehers wieder wie ein Mosaik zu einem ganzen Bild zusammengesetzt. Unser Auge nimmt aber Bilder auf dem Fernsehschirm nur dann als zusammenhängende und bewegte Bilder wahr, wenn sie sehr schnell aufeinanderfol-

gen. Deshalb werden in einer Sekunde 25 Bilder übertragen. Die Gesamtmenge der zu übertragenden Signale ist riesengroß. Die Übertragung der Fernsehbilder erfolgt oft über Sendeantennen, deren Signale von einer Empfangsantenne aufgefangen werden. Beim Kabelfernsehen werden Fernsehprogramme durch Erdkabel übertragen. Satelliten machen es möglich, dass Programme in alle Erdteile ausgestrahlt werden können. Für ihren Empfang braucht man eine Parabolantenne. ➜ Antenne, Mikrofon, Rundfunk, Satellit, Zeitlupe

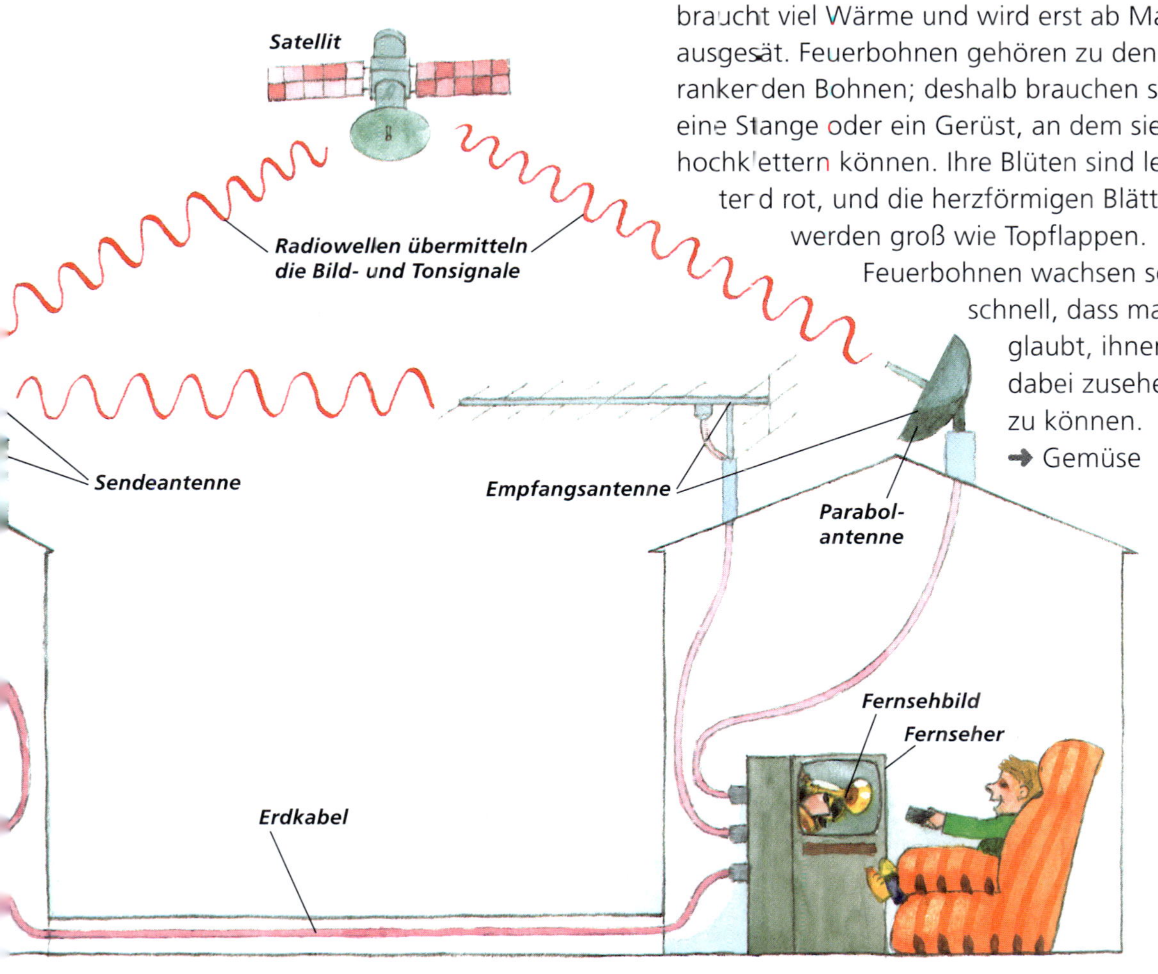

das Feuer

das Feuer

Bei einem Feuer sehen wir meistens helle Flammen, manchmal aber auch nur rote Glut. Wenn Holz, Kohle oder andere Stoffe verbrennen, wird ihre Energie in Licht und Wärme umgewandelt. Neben einem großen Lagerfeuer spüren wir deutlich, welche Wärme von ihm ausgeht. Und sein Lichtschein leuchtet weit in die Dunkelheit. Schon in der Steinzeit haben Menschen gelernt, die Kraft des Feuers zu nutzen: Sie konnten sich daran wärmen und ihr Essen darüber kochen; außerdem hielten die offenen Flammen Raubtiere fern. Später kam die Entdeckung dazu, dass man mit Feuer Eisen schmelzen und viele Dinge herstellen kann. Das Feuer nützt also auf viele Arten, aber es kann auch gefährlich sein. Ein Brand kann in Windeseile Wälder und Häuser zerstören. ➜ Energie, Feuerwehr, Steinzeit

die Feuerbohne

Wie alle Bohnen stammt die Feuerbohne aus den heißen Ländern Amerikas. Sie braucht viel Wärme und wird erst ab Mai ausgesät. Feuerbohnen gehören zu den rankenden Bohnen; deshalb brauchen sie eine Stange oder ein Gerüst, an dem sie hochklettern können. Ihre Blüten sind leuchtend rot, und die herzförmigen Blätter werden groß wie Topflappen. Feuerbohnen wachsen so schnell, dass man glaubt, ihnen dabei zusehen zu können. ➜ Gemüse

die Feuerwehr

Bei Feueralarm rückt die Feuerwehr aus, um den Brand zu löschen. Moderne Großlöschfahrzeuge haben viele tausend Liter Wasser in ihren Tanks. Außerdem transportieren sie mehrere Tonnen Löschpulver und Schaum, denn nicht jedes Feuer lässt sich mit Wasser bekämpfen.
Liegt die Brandstelle in einem Ort, dann können die Feuerwehrleute ihre Schläuche an Hydranten anschließen. Von diesen Wasserzapfstellen strömt das Wasser in die Schläuche und wird mit hohem Druck auf die Flammen gespritzt. Feuerwehrleitern ermöglichen es, sehr dicht an einen Brandherd heranzukommen. Waldbrände, die besonders schwierig zu löschen sind, werden auch mit Löschflugzeugen bekämpft.
Große Städte haben eine Berufsfeuerwehr, in kleineren Gemeinden gibt es die freiwillige Feuerwehr. Auch bei Überschwemmungen, schweren Stürmen und Unfällen wird die Feuerwehr zu Hilfe gerufen.

die Fibel

Die Fibel ist das Lesebuch für viele Kinder der ersten Schulklasse. Mit ihr lernen sie lesen. Auf ihren Seiten stehen nur einzelne Wörter oder kurze Sätze, und alle Buchstaben sind groß gedruckt. Weil die Fibel in die Welt der Buchstaben einführt, heißt sie auch Abc-Buch. ➜ Abc, Satz, Wort

die Fichte

Die Fichte ist der Baum, den wir in unseren Wäldern am häufigsten antreffen. Sie wird so oft gepflanzt, weil sie sehr schnell wächst und daher in kurzer Zeit viel Holz liefert. Es ist leicht, fast weiß und wird im Möbelbau, als Bauholz sowie in der Papierherstellung verwendet.
Die Fichte kann über 40 Meter hoch werden. Ihre Krone hat die Form einer Pyramide. Ihre reifen Zapfen hängen nach unten; die Nadeln, die am Zweig rundherum stehen, sind vierkantig, spitz und stachlig. ➜ Baum

das Fieber

Unsere Körpertemperatur beträgt normalerweise 37 °C; wenn sie über 38 °C steigt, haben wir Fieber. Meistens sind dann Bakterien, die eine Krankheit auslösen, in unseren Körper eingedrungen. Er erwärmt sich, um die Krankheitserreger unschädlich zu machen. Das Fieber ist also eine nützliche Abwehrreaktion gegen Krankheiten; es ist wichtig, dass ein Arzt untersucht, wodurch es hervorgerufen wird. Bei sehr hohem Fieber bekommt man fiebersenkende Medikamente. ➜ Arzt, Bakterie, Krankheit

der Fisch

Fische sind an das Leben im Wasser sehr gut angepasst. Weil ihr Körper vorne spitz zuläuft, können sie leicht durchs Wasser gleiten. Statt Beinen haben sie Flossen: Sie bewegen sich vor allem mit der kräftigen Schwanzflosse fort, während die Brust- und Bauchflossen zum Steuern und Bremsen dienen; mit Rücken- und Schwanzflosse halten sie das Gleichgewicht.
Viele Fische haben eine gasgefüllte Schwimmblase, mit deren Hilfe sie sich in verschiedenen Wassertiefen bewegen können. Ebenso wie Reptilien sind Fische wechselwarm: Ihre Körpertemperatur steigt und fällt mit der Temperatur des Wassers, das sie umgibt. Sie unterscheiden sich von allen Landtieren durch ihre Atmung, denn sie atmen durch Kiemen.
Die meisten Fische pflanzen sich fort, indem sie Eier legen; sie werden Laich genannt. Man unterscheidet Süßwasserfische und Seefische, die im Meer leben. ➜ Kiemen, Laich, Reptil

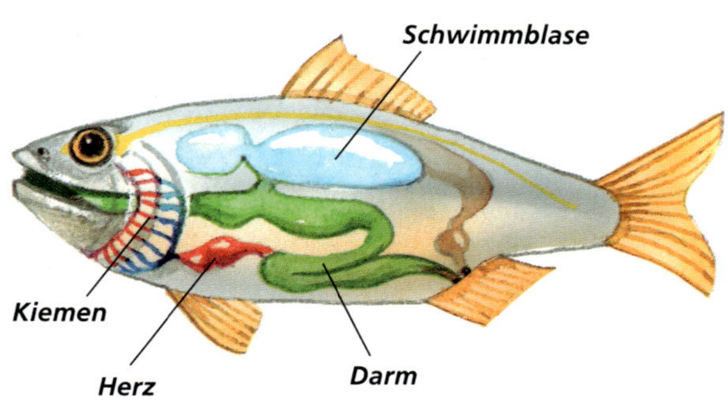

der Fischfang

Viele Fische eignen sich als Speisefisch. Süßwasserfische wie Aal, Hecht und Forelle werden mit Angel, Netz oder Reuse gefangen. Die Reuse ist ein langes, schlauchartiges Netz, in das die Fische hinein-, aber nicht mehr herausschwimmen können. Hering, Kabeljau, Scholle und andere Seefische werden mit großen Schleppnetzen gefangen; starke Fischdampfer ziehen sie hinter sich her durch das Wasser. Viele Schiffe in der Hochseefischerei ähneln schwimmenden Fabriken. Die gefangenen Fische werden geschlachtet, sortiert und sofort entweder tiefgefroren oder zu Konserven verarbeitet.
Kleine Fischkutter fahren in die flachen Küstengewässer hinaus. Sie fangen dort auch Krebse und Krabben.

der Flaschenzug

Der Flaschenzug ist eine einfache Maschine, mit der sich schwere Lasten leichter heben lassen. Man braucht viel Muskelkraft, um eine große Kiste mit einem Seil in die Höhe zu ziehen. Lässt man aber das Seil über zwei Rollen laufen, von denen die obere fest und die untere lose ist, dann braucht man nur noch halb so viel Kraft. ➜ Maschine

die Fledermaus

Fledermäuse sind fliegende Säugetiere. Zwischen ihren sehr langen, dünnen Fingerknochen spannen sich Flughäute. Damit können sie schnell und ausdauernd fliegen. Erst in der Dämmerung wachen sie auf und beginnen mit ihrer Jagd nach Insekten. Sie können auch in völliger Dunkelheit fliegen, denn sie orientieren sich durch Echopeilung: Sie stoßen ununterbrochen sehr hohe, für den Menschen nicht hörbare Laute aus, die selbst vom kleinsten Hindernis zurückgeworfen werden. Dieses Echo hören die Fledermäuse. So stoßen sie nirgends an und finden zielsicher ihre Beute. Fledermäuse halten in der kalten Jahreszeit Winterschlaf. In Höhlen, hohlen Bäumen oder auf Dachböden hängen sie sich mit dem Kopf nach unten an ihren Fußzehen auf. Sie wickeln sich in die Flügel ein und schlafen, bis es wieder warm wird. ➜ Echo, Säugetier, Vampir, Winterschlaf

die Fliege

Fliegen haben im Unterschied zu den meisten anderen Insekten nur zwei Flügel. Deren schnelle Schläge erzeugen einen Summton. Es gibt viele verschiedene Fliegenarten. Die Stubenfliege ist weltweit verbreitet; sie hält sich mit Vorliebe in Wohnräumen auf. Das liegt daran, dass sich ihre Larven besonders gut von Essensabfällen ernähren können. Außerdem lieben ausgewachsene Stubenfliegen, ebenso wie die meisten Menschen, süße Nahrung. Durch ihren Rüssel saugen sie Obstsäfte und Zucker auf.
Schmeißfliegen legen ihre Eier an frisches Fleisch oder verletzte und tote Tiere. Zu den Stechfliegen zählen die Bremsen, die besonders Haustiere belästigen. Winzige Fruchtfliegen leben als Larven in reifenden Früchten. Viele Fliegen sitzen gern auf Schmutz und Mist. Manche können Krankheiten übertragen. ➜ Insekt, Larve

Schmeißfliege

der Fliegenpilz

Den großen, leuchtend roten Hut mit weißen Punkten kann man nicht verwechseln: So sieht nur der Fliegenpilz

aus. Sein Stiel und die Lamellen sind weiß. Man darf ihn nicht pflücken und schon gar nicht essen, denn er ist sehr giftig! ➜ Pilz

Menschenfloh

der Floh

Flöhe sind winzig: Sie werden nur 1 bis 7 Millimeter groß. Für diese kleine Körpergröße können sie jedoch sehr weit springen – bis zu 40 Zentimeter!
Flöhe sind blutsaugende Insekten; jede Art lebt von einem bestimmten Säugetier. Es gibt Menschenflöhe, Hundeflöhe, Katzenflöhe und noch viele andere Arten.
Zum Glück kommen Menschenflöhe bei uns heute nur noch selten vor, denn sie können gefährliche Krankheiten übertragen. Flohbisse jucken stark. ➜ Insekt

der Flughafen

Auf einem großen Flughafen starten und landen Flugzeuge in rascher Folge. Es gibt mehrere Start- und Landebahnen aus Beton oder Asphalt, die bis zu vier Kilometer lang sind. In einem Kontrollturm arbeiten Fluglotsen, die den Flugverkehr überwachen. Sie erkennen jedes ankommende Flugzeug auf ihren Radarschirmen und sorgen dafür, dass es sicher landen und anschließend zum Abfertigungsgebäude rollen kann. Dort steigen die Fluggäste aus und erhalten ihr Gepäck. Das Flugzeug wird unterdessen schon wieder aufgetankt, von Mechanikern kontrolliert und für den nächsten Flug startklar gemacht. ➜ Mechaniker, Radar

das Flugzeug

Ein Flugzeug ist schwerer als Luft und kann trotzdem fliegen. Möglich ist das durch die Kraft des Auftriebs. Sie entsteht, weil die Flügel des Flugzeugs eine besondere Form haben. Sobald es sich vorwärts bewegt, strömt die Luft unter dem Tragflügel langsamer und über ihm schneller vorbei. An der Unterseite des Flügels entsteht dadurch Druck, der das Flugzeug anhebt, an der Oberseite dagegen ein Sog, der es in die Höhe zieht.

Aber der Auftrieb wirkt nur, solange das Flugzeug sich schnell vorwärts bewegt. Propellermotoren oder Düsentriebwerke erzeugen diese Bewegung. Im Cockpit des Flugzeugs sitzt der Pilot, der es durch Höhen-, Seiten- und Querruder steuert.
➜ Hubschrauber, Pilot, Verkehrsmittel

der Fluss

Wenn Regen, Hagel oder Schnee auf die Erde fallen, sammelt sich ein großer Teil des Wassers in Bächen und Flüssen. Ein Fluss führt es manchmal in einen See, meistens aber ins Meer. Auf seinem Weg dorthin nimmt er oft mehrere Nebenflüsse auf und wird dadurch immer wasserreicher und breiter. Das gesamte Gebiet, das ein Hauptfluss mit seinen Nebenflüssen durchzieht, ist sein Einzugsgebiet. Zwischen dem Oberlauf und der Mündung eines Flusses besteht ein Höhenunterschied, deshalb fließt das Wasser von selbst in Richtung Meer. ➜ Bach, Quelle, Wasserkreislauf

die Forelle

Die Bachforelle ist eine unserer einheimischen Forellenarten. Sie braucht kaltes, schnellfließendes und besonders sauberes Wasser. Sie ist selten geworden, weil es kaum noch Bäche oder Flüsse gibt, in denen sie leben kann. Bachforellen

schwimmen knapp unter der Wasseroberfläche und jagen Insekten. Dabei springen sie manchmal aus dem Wasser heraus, um ihre Beute zu schnappen. ➜ Fisch

der Förster

Ein Förster hat die Aufgabe, eine bestimmte Waldfläche zu überwachen und zu versorgen. Wälder, die von Menschen angelegt und gepflegt werden, weil man aus ihnen Holz gewinnen will, heißen Forste. Sie gehören meistens dem Staat; deshalb sind Förster Staatsbeamte.
Ein Förster muss viel von der Holzwirtschaft verstehen. Er beaufsichtigt die Waldarbeiter beim Anpflanzen und Schlagen der Bäume. Außerdem ist er zuständig für die Hege der Waldtiere und überwacht die Jagd in den Forsten. ➜ Beruf, Holz, Staat, Wald

der Fotoapparat

Mit einem Fotoapparat können wir auf einem Bild festhalten, was wir sehen. Einen besonders schönen Baum, den wir fotografieren wollen, müssen wir zuerst mit dem Sucher einfangen. Wenn man dann auf den Auslöser drückt, öffnet sich ganz kurz der Verschluss im vorderen Teil des Apparats. Lichtstrahlen, die von dem Baum und seiner Umgebung ausgehen, fallen durch die Linse auf den Film im Innern. Das ist ein Streifen aus Kunststoff mit einer lichtempfindlichen Schicht. Sie wird von den Lichtstrahlen so verändert, dass der Baum darauf abgebildet wird.
Bei diesem Negativ-Film, der hierbei entsteht, sind die Farben sowie Hell und Dunkel noch vertauscht. Erst wenn von ihm ein so genannter Positiv-Abzug hergestellt wird, hält man ein Foto von dem Baum in der Hand. ➜ Licht, Linse

die Frau

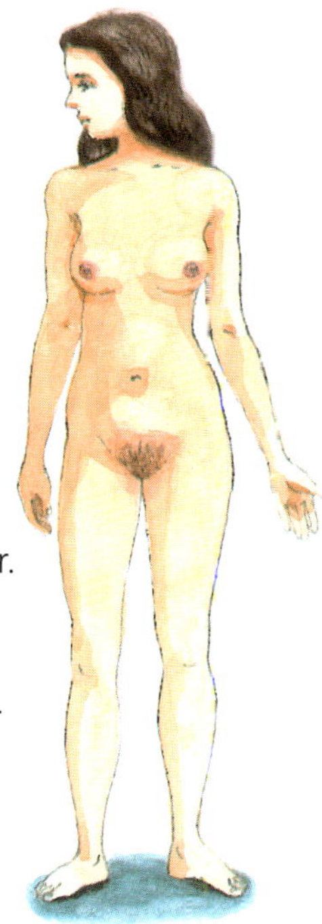

Frauen sind erwachsene Menschen mit weiblichem Geschlecht. Ihr Körper hat weibliche Merkmale. Ihre Geschlechtsteile sind Scheide, Eierstöcke, Eileiter und Gebärmutter. Außerdem haben Frauen Brüste, die nach der Geburt für das Baby Milch bilden. Frauenkörper sind an weniger Stellen behaart als Männerkörper. Frauen haben, im Vergleich zum Mann, breite Hüft- und Beckenknochen. Ihre Haut ist mit einer dünnen Fettschicht unterpolstert und sieht deshalb glatter und feiner aus. Frauen leben oft länger als Männer.
➜ Brüste, Mann, Scheide

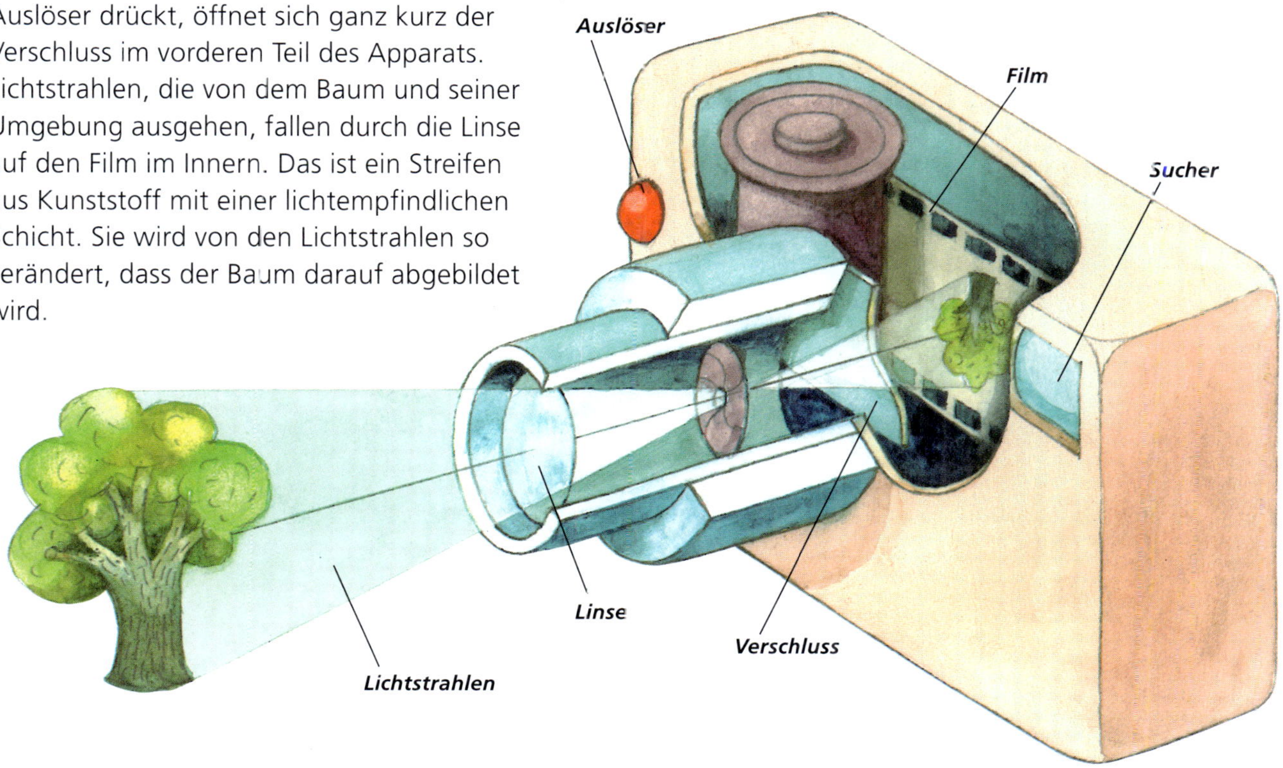

der Frieden

Menschen und Völker leben im Frieden miteinander, wenn sie sich vertragen. Meinungsverschiedenheiten, die zwischen ihnen entstehen, lösen sie durch Gespräche und Verhandlungen, nicht aber durch Gewalt. Der Frieden wird zerstört, sobald eine Seite mit Gewalt droht oder sie ausübt. Zwischen Staaten entsteht dann Krieg. ➜ Krieg, Staat

der Friedhof

Wenn ein Mensch gestorben ist, wird er auf dem Friedhof begraben. Der Sarg, in dem der Tote liegt, wird in ein Grab gelegt. Anschließend schaufelt man das Grab zu und setzt einen Grabstein darauf. Auf ihm steht der Name des Toten, wann er geboren wurde und wann er gestorben ist.
Bei einer Feuerbestattung wird der Tote verbrannt. Seine Asche wird in einem Gefäß aufbewahrt, das Urne heißt. Diese legt man dann in ein Urnengrab. ➜ Tod

der Frosch

Unser bekanntester Frosch ist der Wasserfrosch. Er lebt in Teichen, Seen und Bächen. Wie die meisten Frösche, entwickelt er sich durch eine Verwandlung vom befruchteten Ei zum ausgewachsenen Tier.
Frösche legen ihre Eier im Wasser ab. Nach einiger Zeit schlüpfen daraus kleine, fischartige Tiere, die Kaulquappen. Während sie wachsen, bilden sich allmählich die langen Hinterbeine und die kurzen Vorderbeine aus. Ihr Fischschwanz wird kleiner und verschwindet zuletzt. Die Atemorgane, die Kiemen, bilden sich ebenfalls zurück; gleichzeitig wächst die Lunge. Schließlich ist der junge Frosch fertig: Er hat nun das große Maul mit der langen, klebrigen Zunge zum Insektenfang. Die Zehen sind mit Schwimmhäuten verbunden, und mit seinen kräftigen Hinterbeinen kann er weit springen.
➜ Kiemen, Laich

Wasserfrosch

die Frucht

Im Sommer und Herbst entwickeln sich an vielen Pflanzen Früchte. Sie entstehen aus den Fruchtknoten der Blüten. Früchte enthalten die Samen der Pflanzen. Sie bilden die schützende Hülle, bis die Samen reif geworden sind.
Früchte sorgen auf verschiedenen Wegen für die Fortpflanzung ihrer Art. Eicheln sind zum Beispiel eine wichtige Winternahrung für Eichhörnchen: Sie vergraben viele davon als Vorrat, finden aber später längst nicht alle wieder und „pflanzen" so eine Menge Eichen. Andere Früchte, wie die des Ahorns, werden vom Wind verbreitet. Viele Früchte dienen Tieren als Nahrung. Mit ihren Ausscheidungen gelangen die Samen dann wieder in die Erde, und im günstigen Fall entsteht eine neue Pflanze.
Früchte haben ganz verschiedene Formen. Man unterscheidet sie nach ihrer Beschaffenheit. Zu den Saftfrüchten gehören alle Obstsorten. Nüsse mit ihrer holzigen Schale, aber auch Hülsenfrüchte wie Bohnen und Erbsen, zählen zu den Trockenfrüchten.
➜ Bestäubung, Blüte, Obst, Samen

Laubfrosch (Männchen)

Laubfrosch (Weibchen)

der Fuchs

Füchse sehen Hunden ähnlich und sind auch mit ihnen verwandt. Sie haben eine spitze Schnauze und einen sehr langen, buschigen Schwanz. Bei uns lebt der Rotfuchs, der sein Revier meistens im Wald hat. Doch kommen auch immer mehr Füchse in die Städte und bewohnen dort Friedhöfe, Bahndämme oder Parks.
Ein Fuchsbau hat immer mehrere Ausgänge; so kann der Fuchs bei Gefahr oft fliehen. Manchmal übernimmt er auch alte Dachs- oder Kaninchenbaue.
Füchse ernähren sich vielseitig. Sie jagen Mäuse und andere Kleintiere, außerdem Kaninchen, Hühner oder sogar Rehe. Auch Aas und Insekten werden von ihnen nicht verschmäht. ➜ Aas, Hund

das Futter

Futter nennen wir alles, was der Ernährung von Tieren dient: Heu und Hafer, Möhren und Äpfel, Fleisch, Fertignahrung oder Getreidekörner. Zur Haltung von Haustieren gehört, dass wir sie füttern. Dabei ist es wichtig, dass wir ihnen Futter in der richtigen Mischung und Menge geben.
In der Landwirtschaft spielt das Tierfutter eine wichtige Rolle. Bei der Massentierhaltung werden dem Futter manchmal Beruhigungsmittel und Medikamente beigemischt, damit die Tiere die hohen Belastungen besser überstehen. Aber Spuren dieser Medikamente lagern sich in ihrem Fleisch ab. Sie können später über das Essen auch in den menschlichen Körper gelangen und Schaden anrichten. ➜ Haustier, Heu, Landwirtschaft

die Gämse

Gämsen sind mit den Ziegen verwandt und sehen ihnen sehr ähnlich. Sie leben aber nur im Gebirge. Selbst an steilen Felsen klettern sie, ohne abzustürzen. Da sie außerdem hoch und sehr weit springen können, überwinden sie auf der Flucht fast mühelos Felsvorsprünge und tiefe Abgründe. Ihre Hörner ragen von der Stirn steil nach oben und sind nur am Ende stark zurückgebogen wie ein Haken. Gämsen leben in Rudeln zusammen. An schattigen, kühlen Plätzen suchen sie ihre Nahrung: Gräser, Kräuter und Moose.
➜ Rudel

Graugans

die Gans

Gänse werden schon seit alter Zeit als Haustiere gehalten. Unsere Hausgans stammt von der Graugans ab.
Graugänse sind Zugvögel. Sie verbringen den Winter in warmen Ländern. Im Frühjahr ziehen sie zu ihren Brutplätzen im hohen Norden. Die Schwärme fliegen geordnet in strenger Pfeilform und schnattern dabei pausenlos.
Gänse haben einen kräftigen, rötlichen Schnabel, mit dem sie Gras und Kräuter abrupfen und zerreiben können. Das Gefieder der Hausgänse ist schneeweiß. Ihr Fleisch ist sehr schmackhaft, und ihre Daunenfedern werden als Füllung für Decken und Kissen verwendet. ➜ Zugvogel

die Gärtnerei

Eine Gärtnerei ist ein landwirtschaftlicher Betrieb; man baut dort Gemüse, Obst oder Blumen in großer Menge an. In beheizten Treibhäusern können die Pflanzen auch während der kalten Jahreszeit wachsen. Die großen Beete sind so angelegt, dass sie jederzeit bewässert und gedüngt werden können; dadurch ist der Ertrag meistens sehr groß.
Manche Gärtnereien bauen Bäume und Sträucher an. Sie werden Baumschulen genannt. ➜ Gemüse, Landwirtschaft, Obst, Treibhaus

das Gas

Die meisten Gase sind farblos und daher unsichtbar. Das gilt zum Beispiel für den Sauerstoff, der lebenswichtig für alle Lebewesen auf der Erde ist. Die Luft, die wir atmen, ist ein Gemisch aus verschiedenen Gasen, zu denen vor allem der Sauerstoff gehört. Gase, die wie das Helium leichter als Luft sind, steigen nach oben. Mit ihnen füllt man Ballons.
Es gibt auch giftige Gase. Sie entstehen beispielsweise bei jeder Verbrennung.
➜ Ballon, Luft, Sauerstoff

das Gebirge

Gebirge sind Falten in der Haut der Erde. Sie bilden Ketten von Bergen und Tälern. Die meisten Gebirge bestehen aus Gesteinsschichten, die vor langer Zeit durch großen Druck aus dem Innern der Erde in die Höhe gefaltet wurden.
Unser höchstes Gebirge sind die Alpen, die zu den Hochgebirgen zählen. Sie reichen bis in Höhen, in denen keine Bäume mehr wachsen, und haben steil aufragende Gipfel mit hohen Felswänden und tiefen Tälern. Mittelgebirge sind dagegen flacher. Sie haben abgerundete Bergkuppen, die meistens bis obenhin bewaldet sind.
Das größte Hochgebirge liegt in Asien und heißt Himalaya. Sein höchster Gipfel ist der Mount Everest; er ist 8848 Meter hoch. Weil die Temperatur mit zunehmender Höhe fällt, ist es auf hohen Bergen sehr kalt. Der Kilimandscharo ist der höchste Berg Afrikas. Er steht dort, wo es am heißesten ist, und trotzdem liegt sein Gipfel ewig unter Eis und Schnee. ➜ Alpen, Erde, Tal

die Geburt

Bei Menschen beginnt die Geburt eines Babys nach neunmonatiger Schwangerschaft. Zuerst bekommt die Frau Wehen. So nennt man die Muskelbewegungen der Gebärmutter, die das Baby allmählich aus dem Bauch herausstoßen.
Die Wehen weiten den Ausgang der Gebärmutter, den Muttermund, und auch die Scheide. Das dauert oft viele Stunden und ist sehr anstrengend, denn die Wehen sind

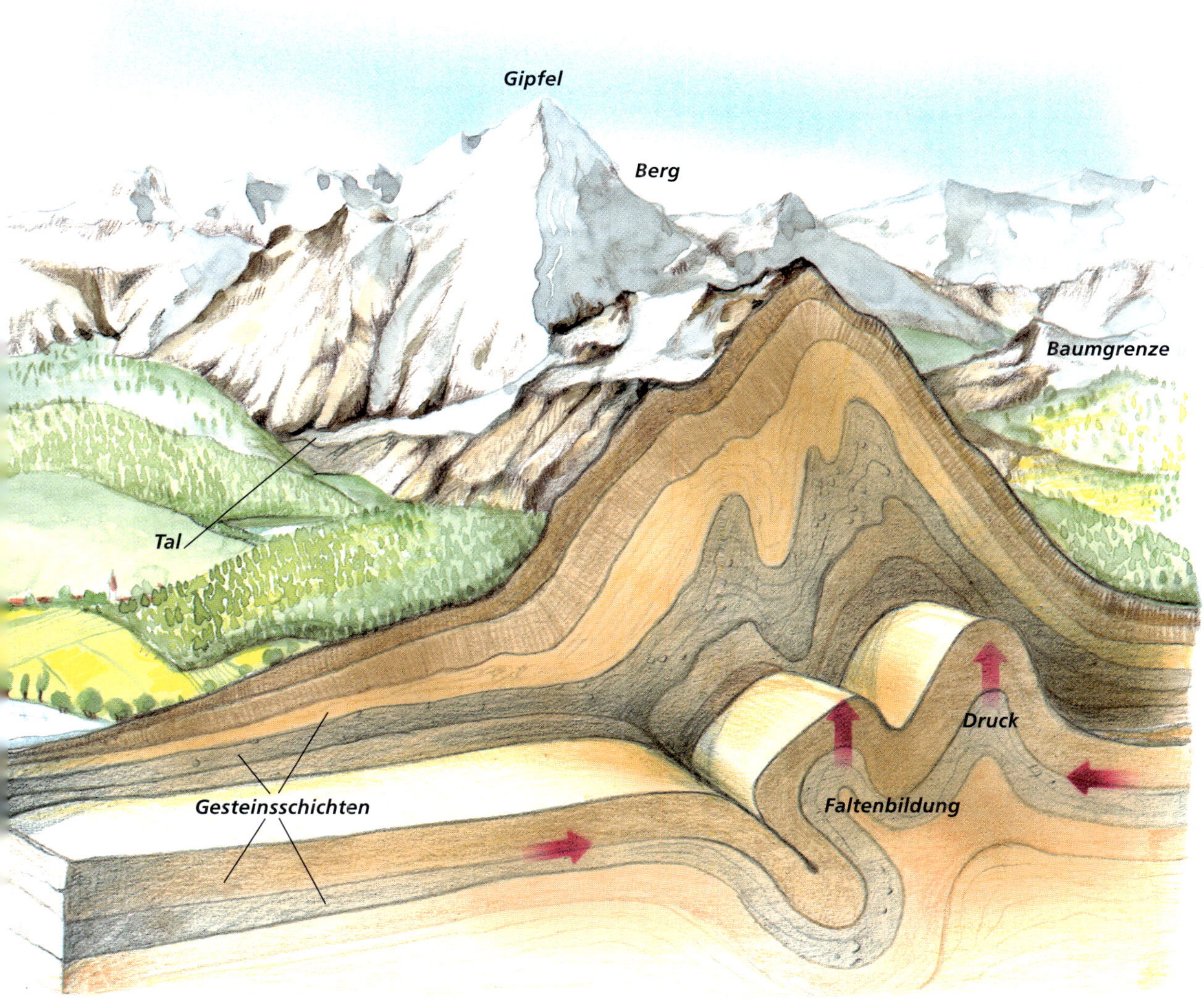

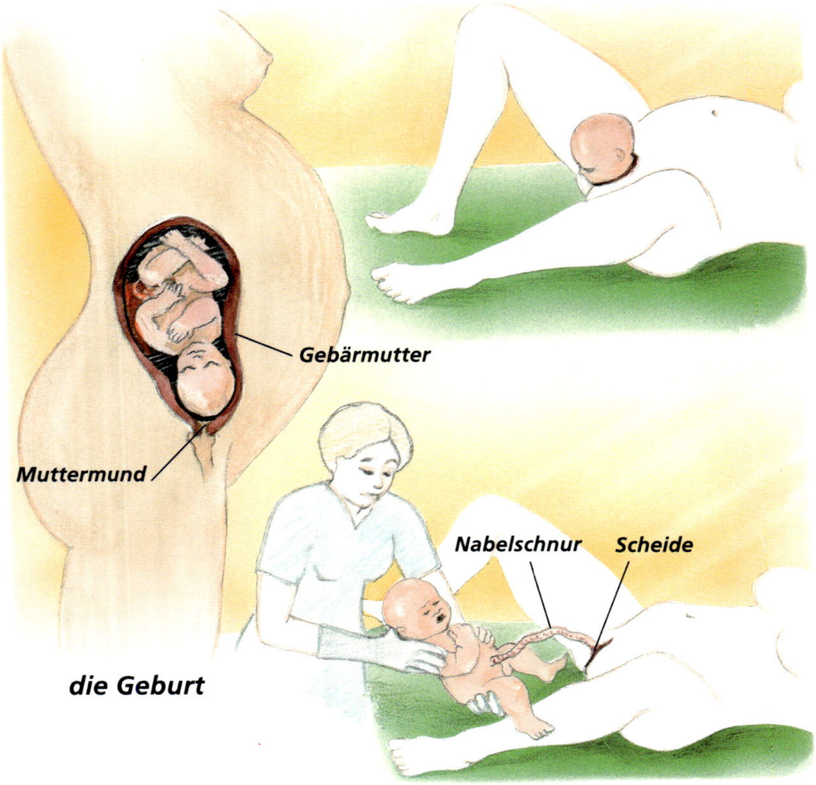

die Geburt

sehr schmerzhaft. Zwischen den Wehen liegen Pausen, in denen die Frau sich erholen kann.
Wenn dann Muttermund und Scheide weit genug sind, um den Kopf des Babys durchzulassen, beginnt der letzte Teil der Geburt: Die Presswehen setzen ein, und die Frau presst jetzt kräftig mit. Zuerst kommt der Kopf heraus, dann gleitet der Körper hinterher. Das Baby, das noch an der Nabelschnur hängt, wird auf den Bauch seiner Mutter gelegt. Die Nabelschnur hört auf zu pulsieren und wird abgeklemmt. Das Baby atmet jetzt allein. ➜ Baby, Schwangerschaft

das Gedicht

In einem Gedicht werden Wörter in besonderer Weise zusammengefügt. Seine Sprache unterscheidet sich von der Art, wie wir im Alltag sprechen.
Die Zeilen eines Gedichts nennt man Verse. Deren letztes Wort ist oft so ausgewählt, dass es sich auf das letzte Wort eines anderen Verses reimt. So entsteht zwischen den Versen eine enge Verbindung. Aber es gibt auch Gedichte ohne Reim. Die Zeilen verbinden sich dann allein durch den Klang der Wörter und ihren Inhalt. Außerdem erhält jede Zeile durch die Zahl und den Abstand der betonten Silben einen bestimmten Rhythmus.
Mehrere Verse bilden eine Strophe. Es gibt kurze Gedichte mit nur wenigen Versen, aber auch lange mit vielen Strophen.
➜ Reim, Rhythmus

das Gefängnis

Wer eine Straftat wie Einbruch, Raub oder Mord begangen hat, kann vor ein Gericht gestellt werden. Wenn das Gericht ihn zu einer Freiheitsstrafe verurteilt, muss er ins Gefängnis.
Dort ist der Straftäter für eine bestimmte Zeit eingesperrt. Die Zeitdauer wird vom Gericht festgelegt. Er muss Gefängniskleidung tragen und darf die Zelle, in der er untergebracht ist, nur zu festgesetzten Zeiten verlassen. Auf viele Rechte und Freiheiten, die sonst selbstverständlich sind, muß er verzichten. ➜ Gericht

das Gehirn

Das Gehirn ist das wichtigste Steuerzentrum des Körper. Alle unsere Bewegungen werden von ihm gesteuert. Es schickt seine Befehle über die Nerven an die einzelnen

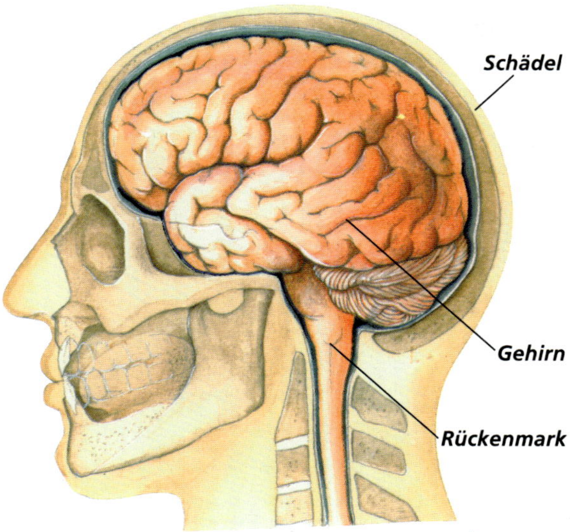

Körperteile. Was wir sehen, hören, riechen, schmecken und fühlen, wird ebenfalls an das Gehirn gemeldet und dort als Information verarbeitet. Im Gehirn haben unsere Gedanken und Gefühle ihren Ursprung. Und außerdem regelt es auch noch unsere Verdauung und unseren Herzschlag. Das Gehirn ist ein besonders empfindliches Organ, deshalb liegt es geschützt in der Knochenschale unseres Schädels. ➜ Nerv, Organ

der Geier

Geier sind große Greifvögel, die sich fast nur von toten oder kranken Tieren ernähren. Als Aasfresser sind sie somit eine Art „Gesundheitspolizei", denn Tierleichen können leicht eine Brutstätte von Krankheiten werden. Kopf und Hals der Geier sind nackt oder nur wenig befiedert. So können sie sich in das Aas hineinfressen, ohne ihr Gefieder zu verschmutzen. Geier kreisen oft in großer Höhe und halten von dort nach Futter Ausschau. ➜ Aas, Greifvogel

das Geld

Wenn wir etwas kaufen wollen, müssen wir dafür bezahlen. Geld ist unser Zahlungsmittel.
Als die Menschen noch kein Geld kannten, konnte man nur eine Ware oder Leistung gegen eine andere tauschen, zum Beispiel einen Pflug gegen eine Kuh. Das war sehr umständlich, denn man musste immer jemanden finden, der zu einem solchen Tausch bereit war.
Später fing man damit an, Waren gegen kleine Gold- und Silberstücke einzutauschen. Man hatte damit ein Zahlungsmittel gefunden, dessen Wert von allen anerkannt wurde und das man immer wieder verwenden konnte.
Heute haben wir Bargeld: Münzen und Geldscheine aus Papier, die Banknoten. Wer ein Konto hat, kann auch ohne Bargeld bezahlen: mit einem Scheck oder einer Geldkarte. Die Bank zieht dann den Betrag vom Konto ab. ➜ Bank, Konto, Münze

die Gemeinde

Die Bürger eines Dorfes oder einer Stadt bilden zusammen eine Gemeinde. Sie verwaltet sich selbst. Das bedeutet: Sie entscheidet über alle Angelegenheiten in ihrem Bereich und führt die notwendigen Tätigkeiten selbständig aus. Hierzu zählen der Bau von Straßen, Schulen und Sportplätzen, die Versorgung mit Strom, Gas und Wasser sowie die Fürsorge für Alte und Kranke.
Damit dies alles klappt, wählen die Bürger als ihre Vertreter einen Gemeinde- oder Stadtrat. Er beschließt unter der Leitung des Bürgermeisters, was jeweils zu tun ist. Die Gemeinde braucht für ihre Aufgaben Geld. Sie bekommt es durch Steuern und Gebühren, die die Bürger zahlen. Der Gemeinderat und die Gemeindeverwaltung befinden sich meistens im Rathaus. ➜ Bürger, Bürgermeister, Steuer, Wahl

das Gemüse

Als Gemüse bezeichnen wir alle Nutzpflanzen außer Obst, Getreide und Kartoffeln. Es wird in Gärtnereien gezogen, aber viele Leute haben auch in ihren eigenen Gärten Gemüsebeete. Gemüse ist wichtig für eine gesunde Ernährung, denn es enthält viele Vitamine und Mineralstoffe. ➜ Gärtnerei, Vitamin

Königsgeier

das Gericht

Menschen haben manchmal ernsten Streit miteinander und können sich nicht einigen. Dann passiert es, dass sie vor Gericht gehen, damit ein Richter über ihren Streit entscheidet. Seine Aufgabe ist zu prüfen, wer Recht hat. Dann fällt er ein Urteil.
Gerichte urteilen außerdem über Straftäter, die gegen ein Gesetz verstoßen haben. Zuerst muss das Gericht beweisen, dass der Angeklagte die Tat begangen hat. Wenn das der Fall ist, muss es den Täter nach dem Gesetz verurteilen und das Strafmaß bestimmen. ➜ Richter

die Gerste

Gerste wurde schon vor vielen tausend Jahren von Menschen angebaut. Sie ist ein Getreide, das heißes und kaltes Klima verträgt. Ihre Ähren stehen auf kurzen Halmen und tragen die Körner in zwei Reihen. An ihren langen Grannen kann man sie gut erkennen. Gerstenkörner werden zu Malz für das Brauen von Bier verarbeitet, und man stellt Malzkaffee, Graupen und Grütze daraus her. Außerdem dient Gerste als Viehfutter.
➜ Ähre, Getreide

das Gesetz

Gesetze sind Regeln: Sie legen fest, was Menschen tun dürfen und was nicht. Gesetze sind notwendig, damit Menschen in einem Staat zusammenleben können. Sie schreiben vor, welche Rechte und Pflichten der Staat und seine Bürger gegeneinander haben.
In einer Demokratie bestimmen das Volk oder die von ihm gewählten Vertreter, welche Gesetze gelten sollen. Wer gegen ein Gesetz verstößt, macht sich strafbar und kann vor ein Gericht gestellt werden.
➜ Bürger, Demokratie, Staat

das Gespenst

In vielen spannenden Geschichten wird von Gespenstern oder Geistern erzählt. Das sind Verstorbene, die keine Ruhe finden. Um

Mitternacht erwachen sie und geistern herum. Sie erschrecken die Leute mit ihrer unheimlichen Gestalt und durch gruselige Geräusche oder Schreie. Besonders in alten Häusern, Schlössern oder Burgen sollen Gespenster herumspuken. Die Wahrheit ist: Es gibt sie nur in den Geschichten.

die Gesundheit

Wenn wir krank sind, spüren wir deutlich, wie wichtig unsere Gesundheit ist. Deshalb hoffen wir, möglichst bald wieder gesund zu werden. Aber Gesundsein bedeutet nicht nur, keine Krankheit zu haben. Dazu gehört auch, dass wir uns körperlich, geistig und im Zusammenleben mit anderen Menschen wohl fühlen. Wir können viel für unsere Gesundheit tun. Wir schützen sie, indem wir uns abwechslungsreich ernähren und Sport treiben. Wichtig ist zum Beispiel auch, dass wir ausreichend schlafen. ➜ Krankheit

das Getreide

Getreide nennen wir Gräser, deren Körner für die Ernährung von Menschen und Tieren besonders wichtig sind. Dazu gehören Weizen, Roggen, Gerste, Hafer, Hirse, Mais und Reis. Diese Getreidesorten wurden aus Wildgräsern gezüchtet; heute werden sie auf Feldern angebaut. Die Halme, die nach der Ernte übrigbleiben, nennt man Stroh. Aus Getreidekörnern wird Mehl gewonnen. Man verwendet sie aber auch als Viehfutter.
➜ Ähre, Brot, Stroh

das Gewitter

Gewitter sind Unwetter, die am häufigsten im Sommer auftreten. Wenn kalte und warme, feuchte und trockene Luftmassen aufeinander stoßen, bilden sich mächtige Gewitterwolken. In ihnen entwickeln sich immer stärkere elektrische Spannungen, die sich in gewaltigen Funken entladen.
Diese riesigen Funken sind Blitze. Sie springen von Wolke zu Wolke oder von der Wolke zur Erde hinunter. Die Luft wird von einem Blitz so stark erhitzt, dass sie sich wie bei einer Explosion ausdehnt. Wir hören das als Donner. Er pflanzt sich mit der Geschwindigkeit des Schalls fort, also viel langsamer als das Licht. Deshalb hören wir ihn immer erst nach dem Blitz. Je länger es dauert, bis wir ihn hören, desto weiter ist das Gewitter von uns entfernt.
Gewitter können schwere Schäden anrichten. Sie werden oft von heftigen Winden und Regen- und Hagelschauern begleitet. Ein Blitzschlag kann Menschen und Tiere töten oder einen Wald in Brand setzen. Häuser werden durch Blitzableiter geschützt, die den Blitzstrom in die Erde ableiten.
➜ Schall, Wolke

das Gewürz

Gewürze nennen wir Teile von Pflanzen, mit denen wir unsere Speisen schmackhafter und bekömmlicher machen. Von manchen Pflanzen verwendet man die Blätter und Stiele, von anderen die Rinde, Samen oder Blüten. Diese Pflanzenteile werden meist getrocknet und gemahlen benutzt; viele davon kann man auch frisch verwenden, dann nennt man sie Kräuter. Die meisten Gewürze kommen aus Asien. ➜ Kräuter

das Gift

Wenn Gift in den Körper von Menschen oder Tieren gelangt, richtet es dort Schaden an. Es entsteht eine Vergiftung. Sie kann einzelne Organe schädigen oder im schlimmsten Fall zum Tod führen.
Viele Gifte kommen in der Natur vor. Es gibt giftige Pflanzen wie den Fingerhut oder die Tollkirsche. Gefährlich sind einige Giftschlangen und vor allem Giftpilze: Tödliches Gift enthält beispielsweise der Knollenblätterpilz. Andere Gifte werden von Menschen gemacht. Sie sind zum Beispiel in Abgasen enthalten oder entstehen bei der Herstellung von Kunststoffen. ➜ Pilz, Schlange

die Giraffe

Kein Tier wächst höher hinauf als die Giraffe. Sie wird ungefähr 6 Meter groß. In ein offenes Fenster im ersten Stockwerk eines Hauses könnte sie also bequem ihren Kopf hineinstecken.

Giraffen leben weit weg von uns, in den Steppen Afrikas. Sie ernähren sich vom Laub der Bäume, das sie dank ihrer Größe ohne Mühe pflücken können. Ihr langer Hals misst 2 bis 3 Meter und ist ziemlich unbeweglich. Giraffen spreizen deshalb beim Trinken die Vorderbeine weit auseinander, um mit dem Maul das Wasser zu erreichen. Sie können sehr schnell laufen und sich mit ihren Hufen sogar gegen Löwen erfolgreich wehren. ➜ Steppe

das Glas

Glas ist ein wichtiger Werkstoff. Es ist durchsichtig, und obwohl es leicht zerbrechlich ist, ist es sehr hart. Ohne Glas kann man sich unser Leben kaum noch vorstellen: Es gäbe keine Fensterscheiben, Flaschen, Gläser, Lampen, Brillen, aber auch keine Geräte wie Thermometer, Fotoapparate und Mikroskope.

Glas gewinnt man aus den Rohstoffen Kalk, Soda und Sand. Sie werden vermischt und in einem Ofen erhitzt, bis sie zusammenschmelzen. So entsteht flüssiges Glas, das nun weiterverarbeitet wird. Glasbläser formen aus der heißen Glasschmelze besondere Flaschen und Gläser. Mit Maschinen werden Gläser gepresst oder gegossen; aus der Glasmasse werden auch Fensterscheiben gewalzt.

Wenn das Glas erkaltet, wird es hart. Hartes Glas wird geschliffen und poliert. So entstehen daraus zum Beispiel Linsen für Brillen und Mikroskope. ➜ Linse, Mikroskop, Thermometer

der Gletscher

Gletscher sind große Eisflächen, die auf hohen Bergen entstehen. Sie bilden sich dort, wo im Winter mehr Schnee fällt als im Frühjahr und Sommer abschmelzen kann. Neuschnee legt sich immer wieder mit seinem Gewicht auf die alte Schneedecke und presst sie zusammen; außerdem taut der Schnee im Sommer an und gefriert wieder. So wird aus ihm allmählich festes Eis.

Das Gletschereis bewegt sich vorwärts: Es fließt sehr langsam wie ein langgestreckter Strom in Richtung Tal. Am unteren Ende, an der Gletscherzunge, schmilzt es. Das Schmelzwasser sammelt sich zu einem Gletscherbach. ➜ Eiszeit, Schnee, Tal

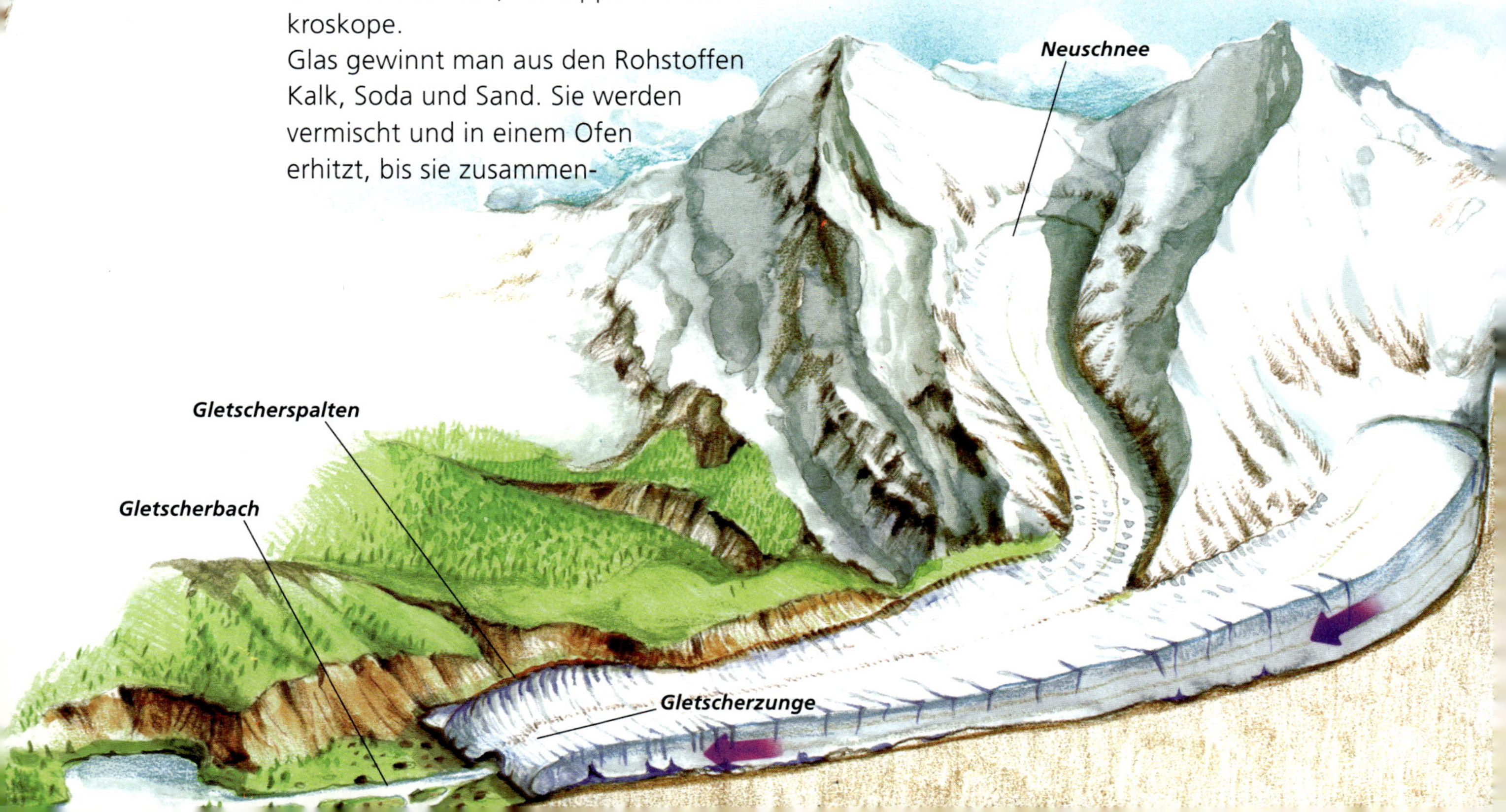

der Globus

Globus ist ein lateinisches Wort und bedeutet „Kugel". Es bezeichnet allerdings eine besondere Kugel: Der Globus bildet als Modell die Gestalt der Erde nach. Auf seiner Oberfläche ist eine Karte der Erde gezeichnet, auf der deutlich alle Erdteile und Ozeane zu erkennen sind. Der Globus wird immer etwas schräg in ein Gestell gehängt, weil auch die Erde auf ihrer Bahn um die Sonne schräg steht. Dreht man den Globus, dann dreht er sich ebenso um sich selbst wie unsere Erde. ➜ Erde Landkarte, Modell

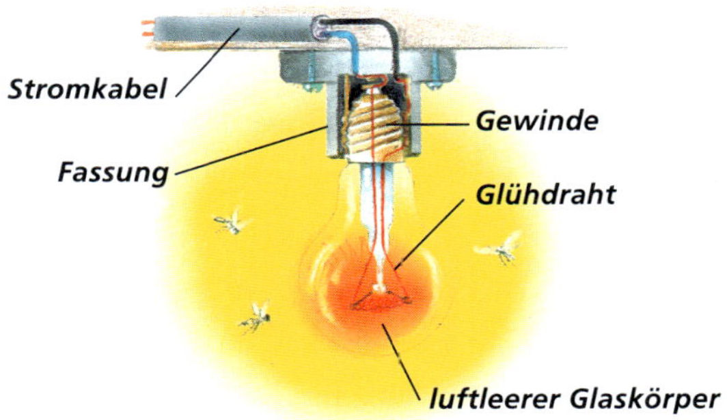

die Glühlampe

Eine Glühlampe wird mit elektrischem Strom betrieben und versorgt uns mit Licht. In ihrem luftleeren Glaskörper befindet sich ein dünner Draht. Wenn Strom durch diesen Glühdraht hindurchfließt, wird er zur Weißglut erhitzt und leuchtet. In Verbindung mit Luft würde der Draht schmelzen und verglühen; deshalb darf es im Innern der Lampe keine Luft geben. ➜ Licht, Strom

das Gold

Das rötlichgelbe Gold ist ein Edelmetall. Es kommt sehr selten vor und ist deshalb äußerst begehrt. Meistens wird es in Bergwerken abgebaut. Nur geringe Mengen werden im Sand von Flüssen gefunden, aus dem man die Goldkörner mit einem Sieb auswäscht. Aus Gold werden wertvolle Schmuckstücke hergestellt. Man kann es leicht verformen und dehnen. Eine hauchdünn ausgewalzte Schicht aus Gold heißt Blattgold. ➜ Bergwerk, Metall

der Gorilla

Gorillas sind die größten Menschenaffen. Wenn die Männchen sich aufrichten, sind sie ungefähr 2 Meter hoch. Sie leben zurückgezogen in den Urwäldern Afrikas. Sie klettern nur wenig in Bäumen; die meiste Zeit verbringen sie am Boden.
Gorillas leben in Großfamilien zusammen. Langsam ziehen sie durch ihr Waldrevier und bauen sich jeden Abend neue Schlafnester aus Zweigen und Blättern.
Sie sind die stärksten Affen. Wegen ihres Aussehens hielt man sie lange Zeit für besonders gefährliche Tiere. In Wirklichkeit sind Gorillas überaus friedfertige Pflanzenfresser. Ihr Lebensraum wird von Menschen immer mehr zerstört, deshalb gehören sie zu den meistgefährdeten Tierarten.
➜ Affe, Urwald

Gott

Gott und der Glaube an ihn gehören zu jeder Religion. Christen, Juden und Muslime glauben an einen Gott. Es gibt aber auch Religionen, in denen viele Götter verehrt werden.
Die Vorstellungen von Gott sind sehr verschieden. Er wird in allen Religionen als ein höchstes und heiliges Wesen angesehen, das mächtiger ist als die Menschen. Gläubige beten zu ihm und rufen ihn um Hilfe an. Viele Menschen glauben, dass er der allmächtige Schöpfer ist, der die Welt und alle Lebewesen erschaffen hat. Sie denken sich Gott als Person. Aber niemand weiß, wie er aussieht. ➜ Christ, Jude, Muslim, Religion

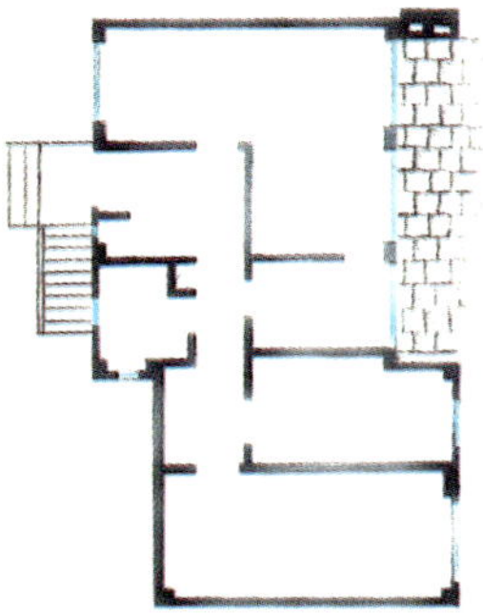

der Grundriss

der Gottesdienst
Menschen feiern Gottesdienste, um gemeinsam die Verbindung zwischen sich und ihrem Gott zu erleben. Christliche Gottesdienste finden vor allem sonntags und an hohen Feiertagen statt. Christen kommen dann in einer Kirche zusammen, um dort unter der Leitung des Pfarrers zu Gott zu beten und zu singen. Bei katholischen Christen heißt der Gottesdienst „Heilige Messe". Juden gehen zum Gottesdienst in die Synagoge, Muslime in die Moschee. ➜ Kirche, Moschee, Synagoge

die Grammatik
Jede Sprache ist nach bestimmten Regeln aufgebaut. Die Grammatik ist die Gesamtheit aller sprachlichen Regeln und Formen. Auch das Buch, in dem die Regeln aufgeschrieben sind, nennt man Grammatik. ➜ Sprache

der Greifvogel
Greifvögel sind große Vögel, die ihre Beute mit den Krallen packen. Ihre Greiffüße mit den langen Zehen und den scharfen, stark gekrümmten Krallen nennt man „Fänge".
Greifvögel kreisen oft fast ohne einen Flügelschlag in der Luft. Mit ihren scharfen Augen können sie ihre Beute aus großer Entfernung erspähen. Sie haben einen kräftigen, hakenförmigen Schnabel, mit dem sie ihre Beute zerteilen.
Adler, Bussarde, Falken, Habichte und Milane sind Taggreifvögel, die vor allem lebende Tiere schlagen. Überwiegend von toten Tieren ernähren sich die Geier. Nachtgreifvögel, die in der Dunkelheit jagen, sind Eulen wie Waldkauz und Uhu.
➜ Vogel

ein Fischadler

Fänge

im Sturzflug

mit Beute

der Grundriss
Wenn ein Haus gebaut werden soll, entwirft und zeichnet der Architekt zuerst einen Grundriss. Das ist der Plan, der zeigt, wie das Innere des Hauses aufgeteilt sein wird. Man kann genau ablesen, wie groß die Zimmer sind und wie sie sich in jedem Stockwerk verteilen. Auch Fenster, Türen und Treppen sind zu erkennen. Ein Grundriss wird so gezeichnet, als ob man das Dach abnimmt und von oben in das Haus hineinsieht. ➜ Architekt

das Grundwasser
Grundwasser sammelt sich unter der Erdoberfläche. Nach Regen- oder Hagelschauern und nach der Schneeschmelze versickert ein Teil des Wassers im Erdboden. Eine wasserundurchlässige Schicht, die meistens aus Lehm oder Ton besteht, hält das Sickerwasser auf. Über dieser Schicht sammelt es sich als Grundwasser. Man gräbt Brunnen bis zum Grundwasserspiegel, um sich mit Trinkwasser zu versorgen. Grundwasser ist wertvoll, weil es sehr rein ist: Auf seinem Weg durch Bodenschichten aus Sand, Kies und Kalk wird es durch diese gereinigt.
➜ Brunnen, Quelle, Wasser

der Gummi
Ein Bestandteil von Kaugummi, Gummibärchen und vielen anderen Süßigkeiten ist Gummi. Das ist ein Saft, den uns manche Bäume liefern; er tritt aus den Ritzen ihrer Rinde heraus und wird an der Luft hart.
Von ganz anderer Art ist der Gummi, der aus dem Kautschukbaum gewonnen wird. Kautschukbäume werden vor allem in Asien angebaut. Man schält ihre Rinde an einigen Stellen ab und sammelt den ausfließenden Milchsaft, den Kautschuk. Er wird so bearbeitet, dass daraus der zähe und elastische Gummi entsteht. Daraus stellt man dann Auto- und Fahrradreifen, Gummistiefel und Radiergummis her. Heute wird auch viel künstlicher Kautschuk verwendet, den man aus Erdöl gewinnt. ➜ Erdöl

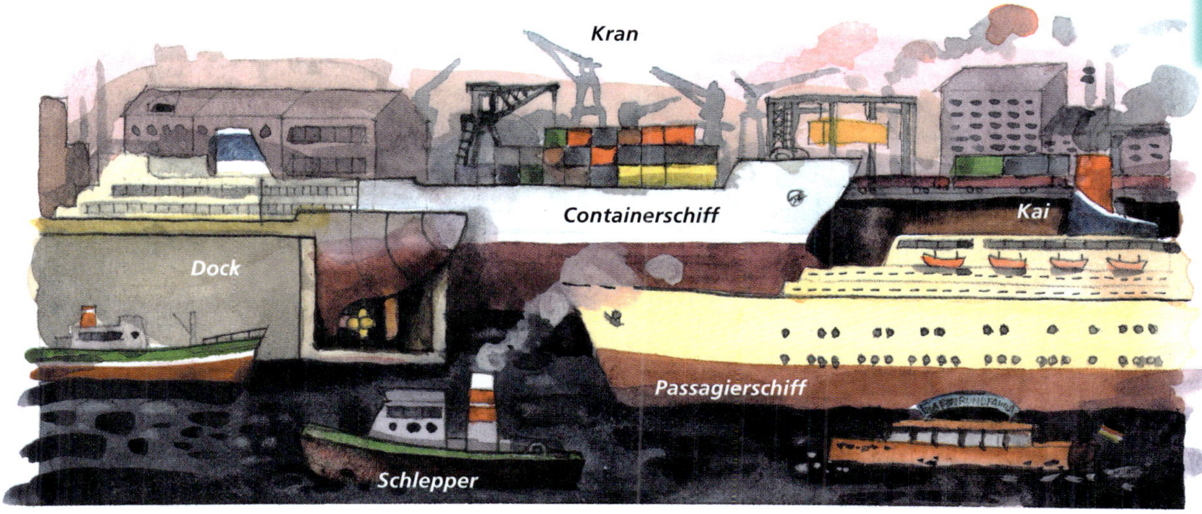

das Haar
Haare schützen vor Kälte. Die meisten Säugetiere tragen deshalb ein Haarkleid, das Fell. Beim Menschen haben sie diese Bedeutung weitgehend verloren; trotzdem ist beinahe unser ganzer Körper mit Haaren bedeckt. Auf dem Kopf sind sie nicht zu übersehen. Bei genauer Betrachtung wirst du aber bemerken, dass du fast überall Haare hast. Feines Wollhaar bedeckt die meisten Körperteile. Ganz unbehaart sind nur unsere Fußsohlen, die Innenseite der Hand und die Lippen.
Jedes Haar besteht aus dem Haarschaft, der von der Haarwurzel aus nachwächst und ernährt wird. Kopfhaare wachsen jeden Monat etwa 1 Zentimeter.
Haare sitzen meist schräg in der Haut. Ein kleiner Muskel kann sie aufrichten, sobald wir frieren; gesträubte Haare wärmen besser. Wenn das geschieht, bekommen wir eine Gänsehaut. ➜ Säugetier

der Hafen
Ein Hafen ist ein Anlegeplatz für Schiffe. Die meisten Seehäfen liegen in einer geschützten Meeresbucht oder in einer Flussmündung. Hier sind die Schiffe sicher vor Sturm und hohen Wellen.
Häfen haben häufig mehrere Hafenbecken, die von Hafenmauern eingefasst sind: den Kais. Sie erleichtern das Be- und Entladen der Schiffe. Auf den Kais stehen Kräne, die die Fracht in Eisenbahnwaggons oder Lastwagen verladen. Im Passagierhafen können Fahrgäste Schiffe besteigen oder verlassen. Schlepper sind kleine Schiffe mit sehr starken Motoren. Sie ziehen große Schiffe in ein Hafenbecken hinein. In vielen Häfen gibt es Werften und Docks, wo Schiffe gebaut oder repariert werden.
Binnenhäfen liegen an Flüssen, Seen und Kanälen. Den größten deutschen Seehafen hat Hamburg. ➜ Schiff, Werft

der Hafer

Hafer ist ein Getreide, dessen Körner als Pferdefutter dienen oder zu Haferflocken oder Hafermehl verarbeitet werden. Er unterscheidet sich deutlich von den anderen Getreidepflanzen: Sein Blütenstand sieht locker und zart aus. Die Gebilde, zu denen sich seine Stängel verzweigen, nennt man Rispen. Am oberen Teil des Halmes gibt es viele Nebenstängel, die sich nochmals verzweigen und jeweils ein Ährchen tragen. ➜ Ähre, Getreide

die Hagebutte

Die Frucht der Heckenrose nennt man Hagebutte. Scharlachrot schmückt sie im Herbst und Winter die kahlen Zweige der Rosenhecke. Sie dient vielen Vögeln als Winterfutter.
Hagebutten schmecken fruchtig und säuerlich. Sie enthalten sehr viel Vitamin C und werden zu Marmelade, Mus oder Tee verarbeitet.

Die Fruchtwände haben feine Haare, die die Samen im Innern einhüllen. Auf unserer Haut rufen diese Härchen heftiges Jucken und Brennen hervor. ➜ Frucht, Rose

der Hagel

Hagel nennt man Eiskörner, die bei einem Unwetter auf die Erde fallen. Sie bilden sich, wenn warme, feuchte Luft schnell in große Höhen aufsteigt. Die wasserreiche Luft gelangt dann in kalte Luftschichten, und dort gefrieren die Wassertropfen zu Eiskörnern. Manchmal werden diese so groß wie Tennisbälle. Fallen große Hagelkörner auf die Erde, so können sie mächtigen Schaden verursachen. Ein schwerer Hagelsturm kann zum Beispiel eine Getreideernte vernichten.
➜ Eis, Niederschlag

der Hai

Die meisten Haie haben einen stromlinienförmigen Körper und können daher sehr schnell schwimmen. Ihre vordere Rückenflosse ist dreieckig und ragt oft über die Wasseroberfläche hinaus; daran sind sie schon von weitem zu erkennen.
Haifische unterscheiden sich von vielen anderen Fischen. Statt Gräten haben sie ein Skelett aus Knorpel. Die meisten Haie legen keine Eier, sondern bringen lebende Junge zur Welt.
Ihr breites Maul liegt auf der Unterseite des Kopfes. Es hat mehrere Reihen scharfer, spitzer Zähne. Haie haben einen empfindlichen Tastsinn: Auf große Entfernung nehmen sie wahr, wie sich andere Lebewesen im Wasser bewegen. Außerdem können sie sehr gut riechen.
Von den vielen Haiarten sind nur sehr wenige für Menschen gefährlich, zum Beispiel der Blauhai und der 6 bis 9 Meter lange Weißhai. Sie leben nur in warmen Meeren.
In der Nord- und Ostsee kommt der bis zu 1 Meter lange Dornhai vor, der auch als Speisefisch gefangen wird. ➜ Fisch, Skelett

der Hammer

Der Hammer ist ein Arbeitsgerät, mit dem man nicht bloß Nägel in die Wand schlagen kann. Hämmer werden in vielen Berufen zu verschiedenen Tätigkeiten gebraucht. Deshalb sieht der eines Maurers auch anders aus als der eines Schreiners oder Schlossers. Der Hammerstiel ist unterschiedlich lang und dick. Beim Hammerkopf gibt es ebenfalls viele verschiedene Formen; er kann aus Metall, Gummi oder Holz sein. ➜ Werkzeug

Feldhamster

der Hamster

Der Hamster ist ein Nagetier, das vor allem in der Dämmerung aktiv ist. Er lebt auf Feldern, wo er seine Hauptnahrung findet: Getreide und andere Feldfrüchte. Er frisst aber auch Regenwürmer, Schnecken und Mäuse. In seinen großen Backentaschen sammelt der Feldhamster seine Nahrung und bringt sie in eine seiner Vorratskammern. Hamsterbaue liegen bis zu 2 Meter tief im Erdboden. Im Winter schläft er dort die meiste Zeit; nur ab und zu wacht er auf und frisst von den Vorräten.
Die kleinen, lebhaften Goldhamster, die wir als Haustiere halten, stammen aus Syrien. Sie werden mit Körnern, Möhren und Äpfeln gefüttert. ➜ Haustier, Nagetier

Dornhai

der Handwerker

Handwerker arbeiten viel mit der Hand. Aber sie tun es heute weniger als früher, denn viele Handwerksbetriebe sind inzwischen mit modernen Maschinen ausgerüstet. Handwerker wie Schuster, Schmiede und Weber haben früher Waren hergestellt, die jetzt in Fabriken massenhaft erzeugt werden. Nur wenige Handwerker stellen heute Dinge in großer Zahl her, wie zum Beispiel der Bäcker.
Die meisten Handwerker leisten Dienste: Der Maler streicht die Wände, der Automechaniker repariert Autos, und der Frisör schneidet uns die Haare.
Handwerksbetriebe werden von einem Meister geführt. Wer Handwerker werden will, muss eine Lehre machen. Nach deren Abschluss wird der Auszubildende zum Gesellen. ➜ Arbeit, Fabrik, Industrie

der Hase

Hasen haben zwei auffallende Kennzeichen: lange Ohren und kräftige Hinterbeine. Sie müssen sehr gut hören und besonders schnell laufen können, denn sie haben viele Feinde: Menschen, Greifvögel und Füchse. Hasen leben auf Wiesen und Feldern. An geschützten Stellen graben sie sich Erdmulden als Schlaf- und Ruheplätze. Dort sind sie schwer zu entdecken, denn ihr graubraunes Fell tarnt sie gut. Hasen sind reine Pflanzenfresser; sie ernähren sich von Gräsern, Blättern und Kräutern.
➜ Kaninchen, Tarnung

die Haselnuss

Die Haselnuss ist die essbare Frucht des Haselstrauches. Er wächst an Waldrändern und in Gärten. Schon zu Beginn des Frühjahrs fällt er durch seine langen gelben Kätzchen auf. Das sind die männlichen Blüten. Sie werden schon im Vorjahr gebildet, stehen während des Winters starr und steif von den Zweigen ab und strecken sich im Vorfrühling in die Länge. Sie werden dann weich und biegsam und hängen herab.
Wenn der Wind sie schüttelt, tritt der Blütenstaub in kleinen Wolken aus ihnen heraus. Die weiblichen Blüten, die sich am selben Strauch befinden, werden so bestäubt. Aus ihren Fruchtknoten entwickeln sich die Früchte, die zuerst gelblichweiß aussehen. Bis zum Herbst wird ihre Schale hart und holzig, dann sind die braunen Haselnüsse reif. ➜ Blüte, Frucht, Strauch

das Haustier

Alle Haustiere stammen von Wildtieren ab. Schon vor sehr langer Zeit fing der Mensch an, Wildtiere aus seiner Umgebung zu zähmen und zu züchten. Er hält Haustiere, weil sie ihm nutzen: Er isst das Fleisch von Rindern, Schweinen und Kaninchen; Ziegen und Kühe liefern ihm außerdem Milch, Hühner legen Eier, und Schafe geben Wolle. Hunde sind gute Wächter, und Katzen vertilgen Mäuse. Auf Pferden und Eseln kann man reiten; früher zogen Ochsen und Pferde auch den Pflug oder Wagen.
Wir haben heute oft Haustiere, weil uns das Zusammensein mit ihnen freut. Meerschweinchen, Hamster, Katzen und viele andere Tiere werden in Wohnungen gehalten.
➜ Tierschutz

die Haut

Die Haut bedeckt unseren ganzen Körper. Sie zählt zu unseren wichtigsten Organen, denn sie erfüllt viele Aufgaben. Sie schützt das Innere unseres Körpers vor Verletzungen. Außerdem verhindert sie, dass schädliche Bakterien, Viren und Pilze eindringen.

Die Haut hilft uns, unsere Körpertemperatur gleich zu halten. Wenn uns sehr warm ist, geben Drüsen in der Haut Schweiß ab. Er verdunstet und entzieht dabei dem Körper Wärme. Bei Kälte wiederum ziehen sich die winzigen Hautöffnungen zusammen, damit wir nicht unnötig Wärme verlieren.
Unsere Haut ist auch ein Sinnesorgan. In ihr liegen zahlreiche Nerven, die uns Berührungen, Schmerz, Hitze und Kälte fühlen lassen.
➜ Nerv, Organ, Sinnesorgan

die Heilpflanze

Heilpflanzen enthalten Wirkstoffe, die Krankheiten heilen oder lindern können. Man verwendet entweder die ganze Pflanze oder nur bestimmte Teile: Blüten, Blätter, Samen, Früchte, Wurzeln oder Rinde.
Viele Heilpflanzen trocknet man und verwendet sie als Tee, andere werden zerkleinert und zu Pillen oder Salben verarbeitet. Verschiedene Heilpflanzen wirken bei verschiedenen Krankheiten. Kamille hilft bei Entzündungen, Pfefferminztee beruhigt den Magen, Ringelblumensalbe unterstützt die Wundheilung. Ein altes Sprichwort sagt zu Recht: Gegen jede Krankheit ist ein Kraut gewachsen. ➜ Entzündung, Medizin

die Heimat

Heimat nennen wir den Ort und die Umgebung, wo wir uns zu Hause fühlen. Dort ist uns vieles vertraut: Wir kennen Gebäude, Straßen und Plätze, Wege, Wiesen und Wälder. In unserer Nähe leben Verwandte, Bekannte und Freunde. Wir feiern Feste mit ihnen und sprechen die gleiche Sprache. Für die meisten Menschen ist Heimat der Ort, wo sie geboren und aufgewachsen sind. Aber es ist auch möglich, eine neue Heimat an einem anderen Ort zu finden.

die Heizung

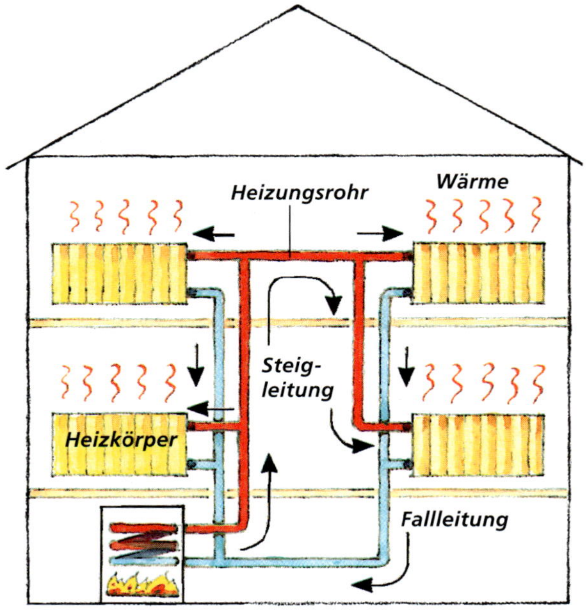

rot = heißes Wasser   blau = kaltes Wasser

Weil bei uns der Winter lang und kalt ist, braucht jedes Haus eine Heizung. Viele Häuser haben heute eine Zentralheizung. Der Heizkessel befindet sich oft in einem Heizungskeller. Der Kessel wird mit Öl, Gas oder auch mit Kohle beheizt. In ihm wird meistens Wasser erhitzt, das durch Rohrleitungen bis zu den Heizkörpern in den Zimmern hinaufsteigt. Das heiße Wasser gibt dort seine Wärme in den Raum hinein ab. Das abgekühlte Wasser fließt über eine Fallleitung in den Kessel zurück und wird wieder erwärmt.
Bei der Fernheizung werden ganze Stadtteile von einem zentralen Heizwerk beheizt. Die Verbrennung von Heizstoffen belastet unsere Luft, denn dabei entstehen viele Schadstoffe. Besonders umweltfreundlich ist daher die Beheizung eines Hauses mithilfe von Sonnenenergie. ➜ Abgas, Energie

der Hering

Heringe sind Seefische, die ungefähr 40 Zentimeter lang werden. Auf der Suche nach Nahrung ziehen sie in Schwärmen durch die nördlichen Meere. Heringsschwärme können aus Millionen von Tieren bestehen. Der Hering ist als Speisefisch sehr beliebt. Man hat ihn in so riesigen Mengen gefangen, dass er heute in vielen Meeresgebieten nur noch in geringer Zahl vorkommt.
➜ Fisch, Fischfang

das Herz

Das Herz ist ein großer, hohler Muskel, der beim Menschen in der linken Brusthälfte liegt. Er zieht sich in regelmäßigem Rhythmus zusammen und dehnt sich wieder aus. So pumpt das Herz ständig Blut durch die Adern, damit alle Zellen mit Sauerstoff und Nährstoffen versorgt werden. Beim Erwachsenen schlägt es 60- bis 70-mal in der Minute, bei Kindern 70- bis 100-mal.

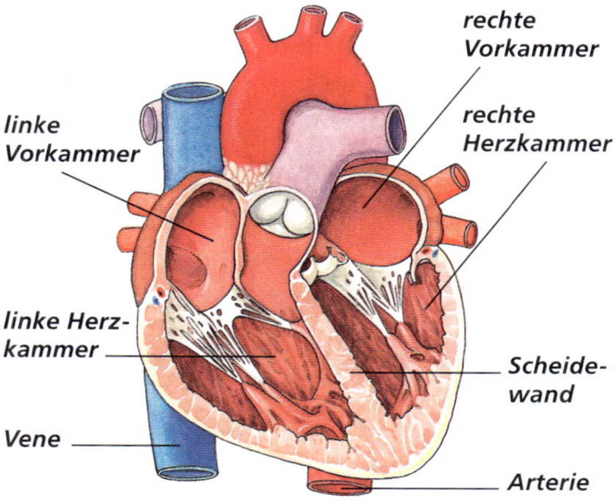

Das Herz hat vier Kammern. Eine Scheidewand trennt die rechten und linken Kammern voneinander. In der rechten Vorkammer kommt das sauerstoffarme Blut an. Von dort wird es durch die rechte Herzkammer hindurch zur Lunge gepumpt. Es nimmt Sauerstoff auf und fließt dann durch die beiden linken Herzkammern wieder in die Arterien. Zwischen den Vor- und den Herzkammern sitzen Klappen, die wie Türen nur in eine Richtung aufgehen. Sie sorgen dafür, dass das Blut nicht in die falsche Richtung transportiert wird. ➜ Ader, Atmung, Blut, Blutkreislauf, Organ

das Heu

Heu ist gemähtes und getrocknetes Gras. Nach dem Mähen wird das geschnittene Gras mehrfach gewendet. Sonne und Luft müssen es trocknen, denn nur ganz trockenes Heu kann längere Zeit auf einem Heuboden gelagert werden. Der Bauer braucht das Heu als Winterfutter für seine Tiere. ➜ Wiese

der Heuschnupfen ➜ Allergie

die Heuschrecke

Heuschrecken sind die „Musikanten" unter den Insekten. Um die Weibchen anzulocken, erzeugen die Männchen der Feldheuschrecke ein zirpendes Geräusch: Sie ziehen ihre Vorderflügel über eine Reihe kleiner Zähne an den Hinterbeinen. Andere Heuschrecken erzeugen das Zirpen, indem sie ihre Vorderflügel aneinander reiben.
Heuschrecken haben lange Sprungbeine, mit denen sie sehr weit hüpfen können. Männchen und Weibchen sind gut zu unterscheiden: Die Weibchen haben am Hinterende einen Legestachel. Damit legen sie ihre Eier in lockerem Erdboden ab. Heuschrecken leben auf Wiesen, Äckern und in Gebüschen. ➜ Insekt

die Hexe

Viele Märchen und Sagen erzählen uns von Hexen. Es sind oft alte, hässliche Schreckensgestalten, die mit ihren Zauberkräften Schaden anrichten und Böses tun.
Früher haben die Menschen geglaubt, dass es tatsächlich Hexen gibt. Jahrhundertelang wurden viele Frauen verfolgt und auf dem Scheiterhaufen verbrannt, weil sie angeblich Hexen waren.
Heute weiß jeder: Hexen gibt es nur im Märchen. ➜ Märchen, Sage

der Himmel

Den Himmel nennen wir auch Himmelsgewölbe. Wie er zu diesem Namen gekommen ist, begreift man, wenn man auf einer Ebene steht und freien Blick hat. Der Himmel sieht dann wie eine riesige Halbkugel aus, die sich über die Erde wölbt. Immer befinden wir uns genau in der Mitte unter der Halbkugel; ihr Anfang scheint am Horizont zu liegen.
In früheren Zeiten haben die Menschen diesem Augenschein geglaubt. Sie meinten deshalb auch, die Sterne seien am Himmel angeheftet. Heute wissen wir mehr: Der

Himmel als Dach ist nur eine Täuschung – tatsächlich sehen wir nur einen winzigen Ausschnitt des riesigen Weltraums.
In vielen Religionen spielt der Himmel eine wichtige Rolle. Er gilt als der Ort, wo Gott oder die Götter wohnen. ➜ Erde, Horizont, Religion

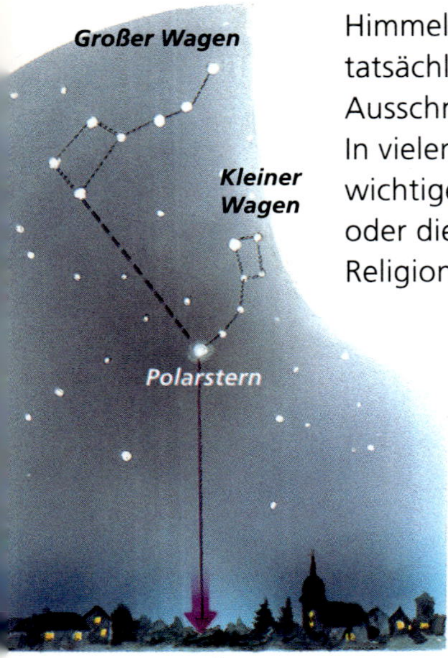

die Himmelsrichtung

Es gibt vier Himmelsrichtungen: Norden, Süden, Osten und Westen. Man kann sie nach dem Stand der Sonne bestimmen: Morgens geht sie im Osten auf, mittags steht sie im Süden, und abends geht die Sonne im Westen unter. Im Norden ist sie nicht sichtbar. Nachts kann man die Himmelsrichtung bei klarem Wetter nach den Sternen bestimmen. Auch ein Kompass kann uns helfen, die richtige Richtung zu finden.
Auf einer Landkarte sind die Himmelsrichtungen normalerweise nicht eingezeichnet. Allgemein gilt aber: Oben auf der Karte ist Norden, unten Süden, links liegt Westen und rechts Osten. ➜ Kompass, Landkarte

der Hirsch

Das Kennzeichen der Hirsche ist ihr Geweih. Nur die männlichen Tiere tragen es. Eine Ausnahme bilden die Rentiere, bei denen auch die Weibchen ein Geweih haben. Rothirsche kommen in unseren Wäldern häufig vor. Sie werfen, wie alle Hirsche, ihr Geweih im Winter ab. In den folgenden Monaten bildet sich dann ein neues, das meistens noch stärker und verzweigter ist. Während der Paarungszeit tragen die Hirsche mit ihren Geweihen heftige Kämpfe aus. Zu dieser Zeit stoßen sie auch laute Rufe aus: Sie röhren.
Andere Hirscharten, die es bei uns gibt, sind der Damhirsch und das Reh. Die größten Hirsche, die Elche, leben heute nur noch im Norden Europas. Sie tragen auf ihrem Kopf ein mächtiges Schaufelgeweih. ➜ Reh

der Hobel

Wer viel mit Holz arbeitet, braucht einen Hobel. Man hobelt damit Späne von einem Stück Holz, bis es eben und glatt ist oder eine gewünschte Form hat. Eine scharfe Stahlklinge ragt schräg aus der Unterseite des Hobels heraus; sie hebt die Späne ab. Es gibt Handhobel und Hobelmaschinen. Metall wird mit besonderen Hobeln bearbeitet. ➜ Tischler, Werkzeug

die Hochzeit

Eine Hochzeit wird gefeiert, wenn eine Frau und ein Mann heiraten. Auf dem Standesamt versprechen sie einander, für immer zusammenzubleiben und alles miteinander zu teilen. Sie werden dort als Mann und Frau in ein amtliches Verzeichnis eingetragen. Viele Leute heiraten außerdem in einer Kirche und lassen ihre Ehe dort segnen.
➜ Standesamt

die Hoden

Die Hoden gehören zu den Geschlechtsorganen des Mannes. In ihnen wachsen ständig Samenzellen heran, die man auch Spermien nennt. Die Bildung der Samen beginnt in der Pubertät.
Die beiden eiförmigen Hoden liegen außerhalb des Körpers im Hodensack. So werden sie gekühlt, denn für die Samenbildung brauchen sie eine niedrigere Temperatur als im Körper herrscht. ➜ Mann, Penis, Pubertät, Samen

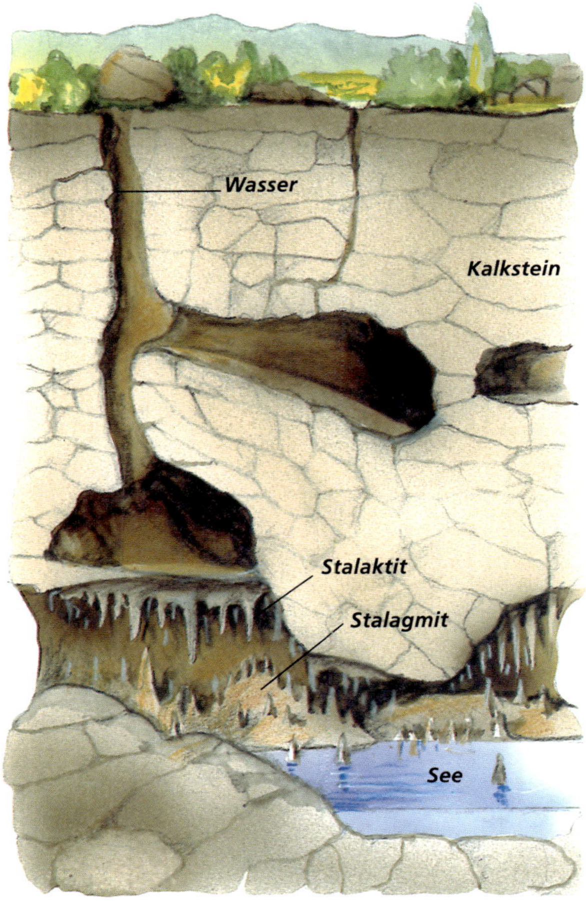

Tropfsteinhöhle

die Höhle

Höhlen sind große Hohlräume im Gestein. Wasser hat die meisten davon geschaffen. Höhlen kommen besonders häufig in Kalkgebirgen vor. Versickerndes Wasser löst den Kalkstein auf. So haben sich im Laufe der Jahrtausende manchmal riesige Höhlen gebildet, die kilometerweit in die Berge hineinreichen. In ihnen gibt es unterirdische Seen und Flüsse. Die Lage und Ausdehnung dieser Höhlen ist zum Teil noch unerforscht.
Durch herabtropfendes Wasser bilden sich in manchen Höhlen Tropfsteine: Stalaktiten hängen wie spitze Eiszapfen von der Decke herab. Ihnen wachsen am Boden andere Kalksäulen entgegen, die man Stalagmiten nennt.
In der Steinzeit suchten die Menschen oft Zuflucht in Höhlen. Sie boten ihnen Schutz gegen Kälte, Regen und gefährliche Tiere. An den Decken und Wänden einiger großer Höhlen hat man Felsbilder entdeckt. Diese Höhlenmalereien sind die ältesten Kunstwerke der Menschheit. → Steinzeit

das Holz

Wenn Bäume und Sträucher wachsen, entsteht unter ihrer Rinde Holz. Im Frühjahr und im Sommer wird ein Baumstamm dicker, im Herbst und Winter wächst er wenig oder gar nicht. Durch diesen Wechsel entstehen im Holz sichtbare Ringe, die Jahresringe. Im Frühjahr gewachsenes Holz bildet einen hellen, Herbstholz einen dunklen Ring. Man kann das an der Oberfläche eines Baumstumpfes gut erkennen. An geschnittenem Holz sind die Jahresringe als Maserung zu sehen.
Holz ist ein wichtiger Rohstoff. In der Bau- und Möbelindustrie wird es meistens in Form von Brettern verarbeitet.
Nadelbäume liefern weicheres Holz, das vor allem zur Papierherstellung dient. Die Edelhölzer des Regenwaldes sind besonders hart und wertvoll; seine Bäume werden deshalb in viel zu großer Zahl gefällt. → Baum, Papier, Strauch, Urwald

die Homosexualität

Wer sich in der Liebe nur zum eigenen Geschlecht hingezogen fühlt, ist homosexuell. Homosexuelle Männer werden auch schwul und homosexuelle Frauen lesbisch genannt. Es gab Zeiten, da war es durchaus anerkannt, wenn ein Mann einen Mann liebte und eine Frau eine Frau. Erst durch das Christentum wurde die Liebe zwischen Homosexuellen zur Sünde erklärt und später auch vom Staat als Verbrechen verfolgt. Heute ist Homosexualität bei uns nicht mehr strafbar. Aber es gibt immer noch viele Vorurteile gegenüber Schwulen und Lesben. → Liebe

der Honig

Honig ist die Nahrung der Bienen. Sie saugen Nektar aus Blüten und sammeln ihn in ihrem Honigmagen. Hier wird der Nektar in Honig umgewandelt.

Im Bienenstock füllt die Biene den Honig in eine Wabe; er dient als Nahrung für ihre Larven und als Wintervorrat. Der Bienenzüchter, den man auch Imker nennt, nimmt die vollen Waben aus dem Stock und holt den Honig mit einer Honigschleuder aus ihnen heraus. Damit die Bienen nicht verhungern, erhalten sie Zuckerwasser als Ersatznahrung. ➜ Biene, Larve, Nektar

der Horizont

Wenn kein Hindernis im Weg steht, reicht unser Blick bis an den Horizont. Das ist die Grenzlinie, an der Himmel und Erde scheinbar zusammenstoßen.
Da die Erde Kugelform hat, ist ihre Oberfläche gekrümmt. Weil wir nicht um die Kurve sehen können, begrenzt der Horizont unser Blickfeld. Wenn wir auf einen hohen Turm steigen, überblicken wir einen größeren Teil der Erdoberfläche. Der Horizont rückt dann weiter in die Ferne. ➜ Erde, Himmel

die Hornisse

Die Hornisse ist unsere größte Wespe. Sie wird 3 Zentimeter lang. Ihr Stich ist äußerst schmerzhaft. Sie ist aber sehr scheu und greift nur an, wenn sie sich bedroht fühlt. Meistens ernährt sich die Hornisse von anderen Insekten, die sie blitzschnell überfällt. ➜ Insekt, Wespe

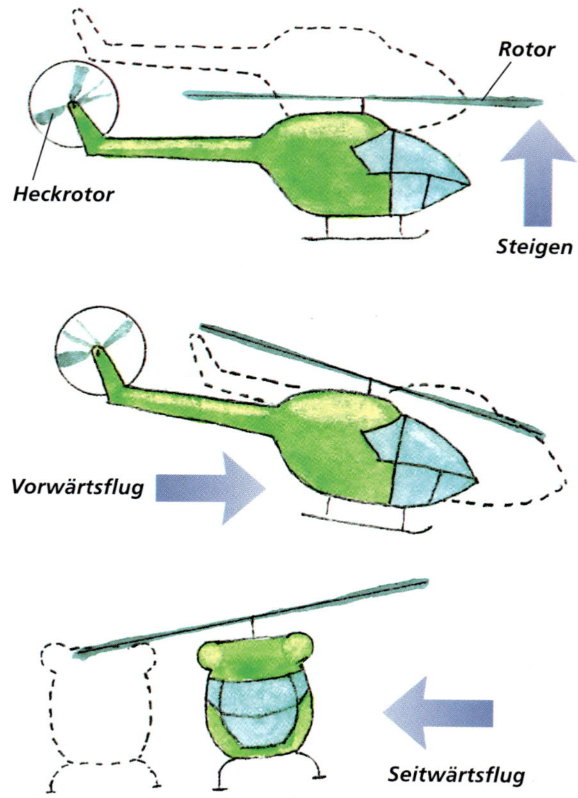

der Hubschrauber

Einem Hubschrauber gelingt, was ein normales Flugzeug nicht kann: beim Fliegen in der Luft stehenbleiben. Seine Drehflügel, die so genannten Rotoren, bestehen aus 2 bis 5 Rotorblättern. Wenn sie sich sehr schnell drehen, entsteht ein starker Auftrieb. Er hebt den Hubschrauber in die Luft. An seinem Heck befindet sich ein zweiter, kleinerer Rotor. Er dient der Steuerung, verhindert aber vor allem, dass der Hubschrauber sich nur um sich selbst dreht.
Hubschrauber sind die vielseitigsten Flugzeuge: Sie können senkrecht starten und landen und sogar rückwärts und seitwärts fliegen, weil sich ihre Rotorblätter verstellen lassen. Soll ein Hubschrauber zum Beispiel nach vorn fliegen, dann wird sein großer Rotor nach vorn gekippt. Hubschrauber nennt man oft auch Helikopter. ➜ Flugzeug

das Huhn

Auf der ganzen Welt werden Hühner als Haustiere gehalten. Das Haushuhn stammt vom Bankivahuhn ab, einem Wildhuhn, das

in Asien lebt. Aber es gibt auch bei uns wild lebende Hühnervögel: das Rebhuhn, die Wachtel, das Auer- und das Birkhuhn.
Die Nahrung der Hühner sind Körner, Würmer und Insekten; sie scharren sie aus dem Erdboden. Haushühner liefern uns Fleisch und Eier. Auf großen Hühnerfarmen hält man sie oft in engen Drahtkäfigen. Das ist Tierquälerei.
➜ Ei, Haustier, Vogel

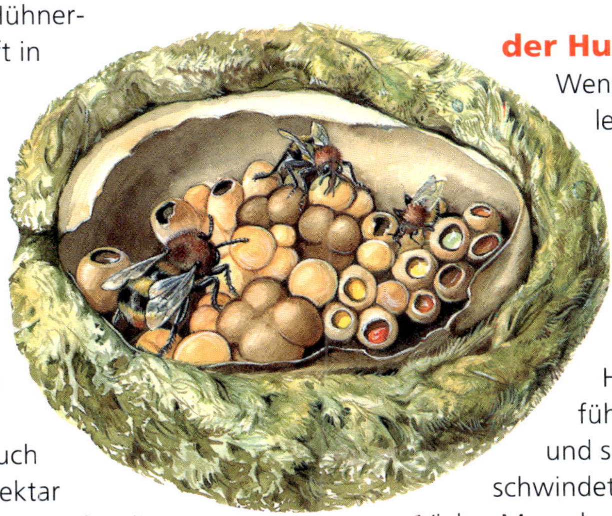

die Hummel

Hummeln gehören zu den Bienen. Sie sehen rundlich aus und haben ein dichtes wärmendes Haarkleid. Dadurch können sie auch bei kälterem Wetter Nektar und Pollen sammeln. Das ist für die Bestäubung vieler frühblühender Pflanzen sehr wichtig. Anders als die Bienen stellen die Hummeln aus dem Nektar keinen Honig her. Ihr Nest bauen sie in kleine Erd- oder Baumhöhlen. Dort leben sie als Volk zusammen und pflegen ihre Larven. ➜ Biene, Insekt, Larve, Nektar

der Hund

Hunde sind wahrscheinlich die ältesten Haustiere. Alle Haushunde stammen vom Wolf ab. Vor vielen tausend Jahren haben Menschen damit begonnen, junge Wölfe aufzuziehen und zu zähmen. Aus wild lebenden Raubtieren wurden Begleiter des Menschen, die sich so eng an ihn anschließen wie kein anderes Tier.
Später hat man Hunderassen für bestimmte Zwecke gezüchtet. Manche Hunde wurden für die Jagd abgerichtet, andere dienen zum Beispiel als Hirten- und Wachhunde. Heute gibt es ungefähr 400 verschiedene Hunderassen.

Hunde können nicht sehr gut sehen, aber umso besser riechen. Hündinnen bringen 3 bis 10 Junge zur Welt, die Welpen. Die männlichen Tiere heißen Rüden. Hunde werden ungefähr 10 bis 15 Jahre alt.
➜ Haustier, Wolf

der Hunger

Wenn unser Magen leer ist, verlangt er nach Nahrung: Wir haben Hunger. Wir stillen ihn, indem wir uns satt essen. Die meisten von uns kennen Hunger als ein Gefühl, das kurz auftritt und schnell wieder verschwindet.
Vielen Menschen auf der Welt geht es ganz anders: Sie lässt der Hunger niemals los, denn sie haben oft gar nichts oder viel zu wenig zu essen. Lang anhaltender Hunger entkräftet den Körper und führt zur Unterernährung. Dann ist man sehr anfällig für schwere Krankheiten. An jedem Tag verhungern auf der Erde viele tausend Menschen; die meisten davon sind Kinder.

Husky

die Hyäne

Hyänen sind Raubtiere, die in Steppen und Wüsten Afrikas und Asiens leben. In großen Rudeln jagen sie vor allem nachts.
Hyänen sehen Hunden ähnlich, sind aber gar nicht mit ihnen verwandt. Ihre Vorderbeine sind länger als ihre Hinterbeine, deshalb fällt ihr Rücken stark nach hinten ab. Sie haben ein besonders kräftiges Gebiss, mit dem sie die härtesten Knochen zermalmen können. Hyänen fressen Aas, aber gemeinsam jagen sie auch große Beutetiere wie Zebras und Antilopen. ➜ Aas, Rudel, Steppe

die Hygiene

Hygiene erhält Menschen gesund. Man nennt sie deshalb auch Gesundheitspflege. Zur körperlichen Hygiene gehört, dass wir uns regelmäßig waschen, unsere Haut pflegen, die Zähne putzen, uns gesund ernähren, viel an frischer Luft bewegen und saubere Kleidung tragen.
Wenn viele Menschen zusammenleben, sind hygienische Verhältnisse besonders notwendig. Ohne sie würden Krankheiten entstehen und sich sehr schnell ausbreiten. Staatliche Ämter sorgen deshalb bei uns für sauberes Trinkwasser und eine regelmäßige Müllabfuhr. Sie prüfen auch die Sauberkeit von Läden und Gaststätten.

Tüpfelhyäne

der Igel

Igel tragen auf ihrem Rücken ein Stachelkleid; dagegen ist ihr Bauchfell sehr weich. Bei Gefahr rollen sie sich zu einer stacheligen Kugel zusammen und schützen sich dadurch gegen andere Tiere. Aber sie tun es auch, wenn sie beim Überqueren einer Straße ein Auto hören, und werden daher oft überfahren.

Igel sind Insektenfresser. Sobald es dunkel wird, durchstreifen sie energisch ihr Revier. Mit ihrem Rüssel wühlen sie in der Erde nach Käfern und Schnecken. Sie fressen sich eine dicke Speckschicht an, die sie während ihres Winterschlafs ernährt. Reisig- oder Laubhaufen sind gute Winterquartiere für Igel. ➜ Winterschlaf

der Iglu

Ein Iglu ist ein Haus aus Schnee. Gebaut wird es im hohen Norden, wo eisige Kälte herrscht. Erfinder des Iglus sind die Eskimos. Sie schichten Schneeblöcke so aufeinander, dass eine Halbkugel entsteht. Eine Platte aus klarem Eis dient als Fenster. In der Mitte des Schneehauses wird auf offenem Feuer gekocht. Heute bauen Eskimos nur noch selten Iglus; sie leben wie wir in Häusern aus Holz oder Stein.
➜ Schnee

die Impfung

Eine Impfung soll uns vor Ansteckung durch gefährliche Krankheiten schützen. Zu diesem Zweck wird ein Impfstoff in unseren Körper eingeführt. Bei der Schluckimpfung nehmen wir ihn auf einem Stück Zucker zu uns, meistens aber wird er in den Körper gespritzt. Der Impfstoff enthält abgeschwächte oder tote Krankheitserreger. Sie schaden uns normalerweise nicht, regen aber den Körper an, Abwehrstoffe gegen die Krankheit zu bilden.

Droht später wirklich eine Ansteckung, liegen die Abwehrkräfte bereit und können krankmachende Bakterien oder Viren sofort erfolgreich bekämpfen. Es kann aber nur die Krankheit abgewehrt werden, gegen die geimpft wurde. ➜ Bakterie, Infektion, Virus

der Indianer

Indianer nennen wir die Ureinwohner Amerikas. In Süd- und Mittelamerika gab es früher große Indianervölker wie die Maya, die Azteken und die Inka. Sie besaßen große Städte mit Tempeln und Palästen. Ganz anders lebten die Indianer in Nordamerika. Sie jagten Büffel oder bauten Mais an. Ihre Dörfer bestanden aus Stangenzelten, den Tipis.

Mit der Entdeckung Amerikas durch Kolumbus begann für alle Indianer ein großes Unglück. Es kamen immer mehr Weiße über den Atlantik. Sie drangen in das Land der Indianer ein, beraubten sie und töteten unzählige von ihnen.

Heute führen die Indianer, die in Nordamerika überlebt haben, ein sehr eingeschränktes Leben in Reservaten. Das sind besondere Siedlungsgebiete, die man ihnen zugeteilt hat. In den Ländern Südamerikas bilden die Indianer den ärmsten Teil der Bevölkerung.

die Industrie

Zur Industrie gehören große Fabriken, in denen man Güter mithilfe von Maschinen schnell und massenhaft herstellt. Auch Bergwerke und Kraftwerke sind Industriebetriebe. Die einen liefern den Fabriken notwendige Rohstoffe, die anderen sorgen für elektrischen Strom.
Verschiedene Industriezweige sind oft eng miteinander verflochten. Die Schwerindustrie verarbeitet Kohle und Steinerze und macht daraus Roheisen und Stahl. Diese beiden Güter braucht wiederum die Metallindustrie für ihre Erzeugnisse. Die chemische Industrie stellt aus Erdöl und Kohle Kunststoffe her, die dann in anderen Fabriken weiterverarbeitet werden, zum Beispiel in der Autoindustrie. Deutschland zählt zu den reichen Industriestaaten der Welt.
➜ Bergwerk, Fabrik, Kraftwerk, Rohstoff

die Infektion

Krankheitserreger wie Viren oder Bakterien können in unseren Körper eindringen und eine Krankheit auslösen. Die Ansteckung mit diesen Erregern bezeichnet man als Infektion.
Sie kann auf verschiedene Weise geschehen: durch Berühren von Kranken oder durch das Einatmen von Viren oder Bakterien, die in der Luft schweben. Auch Tiere können Krankheiten übertragen.
Aber eine Infektion führt nicht immer zum Ausbruch der Krankheit. Wenn unser Körper genügend Abwehrstoffe bereithält, gelingt es ihm, die Erreger unschädlich zu machen. Gegen manche Krankheiten kann man sich durch eine Impfung schützen. Verbreitete Infektionskrankheiten sind Windpocken, Masern, Keuchhusten und Grippe.
➜ Bakterie, Impfung, Krankheit, Virus

die Information

Eine Information ist eine Mitteilung oder Nachricht. Dieses Lexikon teilt dir über viele Dinge etwas mit: Es enthält Informationen. Zeitungen, Zeitschriften, Bücher, Radio und Fernsehen informieren uns über unzählige Themen. Die Bedeutung von Informationen ist groß. Wer mitreden und in der Schule oder später in seinem Beruf erfolgreich sein will, muss gut informiert sein.
Computer haben den Umgang mit Informationen verändert. In der Computertechnik werden Informationen Daten genannt. Computer können riesige Datenmengen speichern und verarbeiten. Sie sorgen dafür, dass wir sehr schnell über eine immer größer werdende Zahl von Informationen verfügen können. ➜ Computer, Internet, Lexikon, Medien

der Ingenieur

Ein Ingenieur hat einen technischen Beruf. Er plant, berechnet und kontrolliert vor allem den Bau technischer Anlagen. Manche Ingenieure kennen sich besonders mit dem Bau von Heizungen aus, andere sind Maschinenbau-, Brückenbau- oder Elektroingenieure. Sie alle müssen an einer Universität studieren, bevor sie ihren Beruf ausüben dürfen. Nach dem Studium nennen sie sich Diplomingenieure, oder abgekürzt Dipl.-Ing.
➜ Beruf, Technik, Universität

die Inline Skates

Inline Skates sind Rollschuhe besonderer Art. Ihr Aufbau erinnert an Schlittschuhe; statt der Eisenkufen sitzen vier hintereinander montierte Rollen unter den Sohlen. Die stabilen Stiefel bestehen aus zwei Teilen: In der äußeren harten Schale steckt der gepolsterte Innenstiefel. Mit den verstellbaren Schnallen und zusätzlichen Schnürbändern kann man die Inline Skates gut an den Füßen befestigen.
Skater können sehr schnell fahren. Stürze sind gefährlich, deshalb ist eine Schutzausrüstung wichtig. Dazu gehören außer einem Helm die Handgelenks-, Knie- und Ellenbogenschützer.

das Insekt

Ameisen, Schmetterlinge, Fliegen und viele andere Tiere gehören zu den Insekten. Sie bilden die größte Gruppe im Tierreich. Die mehr als eine Million verschiedenen Arten sind sehr unterschiedlich. Aber bestimmte Kennzeichen gelten für alle:

Insekten haben keine Wirbelsäule; sie gehören zu den wirbellosen Tieren. Ihr Körper wird durch einen festen Panzer zusammengehalten. Er teilt sich deutlich sichtbar in 3 Abschnitte: Kopf, Brust und Hinterleib. Am Kopf sitzen 2 Fühler, die bei vielen auch Antennen genannt werden. Ausgewachsene Insekten haben 6 Beine. Die meisten haben Flügel, manche allerdings nur für eine bestimmte Zeit.

Fast alle Insekten verwandeln sich im Laufe ihres Lebens zwei- oder dreimal. Den Eiern entschlüpfen Larven. Wenn sie groß genug sind, bilden sie eine Hülle um sich herum, die Puppe. In ihr entsteht dann das fertige Insekt. Manche Larven, zum Beispiel die der Feldheuschrecke, verwandeln sich, ohne sich zu verpuppen. ➜ Larve, Puppe, Skelett

die Insel

Eine Insel ist ein Stück Land, das von Wasser umgeben ist. Es gibt Inseln in Flüssen und Seen, aber die meisten liegen im Meer.

Sehr kleine Inseln sind zum Beispiel die Halligen vor der deutschen Nordseeküste; manche bieten nur Platz für ein einziges Haus. Die größte Insel der Erde, Grönland, ist dagegen sechsmal so groß wie Deutschland. Eine Landmasse, die weit in ein Gewässer hineinragt, aber auf einer Seite eine feste Landverbindung hat, ist eine Halbinsel.

➜ Meer

das Internet

Computer auf der ganzen Welt können durch das Internet miteinander verbunden werden. Das funktioniert mithilfe von Telefonleitungen und über Satelliten im Weltraum. Man kann das Internet mit einem riesigen Netz vergleichen, das aus einer Vielzahl von kleineren Netzen besteht. Die Verknüpfungspunkte in diesen Netzen sind die Computer.

Wer ins Internet hineinkommen will, braucht außer einem Computer und einem Telefonanschluss ein kleines Zusatzgerät, ein Modem. Es wird an die Telefonleitung angeschlossen und schickt darüber Signale des Computers an andere Computer. Ist die Verbindung hergestellt, ergeben sich mehrere Möglichkeiten: Man kann mit Menschen überall auf der Welt Nachrichten austauschen. Diese Nachrichten heißen elektronische Post, auf englisch E-Mail. Außerdem kann jeder von zu Hause aus in anderen Computern nach Informationen suchen, die ihn interessieren. Das Springen von einem Informationspunkt zum nächsten nennt man „surfen". ➜ Computer, Information, Telefon

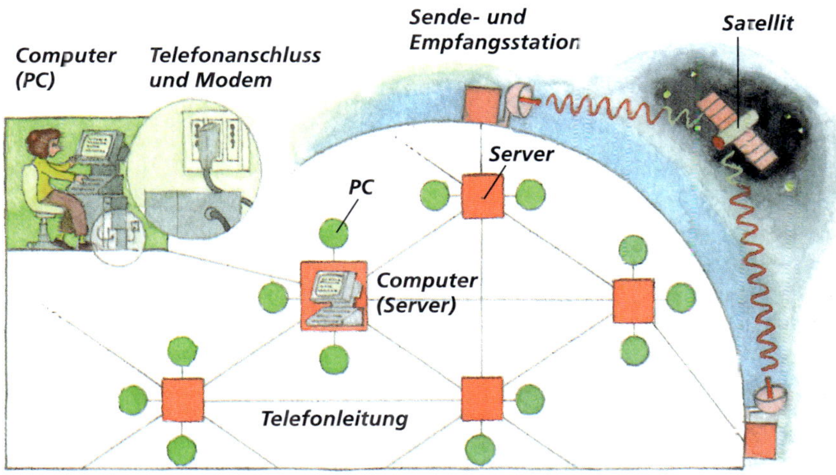

das Jahr

Wie lange ein Jahr dauert, ist genau festgelegt: Es ist die Zeit, die unsere Erde braucht, um sich einmal um die Sonne zu drehen. Ganz genau sind das 365 Tage, 5 Stunden, 48 Minuten und 47 Sekunden.
Nach unserem Kalender hat ein Jahr aber nur 365 Tage und keine Stunde mehr. Das Kalenderjahr ist also ungefähr ¼ Tag kürzer als das eigentliche Sonnenjahr. Um diesen Unterschied auszugleichen, hat man das Schaltjahr erfunden. Jedes vierte Jahr werden die Vierteltage zu einem Tag zusammengefasst. Das Schaltjahr hat deshalb einen zusätzlichen Tag: den 29. Februar. Jedes Jahr hat 12 Monate. ➜ Kalender, Monat, Tag

die Jahreszeit

Vier Jahreszeiten gibt es bei uns: Frühling, Sommer, Herbst und Winter. Sie entstehen, weil die Sonne im Lauf eines Jahres unterschiedlich stark auf die Erde scheint.
Im Sommer steht die Sonne mittags hoch am Himmel, ihre Strahlen fallen steil auf die Erde. Die Tage sind lang, und es ist warm. Zum Sommer zählen die Monate Juni, Juli und August.
Im Herbst steigt die Sonne mittags nicht mehr so hoch. Die Tage werden kürzer, und die Temperaturen gehen zurück. Herbstmonate sind September, Oktober und November.
Im Winter steht die Sonne tief am Himmel. Die Tage sind kurz, es wird früh dunkel, und es ist kalt. Zum Winter gehören Dezember, Januar und Februar.
Im Frühling werden die Tage wieder länger, die Sonne steigt, es wird wärmer. Die Frühlingsmonate sind März, April und Mai.
Wir leben auf der nördlichen Hälfte der Erdkugel. Auf der südlichen Hälfte herrscht jeweils immer genau die entgegengesetzte Jahreszeit. Wenn bei uns der Winter regiert, ist dort Sommer.

der Jahrmarkt

Früher wurde an vielen Orten einmal im Jahr ein Jahrmarkt abgehalten. Von überall her kamen Händler zusammen und boten an ihren Ständen vielerlei kleine Waren zum Kauf an. Diese Waren nannte man Kram, und deshalb hieß der Jahrmarkt auch Krammarkt. Für die Unterhaltung der Marktbesucher sorgten Puppenspieler, Zauberer und Musiker.
Heute ist ein Jahrmarkt ein Volksfest mit großen Karussells, Achterbahnen und Schieß- und Losbuden. In vielen Gegenden heißt er auch Messe oder Kirmes. ➜ Markt

der Jogurt

Jogurt wird aus Milch gemacht. Man erhitzt die Milch, sodass ein Teil davon verdampft. Dann gibt man Milchsäurebakterien hinein, die wachsen und sich vermehren. Dadurch wird die Milch dick und bekommt einen säuerlichen, erfrischenden Geschmack. Jogurt ist sehr gesund, denn seine Milchsäurebakterien helfen bei der Verdauung. ➜ Bakterie, Lebensmittel, Verdauung

der Jongleur

Ein Jongleur, der mit Bällen jongliert, wirft sie in schneller Folge in die Luft. Geschickt fängt er jeden Ball auf und wirft ihn gleich wieder los. Ohne Pause wirbeln die drei bis fünf oder sogar noch mehr Bälle umeinander, und der Jongleur behält alle sicher im Griff. Die meisten Jongleure treten als Artisten im Zirkus auf. Außer mit Bällen jonglieren sie auch mit Ringen, Keulen, Fackeln, Messern, Zigarrenkästen oder Ziegelsteinen.

der Journalist

Journalisten arbeiten für Zeitungen und Zeitschriften und für den Hörfunk und das Fernsehen. Ihre Hauptaufgabe ist, Informationen zu sammeln und in verständlicher Form weiterzugeben. Sie schreiben Berichte und Artikel, bereiten Rundfunksendungen vor oder erstellen Filmbeiträge. Manchmal berichten sie als Reporter direkt von wichtigen Ereignissen. Zu den Journalisten zählen auch die Fotografen, die Bildberichte liefern.
Journalisten entscheiden oft darüber, welche Informationen veröffentlicht werden. Sie haben deshalb großen Einfluss auf die Meinung der Menschen. ➜ Beruf, Information, Medien, Reportage

der Jude

Juden sind Angehörige des jüdischen Volkes, das vor 2000 Jahren aus dem Land Palästina vertrieben wurde. Seitdem leben Juden in vielen Ländern der Erde. Als Fremde mit eigener Religion, Sprache und Lebensweise wurden sie in vielen Ländern immer wieder angegriffen und verfolgt. Die schrecklichste Judenverfolgung gab es vor wenigen Jahrzehnten in Deutschland. 6 Millionen Juden wurden in Vernichtungslagern ermordet. Nach dem Zweiten Weltkrieg haben Juden wieder ihren eigenen Staat gegründet: Israel.
Die heiligen Gebote der jüdischen Religion stehen in den ersten fünf Büchern der Bibel. Darin wird berichtet, wie Moses, der Begründer dieser Religion, die 10 Gebote von Gott empfangen hat. Juden feiern ihren Gottesdienst entweder im Kreis der Familie oder in der Synagoge. Der wöchentliche Ruhetag ist der Samstag, er heißt Sabbat.
➜ Bibel, Religion, Staat, Synagoge

das Judo

Das Judo ist ein sportlicher Wettkampf zwischen zwei Gegnern. Auf einer großen Matte versuchen sie, sich durch überraschende und geschickt angewandte Griffe gegenseitig aus dem Gleichgewicht zu bringen. Ziel jedes Kämpfers ist es, den Gegner auf den Boden zu werfen und ihn dann so festzuhalten, dass er sich nicht mehr wehren kann oder aufgibt.

Judo stammt aus Japan. Es wird von Frauen und Männern ausgeübt. Die Kämpfer heißen Judokas; sie tragen weiße Kampfkleidung. Ihre Jacke wird mit einem Gürtel geschlossen. Seine Farbe lässt erkennen, welchen Grad des Könnens ein Judoka erreicht hat. ➜ Sport

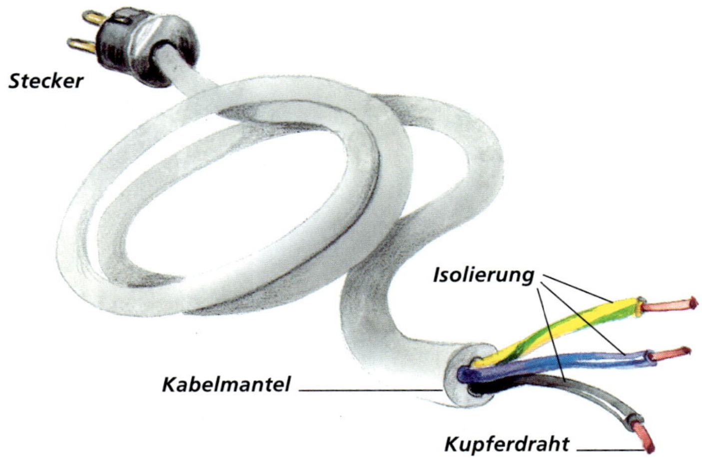

das Kabel

Mit Kabeln überträgt man elektrischen Strom. Sie bestehen aus einem oder mehreren Metalldrähten, die Elektrizität besonders gut leiten. Weil die Drähte sich gegenseitig nicht berühren dürfen, sind sie von einer Schutzschicht aus Kunststoff umgeben. Man sagt: Die Drähte sind isoliert.
Ein Kabelmantel isoliert alle Drähte zusammen nach außen hin. Er schützt das Innere des Kabels vor Feuchtigkeit und Beschädigungen. Starkstromkabel sind manchmal armdick; doch es gibt auch Kabel für elektrisches Spielzeug, die nur haarfein sind.
➜ Strom

der Käfer

Wie bei allen Insekten ist der Körper der Käfer in Kopf, Brust und Hinterleib gegliedert. Die Vorderflügel der meisten Käfer sind hart und oft bunt gefärbt. Sie liegen als Schutzdecke über den zarten Hinterflügeln, mit denen der Käfer fliegt. Am Marienkäfer kann man es gut sehen: Er klappt die roten Vorderflügel hoch, entfaltet die Hinterflügel und fliegt los. Andere Käfer können nicht fliegen. Ihre Flügeldecken sind fest angewachsen, und man nennt sie deshalb Laufkäfer.

Hirschkäfer (Männchen)

Es gibt sehr viele verschiedene Käferarten. Manche sind Wüstenbewohner, andere leben im Wasser, im Wald, auf Wiesen oder auf bestimmten Pflanzen. Unser größter Käfer ist der Hirschkäfer. ➜ Insekt

der Kaffee

Der Kaffeestrauch wächst in heißen Ländern. Seine Früchte sehen aus wie rote Kirschen. Jede von ihnen enthält zwei grüne Samen, die Kaffeebohnen. Sie werden geröstet und gemahlen und dann zum Kaffeekochen verwendet.
Kaffee enthält Koffein. Es beschleunigt den Herzschlag und macht munter. Wer zuviel Kaffee trinkt, kann damit seinem Körper schaden. ➜ Strauch

der Kakao

Der Kakaobaum, der aus Mittelamerika stammt, wird heute in vielen warmen Ländern angebaut. Seine Blüten haben keinen Stiel, sondern sitzen direkt auf den Ästen und am Stamm. Aus ihnen entwickeln sich große gurkenähnliche Früchte. Jede enthält ungefähr 50 Kakaobohnen. Man muss die Bohnen in einem langwierigen Verfahren bearbeiten, bevor aus ihnen das Kakaopulver gewonnen werden kann.
➜ Baum, Schokolade

der Kaktus

Die meisten Kakteen haben Stacheln, und manche sind auch mit Haaren bedeckt. Kakteen werden nach ihren Formen benannt: Es gibt den Igelkaktus, den Säulenkaktus, den Schlangenkaktus, verschiedene Blattkakteen und viele andere Arten. Alle Kakteen stammen aus den heißen trockenen Wüsten Nord- und Südamerikas. Unter seiner lederartigen Haut kann ein Kaktus sehr viel Wasser speichern. Die Früchte des Feigenkaktus sind essbar; sie schmecken süß und saftig. ➜ Wüste

der Kalender

Ein Kalender ist ein Verzeichnis aller Tage eines Jahres vom 1. Januar bis zum 31. Dezember. Sie sind nach Wochen und Monaten geordnet. Außerdem sind die Feiertage angegeben.
Unser Kalender richtet sich allein nach dem Sonnenjahr. Seine Grundlage ist die Zeit, die die Erde für einen Umlauf um die Sonne braucht. Dieser so genannte gregorianische Kalender ist fast überall auf der Welt gültig. Muslime, Juden und Chinesen haben einen eigenen Kalender. ➜ Jahr, Monat, Tag, Woche, Zeit

das Kamel

Großkamele sind Wüstentiere. Sie tragen Höcker auf dem Rücken, in denen sie Fett speichern. Wenn das Futter knapp wird, nutzen sie diese Futtervorräte. Kamele mit nur einem Höcker sind Dromedare. Das zweihöckrige Kamel lebt in den Trockengebieten Asiens und heißt auch Trampeltier. Trampeltiere haben im Winter ein langes und dichtes Fell. Deshalb ertragen sie außer Hitze und Trockenheit auch große Kälte. Sie leben heute fast nur noch als Haustiere und liefern den Menschen Milch, Fleisch und Felle. Vor allem dienen sie aber als Lasttiere.
In Südamerika leben Kleinkamele, die Lamas. Sie tragen keine Höcker. ➜ Dromedar, Wüste

der Kanal

Ein Kanal ist ein künstlich angelegter Wasserweg. Große Kanäle werden von Schiffen befahren. Sie stellen Verbindungen zwischen natürlichen Wasserstraßen her, damit die Schiffe keine Umwege fahren müssen. Der Main-Donau-Kanal verbindet zwei Flüsse miteinander. Zwei Meere verbindet der Nord-Ostsee-Kanal.
Wenn ein Kanal durch hügeliges Gelände führt, sind Höhenunterschiede zu überwinden. Das gelingt mit Schiffshebewerken oder Schleusen.
Unterirdische Kanäle werden angelegt, um Abwasser zur Kläranlage zu leiten. Das weit verzweigte Netz dieser Kanäle heißt Kanalisation. ➜ Abwasser, Kläranlage, Schleuse

das Känguru

Kängurus gehören zu den Beuteltieren; sie leben in Australien. Manche Arten sind klein wie Kaninchen, dagegen erreichen die Riesenkängurus die Größe eines erwachsenen Menschen.

Känguruweibchen tragen an ihrem Bauch einen Beutel, der nach vorn offen ist. Ihre Jungen werden nach kurzer Tragezeit geboren. Sogar das Junge des Riesenkängurus wiegt zu diesem Zeitpunkt kaum ein Gramm und ist kleiner als ein Daumen. Gleich nach der Geburt kriecht der Winzling in den Beutel der Mutter. Dort findet das Junge eine Zitze, an der es sich festsaugt. Monatelang wird es gesäugt und wächst in diesem Brutbeutel heran. Später hält es sich abwechselnd mal innerhalb und mal außerhalb des Beutels auf, bis es schließlich zu groß zum Hineinschlüpfen ist.

Kängurus haben kurze Vorderbeine, aber lange und sehr kräftige Hinterbeine. Ihr Schwanz ist ihnen eine zusätzliche Stütze beim Sitzen. Er dient auch zum Steuern, wenn sie mit ihren Hinterbeinen vorwärtsspringen. Riesenkängurus schaffen auf der Flucht 10 Meter weite und 3 Meter hohe Sprünge. ➜ Säugetier

das Kaninchen

Kaninchen sind mit den Hasen verwandt. Aber anders als Hasen sind Wildkaninchen gesellige Tiere und leben in großen Gruppen zusammen. In lockerem Boden graben sie weitverzweigte Baue, die bis tief in die Erde hinunterreichen. Dort können sie sich verstecken, dort schlafen sie und ziehen ihre Jungen groß.

Kaninchen werden auch als Haustiere gehalten. Ihr Fleisch ist wohlschmeckend, und von manchen Arten verarbeitet man das Fell zu Pelzbekleidung. Viele Kinder haben zu Hause ein Kaninchen aus einem ganz anderen Grund: Kaninchen können sehr anhängliche, zahme Schmusetiere sein. ➜ Hase, Haustier

der Kapitän
Der Kapitän ist der Führer eines Schiffes. Er muss dafür sorgen, dass das Schiff sicher sein Ziel erreicht. Er trägt die Verantwortung für die Passagiere, seine Besatzung und die Ladung. Wer Kapitän werden will, muss an einer Seefahrtschule studieren und zuvor lange zur See gefahren sein. Der Führer eines Flugzeugs heißt Flugkapitän. ➜ Beruf, Flugzeug, Schiff

die Karawane
Eine Reise durch die Wüste war früher ein gefährliches Unternehmen. Die Reisenden schlossen sich deshalb zu einer Karawane zusammen. Als Reit- und Lasttiere dienten ihnen Kamele.

Oft waren Händler in Karawanen unterwegs. Gemeinsam waren sie besser gegen Räuber geschützt. Außerdem konnten sie sich auf ihren Karawanenführer verlassen: Er verlor den Weg auch bei gefährlichen Sandstürmen nicht. Heute sind in der Wüste Lastwagen, Jeeps und Flugzeuge die Verkehrsmittel. ➜ Dromedar, Kamel, Wüste

die Kartoffel
Von der Kartoffelpflanze sind nur die Knollen essbar, die unter der Erde wachsen. Alle anderen Teile – Stängel, Blüten, Blätter und die kleinen grünen Früchte – sind gefährlich giftig.
Die Spanier brachten die Kartoffel vor ungefähr 500 Jahren aus Südamerika mit. Die braunen Knollen sind zu einem unserer Hauptnahrungsmittel geworden. Kartoffeln

die Kartoffel

sind gesund, und man kann sie sehr unterschiedlich zubereiten. Es gibt Pell-, Salz-, Back- und Bratkartoffeln, Kartoffelbrei, Klöße, Pommes frites, Chips und viele andere Kartoffelgerichte. ➜ Lebensmittel

der Käse
Käse wird aus Milch hergestellt. Die meisten Käsesorten gewinnt man aus Kuhmilch, andere aus der Milch von Schafen, Ziegen oder Büffeln.
In einer Molkerei wird die Milch mit Bakterien gesäuert, anschließend lässt man sie gerinnen. Ihr wässriger Teil, die Molke, wird entzogen. Übrig bleiben feste weiße Klumpen, die Bruch genannt werden.
Der Bruch wird gepresst, gesalzen und schließlich in Formen gefüllt. An einem kühlen Ort wird er aufbewahrt, bis er zum Käse herangereift ist. Käsesorten werden unterschiedlich behandelt. Mancher Hartkäse muss mehrere Jahre reifen, bevor er sein volles Aroma entfaltet. ➜ Bakterie, Lebensmittel

der Kassettenrekorder
Ein Kassettenrekorder ist ein Tonbandgerät. Man kann damit Töne und Geräusche aufnehmen und beliebig oft wiedergeben. In einer kleinen handlichen Kassette befindet sich das unbespielte oder bespielte Magnetband. Es ist ein Streifen aus Kunststoff, auf dem sich winzige magnetische Teilchen be-

der Kassettenrekorder

finden. Die Anordnung dieser Teilchen wird durch die Tonsignale verändert, in die zuvor die Töne und Geräusche umgewandelt wurden. Das bespielte Band steuert anschließend die Wiedergabe der Töne: Es löst Tonsignale aus, die wiederum in hörbare Töne und Geräusche zurückverwandelt werden. ➜ CD-Spieler

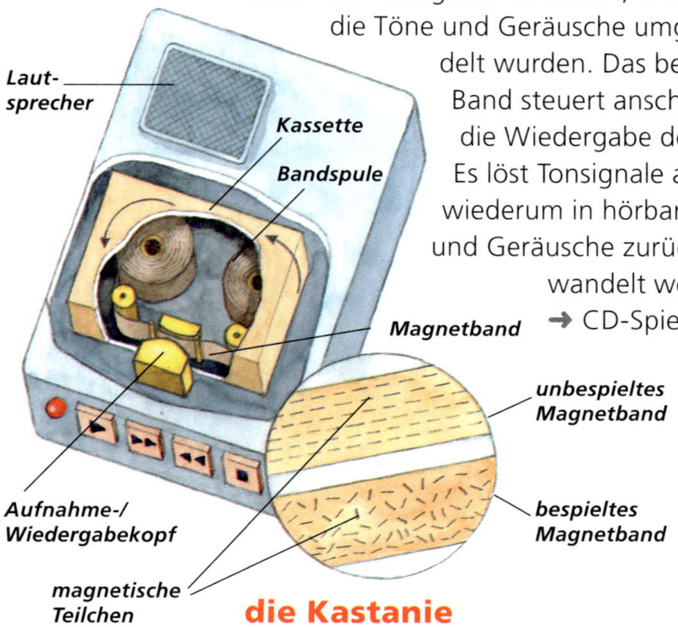

die Kastanie

Es gibt zwei Arten von Kastanien, die man nicht verwechseln sollte. In unseren Parks und Gärten wächst häufig die Rosskastanie. Sie ist ein Laubbaum mit sehr großen Blättern. Jedes Blatt ist meistens aus 7 Einzelblättern zusammengesetzt, die am Ende eines langen Stieles stehen wie die Finger einer Hand. Wegen dieser großen Blätter wirft eine Rosskastanie tiefen Schatten.
Ihre Samen stecken in einer grünen Stachelhülle. Wenn sie reif sind, lösen sie sich von ihrem Stiel. Die Hülle zerplatzt am Boden, und die glänzenden, dunkelbraunen Samen springen heraus. Mit diesen Kastanien lässt es sich gut basteln. Sie schmecken bitter und werden daher nur als Winterfutter für Wildtiere verwendet.
Ganz anders verhält es sich mit den Früchten der Edelkastanie. Sie heißen Maronen und haben einen süßen mehligen Geschmack; man isst sie meistens geröstet. Die Edelkastanie wächst vor allem in Süddeutschland und in südlichen Ländern und ist mit der Rosskastanie gar nicht verwandt. ➜ Baum, Blatt, Samen

die Katze

Hauskatzen sind kleine, schlanke Raubtiere. Sie jagen hauptsächlich Mäuse und Ratten. Sobald eine Katze mit ihren scharfen Ohren eine Beute wahrnimmt, weiss sie genau, wo sie sich befindet. Lautlos schleicht sie sich nahe heran, duckt sich, macht sich zum Sprung bereit, springt und packt zu. Katzen können mit ihren großen Augen auch bei wenig Licht noch sehr gut sehen und daher auch bei Dunkelheit jagen.
Schon seit vielen tausend Jahren sind sie als Haustiere sehr beliebt. Auf Bauernhöfen werden Katzen als Mäusevertilger gebraucht. Wer eine Katze als Haustier hält, sollte wissen, dass sie viel Aufmerksamkeit braucht. Aber sie bewahrt sich dennoch gern ihre Selbstständigkeit. Deshalb ist es am besten, wenn sie jederzeit nach draußen kann. ➜ Haustier

die Keramik ➜ Porzellan, Töpfer

der Keuchhusten

Keuchhusten ist eine sehr ansteckende Kinderkrankheit, die durch Bakterien hervorgerufen wird. Sie werden durch die Atemluft übertragen. Erst 1 bis 2 Wochen nach der Infektion beginnt die Krankheit mit Husten und Schnupfen. Es dauert dann noch einige Tage, bis die Hustenanfälle anfangen, die häufig mit Atemnot verbunden sind.

lang, dünn und biegsam. Auf einem kurzen Trieb sitzen immer zwei Nadeln nebeneinander. Der Kiefernstamm ist besonders auffällig: Seine Rinde ist im oberen Teil orangefarben und schuppig, im unteren Teil ziehen sich tiefe Risse durch die schwärzliche Borke. Die Früchte, die Kiefernzapfen, sind klein und rund. ➜ Baum, Borke, Fichte

die Kiemen

Die meisten Tiere, die im Wasser leben, atmen durch Kiemen. Es sind Hautteile, die von vielen feinen Blutgefäßen durchzogen sind. Bei Fischen sitzen die Kiemen am Kopf.
Der Fisch nimmt etwas Wasser durch das Maul auf und presst es durch die Kiemenöffnung wieder hinaus. Die in den Kiemen liegenden Äderchen nehmen dabei den Sauerstoff aus dem Wasser auf. Auch Krebse, Muscheln, Meeresschnecken und die Larven der Frösche haben Kiemen.
➜ Fisch, Larve

Keuchhusten dauert meistens 3 bis 5 Wochen. Gefährlich ist er für Säuglinge. Wer ihn einmal gehabt hat, besitzt genügend Abwehrstoffe und wird die Krankheit nicht noch einmal bekommen. Eine Impfung gegen Keuchhusten ist möglich. ➜ Bakterie, Impfung, Infektion, Krankheit

die Kiefer

Die Kiefer ist ein Nadelbaum, der gern auf sandigem Boden wächst. Weit verbreitet ist die Waldkiefer, die auch Föhre genannt wird. Sie ist neben der Fichte einer unserer wichtigsten Waldbäume. Ihre Nadeln sind

der Kilometer

Der Kilometer ist eine Längeneinheit, mit der man Entfernungen misst. Ein Kilometer ist ebenso viel wie 1000 Meter. Ein Dorf, das 3 Kilometer entfernt liegt, kann man leicht zu Fuß oder mit dem Fahrrad erreichen. Auf Straßenschildern liest man nur die Abkürzung für Kilometer: „km".
Auch bei der Messung von Geschwindigkeiten werden Kilometer angegeben. Ein schneller Zug legt eine Entfernung von 250 Kilometern in einer Stunde zurück: Er fährt 250 Stundenkilometer. ➜ Meter

die Kirche

Das Wort Kirche kommt aus der griechischen Sprache und heißt „Gotteshaus". Es ist das Gebäude, in dem Christen ihre Gottesdienste feiern. Besonders große Kirchen sind Dome oder Kathedralen.

die Kiefer

Aber die Kirche ist nicht nur ein Gebäude. So nennt man auch die Gemeinschaft aller Christen; sie ist aufgespalten in die katholische Kirche mit dem Papst als ihrem Oberhaupt und in die verschiedenen evangelischen und orthodoxen Kirchen. ➜ Christ, Gottesdienst, Papst

die Kirmes ➜ Jahrmarkt

die Kläranlage

In einer Kläranlage werden Abwässer gereinigt. Das Abwasser wird zunächst durch große Rechen, Siebe, Sandfilter und Absetzbecken vom groben Schmutz befreit. An diese mechanische Reinigung schließt sich die biologische an. In großen Wasserbecken oder Faultürmen setzt man bestimmte Bakterien in das Abwasser. Sie ernähren sich von den pflanzlichen und tierischen Stoffen, die das Wasser noch verunreinigen, und zersetzen sie dabei.

Am Ende der biologischen Reinigung sieht das Wasser schon wieder ganz sauber aus. Aber Bakterien können keine chemischen Stoffe verdauen. Dazu zählen zum Beispiel im Wasser gelöste Salze. Sie lassen sich nur durch eine chemische Reinigung entfernen, die aber sehr aufwendig und teuer ist. Nur große Kläranlagen haben deshalb eine chemische Reinigungsstufe. Nachdem das Wasser das Klärwerk durchlaufen hat, wird es in den nächstgelegenen Fluss oder See eingeleitet. ➜ Abwasser, Bakterie

der Klebstoff

Beim Kleben von Holz, Pappe und Papier wird als Klebstoff meistens Leim benutzt. Er gehört zu den Klebstoffen, die aus der Natur stammen. Leim wird durch das Kochen von Häuten, Knochen und Knorpeln gewonnen. Er quillt im Wasser stark auf und enthält deshalb Wasser als Lösungsmittel. Sobald er dünn auf die Klebeflächen gestrichen wird, verdunstet das Wasser. Der Leim trocknet und kann dadurch die Flächen fest miteinander verbinden.
Heute werden viele Klebstoffe aus Kunstharzen hergestellt; mit ihnen kann man auch Glas, Kunststoffe und Metalle verkle-

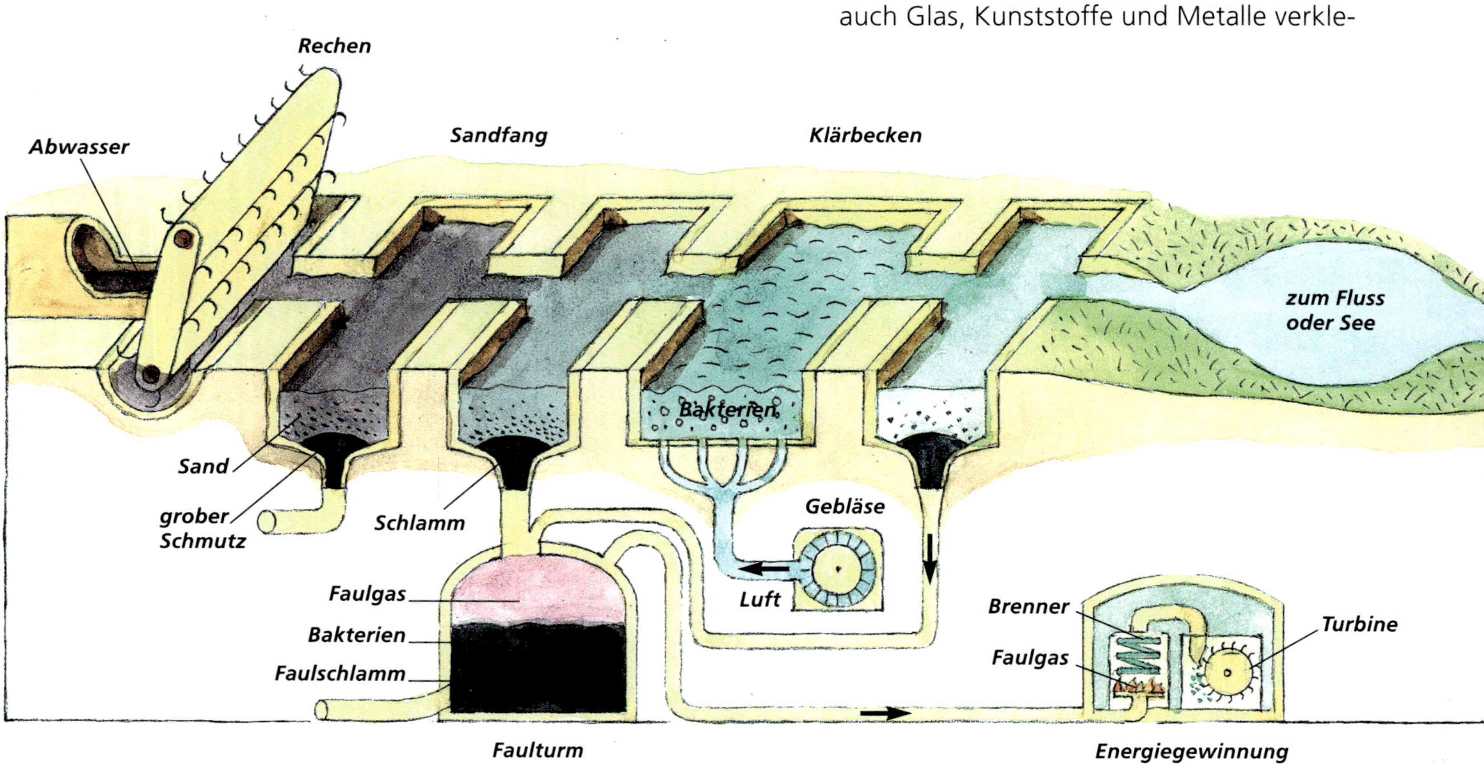

ben. Aber sie enthalten oft giftige Lösungsmittel, bei deren Verdunstung gefährliche Dämpfe entstehen.
In der Industrie werden Klebstoffe immer wichtiger. Vieles, was früher genietet oder geschweißt wurde, wird heute geklebt. Auch große Teile von Flugzeugen werden durch Metallkleber verbunden. ➜ Gift, Industrie, Verdunstung

die Kleidung

Kleidung schützt uns vor Kälte, Hitze und Nässe. Zuerst bestand die Kleidung der Menschen aus Tierfellen. Später fertigte man Stoffe aus Pflanzenfasern und aus der Wolle von Schafen und Ziegen an.
Weil Kleidung auch schmückt, werden zu bestimmten Festtagen manchmal kostbare Gewänder getragen. Viele Volksgruppen haben ihre eigenen Trachten. Heute wird das Aussehen der Kleidung von der Mode bestimmt.
In manchen Berufen trägt man eine Kleidung, die für die Arbeit zweckmäßig ist. Schornsteinfeger sind schwarz gekleidet, während Bäcker weiße Kittel und eine weiße Mütze tragen. ➜ Mode, Textilie, Tracht

das Klima

Unter Klima versteht man das Wetter, das hauptsächlich in einem bestimmten Gebiet herrscht. Wir leben in gemäßigtem Klima: Unsere Sommer sind nicht zu heiß und unsere Winter nicht zu kalt. Es gibt auf der Erde sehr verschiedene Klimazonen. Sie reichen vom eiskalten Polarklima bis zum feuchtheißen Tropenklima im Urwald. Vom Klima hängt es ab, welche Tiere in einem Gebiet vorkommen und welche Pflanzen wachsen. Es beeinflusst auch die Kleidung der Menschen und ihre Art zu wohnen.
Das Klima verändert sich von Natur aus, aber es wird auch durch Eingriffe des Menschen beeinflusst. Die Abgase von Autos, Kraftwerken und Heizungen verursachen den „Treibhauseffekt". Er führt zu einer Erwärmung der Erde. ➜ Abgas, Wetter

das Kloster

In einem Männerkloster leben Mönche, in einem Frauenkloster Nonnen. Sie haben sich in ein Kloster zurückgezogen, um dort nach den Regeln ihrer Gemeinschaft und Religion zusammenzuleben. Sie heiraten nicht und versprechen, arm zu bleiben und gehorsam zu sein. Durch Arbeit und Gebet wollen sie ihrem Gott dienen.
Die meisten christlichen Klöster wurden im Mittelalter von der katholischen Kirche erbaut. Sie bestehen aus mehreren Gebäuden und sind oft von einer Mauer umgeben. Mönche sammelten und schrieben Bücher, sie gründeten Schulen und legten Gärten an. Auch heute noch widmen sie sich den Armen und pflegen Kranke. Geleitet wird ein Kloster von einer Äbtissin oder einem Abt. ➜ Christ, Gott, Mittelalter, Religion

der Knochen

Wenn du einen deiner Finger fest drückst, spürst du etwas Hartes: einen Knochen. Mehr als 200 davon bilden das Gerüst deines Körpers, das Skelett. Knochen haben vor allem zwei wichtige Aufgaben. Zum einen stützen sie den Körper. Zum anderen bieten sie empfindlichen Organen Schutz: Die Schädelknochen umgeben das Gehirn, der Brustkorb schützt Herz und Lunge.
Knochen werden nach ihrer Form unterschieden. Wir haben Röhrenknochen in Armen und Beinen. Platte Knochen sind die Schädelknochen und das Schulterblatt. Im Innern mancher Knochen befindet sich das Knochenmark, in dem die roten Blutkörperchen gebildet werden. Viele Knochen sind durch Gelenke miteinander verbunden und dadurch beweglich. Für die Bewegung sorgen Muskeln, die ebenfalls über Sehnen an den Knochen befestigt sind. ➜ Muskel, Skelett

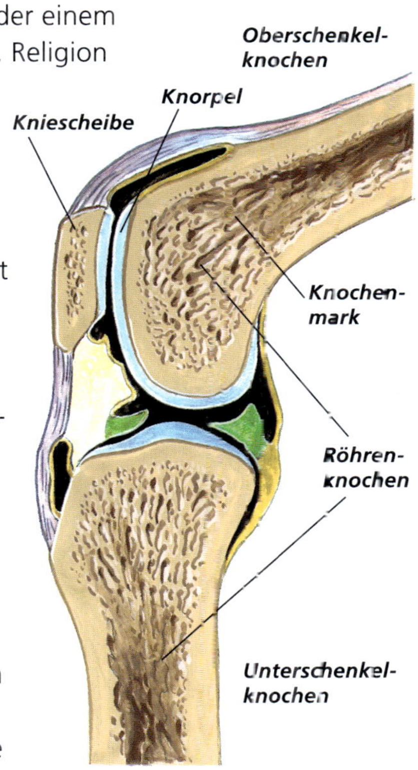

Kniegelenk

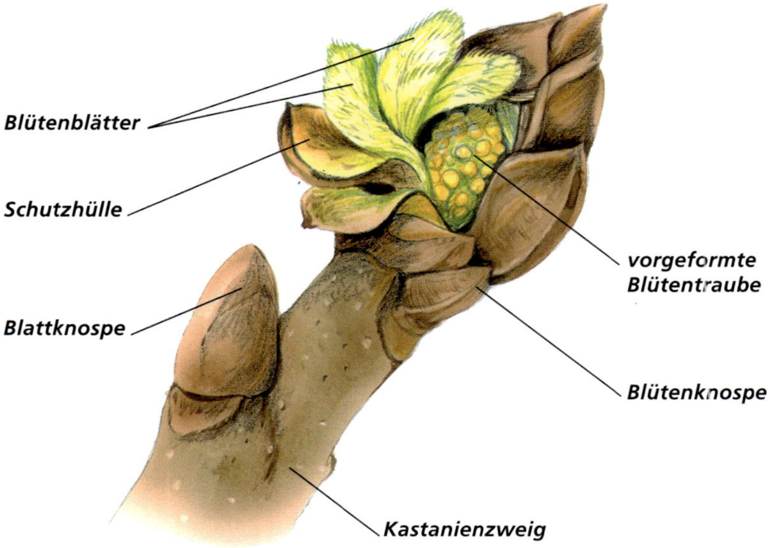

die Knospe

Es gibt Blütenknospen und Blattknospen. In ihnen befinden sich winzige Blüten- oder Laubblätter, die dort eng zusammengefaltet liegen. Wenn im Herbst das Laub von den Bäumen fällt, haben sich die Knospen für das folgende Jahr schon gebildet. Noch werden die jungen Triebe von den Knospenschuppen umhüllt, die sie den Winter über vor Frost schützen. Im Frühjahr platzen die Knospen auf: Laub und Blüten kommen zum Vorschein. ➜ Blatt, Blüte

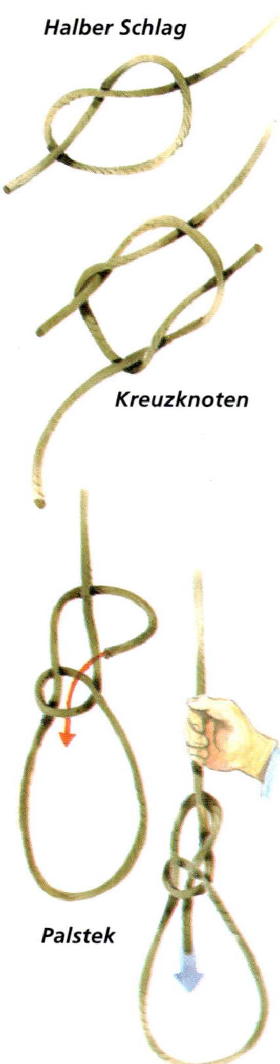

der Knoten

Wer Schnüre oder Seile aneinanderknüpft, der schlingt einen Knoten. Seemänner und Zimmerleute können das besonders gut. Mit Knoten befestigen sie Seile und Taue auch an anderen Gegenständen. Ein guter Knoten muss fest sitzen, aber man muss ihn auch schnell lösen können. Es gibt Hunderte verschiedener Knoten. Sie richtig zu knüpfen, ist eine Kunst.

die Kohle

Kohle ist ein Brennstoff, der vor langer Zeit aus abgestorbenen Pflanzen entstanden ist. Vor vielen Millionen Jahren herrschte bei uns ein feuchtwarmes Klima. Es wuchsen riesige Urwälder. Deren alte, umgestürzte Baumstämme verwandelten sich im Laufe der Zeit in eine modrige Schicht. Bei Überschwemmungen legte sich Erde darüber. Die Pflanzenschicht wanderte immer tiefer in den Boden und zersetzte sich: Zuerst entstand aus ihr Torf, dann Braunkohle. Je tiefer diese Kohlenschicht sank, desto größer wurde der Druck, der auf ihr lastete. Dadurch verwandelte sie sich schließlich in die harte Steinkohle.
Braunkohle liegt heute noch ziemlich dicht unter der Erdoberfläche und wird oft im Tagebau gewonnen. Steinkohle ist viel älter und ruht tief in der Erde; sie wird daher in Bergwerken abgebaut. Inzwischen hat Kohle an Bedeutung verloren. Die Rohstoffe Erdöl und Erdgas haben sie zum großen Teil ersetzt. ➜ Bergwerk, Klima, Rohstoff

der Komet

Kometen sind Himmelskörper. Man nennt sie auch Schweifsterne. Sie umkreisen die Sonne in riesigen langgestreckten Bahnen; einige Kometen brauchen für einen Umlauf viele tausend Jahre. Wenn sie sich der Sonne nähern, sieht man von der Erde aus, wie manche von ihnen einen leuchtenden Schweif hinter sich herziehen.
Der Schweif entsteht, weil Kometen Ähnlichkeit mit schmutzigen Schneebällen haben. Ihr Kern besteht aus Eis- und Staubteilchen. In Sonnennähe taut das Eis teilweise auf, und es bildet sich ein Gas- und ein Staubschweif. Hat der Komet die Sonne umrundet, verschwindet er wieder im Weltall und bleibt für lange Zeit unsichtbar.
Im Frühjahr 1997 konnte man den Kometen Hale-Bopp und seinen hellen Schweif mit bloßem Auge beobachten. Das nächste Mal wird er im Jahr 4377 zu sehen sein.
➜ Sonne, Weltall

die Kommunion

Kommunion heißt in der katholischen Kirche der Empfang des Abendmahls. Katholische Kinder feiern mit 9 oder 10 Jahren ihre erste Kommunion. Das ist für sie ein besonderer Festtag. ➜ Christ, Gottesdienst, Kirche

der Kompass

Mit einem Kompass können wir die Himmelsrichtung bestimmen. Der Magnetkompass enthält ein freibewegliches Stück Eisen, die Magnetnadel. Sie dreht sich über der Windrose. Das ist ein Kreis, der die vier Haupthimmelsrichtungen mit weiteren Unterteilungen anzeigt.
Der Magnetkompass funktioniert, weil die Erde selbst ein riesiger Magnet ist. Seine Nadel stellt sich in Richtung des Magnetfeldes der Erde: Ihre Spitze weist immer nach Norden. Wer weiß, wo Norden liegt, kennt damit auch die anderen Himmelsrichtungen. Er kann sich mithilfe von Kompass und Landkarte auch in einem fremden, unwegsamen Gebiet zurechtfinden.
➜ Himmelsrichtung, Landkarte, Magnet

der Kompost

Kompost ist nährstoffreiche, lockere Erde, die sich sehr gut zum Düngen eignet. Alle Pflanzenreste aus Küche und Garten lassen sich in Kompost verwandeln. Man wirft sie in einen Behälter, der rundherum Luftlöcher haben muss. Bald siedeln sich dort viele

Tiere an: Regenwürmer, Asseln, Schnecken, Käfer, Raupen und vor allem viele Bakterien. Sie fressen die Pflanzenreste und scheiden Teile davon wieder aus. So werden die Abfälle zersetzt. Sie verrotten und vermodern und werden allmählich zu dunkelbrauner Erde. Nach ein oder zwei Jahren kann der Kompost zum Düngen verwendet werden.
➜ Bakterie, Dünger, Recycling

das Kondom

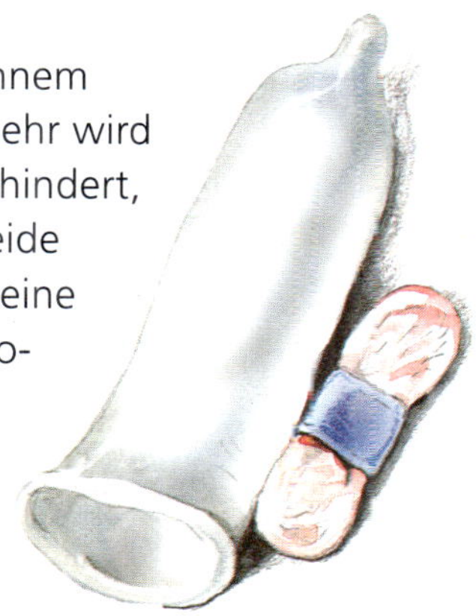

Ein Kondom ist eine Hülle aus dünnem Gummi. Vor dem Geschlechtsverkehr wird es über den Penis gezogen. Es verhindert, dass männliche Samen in die Scheide der Frau kommen. So verhütet es eine mögliche Schwangerschaft. Kondome schützen außerdem vor der Übertragung ansteckender Krankheiten wie Aids. ➜ Aids, Penis, Scheide

die Konfirmation

Die Konfirmation ist ein Fest in der evangelischen Kirche. Am Tag ihrer Konfirmation werden junge Christen feierlich in die Gemeinde der Erwachsenen aufgenommen. Sie sind dann ungefähr 14 Jahre alt. Beim Gottesdienst bekennen sie ihren Glauben und dürfen das erste Mal das Abendmahl empfangen. Die Konfirmation wird durch den Konfirmandenunterricht vorbereitet.
➜ Christ, Gottesdienst, Kirche

der König

Früher besaß ein König die größte Macht in seinem Reich. Er hatte unter allen Fürsten die höchste Stellung, nur der Kaiser stand noch über ihm. Könige herrschten in vielen Ländern. Die Königswürde wurde fast immer auf den ältesten Sohn vererbt.
In Deutschland und Österreich gibt es seit dem Ersten Weltkrieg keinen König mehr.
Andere Staaten sind auch heute noch Königreiche, zum Beispiel Großbritannien, die Niederlande, Spanien, Schweden und Dänemark. Aber auch sie werden von Regierungen gelenkt, die das Volk gewählt hat.
Heute haben Könige und Königinnen vor allem die Aufgabe, ihr Land bei feierlichen Anlässen zu vertreten.➜ Regierung, Staat

das Konto

Bei einer Bank oder Sparkasse kann man ein Konto einrichten. Es ist eine Liste über Ein- und Auszahlungen. Wer ein Konto hat, kann darauf Geld einzahlen. Erspartes Geld wird auf einem Sparkonto gesammelt. Die Bank gibt dem Kontoinhaber dafür Zinsen. Später kann er sich den ganzen Betrag oder einen Teil davon wieder auszahlen lassen. Einem anderen Zweck dient ein Girokonto. Viele Leute lassen sich darauf ihren Verdienst überweisen. Andererseits beauftragen sie die Bank, von diesem Konto die Miete und andere Rechnungen zu bezahlen. Jedes Konto hat eine Kontonummer.
➜ Bank, Geld

Wasserkraftwerk

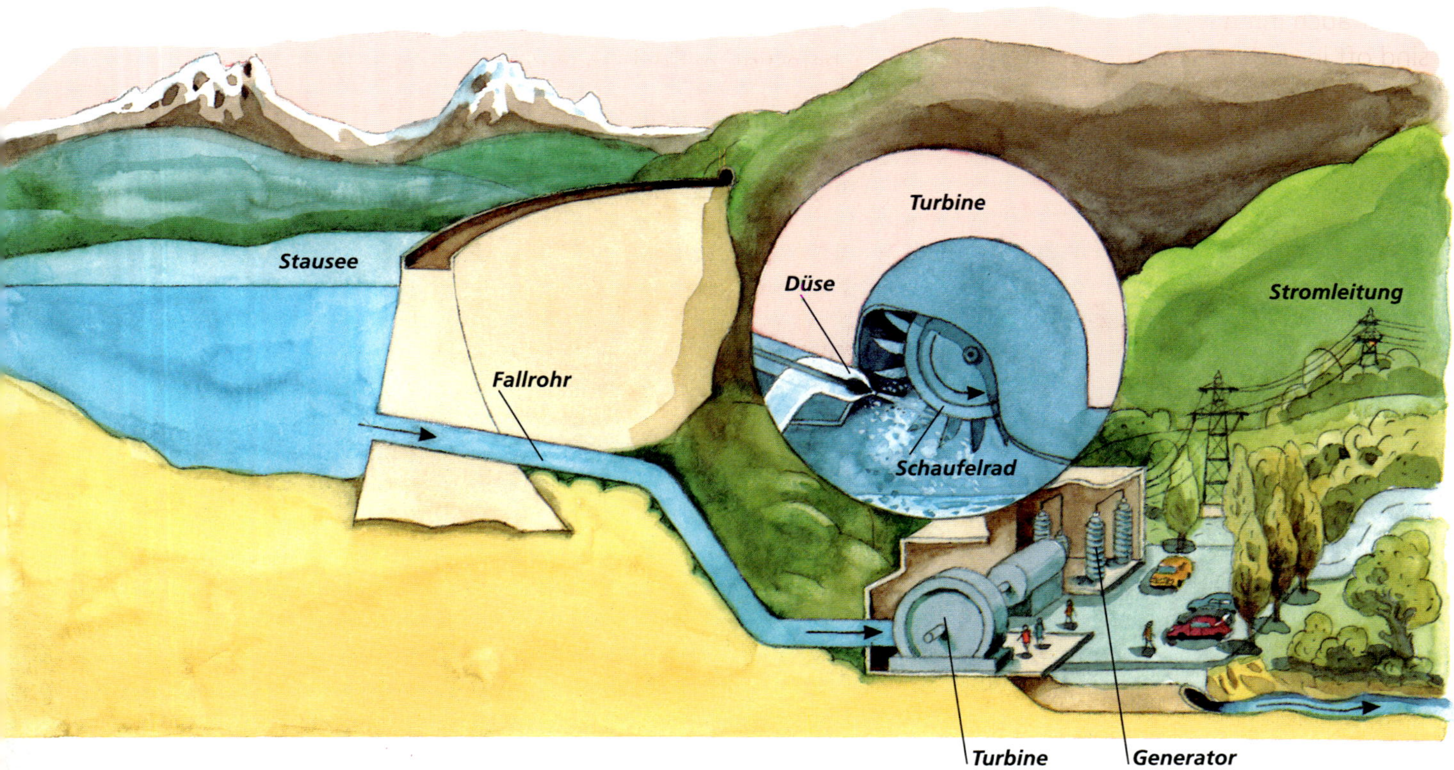

das Kraftwerk

In einem Kraftwerk wird elektrischer Strom gewonnen. Man erhält ihn durch Umwandlung anderer Kräfte. So nutzt ein Wasserkraftwerk die Energie stürzenden Wassers: Von einem hochgelegenen Stausee strömt das Wasser durch Fallrohre zum Kraftwerk hinunter. Es trifft dort mit gewaltigem Druck auf die Schaufelräder von Turbinen und versetzt diese in rasende Drehung. Jede Turbine ist mit einem Generator verbunden und bewegt ihn. Der Generator, die eigentliche Strommaschine, erzeugt Strom ähnlich wie ein Fahrraddynamo.
Wärmekraftwerke nutzen die Energie, die in Kohle, Erdöl, Erdgas oder Atomkernen steckt. Aber Dampfkraftwerke belasten die Umwelt durch ihre Abgase, und Atomkraftwerke arbeiten mit einer Technik, die äußerst gefährlich ist.
Man kann noch andere Naturkräfte ausnutzen, um Strom zu gewinnen. Es gibt auch Wind- und Sonnenkraftwerke. ➜ Dynamo, Energie, Stausee, Strom, Turbine

die Krähe

„Krahkrah" krächzen die Krähen und haben daher auch ihren Namen bekommen. Sie sind oft in großen Schwärmen anzutreffen und suchen sich auch gemeinsame Schlafbäume. Ihre Nester bauen sie häufig auf nebeneinander stehenden Bäumen. In diesen Brutkolonien herrscht ohrenbetäubender Lärm, denn sie rufen und schwatzen gern.
Krähen gehören zu den Rabenvögeln. Sie fressen Insekten und kleine Tiere, Vogeleier und Getreidekörner. Bei uns leben drei Arten: Die Rabenkrähe ist ganz schwarz, die Saatkrähe hat einen weißen Schnabelansatz, und die Nebelkrähe ist an Bauch und Rücken graubraun gefärbt.
➜ Vogel

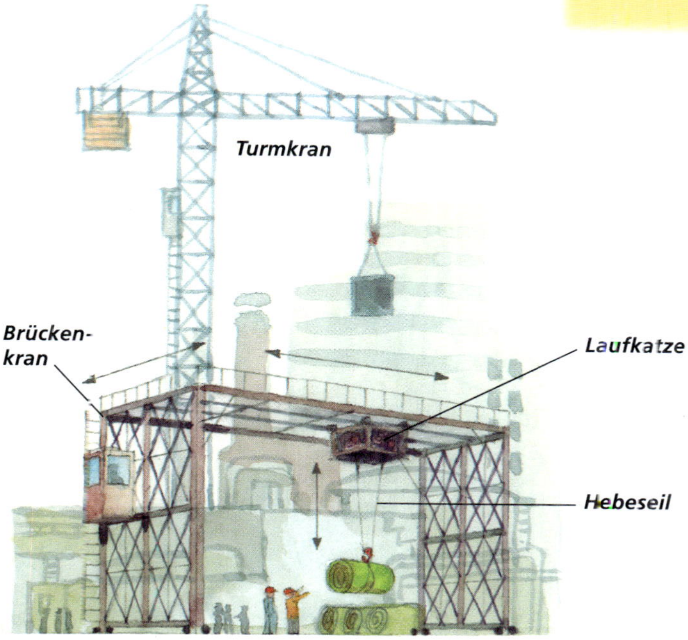

der Kran

Mit einem Kran werden schwere Lasten gehoben und versetzt. Auf Baustellen sieht man oft drehbare Turmkräne. Sie heben die Baustoffe mühelos bis ganz nach oben.
In Fabrikhallen werden Güter und schwere Maschinenteile mit einem Brückenkran transportiert. Er besteht aus einem fahrbaren Gerüst, das einer Brücke ähnlich sieht. Darauf fährt ein kleiner Wagen, die so genannte Laufkatze. An ihr ist das Hebeseil befestigt, mit dem man die Last hochzieht und an den vorgesehenen Ort befördert.

die Kräuter

der Kranich

Kraniche sind große Vögel mit Stelzbeinen und einem langen Hals. Bei uns brütet heute noch der Graukranich. Die Zahl der Brutpaare ist aber sehr gering, denn Kraniche bewohnen einsame Sumpfgebiete und Moore, die bei uns selten geworden sind. Graukraniche sind Zugvögel; auf ihrem Weg vom hohen Norden nach Afrika machen sie auch in Deutschland Rast.

Besonders bekannt ist der „Tanz" der Kraniche, bei dem sie mit halbgeöffneten Flügeln hochspringen und sich voreinander verbeugen. Kraniche können Trompetentöne ausstoßen, die man kilometerweit hört.
➜ Zugvogel

das Krankenhaus

Wenn man eine Krankheit hat, die zu Hause nicht ausreichend behandelt werden kann, muss man ins Krankenhaus. Es gibt allgemeine Krankenhäuser und Kliniken für bestimmte Erkrankungen.
In einem Krankenhaus hat jede Abteilung eine andere Aufgabe: In der Chirurgie werden Patienten operiert. Die Intensivstation behandelt Patienten, die besonders schwer erkrankt sind. Auf der Kinderstation werden Kinder betreut; dort gibt es Spielsachen, und es geht lebhaft zu. Jedes Krankenhaus hat auch eine Erste-Hilfe-Station oder Ambulanz. Hier werden Leute behandelt, die einen Unfall hatten. Aber dort kann man auch hingehen, wenn man krank ist und kein Arzt erreichbar ist. ➜ Arzt, erste Hilfe, Medizin

die Krankheit

Jeder wird irgendwann einmal krank. Krankheiten gehören zum Leben dazu. Manche sind harmlos, andere schwer oder sogar lebensbedrohlich. Sie haben ganz verschiedene Ursachen. Viele werden durch winzige Lebewesen, Bakterien oder Viren, ausgelöst. Auch schlechte Lebensbedingungen verursachen Krankheiten: Verschmutztes Trinkwasser kann gefährliche Darmkrankheiten auslösen, und Asthma wird durch verschmutzte Luft hervorgerufen oder verschlimmert. Nicht nur der Körper, auch Seele und Geist eines Menschen können krank werden. Bei jeder Krankheit kommt es darauf an, sie frühzeitig zu erkennen. Ein Arzt weiß dann oftmals, wie man sie heilen oder das Leiden an ihr vermindern kann. ➜ Arzt, Bakterie, Medizin, Virus

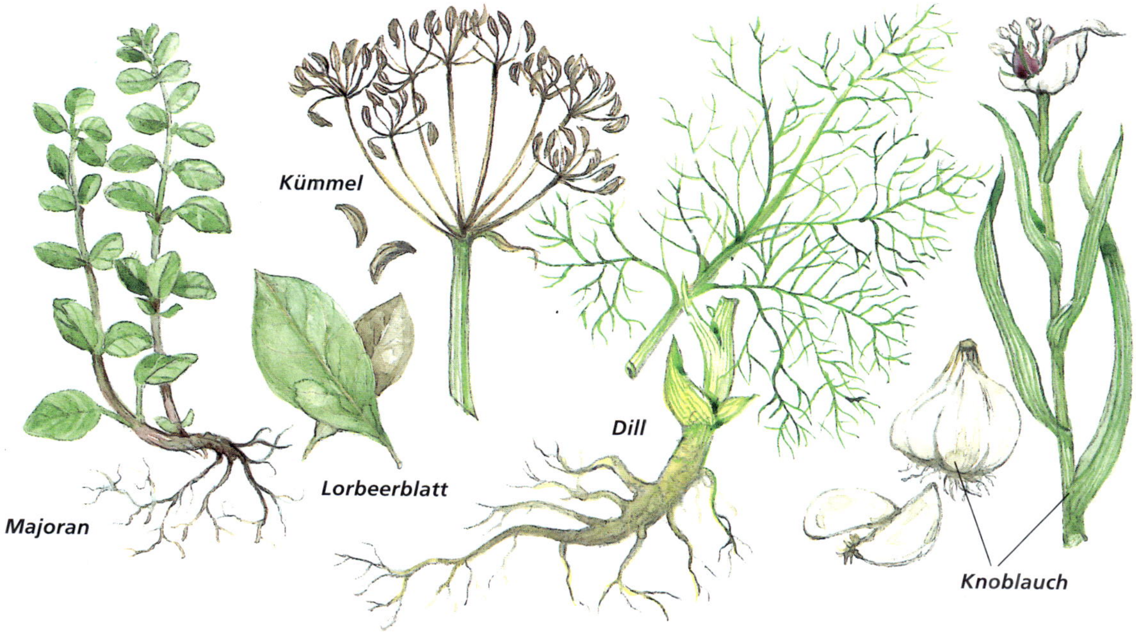

die Kräuter

Kräuter braucht man beim Kochen, denn sie geben den Speisen Geschmack. In Kräutern gibt es Öle, die Geruchs- und Geschmacksstoffe enthalten. Wir nennen sie ätherische Öle. Sie verbreiten ihren Duft, wenn man die Kräuter zerschneidet oder zerreibt.

➜ Gewürz

der Krebs

Zu den Krebsen gehören sehr unterschiedliche Tiere: Wasserflöhe, Asseln, Krabben, Garnelen und Hummer. Ihren Körper umgibt ein harter Panzer, der in bewegliche Abschnitte unterteilt ist. Bei vielen Arten sind zwei Vorderfüße zu Scheren ausgebildet. Damit fangen Krebse ihre Beutetiere und zerkleinern sie.
Die meisten Krebse leben im Meer, manche auch im Süßwasser. Flusskrebse sind wegen der Gewässerverschmutzung sehr selten geworden. Die Kellerasseln leben auf dem Land, denn sie brauchen nur etwas Feuchtigkeit.

Amerikanischer Flusskrebs

der Kreis

Man kann versuchen, freihändig einen Kreis auf ein Blatt Papier zu zeichnen. Aber die Form, die dabei entsteht, sieht einem Kreis nur ähnlich. Mit dem Zirkel zeichnet man einen richtigen Kreis. Alle Punkte auf der Kreislinie liegen dann genau gleichweit vom Mittelpunkt M entfernt.
Die Verbindungsstrecke eine Punktes auf der Kreislinie mit dem Mittelpunkt heißt Radius. Verbindet man zwei Punkte auf der Kreislinie durch den Mittelpunkt miteinander, so erhält man den Durchmesser. Er entspricht dem doppelten Radius. ➜ Zirkel

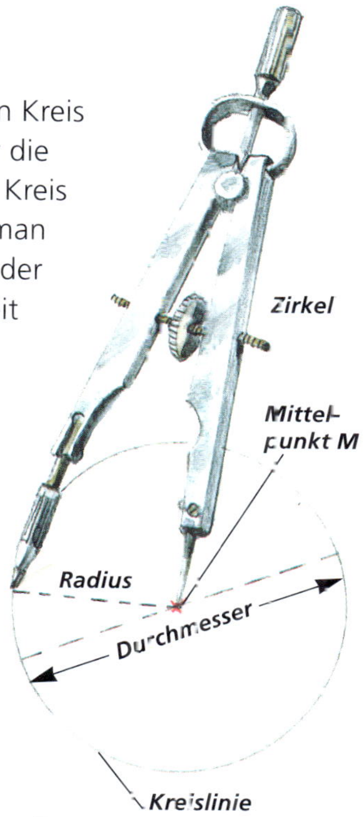

die Kreuzotter

Die Kreuzotter ist eine Giftschlange, die früher bei uns häufig war; heute ist sie selten geworden. Sie wird ungefähr 80 Zentimeter lang, hat einen dreieckigen Kopf und ein dunkles Zickzackband auf ihrem Rücken.
Kreuzottern fressen vor allem Mäuse, aber auch Eidechsen und Frösche. Meistens warten sie, bis ein

die Kreuzotter

Beutetier in ihre Nähe kommt. Dann schnellen sie vor und schlagen mit ihren dolchartigen Giftzähnen zu.
Vor Menschen flieht die Kreuzotter. Nur wenn sie überrascht wird, greift sie an. Ihr Gift ist auch für Menschen gefährlich, aber nur selten tödlich. Wer gebissen wurde, muss allerdings schnellstens einen Arzt aufsuchen. Kreuzottern stehen unter Naturschutz. ➜ Naturschutz, Reptil, Schlange

die Kreuzung

An einer Kreuzung treffen zwei Straßen aufeinander. Damit es dort nicht zu Zusammenstößen kommt, wird der Verkehr meistens durch Ampeln oder Verkehrsschilder geregelt. Fehlen sie, gilt die Grundregel „rechts vor links": Wer von rechts kommt, darf zuerst fahren. An manchen Kreuzungen gibt es besondere Ampeln für Fahrradfahrer.
Beim Überqueren einer Kreuzung müssen alle Verkehrsteilnehmer besonders vorsichtig sein. ➜ Ampel, Verkehrszeichen, Vorfahrt

der Krieg

Wenn zwei Staaten einen Streit mit Waffengewalt austragen, herrscht Krieg. Soldaten müssen dann gegeneinander kämpfen. Die Wirkung der Waffen, die sie dabei einsetzen, ist furchtbar. Viele Menschen leiden Qualen und sterben – nicht nur die Soldaten, sondern auch wehrlose, alte und kranke Menschen, Frauen und Kinder.
Zu den vielen Kriegen, die auf der Erde stattfinden, zählen auch Bürgerkriege. Das sind gewaltsame Machtkämpfe zwischen Gruppen eines Staates.
Im 20. Jahrhundert gab es zwei Weltkriege. Fast alle Staaten Europas und auch Staaten aus anderen Erdteilen waren daran beteiligt. Viele Millionen Menschen verloren dabei ihr Leben. ➜ Frieden, Staat

der Kristall

Kristalle, denen wir im täglichen Leben begegnen, sind zum Beispiel Zuckerkristalle. Wenn man Zucker mit einer Lupe betrachtet, erkennt man sie deutlich: Es sind kleine Stücke mit glatten Seitenflächen. Anders sehen die Kristalle aus, die Kochsalz bildet. Sie haben die Form winziger Würfel.
Kristalle können auch aus flüssigen oder gasförmigen Stoffen entstehen. Die schönen Schneekristalle bilden sich aus Wasserdampf, wenn die Temperatur unter Null Grad sinkt.
Auch Edelsteine und andere Mineralien haben die Form von Kristallen. Viele sind vor langer Zeit entstanden, als heißes geschmolzenes Gestein sich langsam abkühlte.
➜ Edelstein, Mineral, Schnee

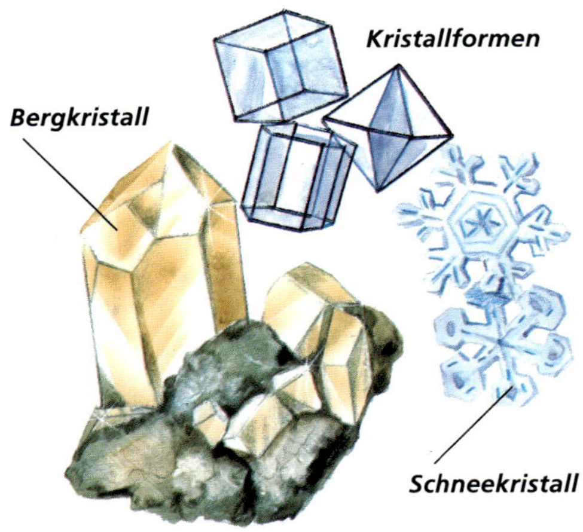

das Krokodil

Krokodile zählen zu den größten Kriechtieren, die es heute auf der Erde gibt; sie leben nur in warmen Gebieten. Das afrikanische Nilkrokodil wird bis zu 7 Meter lang und ist dann vermutlich 100 Jahre alt. Im Alter von 20 Jahren hat es noch nicht einmal die Hälfte dieser Länge erreicht, denn Krokodile wachsen, solange sie leben.

Tagsüber sonnen sie sich oft auf dem Trockenen, aber lange Zeit liegen sie auch unbeweglich im Wasser und lauern auf Beute. Sie fressen Fische und Wasservögel, doch ebenso töten sie Antilopen und Giraffen. Krokodile vergraben ihre Eier im Ufersand und lassen sie von der Sonne ausbrüten. Die Jungen machen sich beim Schlüpfen durch quäkende Rufe bemerkbar, damit die Mutter sie rechtzeitig freischarren kann. ➜ Reptil

der Krokus

Krokusse blühen zeitig im Frühjahr mit weißen, gelben oder violetten Blüten. Sie entwickeln sich aus einer Zwiebel, die eine Menge Nahrungsvorräte enthält. Deshalb können Krokusse schon wachsen, während der Boden noch sehr kalt ist und kaum Nährstoffe abgibt. ➜ Zwiebel

Erdkröten bei der Paarung

die Kröte

Kröten sind mit den Fröschen verwandt; sie sind aber plumper und bewegen sich auf ihren kurzen Beinen eher kriechend fort. Über ihre warzige Haut können sie giftigen Schleim absondern. Das ist ein guter Schutz gegen Feinde. Tagsüber verbergen sie sich an feuchten, schattigen Plätzen. Im Gemüsegarten sind Kröten sehr nützlich, denn sie fressen vor allem Nacktschnecken. Im Frühjahr legen sie ihren Laich in einem Teich ab. Er sieht aus wie lange Perlenschnüre.
➜ Frosch, Laich

der Kuckuck

Sein Rufen hat ihn berühmt gemacht und ihm seinen Namen gegeben: „Kuck-kuck". Sein Gefieder ist blaugrau, und er hat einen langen Schwanz. Er ist ein Zugvogel, der in Afrika überwintert. Im Frühjahr legt das Weibchen seine 8 bis 15 Eier einzeln in fremde Nester, meistens bei kleineren Singvögeln. Sie brüten den kleinen Kuckuck aus. Sobald er geschlüpft ist, wirft er die anderen Eier oder Jungvögel aus dem Nest, denn er ist groß und braucht den Platz und das Futter für sich allein.
➜ Zugvogel

der Kürbis

Kürbispflanzen wachsen kriechend oder kletternd. Sie brauchen sehr viel Nahrung, Wasser, Platz und Wärme. Der Gartenkürbis gedeiht sehr gut mitten auf dem Komposthaufen. Aus den gelben Blüten entwickeln sich bis zum Herbst die großen Früchte, die bis zu 50 kg schwer werden können.
➜ Gemüse, Kompost

das Labyrinth

Ein Labyrinth ist ein Gebäude oder Garten mit vielen verschachtelten Wegen oder Gängen. Sie sind unübersichtlich und führen kreuz und quer und in die Irre. Wer einmal drinsteckt, findet nur schwer wieder heraus. Labyrinthe werden manchmal auf dem Jahrmarkt aufgebaut, und zum Spaß der Spaziergänger legt man sie in Parks an.
Auch der innerste Teil unseres Ohres wird Labyrinth genannt. Er besteht aus vielen ineinander verschlungenen Kanälchen.
➜ Ohr, Park

der Laich

Die Eier von Fischen, Lurchen und Schnecken nennt man Laich. Sie sind von einer Schutzschicht umgeben, die wie Wackelpudding aussieht.
Laich wird meist in Klumpen oder Schnüren im Wasser abgelegt. Wenn die männlichen Tiere ihre Samenflüssigkeit darüber gegossen haben, vereinigen sich die einzelnen Laichkörner mit den Samenzellen. Nun entwickeln sich die kleinen Fische, Kaulquappen, Schnecken oder Eidechsen.
➜ Eidechse, Fisch, Frosch, Kröte, Schnecke

das Lama ➜ Kamel

die Landkarte

Auf einer Landkarte ist aufgezeichnet, was man sieht, wenn man von oben auf die Erdoberfläche hinunterschaut. Flüsse sind dann als blaue Linien zu sehen, Straßen und Schienen als schwarze; Städte und Dörfer werden zu bunten Flecken. Die Erdoberfläche ist auf der Karte verkleinert abgebildet. Der Maßstab gibt an, wie stark die Verkleinerung ist. Bei einem Maßstab von 1 : 1000 entspricht 1 Zentimeter auf der Karte 1000 Zentimetern in der Wirklichkeit. Gebirge werden auf Landkarten in Brauntönen gezeichnet, und flaches Land ist grün.
Landkarten brauchen wir, um uns in einer fremden Umgebung zurechtzufinden. Auf einer Wanderung finden wir mit ihrer Hilfe den richtigen Weg, bei Autofahrten die Straße, die uns an unser Ziel bringt.
➜ Globus, Himmelsrichtung, Stadtplan

die Landwirtschaft

Landwirtschaft ist die Nutzung des Bodens für den Anbau von Pflanzen und für die Viehzucht. Sie liefert uns pflanzliche und tierische Nahrungsmittel.
Bauern oder Landwirte werden heute vor allem auf Landwirtschaftsschulen ausgebildet. In ihren Betrieben arbeiten sie mit modernen Maschinen. Zu den wichtigsten zählen Traktor, Mähdrescher und Melkmaschinen.
Um die Ernteerträge zu vergrößern, werden sehr viel Dünger und Pflanzenschutzmittel eingesetzt. Sie belasten den Boden und gelangen ins Grundwasser. Heute versuchen immer mehr Landwirte, ihren Einsatz zu verringern. Im biologischen Landbau wird Kunstdünger abgelehnt, und Schädlinge werden mit natürlichen Mitteln bekämpft.
➜ Bauernhof, Dünger, Ernte, Lebensmittel

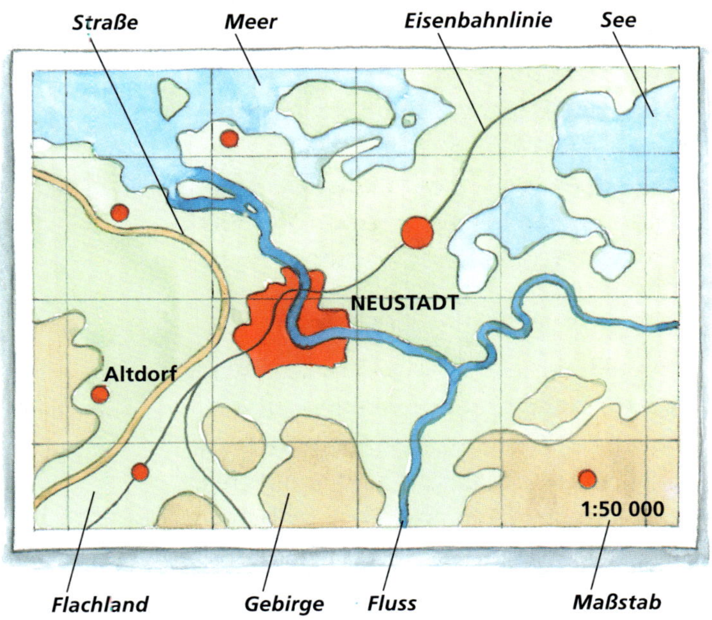

die Lärche

Die Lärche ist unser einziger Nadelbaum, der im Herbst seine Nadeln abwirft. Im Frühjahr bilden sich dann neue, hellgrüne Nadeln, die in dicken Büscheln an den Zweigen sitzen. Lärchen stammen ursprünglich aus dem Hochgebirge. Sie werden bis zu 50 Meter hoch. ➜ Baum

der Lärm

Laute Geräusche, die uns stören, nennen wir Lärm. Wenn wir ihn längere Zeit ertragen müssen, macht er uns krank. Er kann Schwerhörigkeit hervorrufen, aber auch Erkrankungen des Magens und des Herzens. An vielen Orten verursacht der Straßenverkehr so starken Lärm, dass zahlreiche Menschen darunter leiden. Der Schutz vor Lärm ist eine wichtige Aufgabe des Umweltschutzes.
In manchen Fabriken erzeugen Maschinen sehr lauten Lärm. Wer dort arbeitet, muss einen Gehörschutz tragen. ➜ Ohr, Umweltschutz

die Larve

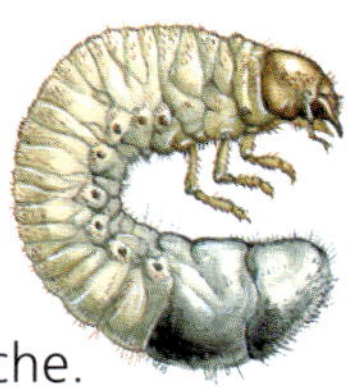

Aus Fliegenmaden werden Fliegen, aus Raupen werden Schmetterlinge, und aus Kaulquappen entwickeln sich Frösche. Diese Raupen, Maden und Kaulquappen nennt man Larven. Einige, zum Beispiel Schmetterlinge und Bienen, verwandeln sich in einer Schutzhülle, die wir Puppe oder Kokon nennen. Frösche, Kröten und Salamander entwickeln sich unmittelbar aus ihren Kaulquappen. Die Verwandlung der Larven bezeichnet man mit dem Fremdwort Metamorphose. ➜ Insekt, Made, Puppe, Raupe

der Laser

Laser heißt das Gerät, in dem Laserstrahlen erzeugt werden. Dabei handelt es sich um Lichtstrahlen von ganz besonderer Art: Sie sind scharf gebündelt und sehr energiereich. Man nennt den Laser deshalb auch Lichtverstärker. Er wird heute in vielen Bereichen der Technik eingesetzt. Harte Stoffe lassen sich durch Laserstrahlen mit größter Genauigkeit bohren, schneiden und schmelzen. Auch Ärzte arbeiten bei Operationen häufig mit Laser.
In der Nachrichtentechnik werden Laserstrahlen genutzt, um Informationen zu übermitteln. Auch im CD-Spieler werden die auf einer CD gespeicherten Informationen von einem Laserstrahl abgetastet. ➜ CD-Spieler, Energie, Information, Technik

die Lärche

die Laus

Läuse sind sehr kleine Insekten, die bei Menschen und Tieren Blut saugen. Weil sie auf anderen Lebewesen leben und sich von ihnen ernähren, nennt man sie Schmarotzer oder Parasiten.
Die Kopflaus klebt ihre Eier, die Nissen, in die Haare des Menschen; die Kleiderlaus legt sie in die Nähte der Kleidung. Beide können Krankheiten übertragen. Außerdem jucken ihre Stiche stark, und das Kratzen kann zu Entzündungen führen. Man muss Läuse und Nissen deshalb gründlich bekämpfen.
Blattläuse saugen den Saft von Pflanzen und können ebenfalls großen Schaden anrichten. Sie sind aber mit den eigentlichen Läusen nicht verwandt. ➜ Insekt, Ei, Entzündung

Kopflaus

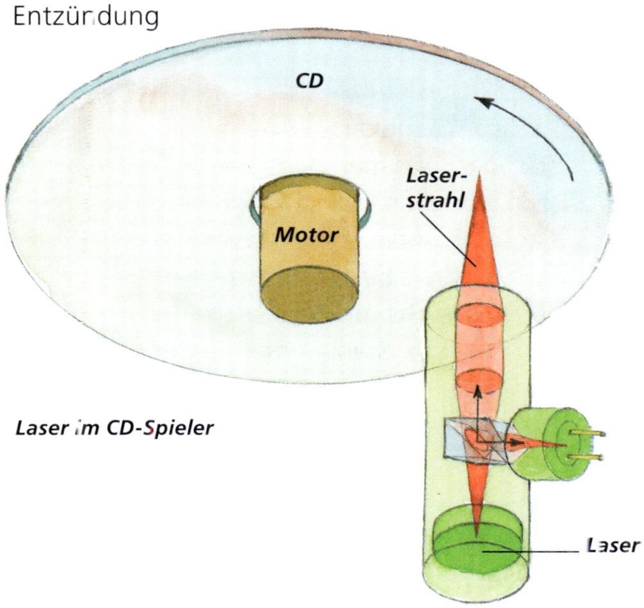

Laser im CD-Spieler

die Lawine

Wenn Schnee- und Eismassen an einem steilen Berghang ins Rutschen kommen, entsteht eine Lawine. Sie reißt immer mehr Schnee mit sich und rast mit steigender Geschwindigkeit zu Tal. Dabei kann sie Menschen unter sich begraben und große Zerstörungen anrichten. Bei starken Schneefällen, Tauwetter oder stürmischem Wind ist die Lawinengefahr besonders groß. Eine Lawine wird manchmal schon ausgelöst, wenn jemand einen gefährdeten Berghang betritt oder mit Skiern befährt. Wälder bieten Schutz vor Lawinen. Wo sie fehlen, versucht man, Dörfer und Straßen durch Mauern und Wälle zu schützen. ➜ Schnee

die Lebensmittel

Alles, was wir essen und trinken, nennen wir Lebensmittel. Besonders wichtig für unsere Ernährung sind die Grundnahrungsmittel. Dazu gehören Brot, Kartoffeln, Wasser, Milch und Gemüse. Andere Lebensmittel wie Käse, Sahne, Wurst und Fleisch sind nicht unbedingt lebensnotwendig, aber ohne sie wäre unser Essen sehr langweilig. Obst und Fische sind gesund, sie enthalten Vitamine und Mineralien. Süßigkeiten, Kaffee, Tee, Wein und vieles mehr sind Genussmittel: Wir genießen es, sie zu verzehren.
➜ Ernährung

das Leder

Leder wird aus Tierhäuten gemacht. Geeignet ist zum Beispiel die Haut von Rindern, Schafen, Ziegen und Rehen. Sie wird zuerst gereinigt und von Haaren befreit. Dann legt man sie für längere Zeit in eine Gerbflüssigkeit. Sie enthält pflanzliche oder mineralische Gerbstoffe, die sich mit der Haut verbinden und sie haltbar machen. Durch das Gerben wird aus der Tierhaut Leder. Nach dem Färben, Einfetten, Trocknen und Glattziehen ist das Leder geschmeidig und wasserabstoßend. Jetzt kann es zu Schuhen und Handtaschen, Bezügen und Jacken oder vielen anderen Dingen verarbeitet werden.

der Lehm

Lehm ist Erde, die aus Ton und Sand besteht. Lehmboden ist schwer – es kostet Kraft, ihn umzugraben. Er kann das Regenwasser gut festhalten, und wenn er als Schicht unter nährstoffreichem Humusboden liegt, macht er die Erde sehr fruchtbar. Früher baute man bei uns Hütten und Häuser aus Lehm; heute werden Lehmhütten nur noch in warmen, trockenen Ländern errichtet. ➜ Fachwerk, Ton

die Leichtathletik

Leichtathletik ist der zusammenfassende Name für verschiedene Sportarten. Entstanden sind sie alle aus dem Gehen, Laufen, Springen, Werfen und Stoßen. Bei Wettkämpfen können einzelne Leichtathleten oder Mannschaften gegeneinander antreten. Man nennt die verschiedenen Sportarten auch Disziplinen; für jede gelten genau festgelegte Regeln.

Zu den Laufdisziplinen gehören zum Beispiel der 100-Meter-Lauf und der Marathonlauf, der über eine Strecke von über 42 Kilometern führt. Sprungwettbewerbe sind Weit-, Hoch- und Stabhochsprung. Beim Mehrkampf müssen die einzelnen Sportler mehrere Disziplinen beherrschen.

Leichtathletische Übungen sind für Schüler ein wichtiger Teil der Bundesjugendspiele. Bei den Olympischen Sommerspielen steht die Leichtathletik im Mittelpunkt. ➜ Sport

der Leopard

Leoparden gehören zu den Großkatzen. Sie bewohnen sehr unterschiedliche Lebensräume in Afrika und Asien. Sie kommen in der Steppe, im Regenwald und im Gebirge vor. Leoparden leben als Einzelgänger und jagen nach Katzenart. Sie schleichen sich an ihre Beutetiere an und schlagen aus dem Hinterhalt zu.

Wegen ihres besonders schönen Fells werden Leoparden so stark verfolgt, dass sie zu den bedrohten Tierarten zählen. Wenn sie wirksam geschützt werden sollen, muss der Handel mit ihren Fellen verboten werden.

➜ Katze, Steppe

die Lerche

Die Lerche hat ein graubraunes Gefieder und erscheint sehr unauffällig. Aber sie tut etwas, was andere Vögel nicht tun: Sie singt im Flug. Oft „steht" sie dabei rüttelnd in der Luft und lässt ihr lautes Lied hören. Lerchen bewohnen Felder und Heideflächen, große Waldlichtungen und Wiesen. Sie brüten am Boden. Insekten und Samen bilden ihre Nahrung. Feld- und Heidelerche sind Zugvögel, während die Haubenlerche in der Nähe ihres Nistplatzes überwintert.

➜ Zugvogel

der Leuchtturm

Damit Schiffe in Küstennähe bei Tag und Nacht den richtigen Weg finden, baut man Leuchttürme. Sie stehen an allen wichtigen Punkten der Küste, entweder an Land oder auch im Wasser. Man kann sie weithin sehen, weil sie hoch aufragen und auffällig, meist rot oder weiß, gestrichen sind. Nachts werden von ihrer Spitze starke Lichtstrahlen ausgesendet. Moderne Leuchttürme sind mit Radar- und Funkanlagen ausgerüstet. Sie sind oft unbemannt und arbeiten vollautomatisch. ➜ Radar, Signal

das Lexikon

Wer Antwort auf eine bestimmte Frage sucht, kann im Lexikon nachsehen. Es ist ein Nachschlagewerk, in dem Informationen nach Stichwörtern alphabetisch geordnet sind. Man findet Erklärungen einzelner Wörter und erhält Auskunft zu verschiedenen Themen. Dieses Lexikon ist eines für Kinder. Lexika für Erwachsene umfassen oft viele Bände. Manchmal behandelt ein Lexikon auch nur ein bestimmtes Sachgebiet, zum Beispiel ein Sport- oder Musiklexikon.

➜ Buch, Information

die Libelle

Libellen sind Insekten, die am Wasser leben. Die meisten sind prächtig gefärbt und schillern blau oder grün. Bei ihrer Jagd nach anderen Insekten entgeht ihnen kaum eine Beute, denn mit ihren riesigen Augen können sie sehr weit in alle Richtungen sehen. Außerdem sind sie unglaublich schnell und können wie ein Hubschrauber in der Luft stehen bleiben und sogar rückwärts fliegen. Auch während sie sich paaren, jagen sie durch die Luft. Dabei bilden sie mit ihren Körpern ein Rad. Ihre Eier legen sie lose ins Wasser oder heften sie an Wasserpflanzen. Die Larven leben ein oder zwei Jahre im Wasser, bevor sie sich in Libellen verwandeln. ➜ Insekt, Larve

das Licht

die Linde

Licht ist eine Form von Energie, die wir mit unseren Augen wahrnehmen können. Es entsteht in einer Lichtquelle. Die Sonne und die Sterne sind natürliche Lichtquellen; Kerzen und Glühlampen sind künstliche, die man erst zum Leuchten bringen muss.
Licht besteht aus Wellen. Lichtstrahlen breiten sich nach allen Seiten geradlinig aus. Sie fallen auf Gegenstände und machen sie für uns sichtbar, denn ohne Licht ist Sehen nicht möglich. Durchsichtige Gegenstände wie Fensterscheiben lassen das Licht durch. Undurchsichtige Dinge werfen Teile der Lichtstrahlen zurück oder verschlucken sie sogar ganz. Ihre Farbe hängt davon ab, welche der Lichtstrahlen sie zurückwerfen. Wenn Gegenstände von einer hellen Lichtquelle angestrahlt werden, werfen sie einen Schatten.
Licht braucht wie der Schall eine bestimmte Zeit, um sich auszubreiten. Aber das Licht ist unglaublich schnell: Im Weltraum beträgt seine Geschwindigkeit 300 000 Kilometer in der Sekunde. Nichts auf der Welt ist schneller, deshalb spricht man oft von der „Lichtgeschwindigkeit". ➜ Energie, Farbe, Schall, Welle

die Liebe

Zwei Menschen, die sich ganz besonders gern haben, empfinden Liebe füreinander. Sie haben dann auch den Wunsch, möglichst viel zusammen zu sein. Sie berühren sich gerne, zum Beispiel durch Streicheln, Küssen und Umarmen.
Liebe nennen wir auch das Gefühl, das wir verschiedenen Menschen gegenüber haben, die uns besonders nahe stehen. Eltern lieben ihre Kinder und umgekehrt, Enkel ihre Großeltern, Geschwister lieben sich untereinander.
Die Nächstenliebe ist die Liebe zum Mitmenschen; sie schließt alle Menschen ein. In der christlichen Religion hat sie besondere Bedeutung.

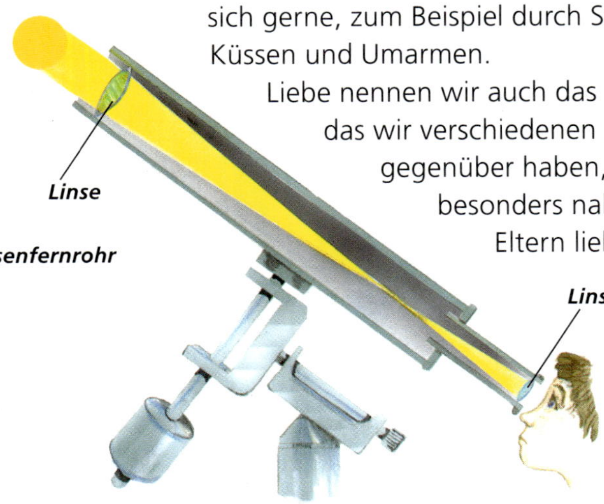

Linsenfernrohr

die Linde

Linden sind Laubbäume mit dickem Stamm und mächtiger Krone, die bis zu 1000 Jahre alt werden. Ihre unscheinbaren Blüten duften stark und locken Bienen und andere Insekten an. Ihre Früchte sind kleine Nüsschen, die zu mehreren mit einem Flügelblatt verwachsen sind. Wie an einem Fallschirm hängen sie daran, wenn sie mit dem Wind fortfliegen.
Die Linde wurde von unseren Vorfahren besonders geschätzt und deshalb häufig gepflanzt. In vielen Dörfern gab es eine Dorflinde, unter der Feste und Versammlungen stattfanden.
Das helle, weiche Lindenholz eignet sich besonders gut zum Schnitzen. Getrocknete Lindenblüten ergeben einen fiebersenkenden Tee, den man bei Erkältungen verwendet. ➜ Baum

die Linse

Die Linse ist wie Erbse und Bohne eine Hülsenfrucht. Sie gehört zu den Feldfrüchten, die schon seit alter Zeit angebaut werden.
Im Bereich der Technik gibt es eine ganz andere Art von Linsen, die diesen Namen tragen, weil sie Linsensamen ähnlich sehen. Es sind geschliffene Gläser, die man in optischen Geräten wie Fotoapparaten, Brillen,

Zerstreuungslinse

Sammellinse

Mikroskopen und Fernrohren verwendet. Sie haben eine genau berechnete Form. Wenn Lichtstrahlen durch sie hindurchgehen, können sie sie in bestimmte Richtungen umlenken: Sie sammeln oder zerstreuen die Strahlen. Eine Lupe ist beispielsweise eine Sammellinse.
Linsen können auch aus durchsichtigem Kunststoff bestehen. Und in unserem Auge befindet sich eine Linse aus völlig durchsichtigem Eiweiß. ➜ Auge, Fotoapparat, Lupe, Mikroskop

der Liter

Der Liter ist ein Maß für Flüssigkeiten. Die Abkürzung für dieses Maß ist „l". Es soll überall auf der Welt gleich gemessen werden. Deshalb hat man sich darauf geeinigt: Ein Liter ist genau die Flüssigkeit, die in ein Gefäß von jeweils 10 Zentimeter Höhe, Länge und Breite paßt. Getränke werden in Literpackungen angeboten, und ein Autotank fasst eine bestimmte Litermenge an Benzin. In der Küche braucht man oft ein Litermaß; damit kann man Flüssigkeiten genau abmessen.

die Litfaßsäule

An Litfaßsäulen klebt man Plakate oder Bekanntmachungen. Sie werden von Städten und Gemeinden öffentlich aufgestellt, und wer eine Plakatfläche mieten will, muss dafür eine Gebühr bezahlen. Werbung an Litfaßsäulen gibt es schon sehr lange. Die erste wurde vor 150 Jahren in Berlin aufgestellt – von einem Mann namens Litfaß!
➜ Werbung

die Lokomotive

Eisenbahnzüge werden von Lokomotiven gezogen oder geschoben. Sie brauchen sehr starke Motoren, da die Züge sehr schwer sind.
Früher fuhren mächtige Dampflokomotiven. Für ihren Antrieb nutzten sie die Kraft des Wasserdampfs und waren damit eigentlich Dampfmaschinen auf Rädern. Heute sind sie zu Museumsstücken geworden.
Jetzt fahren auf den meisten Eisenbahnstrecken elektrische Lokomotiven. Sie werden durch Elektromotoren angetrieben, die ihren Strom über Stromabnehmer von einer Oberleitung erhalten. Wo es keine Oberleitungen gibt, werden Diesellokomotiven eingesetzt. Sie sind mit starken Dieselmotoren ausgerüstet. Mit einem Kurzwort werden Lokomotiven auch Loks genannt. ➜ Dampf, Eisenbahn, Motor, Strom

das Lot

Wenn du ein Gewicht aus Holz oder Metall an einem Faden aufhängst, dann hast du ein Lot. Der Faden bildet eine senkrechte Linie. Beim Hausbau ist das Lot ein Hilfsmittel, um Wände und Pfeiler gerade in die Höhe zu ziehen. Früher wurde auf Schiffen die Wassertiefe auch mit einem Lot gemessen.
➜ Handwerker, Werkzeug

der Löwe

Löwen bewohnen die afrikanische Steppe. Sie leben nicht wie andere Großkatzen als Einzelgänger, sondern in Rudeln. Männliche Löwen haben eine große Kopfmähne; das Fell der Weibchen ist überall glatt und kurz. Die Jagd ist hauptsächlich Aufgabe der Löwinnen. Haben sie eine Herde Antilopen oder Zebras entdeckt, kreisen sie die Tiere gemeinsam ein und pirschen sich lautlos an. Sobald sie nahe genug sind, rasen sie gleichzeitig auf die Beutetiere zu, und jede Löwin versucht, eines von ihnen zu schlagen. Die Jagd ist nicht immer erfolgreich, denn die Beutetiere sind oft schneller. Haben die Löwinnen das Wild erlegt, teilt sich das ganze Rudel die Mahlzeit.

Jeden Abend schreiten die Löwenmännchen ihr Revier ab, setzen Duftmarken an Bäume und Steine und lassen ihr Gebrüll hören. Dann weiß jedes andere Tier, wer dieses Reich beherrscht. ➜ Katze, Rudel, Steppe

der Löwenzahn

Der Löwenzahn ist eine weit verbreitete Pflanze. Anfang Mai verändert sich die Farbe vieler Wiesen von einem Tag zum anderen: Aus frischem Grün wird sattes Gelb. Die Blüten des Löwenzahns haben sich im Sonnenlicht geöffnet und stehen nun dicht an dicht.

Der Löwenzahn hat eine lange Pfahlwurzel, die tief in die Erde hinabreicht. Wegen dieser Wurzel kann er auch an ganz trockenen

Orten wachsen, zum Beispiel auf festgetretenen Wegen oder zwischen Pflastersteinen. Löwenzahn heißt er wegen seiner sehr spitz gezähnten Blätter. Aber man nennt ihn auch Kuh-, Butter- oder Pusteblume.
Seine Blütezeit geht rasch vorbei. Schon Ende Mai haben sich die kugeligen, silberweißen Fruchtstände gebildet. Pustest du oder der Wind sie an, lösen sich die Früchte und schweben wie an kleinen Fallschirmen durch die Luft. ➜ Frucht, Wiese, Wurzel

die Luft

Menschen, Tiere und Pflanzen können ohne Luft nicht leben, denn sie brauchen sie zur Atmung. Luft ist ein Gemisch aus verschiedenen Gasen. Vor allem besteht sie aber aus Stickstoff und Sauerstoff.
Unsere Erde ist von einer viele Kilometer hohen Lufthülle umgeben, der Atmosphäre. Wie ein Mantel schützt sie die Erde vor zu großer Kälte und Hitze. Außerdem hält sie schädliche Sonnenstrahlen ab. Die Lufthülle übt auf die Erdoberfläche Druck aus. Ihn misst man mit einem Barometer.
Luft wird durch giftige Abgase von Autos, Fabriken und Heizungen verschmutzt. Wenn diese Verunreinigung mit einer ungünstigen Wetterlage zusammenfällt, kann gefährlicher Smog entstehen. ➜ Abgas, Atmung, Barometer, Sauerstoff, Smog

die Lunge

Die Lunge ist unser Atmungsorgan. Sie füllt einen großen Teil unseres Brustkorbs aus. Sie besteht aus zwei Flügeln. Von der Luftröhre führen dünne Röhren in jeden Lungenflügel. Sie heißen Bronchien und durchziehen mit immer feiner werdenden Verzweigungen die Lunge wie eine Baumkrone. An ihrem Ende sitzen die winzigen Lungenbläschen. In ihnen findet der Austausch von frischer und verbrauchter Luft statt. Sie geben den Sauerstoff ans Blut weiter und nehmen das Kohlendioxid auf, sodass wir es wieder ausatmen können.
➜ Atmung, Blut, Organ, Sauerstoff

die Lupe

Eine Lupe nennt man auch Vergrößerungsglas. Mit ihrer Hilfe können wir zum Beispiel winzige Schrift lesen oder Einzelheiten auf einem kleinen Gegenstand erkennen.
Die Lupe ist eine Sammellinse, mit der sich eine bis zu zwanzigfache Vergrößerung erreichen lässt. Wenn das nicht ausreicht, hilft nur ein Mikroskop weiter.
➜ Mikroskop, Linse

die Made

Maden sehen aus wie kleine, helle Würmer. Es sind die Larven mancher Insekten, vor allem von Fliegen und Bienen. Wie alle Larven schlüpfen sie aus Eiern. Sie haben keine Füße. Nachdem sie sich dick und rund gefressen haben, verpuppen sie sich, und nach einiger Zeit kommt aus der Puppe das fertige Insekt hervor. ➜ Insekt, Larve, Puppe

der Magen

Essen, das wir hinunterschlucken, rutscht durch die Speiseröhre in den Magen. Er ist ungefähr 20 Zentimeter lang, besteht vor allem aus kräftigen Muskeln und liegt wie ein kleiner Sack im oberen Bauch.
Was wir im Mund schon gekaut und zerkleinert haben, wird im Magen weiter aufgelöst. Hier werden die Speisen durchgeknetet und mit saurem Magensaft durchmischt. Dieser Speisebrei wird anschließend durch den Magenausgang in den Darm geschoben. ➜ Darm, Organ, Verdauung

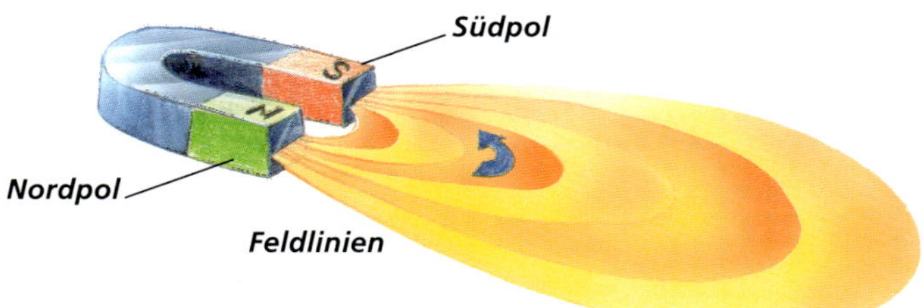

der Magnet

Ein Magnet übt eine unsichtbare Anziehungskraft aus. Dinge aus Eisen und einigen anderen Metallen werden von ihm angezogen. Er selbst besteht meistens ebenfalls aus Eisen.
Jeder Magnet hat zwei Enden, die man Pole nennt: den Nordpol N und den Südpol S. Wenn du zwei Magnete zusammenbringst, gibt es zwei Möglichkeiten: Entweder sie bewegen sich aufeinander zu oder voneinander weg. Das liegt daran, dass gleiche Pole sich anziehen, ungleiche Pole sich dagegen abstoßen.
Auch eine Drahtspule, durch die Strom fließt, wirkt wie ein Magnet. Einen solchen Elektromagneten kann man ein- und ausschalten. Er wird in Elektromotoren und vielen elektrischen Geräten verwendet. ➜ Kompass, Strom

der Mähdrescher

Mähdrescher sind große Landmaschinen, mit denen man Getreide erntet. Wenn sie über das Feld fahren, verrichten sie mehrere Arbeitsgänge: Zunächst schneiden sie die Getreidehalme – das ist das eigentliche Mähen. Dann dreschen sie die Körner aus den Ähren und sammeln sie. Schließlich werfen sie das Stroh heraus, entweder lose oder zu Ballen gepresst und verschnürt.
Ein Mähdrescher ersetzt viele Landarbeiter, die früher bei der Ernte schwere Handarbeit leisteten. Sie mussten das Getreide mit der Sense mähen und es dann zu Garben bündeln. So wurde es zum Bauernhof gefahren und dort erst gedroschen. ➜ Ernte, Getreide, Landwirtschaft, Sense

der Maikäfer

Im späten Frühjahr, wenn es schon richtig warm ist, gräbt sich der Maikäfer aus der Erde heraus. Er ist dann schon 3 Jahre alt. Die Entwicklung eines Maikäfers beginnt damit, dass ein Weibchen ihre Eier in die Erde legt. Daraus schlüpfen die Larven; man nennt sie auch Engerlinge. Sie ernähren sich von den Wurzeln verschiedener Pflanzen und können dadurch großen Schaden anrichten. Erst in ihrem dritten Lebensjahr verpuppen sie sich. Die Käfer schlüpfen bereits im Herbst, aber sie bleiben noch den ganzen Winter über in der Erde. ➜ Insekt, Käfer, Larve

der Mais

Mais ist ein Getreide, das zuerst von Indianern gezüchtet wurde. Er wird heute auch bei uns angebaut und vor allem als Futterpflanze verwendet.
Auf den etwa 2 Meter hohen, kräftigen Stängeln sitzen dicke Kolben, die von Deckblättern umhüllt sind. In ihnen reifen die gelben Maiskörner heran. Sie werden zu Mehl verarbeitet, und man gewinnt Öl aus ihnen. Die Kolben werden auch als Gemüse gegessen. Man macht aus ihnen auch Cornflakes. Körner einer bestimmten Maissorte kann man rösten: Aus ihnen wird Popcorn.
➜ Getreide

der Maler

Maler nennen wir den Handwerker, der Fenster, Türen und Wände mit Farbe streicht. Den Malerberuf kann man in einer dreijährigen Ausbildung erlernen.
Eine andere Art Maler ist der Künstler, der Bilder malt. Er malt sie meistens auf Leinwand oder Papier. Seine Kunst besteht darin, mit Farben Linien und Flächen zu gestalten und zu einem Bild zu verbinden. Seine Werke werden häufig in einer Galerie ausgestellt. Viele Malerinnen und Maler haben ihren Beruf an einer Kunsthochschule studiert. ➜ Beruf, Handwerker, Universität

der Mann

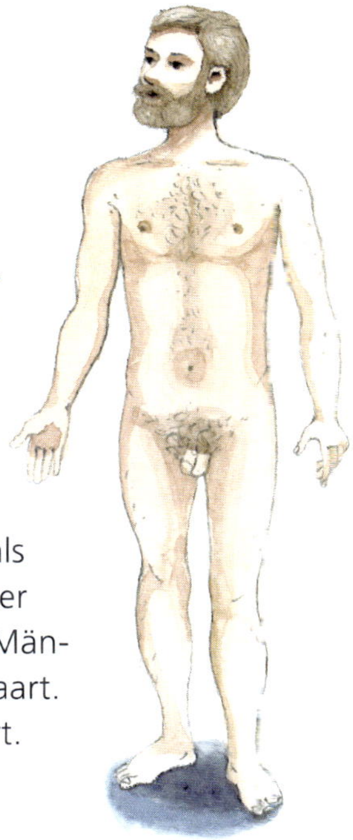

Ein Mann ist ein erwachsener Mensch mit männlichem Geschlecht. Sein Körper hat männliche Merkmale. Seine äußerlich sichtbaren Geschlechtsorgane sind der Penis und der Hodensack, in dem sich die Hoden befinden. Männer haben in der Regel größere Muskelkraft als Frauen. Ihre Schultern sind breiter und die Hüften schmaler. Viele Männer sind auch auf der Brust behaart. Außerdem wächst ihnen ein Bart.
➜ Frau, Hoden, Penis

das Märchen

Märchen sind Erzählungen, in denen viele Wunder geschehen. Menschen begegnen Feen, Hexen, Riesen, Zwergen und Drachen. Oft werden die Hauptpersonen verzaubert und müssen große Abenteuer bestehen. Aber die bösen Mächte werden fast immer bestraft und die guten belohnt. Die meisten Märchen gehen glücklich aus, und viele enden mit dem berühmten Satz: „... und wenn sie nicht gestorben sind, dann leben sie noch heute."
Es gibt Volksmärchen, deren Ursprünge unbekannt sind. Sie wurden lange Zeit mündlich weitergegeben und erst später aufgeschrieben und gesammelt. Die bekannteste deutsche Märchensammlung sind die „Kinder- und Hausmärchen" der Brüder Grimm. Darin findet man zum Beispiel „Rotkäppchen" und „Hänsel und Gretel".
Kunstmärchen werden von Schriftstellern verfasst. Zu den bedeutendsten Märchendichtern zählen Wilhelm Hauff und Hans Christian Andersen. ➜ Drache, Hexe, Riese, Sage, Zwerg

der Marder

Marder gehören zu den Raubtieren. Sie jagen kleinere Tiere, beispielweise Mäuse und Vögel. Man sieht sie selten, denn sie sind am liebsten nachts unterwegs.
Bei uns kommen Baum- und Steinmarder vor. Baummarder brauchen große Wälder als Lebensraum. In Dörfern und Städten kann man den Steinmarder antreffen. Manchmal schleicht er sich unter die Motorhaube eines Autos und beißt die Bremsschläuche durch oder knabbert elektrische Kabel an. Warum er das tut, weiß man nicht.

der Marienkäfer

Wie kleine Halbkugeln auf Beinen sehen Marienkäfer aus. Sie werden nicht einmal 1 Zentimeter groß. Ihre Flügeldecken sind leuchtend rot und tragen 2 bis 7 schwarze Punkte. Genau wie die ausgewachsenen Käfer fressen auch ihre Larven große Mengen der schädlichen Blattläuse. Marienkäfer sind wichtige Schädlingsbekämpfer; sie werden deshalb sogar gezüchtet und gezielt eingesetzt. Sie überwintern oft in größeren Gruppen unter Steinen oder Baumrinde. Man nennt sie auch Glückskäfer. ➜ Insekt, Käfer, Larve

die Marionette

Marionetten sind Theaterpuppen mit beweglichen Gliedern. An Kopf, Rücken und Gelenken sind dünne, reißfeste Fäden befestigt. Deren obere Enden sind an ein Führungskreuz aus Holz geknüpft. Damit lenkt der Puppenspieler die Marionette. Ein geübter Spieler bewegt seine Figuren so geschickt, dass sie auf die Zuschauer wie kleine Menschen wirken.
➜ Puppe, Theater

der Markt

Auf einem Markt werden Waren zum Kauf angeboten. Zu einem Wochenmarkt kommen Händler und Bauern und treiben Handel mit Obst, Gemüse, Eiern und vielem mehr. Die Käufer können hier leicht Preise und Qualität der Waren vergleichen.
In früheren Zeiten war der Marktplatz der Mittelpunkt eines Ortes und des öffentlichen Lebens. Ringsherum standen wichtige und besonders schöne Gebäude: die Kirche, das Rathaus und Häuser von reichen Kaufleuten. In vielen Städten haben sich diese Plätze erhalten, und auch heute noch finden dort regelmäßig Märkte statt. ➜ Jahrmarkt

die Maschine

Maschinen können uns körperliche Arbeit abnehmen oder erleichtern. Ihre Entwicklung hat mit ganz einfachen Maschinen begonnen: zum Beispiel mit dem Hebel und der Rolle. Ist der Arm eines Hebels lang genug, dann reicht an seinem Ende schon eine geringe Muskelkraft aus, um einen großen Stein fortzubewegen. Rollen konnte man zu einem Flaschenzug zusammensetzen und damit schwere Lasten heben. Aus solchen einfachen Maschinen hat man später immer kompliziertere und leistungsfähigere Geräte gebaut.
Die Erfindung von Dampfmaschinen und Motoren sorgte dafür, dass menschliche Arbeit in vielen Bereichen durch Maschinen ersetzt werden konnte. Heute gibt es automatische Maschinen, die durch Computer gesteuert werden. Sie funktionieren weitgehend ohne Eingriff des Menschen.
➜ Arbeit, Automat, Computer, Flaschenzug, Motor

das Material
Material wird gebraucht, um etwas herzustellen. Es kann ein Rohstoff sein wie Holz oder ein Werkstoff wie Glas. Wir sagen auch, dass ein Gegenstand aus einem bestimmten Stoff oder Material besteht.
Zum Beispiel können Bälle aus Kunststoff, Gummi oder Leder sein.
Außerdem braucht man Material für bestimmte Tätigkeiten, zum Beispiel Bücher, Hefte und Blöcke für den Schulunterricht. Als Schreibmaterial dürfen Füller und Bleistift nicht fehlen. ➜ Rohstoff

die Mathematik
Oft beschäftigen wir uns mit Mathematik, ohne es überhaupt zu merken: Bei einem Einkauf zählen wir unser Geld oder rechnen aus, wie viel Zeit uns noch bleibt, bis die Geschäfte schließen.
Aus einfachen Aufgaben des Zählens, Messens und Rechnens ist die Mathematik entstanden. Sie ist die Wissenschaft von den Zahlen, Mengen und Formen und ihren Beziehungen zueinander.
Jeder begegnet der Mathematik als Unterrichtsfach in der Schule. Schüler lernen zuerst die vier Grundrechenarten: das Addieren (Zusammenzählen), Subtrahieren (Abziehen), Multiplizieren (Malnehmen) und Dividieren (Teilen). Wer sich für die Mathematik besonders interessiert, kann diese Wissenschaft später an der Universität studieren und Mathematiker werden.
➜ Universität, Zahl

der Matrose
Matrosen gehören zur Besatzung eines Schiffes. Sie sind als Seemänner ausgebildet. Besonders wichtig ist ihre Mithilfe bei Schiffsmanövern, zum Beispiel beim An- und Ablegen im Hafen. Zu ihren Aufgaben gehören außerdem Maler- und Reinigungsarbeiten, aber auch einfache Reparaturen. Wer als Matrose sehr tüchtig ist, kann Bootsmann werden. ➜ Beruf, Schiff

der Maulwurf
Die kleinen Erdhügel, die Maulwürfe aufwerfen, verwandeln manche Wiese in eine Kraterlandschaft; bei Bauern und Gärtnern sind sie daher nicht sonderlich beliebt. Die kleinen Tiere kommen nur selten ans Tageslicht. Unter der Erde haben sie ein großes Netz von Verbindungsgängen mit Wohnkessel und Vorratskammer. An ihren Lebensraum sind sie gut angepasst: Ihre Arme sind sehr kurz, und die Hände sind zu Grabschaufeln umgebildet. Die kleinen Augen liegen tief im Fell, und die Gehörgänge können durch Hautfalten geschlossen werden. Maulwürfe sehen sehr schlecht, hören und fühlen dafür aber umso besser. Sie fressen Insekten, Schnecken und Würmer.

der Maurer

Maurer sind Handwerker, die man fast auf jeder Baustelle antrifft. Sie errichten Mauern, indem sie Steine neben- und aufeinander setzen. Mit ihren Kellen streichen sie Mörtel auf die Steine, damit sie fest zusammenhalten. Werkzeuge der Maurer sind außerdem der Maurerhammer, die Wasserwaage und das Reibebrett. Mit einem Lot prüfen sie, ob die Mauer senkrecht ist. Maurer ist ein Lehrberuf mit dreijähriger Ausbildungszeit. Weil heute überwiegend mit Beton gebaut wird, gibt es auch die Ausbildung zum Betonbauer. ➜ Beruf, Beton, Handwerker, Lot

die Maus

Mäuse sind kleine Nagetiere, die in vielen verschiedenen Arten überall auf der Erde vorkommen. Die Hausmaus lebt immer in der Nähe von Menschen. Sie ist ein Allesfresser, schätzt aber ganz besonders Getreide und Brot.

Auf Wiesen, Weiden und Äckern leben die Feldmäuse. Sie siedeln in großen Gemeinschaften. Wenn man einen Wiesenboden näher untersucht, entdeckt man leicht ihre dicht an dicht liegenden Schlupflöcher. Sie führen in unterirdische, weit verzweigte Gänge mit vielen Nest- und Vorratskammern. Über der Erde bauen Feldmäuse sich Laufstraßen, auf denen sie besonders schnell von einem Schlupfloch zum nächsten eilen können. Sie müssen stets auf der Hut sein, denn sie haben viele Feinde.

Feldmäuse sind ausgesprochene Pflanzenfresser; ihr Hunger auf Getreidekörner ist groß. Weil sie sich sehr stark vermehren, können sie schwere Ernteschäden anrichten. ➜ Getreide, Nagetier

der Mechaniker

Mechaniker können Maschinen oder elektrische Geräte prüfen und reparieren. Sie sind ausgebildete Handwerker, die auf verschiedenen Gebieten tätig sind. Es gibt zum Beispiel Kraftfahrzeug-, Elektro-, Radio- und Fernsehmechaniker. Viele von ihnen arbeiten in der Industrie. ➜ Beruf, Handwerker, Industrie

die Medien

Medien nennt man alle Mittel, die zur Verbreitung von Informationen dienen. Dazu gehören Zeitungen und Zeitschriften, Hörfunk und Fernsehen, aber auch Filme, Bücher, CDs und das Internet.

In vielen Staaten bezieht fast die ganze Bevölkerung ihre Informationen durch das Fernsehen, den Hörfunk und die Zeitungen. Sie heißen deshalb auch Massenmedien. ➜ Information, Internet

die Medizin

Das Wort Medizin bedeutet Heilkunde. Sie ist die Wissenschaft, die sich mit gesunden und kranken Menschen und Tieren befasst. Mediziner erforschen Krankheiten und suchen nach Mitteln zu ihrer Vorbeugung und Heilung.

Medizin nennen wir auch Heilmittel oder Medikamente, die wir einnehmen, wenn wir krank sind. Bei schweren Erkältungen sind Hustensaft und Halstabletten eine häufig gebrauchte Medizin. ➜ Arzt, Gesundheit, Krankheit

das Meer

Die Meere bedecken den größten Teil der Erdoberfläche. Sie bilden eine riesige zusammenhängende Wasserfläche. Deshalb kann man auf dem Meer rund um die Erde fahren, nicht aber auf dem Land.

Die Teile des Weltmeeres, die zwischen den Erdteilen liegen, nennt man Ozeane. Die Nordsee zählt zu den Randmeeren. Die Ostsee ist rundum von Land umgeben und hat nur eine schmale Verbindung mit dem Welt-

meer: Sie ist ein Binnenmeer. Nord- und Ostsee sind flach, die Ozeane dagegen an vielen Stellen sehr tief. Dort gibt es auf dem Meeresboden mächtige Berge. Wo diese besonders hoch aufragen, erheben sich Inseln aus dem Wasser.
Meerwasser ist salzig, aber der Salzgehalt ist unterschiedlich. Das Meer ist ständig in Bewegung. Winde treiben Wellen vor sich her, und starke Strömungen ziehen quer durch die Ozeane. Dazu gehört zum Beispiel der warme Golfstrom, der unser Klima stark beeinflusst.
Außerdem werden die Wassermassen in den oberen Schichten regelmäßig gehoben und gesenkt. Man nennt diese Erscheinung die Gezeiten oder Ebbe und Flut. In den Meeren lebt eine große Vielfalt von Pflanzen und Tieren. Ihr Lebensraum wird durch Abwässer, Abfälle und Ölverschmutzungen sehr stark bedroht. → Erdteile, Klima, Ozean, Welle

das Meerschweinchen

Auf der ganzen Welt sind Hausmeerschweinchen sehr beliebt. Sie fressen Gras und Heu, Kräuter, Früchte und Samen. Wenn man sich viel mit diesen kleinen Nagetieren beschäftigt, werden sie sehr zahm. Manche fangen sogar an zu „erzählen", sobald man sie sich auf den Schoß setzt und streichelt: Sie geben dann leise Quietschtöne von sich.
Kleine Meerschweinchen haben von Geburt an Fell, offene Augen und Zähne. Noch während sie gesäugt werden, fressen sie schon feste Nahrung. Meerschweinchen stammen ursprünglich aus Südamerika.
→ Haustier, Nagetier, Säugetier

die Meise

Meisen sind kleine, lebhafte Vögel. Sie bewohnen Gärten, Parks und Wälder. Geschickt turnen sie in den Zweigen von Büschen und Bäumen herum und sind immer auf der Suche nach Würmern sowie Insekten und deren Eiern. Das macht sie zu wichtigen Schädlingsbekämpfern. Im Winter ziehen sie in Gruppen umher und kommen oft an Futterhäuschen, wo sie Samen und Talg fressen. Alle Meisen sind Höhlenbrüter. Wenn natürliche Höhlen fehlen, kann man ihnen mit Nistkästen helfen. → Nistkasten, Vogel

der Meißel

Der Meißel ist ein Werkzeug aus Stahl, mit dem man vor allem Stein, Beton und Mauerwerk bearbeitet. An einem Ende ist er zugespitzt und hat dort eine scharfe Schneide. Er wird mit einem Hammer geschlagen, sodass die Schneide in das Material eindringt und Teile von ihm herauslöst. Bildhauer meißeln manche ihrer Werke, die Skulpturen.
→ Material, Werkzeug

die Melodie

Zwei Wörter aus der griechischen Sprache stecken im Wort Melodie: „melos“, das Lied, und „ode“, der Gesang. Eine Melodie ist eine Folge von Tönen, die man singen oder mit einem Musikinstrument spielen kann. Die Töne wechseln die Höhe und sind unterschiedlich lang. Jede Melodie hat ihren eigenen Rhythmus. ➜ Musikinstrument, Rhythmus, Ton

der Mensch

Mensch und Tier unterscheiden sich, doch zugleich haben Menschen viel mit den Säugetieren gemeinsam. Man kann sagen: Der Mensch ist das am höchsten entwickelte Säugetier. Auch Menschenkinder wachsen im Mutterleib und werden nach der Geburt mit Milch gesäugt. Wir haben die gleichen Vorfahren wie die Affen; deshalb sind uns Menschenaffen besonders ähnlich.
Aber der Mensch ist das einzige Lebewesen, das dauernd aufrecht gehen kann. Sein Gehirn ist im Verhältnis zum Körper ungewöhnlich groß. Es gibt ihm die Fähigkeit, zu denken und zu sprechen. Der Mensch hat es gelernt, Werkzeuge zu erfinden und gezielt einzusetzen. So konnte er die Umwelt nach seinen Vorstellungen verändern. Jedes Tier ist dagegen an seine Umgebung gebunden und muss sich ihr anpassen. mithilfe der Technik herrscht der Mensch heute weitgehend über die Natur. Daraus ergeben sich Vorteile, aber auch große Gefahren: Die Natur bleibt immer die Grundlage unseres Lebens, und wir dürfen sie nicht zerstören. ➜ Affe, Säugetier, Technik, Werkzeug

die Menschenrechte

Jeder Mensch hat Rechte, die ihm von Geburt an zustehen. Sie sind unantastbar. Niemand kann sie wegnehmen, auch ein Staat nicht.
Zu diesen Menschenrechten gehören die Menschenwürde und das Recht auf Leben und Freiheit. Alle Menschen sollen das Recht haben, ihre Meinung frei zu sagen. Jeder darf auch seine Religion frei wählen und ausüben. Andererseits darf niemand benachteiligt werden, zum Beispiel wegen seines Geschlechts, seiner Hautfarbe, Sprache oder politischen Überzeugung. Und jeder Mensch hat das Recht, sich gegen Unterdrückung zu wehren.
Die meisten Demokratien übernehmen die Menschenrechte als Grundlage aller anderen Gesetze. Trotzdem wird in vielen Staaten der Erde gegen sie verstoßen. Amnesty International ist eine Organisation, die für Menschen eintritt, denen die Menschenrechte verweigert werden. ➜ Demokratie, Gesetz, Religion, Staat

das Metall

Metalle zählen zu den wichtigsten Roh- und Werkstoffen. Zahllose Gegenstände um uns herum sind daraus gemacht. Metalle glänzen, und wenn man sie berührt, fühlen sie sich kalt an. Sie können elektrischen Strom und Wärme sehr gut leiten, und man kann sie leicht formen. Bei Zimmertemperatur sind sie fest; nur das Quecksilber, das wir von Thermometern her kennen, ist flüssig. Edelmetalle wie Gold, Silber und Platin kommen in reiner Form in der Natur vor. Die meisten Metalle befinden sich aber zusammen mit anderen Stoffen in Gesteinen, die man Erze nennt. Unser wichtigstes Metall ist Eisen, das aus Eisenerz gewonnen und zu Stahl weiterverarbeitet wird.
Man kann Metalle auch miteinander verschmelzen. Eine solche Mischung von Metallen heißt Legierung; sie hat ganz andere Eigenschaften als die reinen Metalle.
➜ Bergwerk, Material

das Metall

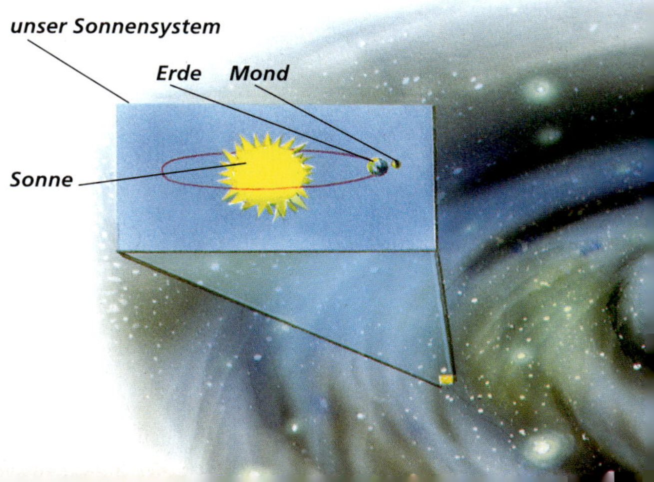

der Meter

Der Meter ist ein Längenmaß. Abgekürzt wird er mit einem „m". Er hat besondere Bedeutung, weil er die Grundlage für alle anderen Längenmaße ist. Teilt man 1 Meter in 10 gleiche Teile, dann kommen Dezimeter heraus. Die Teilung in 100 gleiche Teile ergibt 100 Zentimeter. Legt man umgekehrt 1000 Meter aneinander, erhält man einen Kilometer.
Handwerker messen oft mit einem Metermaß. Wenn man ihn ganz auseinanderklappt, ist er 2 Meter lang. Ein Meterstab misst genau 1 Meter. ➜ Kilometer, Zentimeter

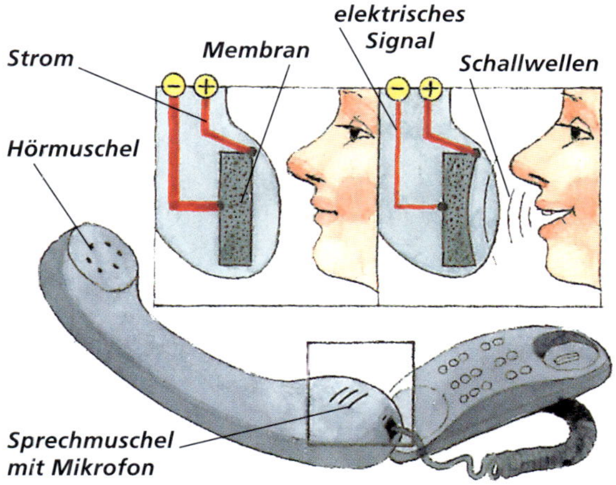

das Mikrofon

Ein Mikrofon wandelt Schallwellen, aus denen Töne und Geräusche bestehen, in elektrische Schwingungen um. Dazu gibt es im Innern des Mikrofons ein dünnes Blättchen aus Metall, die Membran. Der Schall versetzt sie in Schwingungen, die anschließend in elektrische Signale umgeformt werden. Auch in der Sprechmuschel jedes Telefonhörers befindet sich ein Mikrofon. Die von ihm ausgesandten Signale kommen in der Hörmuschel unseres Gesprächspartners an; dort werden sie durch einen Lautsprecher wieder in Schallwellen zurückverwandelt. So wird hörbar, was wir am anderen Ende der Leitung ins Mikrofon sprechen.
➜ Schall, Telefon

das Mikroskop

Ganz winzige Dinge oder Lebewesen können wir mit bloßem Auge nicht erkennen. Um sie zu betrachten, benutzt man ein Mikroskop. In seinem Innern sind mehrere Linsen eingebaut, die stark vergrößernd wirken.
Gegenstände, die untersucht werden sollen, befestigt man auf einer Glasplatte. Oft werden sie von unten durchleuchtet. Mit Lichtmikroskopen ist es möglich, hundert- bis tausendfach zu vergrößern. Wissenschaftler konnten dadurch viele winzige Bakterien und Krankheitserreger entdecken. Moderne Elektronenmikroskope schaffen millionenfache Vergrößerungen.
➜ Bakterie, Linse, Lupe

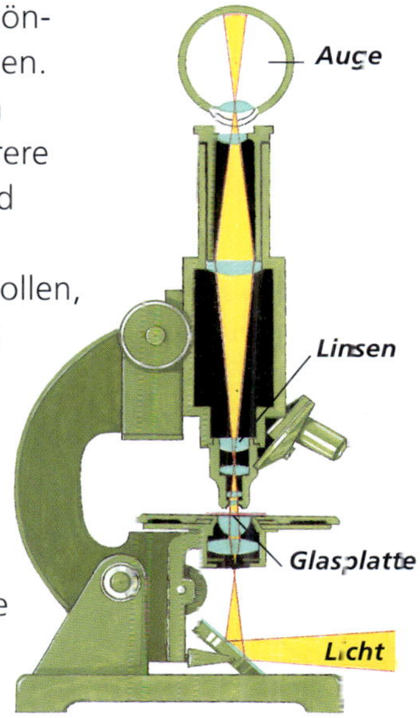

die Milchstraße

In dunklen, aber klaren Nächten sehen wir einen schwach leuchtenden Streifen, der sich über den ganzen Himmel spannt. Wir nennen ihn die Milchstraße. Dahinter verbirgt sich eine unvorstellbar große Zahl von Sternen. Sie alle, aber auch alle anderen Sterne, die einzeln am Himmel sichtbar sind, gehören zu unserem Milchstraßensystem. Das ist eine riesige Ansammlung von Sternen, die von der Seite aus gesehen, wie eine flache Scheibe durch den Weltraum schwebt. Teil dieser Milchstraße ist ebenfalls die Sonne

mit ihren Planeten, also auch unsere Erde. Ein anderer Name für eine Milchstraße ist Galaxis. Wie viele Galaxien es in den Weiten des Weltalls gibt, weiß man nicht; ihre Zahl wird auf mehrere hundert Milliarden geschätzt. ➜ Erde, Planet, Sonne, Stern, Weltall

Bergkristall

grauer Granit

Marmor

Sandstein

Kupfererz

die Mineralien

Mineralien sind die Hauptbestandteile der Erdkruste. Zum großen Teil kommen sie in Form von Kristallen vor. Fast alle Gesteine sind aus ihnen aufgebaut. Besonders wichtige Mineralien sind Erze, aus denen man Metalle gewinnt. Auffällige oder seltene Mineralien werden gern gesammelt.
➜ Erde, Kristall, Metall

die Minute

Die Minute ist eine Zeiteinheit. Teilt man eine Stunde durch 60, so erhält man genau eine Minute. Viele unserer Uhren haben einen Minutenzeiger, der im Laufe einer Stunde 60-mal voranspringt. Eine Minute läßt sich in noch kleinere Einheiten zerlegen: die Sekunden. ➜ Sekunde, Stunde, Zeit

das Mittelalter

Als Mittelalter bezeichnen wir einen bestimmten Abschnitt unserer Geschichte. Er liegt in der Mitte zwischen dem Altertum und der Neuzeit, in der wir leben. Das Mittelalter begann etwa 500 Jahre nach Christi Geburt und endete mit der Entdeckung Amerikas, ungefähr tausend Jahre später.
In dieser Zeit bestimmte der christliche Glaube das Leben der Menschen. Es entstanden große christliche Kunstwerke: Kathedralen, Klosteranlagen, Altäre, Chorgesänge und handgeschriebene Bücher.
Ritter spielten im Mittelalter eine wichtige Rolle. Viele dienten einem reichen Fürsten oder König und zogen mit ihm in den Krieg gegen andere Herrscher. Sie ließen Burgen erbauen, die sie vor Feinden schützen sollten. Die Burgmauern waren so mächtig, dass manche von ihnen sich bis heute erhalten haben. ➜ Burg, Christ, Kloster, Ritter

die Mode

Menschen ändern im Laufe der Zeit ihre Meinung darüber, was schön ist. Deshalb verändern sich auch immer wieder die Kleidung, die Frisuren und der Schmuck. Wenn etwas in Mode kommt, gefällt es vielen, oft sogar den meisten Leuten. Bei der Kleidung haben Modeschöpfer großen Einfluss auf das, was getragen wird.
Auch die Art, wie man Häuser und Möbel baut, Bilder malt und Musik komponiert, richtet sich nach der Mode. Weil sie sich ständig wandelt, weiß man es im Voraus: Was jetzt modern ist und als schön gilt, wird man schon bald unmodern und hässlich finden. ➜ Kleidung

das Modell

Wenn ein Maler oder Bildhauer einen Menschen darstellen will, braucht er häufig ein Vorbild: Eine Frau oder ein Mann sitzen ihm Modell.
Auch Architekten kommen nicht ohne Modell aus. Sie stellen manchmal eine verkleinerte Form des geplanten Bauwerks her. Sie besteht oft aus Holz, Pappe oder Gips. Dieses Modell ist ein Entwurf. Es hat die gleichen Größenverhältnisse wie das große Bauwerk. Mit seiner Hilfe kann man sich genau vorstellen, wie das fertige Gebäude später aussehen wird.
Schließlich gibt es Modelle, die bestehende Sachen in verkleinerter Form nachbilden.

Modelleisenbahnen und Schiffs- und Flugzeugmodelle stimmen in allen Einzelheiten mit den großen Fahrzeugen überein.
➜ Architekt

der Monat

Die zwölf Monate eines Jahres sind unterschiedlich lang. Januar, März, Mai, Juli, August, Oktober und Dezember haben 31 Tage. Die Monate April, Juni, September und November sind nur 30 Tage lang. Ganz aus der Reihe fällt der Februar: Er hat meistens 28 Tage, doch alle 4 Jahre gibt es ein Schaltjahr, und dann wird ihm ein Tag hinzugefügt, der 29. Februar. ➜ Jahr, Kalender, Tag

der Mond

Der Mond ist der Himmelskörper, der uns am nächsten ist. Er hat keine eigene Leuchtkraft, sondern wirft nur das Licht zurück, das er von der Sonne erhält. Er begleitet die Erde auf ihrer Bahn um die Sonne.
Der Mond umkreist dabei die Erde; für jeden Umlauf braucht er ungefähr 28 Tage. Während dieser Zeit sehen wir ihn in unterschiedlicher Gestalt. Zwei Tage ist seine für uns sichtbare Seite von der Sonne unbeleuchtet, dann ist Neumond. Danach erkennt man am rechten Rand der Mondscheibe eine schmale Sichel. Wir sprechen von zunehmendem Mond, denn die Sichel wird von Tag zu Tag breiter. 14 Tage nach Neumond ist wieder die ganze für uns sichtbare Seite beleuchtet: Der runde Vollmond steht am Himmel. Sobald dessen rechte Seite anfängt sich zu verdunkeln, nimmt der Mond langsam wieder ab.
Astronauten sind mit Raketen zum Mond geflogen und haben ihn sogar betreten. Seine Oberfläche ist von vielen Kratern und Gebirgen überzogen. Auch andere Planeten, wie zum Beispiel der Mars und der Jupiter, werden von Monden begleitet.
➜ Astronaut, Erde, Planet, Sonne

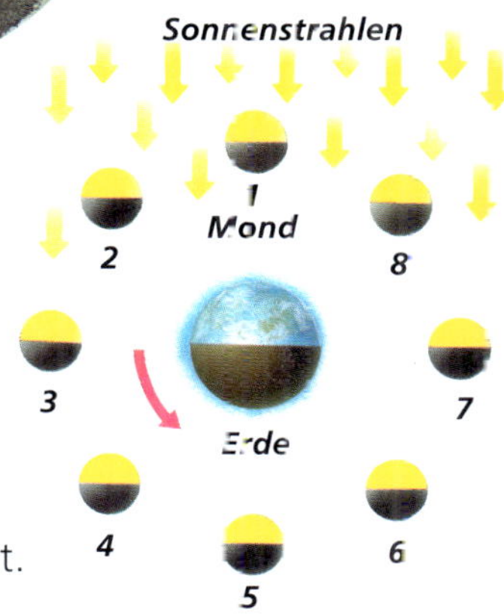

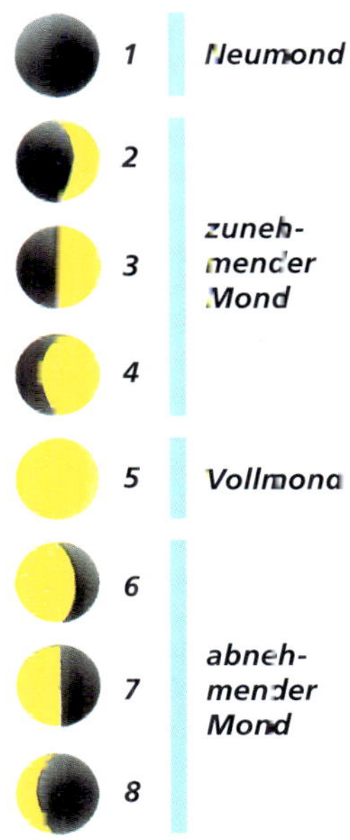

So sieht man den Mond von der Erde aus

das Moor

Moore sind feuchte, sumpfige Gebiete. Sie entstehen aus pflanzenreichen Gewässern. Immer wieder sterben Pflanzen ab und sinken unter Wasser. So wächst vom Grund aus eine Schicht in die Höhe und bildet schließlich den typischen Moorboden, den Torf. An vielen Stellen bleibt er von Wasser unterspült, und es ist gefährlich, ihn zu betreten. Man bricht leicht ein und versinkt. Im Moor wachsen seltene Pflanzen, zum Beispiel Wollgras und Sonnentau, eine fleischfressende Pflanze. Hier leben viele Vögel, denn zahllose Insekten bieten ihnen reichlich Nahrung.
Die meisten Moore, die es bei uns gab, sind heute verschwunden. Mit Entwässerungstechniken hat man sie in Acker- oder Bauland verwandelt. Die kleinen noch erhaltenen Moorlandschaften stehen deshalb unter Naturschutz. ➜ Naturschutz

das Moos

Moose sind kleine, grüne Pflanzen ohne Blüten, die sich wie Farne durch Sporen vermehren. Sie haben keine echten Wurzeln, sondern saugen ihre Nahrung mit kurzen wurzelähnlichen Haarzellen aus dem Boden. Moose wachsen meist in Polstern und bilden auf dem Waldboden ganze Teppiche. Für die Bodenfeuchtigkeit sind sie besonders wichtig, denn sie speichern Wasser wie ein Schwamm. ➜ Farn, Pflanze

die Moschee

Die Kirchen der islamischen Religion heißen Moscheen; fünfmal am Tag wird dort ein Gottesdienst gehalten. Die großen Moscheen haben einen ummauerten Hof mit einem Brunnen. Der Gebetsraum hat ein Kuppeldach. Die hohen und spitzen Türme der Moschee heißen Minarette. Vor den Gottesdiensten steigt der Vorbeter, der Muezzin, hinauf und ruft die gläubigen Muslime zum Gebet. ➜ Gottesdienst, Kirche, Muslim, Religion

der Motor

Motor ist ein lateinisches Wort und heißt „Beweger". Er ist eine Maschine, die eine vorhandene Energieform in Bewegungsenergie umwandelt und dadurch etwas antreibt.

Autos verfügen über Verbrennungsmotoren. Die Treibstoffe Benzin oder Dieselöl werden im Motor zur Explosionen gebracht. Ihre Kraft treibt die Kolben in den Zylindern des Motors auf und ab. Diese Bewegung wird auf

Verbrennungsmotor

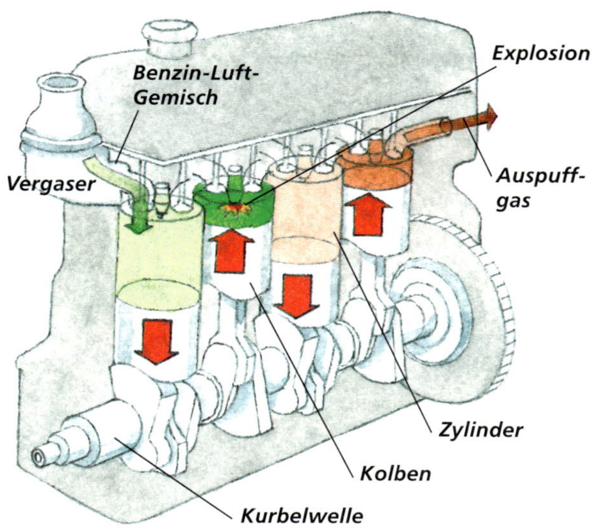

die Räder übertragen, sodass das Auto fährt. Bei Elektromotoren wird elektrische Energie in Bewegungsenergie umgewandelt. ➜ Auto, Energie, Zylinder

das Motorrad

Motorräder sind Kraftfahrzeuge mit zwei Rädern. Sie haben oft starke Verbrennungsmotoren und können daher sehr schnell fahren. Motorradfahrer müssen einen Führerschein haben und mindestens 18 Jahre alt sein. Sie sind verpflichtet, einen Sturzhelm zu tragen. Die meisten tragen außerdem eine besondere Schutzkleidung.
➜ Verkehrsmittel

die Möwe

Möwen sind Wasservögel, die vor allem an der Küste leben. Man trifft sie auch an Fluss- und Seeufern und, besonders im Winter, sogar mitten in den großen Städten. Sie treten meist in Scharen auf und machen sich deutlich bemerkbar, wenn sie mit ihren kräftigen Stimmen laut rufen und streiten. Mit ihren großen Flügeln können sie sehr gut fliegen. Sie beherrschen meisterhaft den Segelflug, gerade auch bei starkem Wind.

Silbermöwen sind an unseren Küsten sehr verbreitet. Sie sind Allesfresser. Zu ihrer Nahrung gehören Muscheln, Krebse und alle Arten von Abfall, besonders Fischabfälle. Sie erbeuten aber auch die Eier und die Jungen anderer Vögel; dadurch können sie an manchen Orten sogar den Fortbestand einer Vogelart bedrohen.

Lachmöwen sind kleiner als Silbermöwen und leben häufig auch im Binnenland. Sie tragen diesen Namen, weil sie oft an flachen Gewässern, so genannten „Lachen", nisten. Im Frühjahr und Sommer sind sie leicht zu erkennen, denn dann ist ihr Kopf dunkelbraun gefärbt. ➜ Vogel

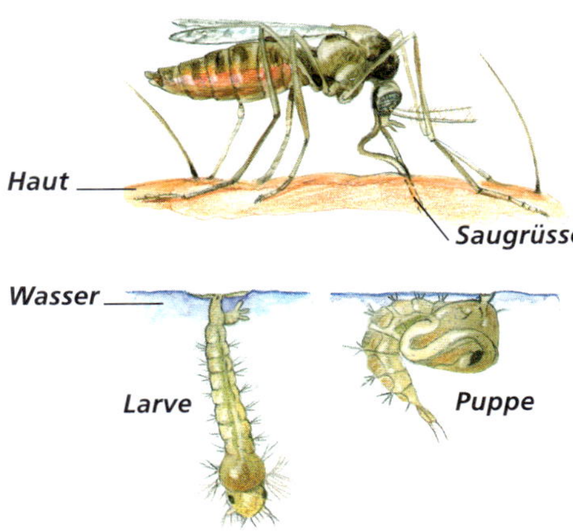

die Mücke

Mücken haben wie die Fliegen nur zwei durchsichtige Flügel. Auffallend sind ihre langen Fühler und die langen, dünnen Beine.

Es gibt sehr viele Arten dieser kleinen Insekten. Längst nicht alle stechen – aber die Stechmücken tun es. Deren Weibchen saugen mit ihrem Rüssel Blut, um damit ihre Eier entwickeln zu können. Die Männchen ernähren sich von Pflanzensäften.

Stechmücken leben in riesigen Schwärmen überall da, wo genug Wasser für ihre Larven vorhanden ist. In warmen Ländern nennt man sie Moskitos. Sie übertragen dort besonders gefährliche Krankheiten wie Malaria oder Gelbfieber. ➜ Fliege, Insekt, Larve

die Mühle

Zuerst haben Menschen Wassermühlen gebaut. Sie lagen an Flüssen, denn man nutzte die Kraft des fließenden Wassers. Es trieb Wasserräder an, und diese setzten Mühlsteine in Bewegung. Zwischen ihnen wurden Getreidekörner zu Mehl zerrieben. Im Mittelalter entstanden Windmühlen, die über große Flügel die Windkraft als Antrieb nutzten. Moderne Mühlen sind Fabriken, in denen die Mahlwerke von Elektromotoren angetrieben werden.

Wenn wir heute Windmühlen sehen, handelt es sich meistens um Windkraftwerke. Deren Rotorblätter werden zwar vom Wind gedreht, aber in ihnen wird nichts gemahlen: Sie wandeln Windenergie in elektrische Energie um. ➜ Energie, Fabrik, Getreide

der Müll

In jedem Haushalt oder Betrieb und in jeder Fabrik entsteht Müll. Bisher wächst die Müllmenge auf der ganzen Welt von Jahr zu Jahr. Müll zu vermeiden, ist deshalb besonders wichtig. Der Müllberg lässt sich auch durch Wiederverwertung von Abfällen, dem so genannten Recycling, verkleinern. Dazu müssen sie getrennt gesammelt werden. Papier, Glas, Plastikverpackungen und Dosen kann man wieder in Rohstoffe verwandeln; Pflanzenabfälle lassen sich zu Kompost machen. Der Restmüll wird zerkleinert und auf eine Müllhalde oder in eine Müllverbrennungsanlage gebracht.
Abfallstoffe wie Klärschlamm, Altöl oder Bauschutt müssen auf besonders abgesicherte Müllhalden, so genannte Deponien, gebracht werden – sie würden sonst das Grundwasser vergiften.
In vielen Fabriken und in allen Atomkraftwerken entsteht Müll, der hochgiftige und gesundheitsschädliche Stoffe enthält. Für diesen Sondermüll geeignete Lagerplätze zu finden, ist ein großes, überwiegend ungelöstes Problem. ➜ Kompost, Recycling, Rohstoff

die Mumie

Im alten Ägypten glaubte man an ein Leben nach dem Tod. Die Körper der Toten mussten deshalb erhalten bleiben und durften nicht verwesen. Das Gehirn und die Eingeweide wurden herausgenommen und in besonderen Gefäßen beerdigt. Den Körper rieb man dann mit verschiedenen Stoffen ein, die eine Austrocknung bewirken. Außerdem legte man ihn zum weiteren Eintrocknen in die Sonne. Dadurch verwandelte er sich in eine harte, haltbare Mumie. Man wickelte sie in lange Tücher ein und bestattete sie in einem bemalten Sarg.
Im Wüstenklima Ägyptens blieben diese Mumien beinahe unverändert erhalten. So wissen wir heute sehr genau, wie die Ägypter früher aussahen. ➜ Tod

die Münze

Münzen nennt man auch Hartgeld. Sie bestehen aus Metall, sind rund und meistens auf beiden Seiten geprägt. Auf der Vorderseite befindet sich meistens das Zeichen des jeweiligen Staates, das Wappen. Die Rückseite trägt dann die Zahl, die den Wert der Münze anzeigt.
Früher bestanden Münzen aus Silber oder Gold. Unsere heutigen Münzen sind aus viel weniger wertvollen Metallen hergestellt. Der Staat allein hat das Recht, sie zu prägen. ➜ Geld, Metall Staat, Wappen

das Murmeltier

Wenn jemand besonders fest und lange schläft, sagen wir: „Er schläft wie ein Murmeltier." Das kommt daher, dass diese Nagetiere einen ganz ungewöhnlich langen, bis zu 8 Monate dauernden Winterschlaf halten. Sie leben im

Hochgebirge, wo die Winter besonders lang und streng sind. Sie finden dann nicht genug Nahrung und ziehen sich deshalb tief in ihre Erdbaue zurück. Dort schlafen sie eng aneinandergepresst in ihren mit Heu ausgepolsterten Winterlagern.
Murmeltiere sind reine Pflanzenfresser. Im Sommer lieben sie es, zu spielen und sich an Berghängen zu sonnen. Aber sie sind sehr scheu. Bei Gefahr pfeifen sie schrill und warnen sich dadurch gegenseitig. Blitzschnell verschwinden sie dann in ihren Verstecken. ➜ Gebirge, Nagetier, Winterschlaf

die Muschel

Gemeine Flussmuschel

Muscheln sind Weichtiere, die im Wasser leben. Ihr weicher Körper wird durch eine Kalkschale geschützt. Sie ist zweiteilig und kann mit Schließmuskeln wie ein Buch auf- und zugeklappt werden.
Die Muschel lässt Wasser durch ihre Kiemen strömen. Sie nimmt dabei Sauerstoff und Nahrung auf. Winzige Pflanzenreste und Lebewesen gelangen mit dem Wasser in die Muschel und werden von ihr verdaut. Um ihre Schale zu bilden, stellt sie daraus einen Kalkbrei her, der sehr schnell hart wird.
Es gibt viele tausend Muschelarten. Die meisten leben im Meer, einige im Süßwasser. Essbar sind Miesmuscheln und Austern.
➜ Kiemen

das Museum

Museen sind Gebäude, in denen man interessante und wertvolle Gegenstände sammelt und ausstellt, die es nirgendwo sonst zu sehen gibt. Sie haben verschiedene Sachgebiete. Ein Technikmuseum zeigt zum Beispiel seltene Maschinen oder Fahrzeuge, die vor langer Zeit auf unseren Straßen unterwegs waren. Ein Kunstmuseum sammelt die Werke berühmter Maler und Bildhauer. Wer besonderes Interesse für Tiere und Pflanzen hat, kann ein Naturkundemuseum besuchen. In vielen Orten gibt es ein Heimatkundemuseum, das Gegenstände und Bilder aus der örtlichen Geschichte darstellt.

die Musik

Musik ist die Kunst der Töne und Geräusche. Aus der frühen Zeit, in der die Menschen sangen und einfache Instrumente spielten, hat sich bis heute eine Fülle verschiedener Musikformen entwickelt. Nachdem die Notenschrift erfunden war, konnte man Musikstücke zum ersten Mal aufschreiben und an andere Menschen weitergeben. Heute können wir sie durch Radio und Fernsehen, CD-Spieler und Kassettenrekorder überall hörbar machen. Fast jede Musik enthält die Grundelemente Melodie, Harmonie, Rhythmus und Takt. Aber es gibt auch moderne Musikwerke, in denen Töne, Sprache und Geräusche frei zusammengestellt werden. ➜ Melodie, Note, Rhythmus, Ton

das Musikinstrument

Die Musikinstrumente lassen sich in 5 Gruppen einteilen. Schlaginstrumente sind zum Beispiel Trommeln und Glockenspiele. Zu den Saiteninstrumenten gehören Geigen, Gitarren und Harfen. Von den Blasinstrumenten gibt es zwei Arten: Aus Blech sind die Trompete, die Posaune und das Horn; Holzblasinstrumente sind die Flöten und die Klarinette. Außerdem gibt es noch die elektronischen Instrumente; zu ihnen zählen zum Beispiel der Synthesizer und das Keyboard.

Sobald Musikinstrumente gespielt werden, versetzen sie die Luft in sich und um sich herum in Schwingungen. Diese breiten sich als Schallwellen aus: Wir hören die Töne der Instrumente. ➜ Orchester, Schall, Ton

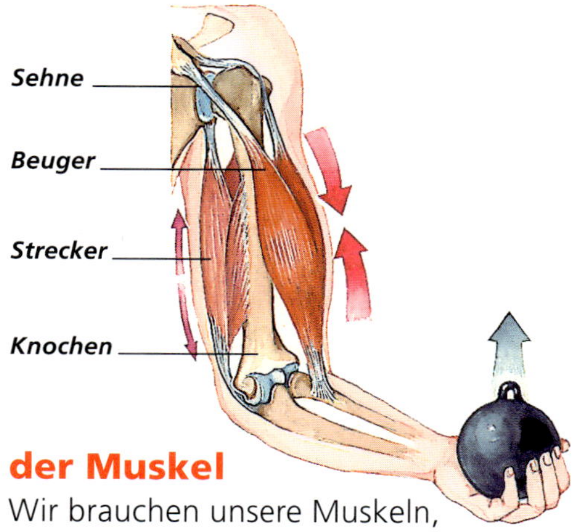

der Muskel

Wir brauchen unsere Muskeln, um uns zu bewegen zu können. Sie sind durch Sehnen mit den Knochen verbunden. Sie ziehen sich zusammen und bewegen dadurch zum Beispiel unsere Arme und Beine. Solche Skelettmuskeln werden durch unseren Willen zur Tätigkeit angeregt. Wollen wir den Arm heben, dann wird der entsprechende Befehl vom Gehirn ausgesendet und durch Nerven an die Muskeln übermittelt. Eine andere Art von Muskel sorgt dafür, dass die Nahrung durch den Darm und das Blut durch den Körper gepumpt wird. Diese Eingeweidemuskeln arbeiten, ohne dass wir sie mit unserem Willen beeinflussen können. Alle Muskeln brauchen für ihre Tätigkeit viel Energie. Sie wird durch die Nahrung gewonnen und den Muskelzellen über das Blut zugeführt. Wer seine Muskeln zu stark beansprucht, verspürt am nächsten Tag schmerzhaften Muskelkater. ➜ Energie, Knochen, Nerv, Skelett

der Muslim

Muslime bekennen sich zur islamischen Religion. Sie glauben, dass Allah der allmächtige Gott ist. Im Koran, ihrem heiligen Buch, stehen die Worte des Propheten Mohammed. Muslime verstehen seine Verkündigungen als direkte Botschaft Allahs an die Menschen. Deshalb richten sie sich mit allem, was sie tun, nach den Lehren des Koran. Er bildet auch die Grundlage ihrer Rechtsprechung. Mohammed lebte im siebten Jahrhundert in Mekka, einer Stadt, die heute in Saudi-Arabien liegt. ➜ Gott, Moschee, Religion

So entsteht der Wechsel von Tag und Nacht: Die Erde umkreist die Sonne, und zugleich dreht sie sich innerhalb von 24 Stunden einmal um sich selbst

der Nabel

Die runde Vertiefung in der Mitte unseres Bauches ist der Nabel. Er ist die Stelle, wo jedes Kind vor der Geburt mit seiner Mutter verbunden war. Hier saß die Nabelschnur, die während der Schwangerschaft die Verbindung zum Blutkreislauf der Mutter herstellt. Durch sie bekommt das Ungeborene Sauerstoff und Nahrung. Gleich nach der Geburt wird die Nabelschnur durchtrennt. Ihre Reste trocknen ein, und zurück bleibt eine kleine Narbe, der Bauchnabel.
➜ Blutkreislauf, Geburt, Schwangerschaft

die Nacht

Die Nacht beginnt, wenn die Sonne untergeht, und sie endet, sobald die Sonne wieder aufgeht. Nächte sind verschieden lang. Im Sommerhalbjahr sind sie kürzer, im Winterhalbjahr länger. Aber ihre Dauer hängt auch davon ab, an welchem Ort der Erde wir uns befinden. Am längsten ist die so genannte Polarnacht. Am Nordpol herrscht im Winter monatelange Dunkelheit. Fast ein halbes Jahr dauert es dort, bis sich die Sonne wieder über den Horizont erhebt. Wir verbringen den größten Teil der Nacht schlafend. Doch gibt es Menschen, die auch nachts arbeiten müssen, zum Beispiel Ärzte, Bus- und Taxifahrer. Viele Tiere wie Eulen und Fledermäuse sind nachtaktiv. Sie ruhen tagsüber und gehen nachts auf die Jagd.
➜ Erde, Sonne, Tag

die Nachtigall

Die Nachtigall ist klein und mit ihrem graubraunen Gefieder sehr unauffällig, aber sie ist die beste Sängerin unter den einheimischen Vögeln. Ihr Lied ist abwechslungsreich: Auf weiche, langgezogene Teile folgen schmetternde, jubelnde Abschnitte. Sie singt auch am Tage, aber vor allem abends und nachts mit großer Ausdauer. Nachtigallen leben in dichten Gebüschen und häufig in der Nähe von Gewässern. Sie ernähren sich von Insekten. Im Winter ziehen sie nach Afrika. ➜ Zugvogel

das Nagetier

Zu den Nagetieren zählen viele verschiedene Tierarten wie Mäuse, Hamster, Eichhörnchen, Siebenschläfer, Murmeltiere und Biber. Sie alle werden zu einer Gruppe zusammengefasst, weil sie ein gemeinsames Merkmal haben: ihre Nagezähne. Das sind breite, scharfe Zähne, die vorn im Maul sitzen und wie kleine Meißel geformt sind. Nagetiere müssen immer etwas finden, an dem sie nagen können, weil diese Zähne ständig nachwachsen. Durch das Nagen werden sie abgeschliffen und geschärft.
Nagetiere sind zum größten Teil Pflanzenfresser. Sie vermehren sich oft sehr stark und können dann an Nutzpflanzen und Nahrungsvorräten großen Schaden anrichten. Von allen Säugetieren sind sie am weitesten verbreitet. Weil sie äußerst anpassungsfähig sind, trifft man sie in fast allen Lebensräumen an: Hörnchen klettern auf Bäumen, Biber schwimmen im Wasser, und Mäuse graben in der Erde. ➜ Meißel, Säugetier

die Nahrungskette

Lebewesen hängen voneinander ab, wenn das eine dem anderen als Nahrung dient. Sie bilden dann eine Nahrungskette. Zum Beispiel treibt ein Baum Blätter aus, die von vielen Raupen gefressen werden. Sie werden von Singvögeln aufgepickt, und die wiederum werden die Beute von Falken und anderen Greifvögeln. Diese sterben später und verwesen. Genauso wie Pflanzenreste werden sie im Boden von winzigen Bakterien zersetzt. Dabei entstehen Nährstoffe, die nun wieder die Pflanzen über ihre Wurzeln aufnehmen. Die Stoffe sind also in einem ständigen Kreislauf.

Am Anfang einer Nahrungskette stehen immer grüne Pflanzen. Nur sie können sich durch Nährstoffe aus dem Boden und mithilfe des Sonnenlichts eigene Nahrung herstellen.

Der Mensch steht am Ende vieler Nahrungsketten. Eine große Gefahr liegt darin, dass sich Umweltgifte in ihrem Verlauf immer mehr anreichern. Das Lebewesen am Ende der Kette wird von ihnen am stärksten belastet. ➜ Bakterie, Blatt, Pflanze

das Namenwort ➜ Substantiv

die Narkose

Bei jeder größeren Operation bekommt man eine Narkose. Sie bewirkt, dass man in einen künstlichen Schlaf fällt. Das Bewusstsein ist dann ausgeschaltet, und man empfindet keinen Schmerz. Der Arzt kann nun mit dem Eingriff beginnen.

Eine Narkose ist immer eine vollständige Betäubung. Bei vielen leichten Operationen genügt es, wenn nur der betroffene Körperteil unempfindlich gemacht wird. Dann sprechen wir von einer örtlichen Betäubung. ➜ Arzt, Operation

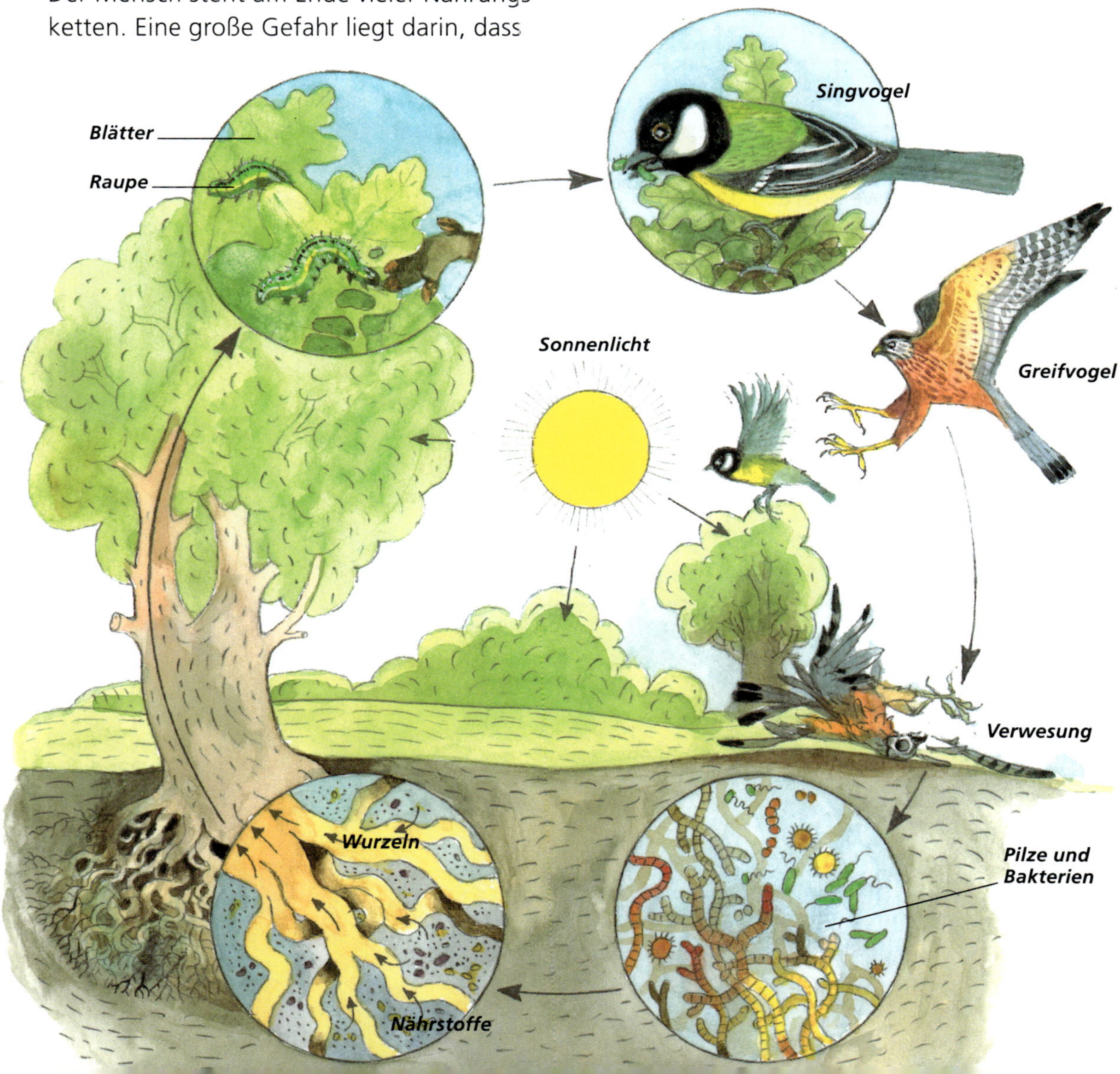

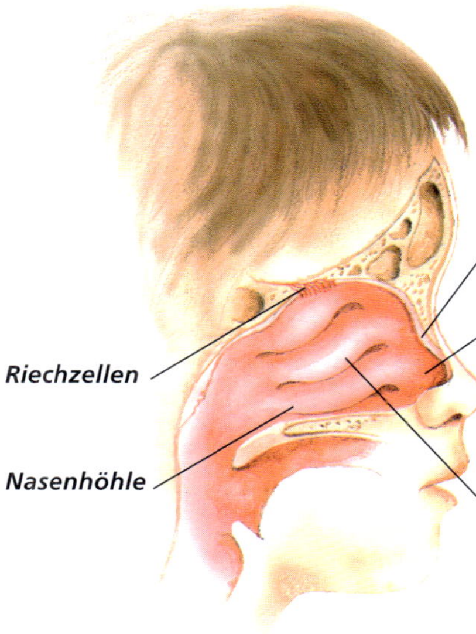

die Nase

Die Nase ist unser Geruchsorgan, und wir atmen durch sie. Sie ist durch die Nasenscheidewand in zwei Nasenhöhlen geteilt, die mit Schleimhaut ausgekleidet sind. Die Atemluft wird in der Nase angefeuchtet und erwärmt. Kleine Härchen filtern Schmutzteilchen heraus. Ganz oben in der Nase sitzen die Riechzellen. Deshalb ziehen wir die Luft ein, wenn wir etwas riechen wollen: Wir schnuppern.
Gerüche lösen oft starke Empfindungen aus. Frisches Gebäck duftet angenehm, und wir riechen es gern. Schweißgeruch dagegen steigt uns sehr unangenehm in die Nase. Wenn wir Schnupfen haben, riechen wir nichts mehr oder nur wenig. Und weil die Riechzellen unseren Geschmackssinn unterstützen, schmecken wir auch kaum etwas.
➜ Sinnesorgane, Zelle

das Nashorn

Nashörner tragen ein oder zwei Hörner auf ihrer Nase. Sie verteidigen sich mit ihnen, aber sie hacken damit auch Äste von den Bäumen und graben nach Knollen und Wurzeln. Nashörner sind reine Pflanzenfresser. Sie werden bis zu 4 Meter lang und 2 Meter hoch. Ihre Beine sind kurz und sehen aus wie Säulen. Dadurch wirken die Tiere plump, doch sie können überraschend schnell laufen.
Nashörner sehen schlecht; besser ist ihr Gehör. Ihre tütenförmigen Ohren richten sich schnell nach ungewohnten Geräuschen. Am besten funktioniert ihr Geruchssinn. Man sieht sie deshalb oft mit der Nase am Boden umherschnüffeln. Nashörner lebten in großer Zahl in den Steppen Asiens und Afrikas. Heute sind sie fast überall ausgerottet. Sie wurden erbarmunglos gejagt, weil man ihre Hörner erbeuten wollte. Die übriggebliebenen Tiere leben in streng abgeschirmten Reservaten, um sie vor Wilderern zu schützen. ➜ Steppe

die Natur

Erde, Wasser, Luft, Pflanzen, Tiere und Menschen, aber auch das Weltall mit all seinen Sternen, bilden die Natur. Sie umfasst alles, was ohne Zutun des Menschen da ist oder sich entwickelt. Davon unterscheidet man die von Menschen geschaffene Kultur und Technik.
Das Geschehen in der Natur wird von Naturgesetzen gelenkt. Menschen, die diese Gesetze erforschen, sind Naturwissenschaftler.
➜ Technik

der Naturschutz

Naturschutz will die Natur vor Zerstörung bewahren. Vom Aussterben bedrohte Tiere und Pflanzen werden unter Naturschutz gestellt. Dadurch sind sie gesetzlich geschützt: Man darf sie nicht verletzen oder töten.
Es genügt aber nicht, einzelne Pflanzen und Tiere zu schützen. Sie überleben nur, wenn ihre Lebensräume erhalten bleiben. Deshalb ist es notwendig, bestimmte Landschaften zu bewahren. Man hat Naturschutzgebiete eingerichtet, in denen jede Veränderung und manchmal sogar das Betreten verboten

Indisches Panzernashorn

ist. In Landschaftsschutzgebieten sind die Bestimmungen weniger streng, aber auch hier dürfen keine Häuser gebaut und Wälder abgeholzt werden.
Der Naturschutz ist ein Teil des Umweltschutzes. Er zählt zu den Aufgaben des Staates. Aber auch jeder Einzelne kann etwas tun: Nistkästen aufhängen, Bäume oder Hecken pflanzen, an einem verschmutzten Ufer Abfälle einsammeln und vieles mehr. ➔ Nistkasten, Umweltschutz

der Nebel

Nebel ist eigentlich nichts anderes als eine Wolke, die sich in Bodennähe befindet. Er besteht aus winzigen Wassertropfen, die gleichmäßig oder in tuchartigen Schwaden in der Luft verteilt sind. Er entsteht zum Beispiel dadurch, dass sich warme, feuchte Luft dicht über der Erde abkühlt. Dann bilden sich die vielen kleinen Tröpfchen, die die Luft undurchsichtig machen.
Für den Verkehr ist Nebel gefährlich. Autofahrer müssen ihre Scheinwerfer einschalten, bei besonders dichtem Nebel auch ihre Nebelschlussleuchte. Auf Schiffen tuten in regelmäßigen Abständen die Nebelhörner. Ihre tiefen Töne sind weithin zu hören und helfen, Zusammenstöße zu vermeiden.
➔ Niederschlag, Wetter, Wolke

der Nektar

Nektar ist süßer Blütensaft, den viele Blüten bilden. Das geschieht in kleinen Drüsen, die meist geschützt im Innern der Blüten liegen. Mit dem Nektar locken die Pflanzen Bienen, Hummeln, Schmetterlinge und viele andere Insekten an. Die Tiere ernähren sich von ihm: Mit ihren Rüsseln saugen sie den Nektar auf. Dabei kriechen sie in die Blüte hinein und bestäuben sie. Die Honigbiene stellt aus dem Nektar Honig her. ➔ Bestäubung, Biene, Blüte, Honig

der Nerv

Ein feinverzweigtes Netz von Nerven durchzieht unseren ganzen Körper. Sie verbinden alle Organe und Körperteile mit dem Rückenmark und dem Gehirn. Das Rückenmark bildet den wichtigsten Nervenstrang und liegt geschützt in unserer Wirbelsäule. Nerven haben Ähnlichkeit mit elektrischen Leitungen, in denen ständig Informationen hin- und herlaufen. Sie leiten äußere Reize zum Gehirn, also alles, was du hörst, siehst, schmeckst oder fühlst. In umgekehrter Richtung geben sie Signale vom Gehirn an die Muskeln weiter. Das alles geschieht mit unglaublicher Geschwindigkeit. Deshalb kannst du so schnell reagieren, wenn dir etwa jemand einen Ball zuwirft. ➔ Gehirn, Information, Organ, Wirbelsäule

das Nest

Viele Tiere bauen sich Nester. Vögel sind oft richtige Baumeister, die sehr kunstvolle Nester anlegen. Als Baumaterial verwenden sie Zweige, Blätter, Moos, Sand oder Lehm. Manche benutzen ihren Speichel, um alles zusammenzukleben. Innen wird das Nest fast immer mit Federn, Moos oder weichem Gras ausgepolstert. Sobald es fertig ist, legt das Vogelweibchen seine Eier hinein und beginnt zu brüten.
Auch viele Insekten, zum Beispiel Wespen und Hummeln, bauen Nester. Sie ziehen darin ihre Larven groß. Außerdem kriechen

sie bei schlechtem Wetter hinein und sind dann gut geschützt. Tiere, die den Winter verschlafen, bauen sich für diese Zeit ein warmes Nest. ➜ Insekt, Vogel, Winterschlaf

der Niederschlag

Wasser, das aus feuchter Luft auf den Boden fällt, nennt man Niederschlag. Er kann flüssig oder gefroren sein. Regen ist die häufigste Art des Niederschlags. Wie Regen fallen auch Schnee und Hagel aus Wolken, aber sie kommen in fester Form auf die Erde. Zu den Niederschlägen zählen außerdem Reif und Tau. Sie entstehen bei nächtlicher Abkühlung der Luft. In der Nähe des Bodens bilden sich dann kleine Wassertröpfchen an Bäumen, Gräsern und Blumen. Die Menge der Niederschläge wird mit besonderen Geräten gemessen. ➜ Hagel, Regen, Reif, Schnee, Tau

der Nikolaus

Am 6. Dezember ist Nikolaustag. Das ist der Gedenktag für den heiligen Nikolaus, der vor 1500 Jahren Bischof in der Stadt Myra in Griechenland war. Seit dem Mittelalter gilt er als Schutzheiliger der See- und Kaufleute und der Kinder und Schüler. Zu seinem Gedenken hat sich in den Klosterschulen der Brauch entwickelt, den wir heute noch kennen: Am Abend vorm Nikolaustag stellen die Kinder ihre Schuhe vor die Tür. In der Nacht steckt ihnen dann der „Nikolaus" kleine Geschenke hinein.

das Nikotin

Das Nikotin ist ein sehr starkes Pflanzengift, das vor allem in den Blättern der Tabakpflanze vorkommt. In kleinen Mengen wirkt es anregend auf den menschlichen Körper, größere Mengen führen dagegen zu schweren Schäden und sogar zum Tod.
Raucher nehmen Nikotin meistens in Form von Zigarettenrauch zu sich. Wer regelmäßig raucht, schadet seinem Körper sehr. Seine Blutgefäße erkranken, und es entstehen Störungen im Blutkreislauf. Außerdem ist Rauchen krebserregend.
Nikotin ist eine Droge, die süchtig macht. Der Körper gewöhnt sich an diesen Stoff; Raucher können sich deshalb das Rauchen nur sehr schwer abgewöhnen. ➜ Blutkreislauf, Droge, Tabak

das Nilpferd

Nilpferde leben nur noch in Afrika. In größeren Herden bewohnen sie Flüsse und Seen mit sumpfigen Ufern. Sie verbringen fast den ganzen Tag im Wasser. Wenn sie träge dahintreiben, ragen oft nur Nase, Augen und Ohren wie kleine Hügel über die Wasserlinie. Sie können aber auch sehr gut schwimmen und sogar bis zu 5 Minuten lang tauchen.
Nilpferde werden über 4 Meter lang und können mehr als 3 Tonnen wiegen. Sie kommen vor allem nachts an Land und gehen auf Nahrungssuche; sie sind reine Pflanzenfresser. Wenn Nilpferde gähnen, sieht man in ihrem riesigen Maul ihre mächtigen Eckzähne. Das sind gefährliche Waffen, mit denen sich die Männchen bei ihren Kämpfen oft schwere Verletzungen zufügen.
Nilpferde werden oft auch Flusspferde genannt. Sie sind trotz ihres Namens nicht mit den Pferden verwandt, sondern mit den Schweinen.

der Nistkasten

Vögel, die in Höhlen brüten, finden heute nicht mehr genug geeignete Brutplätze. Auch Fledermäusen und vielen nützlichen Insekten fehlen oftmals Wohn- und Ruheorte. Man kann ihnen helfen, indem man Nistkästen aufhängt. Es ist allerdings wichtig, den Kasten so anzubringen, dass er für Nesträuber wie Katzen oder Krähen unerreichbar ist. Außerdem muss er für die jeweiligen Bewohner geeignet sein.

Meisen brauchen ein kleines Schlupfloch. Für Schlupfwespen eignen sich Holzstücke mit vielen Bohrlöchern, in denen sie ihre Eier ablegen können. Auch für Steinkäuze und Schleiereulen kann man Nistkästen bauen; sie werden von ihnen gern angenommen. ➜ Naturschutz

die Nixe

Nach altem Glauben war jede Quelle, jeder Teich oder See und auch das Meer von Nixen bewohnt. Diese Wassergeister waren meist schöne Frauen mit einem Fischschwanz und langen, prächtigen Haaren. Es hieß, dass sie Überschwemmungen verursachen oder Menschen ins Wasser ziehen konnten. Und oft verzauberten die Nixen Menschen mit ihrem wunderbaren Gesang. ➜ Märchen, Sage

das Nomen ➜ Substantiv

die Note

Musik kann man aufschreiben, und dazu benutzt man Noten. Sie geben durch ihre Form die Dauer eines Tones an. Man schreibt sie auf oder zwischen die fünf Notenlinien. Ihre Stellung in diesem Liniensystem zeigt an, wie hoch oder tief ein Ton ist. Wer Notenschrift zu lesen vermag, kann die Töne auf seinem Instrument erklingen lassen.
Eine andere Art von Noten findest du in deinem Zeugnis. Leistungen von Schülern bewertet man mit Schulnoten wie „ungenügend“, „befriedigend“ oder „sehr gut“. ➜ Musik, Musikinstrument

der Obdachlose

Obdachlos ist, wer keine Wohnung hat. Es gibt viele Gründe, warum man obdachlos werden kann. Manchmal zerstören große Erdbeben, Überschwemmungen oder andere Naturkatastrophen viele Wohnhäuser. Auch wer in einem Krieg flüchten muss, verliert seine Wohnung. Sehr oft ist Armut der Grund für Obdachlosigkeit. In zahlreichen Ländern müssen Kinder auf der Straße leben. Ihre Eltern sind bereits gestorben oder zu arm, um eine Wohnung zu bezahlen. Bei uns gibt es in großen Städten Herbergen, in denen obdachlose Menschen übernachten können. ➜ Asyl

das Obst

Obst ist gesund, denn es enthält viele Vitamine. Kernobst sind Äpfel und Birnen; zum Steinobst gehören Pfirsiche und Kirschen; Beerenobst sind zum Beispiel Erd- und Johannisbeeren. Nüsse und Esskastanien nennt man Schalenobst. Aus den warmen Ländern kommen die Südfrüchte in unsere Geschäfte: Bananen, Ananas, Zitronen und viele andere Sorten. Wenn man Obst roh isst, enthält es die meisten Vitamine. Es wird aber auch weiterverarbeitet zu Saft, Marmelade oder Kompott. Auch Wein und Schnaps werden aus Obst hergestellt. ➜ Frucht, Lebensmittel, Vitamin

das Ohr

Ohren sind empfindliche Sinnesorgane. Mit ihnen nehmen wir Geräusche und Töne wahr. Unsere Ohrmuschel wirkt wie ein Schalltrichter. Sie fängt die Schallwellen auf und leitet sie durch den Gehörgang zum Trommelfell. Dahinter beginnt das Mittelohr, ein kleiner luftgefüllter Hohlraum. Darin liegen die Gehörknöchelchen, die wegen ihrer Form Hammer, Amboss und Steigbügel genannt werden. Sie leiten die Schwingungen weiter an das Innenohr, das Labyrinth. Hier nehmen Nerven die Erschütterungen wahr, die durch die Schallwellen ausgelöst werden, und melden sie dem Gehirn.

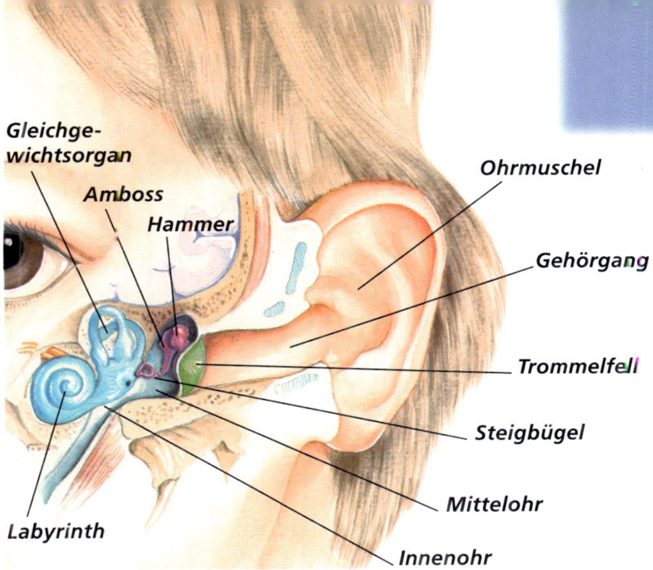

Im Innenohr befindet sich auch unser Gleichgewichtsorgan. Es teilt dem Gehirn mit, in welcher Lage sich unser Körper im Raum befindet. Dadurch steuert es unseren Gleichgewichtssinn. ➜ Labyrinth, Nerv, Schall, Sinnesorgane

die Ökologie

Ökologie und Umweltschutz haben viel miteinander zu tun, aber es sind doch zwei verschiedene Dinge. Beim Umweltschutz geht es darum, durch aktives Handeln die Umwelt zu schützen. Dagegen ist die Ökologie eine Wissenschaft. Sie erforscht, wie Lebewesen und ihre Umwelt sich gegenseitig beeinflussen. Zum Beispiel untersuchen Ökologen sehr genau, wie Pflanzen und Tiere in einem See zusammenleben, der sauberes Wasser hat. Sie beobachten auch, welche Auswirkungen es hat, wenn Abwasser in einen See geleitet wird: Der Lebensraum verändert sich. Bestimmte Tier- und Pflanzenarten fangen an, sich immer stärker zu vermehren; viele andere sterben aus. Man sagt: Das ökologische Gleichgewicht ist gestört. Das Wissen, das wir durch die Ökologie gewinnen, hilft uns, im Umweltschutz richtig zu handeln. ➜ Abwasser, See, Umweltschutz

die Oper

Eine Oper ist gleichzeitig ein großes Musikwerk und ein Theaterstück. Fast alle Texte werden gesungen. Sänger, Sängerinnen und der Chor singen und spielen ihre Rollen, und ein großes Orchester begleitet sie. Opern behandeln oft ernste Themen, aber es gibt auch heitere Werke. Besonders lustige Musiktheaterstücke, in denen auch viel getanzt wird, heißen Operetten. ➜ Chor, Theater

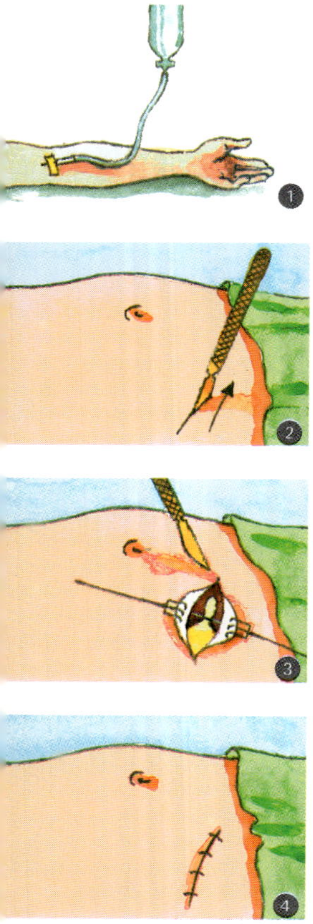

So verläuft eine Blinddarmoperation:
- ❶ *Der Patient bekommt eine Narkose*
- ❷ *Die Bauchdecke wird geöffnet*
- ❸ *Der Blinddarm wird entfernt*
- ❹ *Die Wunde wird vernäht*

die Operation

Eine Operation ist ein ärztlicher Eingriff in den menschlichen Körper. Wenn sich zum Beispiel ein Blinddarm entzündet, muss er meistens entfernt werden. Von der Operation soll der Kranke nichts spüren, deshalb bekommt er zuvor eine Narkose. Ein Arzt macht dann einen Einschnitt im rechten, unteren Teil des Bauches. So kann er das entzündete Stück des Blinddarms entfernen. Anschließend wird die Schnittstelle mit einem Faden wieder zugenäht. Wo die Naht war, bleibt meistens eine Narbe zurück. Operierende Ärzte nennt man Chirurgen; sie können ganz verschiedene Arten von Operationen durchführen. Zu den schwierigsten zählen Organverpflanzungen. ➜ Arzt, Entzündung, Narkose, Organ

der Orang-Utan

Orang-Utans zählen zu den Menschenaffen. Sie kommen in Asien, dort allerdings nur auf den Inseln Sumatra und Borneo, vor. Ihr Name bedeutet „Waldmensch": Früher glaubte man, sie seien Menschen, die sich in die Wälder zurückgezogen hätten. Orang-Utans werden bis zu 1,5 Meter groß und haben ein zotteliges, rotbraunes Fell. Sie leben fast nur auf Bäumen und fressen Früchte, aber auch Blätter und Knospen. Auf der Suche nach Nahrung durchstreifen sie den Urwald. Dabei hangeln und schwingen sie sich mit ihren sehr langen, kräftigen Armen geschickt von Ast zu Ast. Nachts schlafen sie in selbstgebauten Baumnestern aus Blättern und Zweigen.
Durch die Zerstörung der Regenwälder sind Orang-Utans vom Aussterben bedroht. Jungtiere werden außerdem oft von Wilderern gefangen, außer Landes geschmuggelt und teuer an den Tierhandel verkauft.
➜ Affe, Urwald

das Orchester

In einem Orchester spielen Musiker gemeinsam Musikstücke auf verschiedenen Instrumenten. Meistens wird ihr Spiel von einem Dirigenten geleitet. Er gibt das Tempo vor und zeigt den Musikern, wann sie einsetzen müssen und wie laut sie spielen sollen. In einem Sinfonieorchester sind fast alle Musikinstrumente vertreten. Wenn große Sinfonien aufgeführt werden, spielen manchmal über 100 Musiker mit. Es gibt aber auch kleinere Orchester. Dazu gehören Streich-, Blas- und Kammerorchester. ➜ Musik, Musikinstrument

das Organ

Organe nennen wir Körperteile, die ganz bestimmte Aufgaben erfüllen. Unser Herz pumpt Blut durch den Körper, und die Lunge dient der Atmung. Andere innere Organe sind die Leber, die Nieren, der Magen und der Darm. Wir besitzen Sinnesorgane, und Männer und Frauen haben unterschiedliche Geschlechtsorgane. Sie alle stehen untereinander in enger Beziehung und sind aufeinander abgestimmt. Die Organe eines Lebewesens wirken zusammen und bilden dadurch einen Organismus.

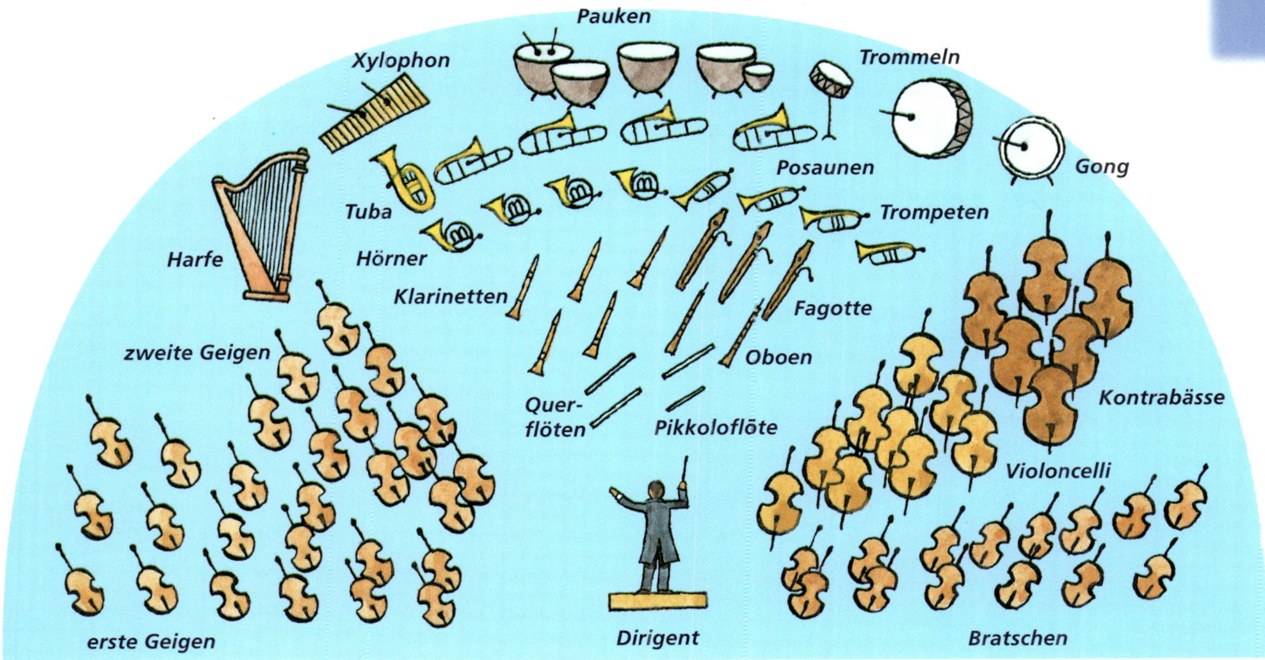

Sinfonie-orchester

der Orkan ➜ Sturm

Ostern

Ostern ist das älteste und höchste Fest der Christen. Sie feiern damit die Auferstehung von Jesus Christus. Er war am Kreuz gestorben und ist nach christlichem Glauben am dritten Tag nach seinem Tod auferstanden. Man feiert Ostern immer am ersten Sonntag nach dem ersten Vollmond im Frühling. Deshalb fällt es jedes Jahr auf ein anderes Datum. Ostern ist aber nicht nur ein christliches Fest. Mit dem Färben und Suchen von Ostereiern, mit Osterfeuern und Frühlingstänzen wird auch die Rückkehr der wärmeren Jahreszeit gefeiert. ➜ Christ, Jahreszeit

der Ozean

Ozeane sind große Teile des Weltmeers. Sie liegen zwischen den Erdteilen und heißen Atlantischer, Pazifischer und Indischer Ozean. Der Pazifische Ozean ist der größte und tiefste. Er heißt auch Stiller Ozean. ➜ Meer

das Ozon

Ozon ist ein stark riechendes, giftiges Gas. Es ist eine Form des Sauerstoffs und bildet sich vor allem im Sommer durch Autoabgase. Wenn es sich in unserer Luft ansammelt, kann es unsere Atemorgane schädigen. Während wir hier am Boden oft zuviel Ozon haben, fehlt dasselbe Gas hoch über uns in der Atmosphäre. Dort gibt es eine Ozonschicht, die die Erdkugel in etwa 25 Kilometer Höhe umhüllt. Sie schützt uns und alle Lebewesen vor schädlichen Teilen der Sonnenstrahlung, die Hautkrebs hervorrufen. Aber Treibgase aus Spraydosen und Abgase von Düsenflugzeugen steigen nach oben und lassen das Ozon immer mehr verschwinden. Über der Antarktis hat sich sogar schon ein richtiges Loch gebildet. Dieses Ozonloch wird ständig größer, und damit wachsen auch die Gefahren für unsere Gesundheit und das Klima auf der Erde. ➜ Gas, Klima, Luft, Sauerstoff, Smog

Kokospalme

die Palme

Dattelpalme

Palmen wachsen in warmen Ländern. Sie haben meistens einen schlanken, hohen Stamm, der sich nicht verzweigt. An seiner Spitze wachsen Palmwedel aus ihm heraus. Das sind lange, an kräftigen Stielen sitzende Blätter. Viele Palmen sind Nutzpflanzen. In der Krone der Kokospalme wachsen Kokosnüsse. Die Dattelpalme liefert Datteln, und aus den Früchten der Ölpalme gewinnt man Öl. Bei uns hält man häufig Zierpalmen als Zimmerpflanzen.

die Pantomime

Die Pantomime ist die Kunst, etwas nur mit Bewegungen darzustellen. Ein Pantomime ist also ein Schauspieler, der seine Rolle ohne Worte spielt. Oft bezieht er in sein Spiel Gegenstände ein, die gar nicht da sind. Er kann zum Beispiel so tun, als ob er sich etwas aus einer Kanne in eine Tasse gießt, ohne dabei eine Kanne oder Tasse zu benutzen. Seine Bewegungen sind so eindeutig, dass die Zuschauer genau wissen, was gemeint ist. → Theater

Hellroter Ara

der Papagei

Papageien sind Klettervögel, die häufig im Urwald leben. Man erkennt sie leicht an ihrem Schnabel. Er ist kurz und stark abwärts gebogen. Die Vögel benutzen ihn wie eine kräftige Kneifzange, um harte Samen und Früchte aufzuknacken. Außerdem dient er ihnen als eine Art „dritter Fuß". Sie stützen sich mit ihm ab, wenn sie in den Bäumen herumklettern.

Man hält Papageien schon seit langer Zeit als Haustiere. Sie haben ein gutes Gedächtnis und können eine Reihe von Wörtern behalten und nachsprechen.

Die größten Papageien sind die bunten Aras aus Südamerika. Die meist einfarbigen Kakadus tragen oft eine Federhaube auf dem Kopf. Auch Wellensittiche zählen zu den Papageien. → Urwald, Vogel

das Papier

Im alten Ägypten schrieb man schon vor 4000 Jahren auf papierähnlichen Blättern. Man stellte sie aus einer Pflanze her, die Papyrus heißt. Unser Wort Papier geht darauf zurück. Die Chinesen haben vor 2000 Jahren das richtige Papier erfunden. Es wurde ähnlich wie heute aus Holzfasern gemacht, allerdings Blatt für Blatt per Hand.

Heute wird Papier in riesigen Maschinen hergestellt. Ein Brei aus zermahlenem Holz, Leim, Farbstoffen und Wasser wird aus dem Mischbottich auf große Rüttelsiebe geschüttet. Hier läuft das Wasser ab. Das Hin- und Herrütteln verteilt den Papierbrei gleichmäßig und sorgt dafür, dass sich die Fasern miteinander verbinden. Danach läuft die Masse zwischen großen Walzen durch und wird dabei gepresst, getrocknet und geglättet. Schließlich wird die fertige Papierbahn aufgerollt.

Aus Altpapier kann man auch neues Papier herstellen. Das schont die Wälder, denn für dieses Recyclingpapier müssen keine Bäume gefällt werden. → Pergament, Recycling, Rohstoff

die Pappel

Pappeln sind Laubbäume, die sehr schnell wachsen und bei uns in verschiedenen Arten vorkommen. Auffällig ist die steil aufragende Pyramidenpappel. Sie bietet guten Windschutz und wird deshalb oft an Kanälen oder Straßen gepflanzt. Die Silberpappel ist ein beliebter Parkbaum, weil die Unterseite ihrer Blätter schön silbrig glänzt. Die Zitterpappel oder Espe hat dünne Blattstiele, die seitlich zusammengedrückt sind. Ihre rundlichen Blätter zittern und flattern daher schon beim leisesten Windhauch. → Baum

Pyramidenpappel
Zitterpappel

Pyramidenpappeln

der Papst
Der Papst ist das Oberhaupt der katholischen Kirche. Er wird von hohen Geistlichen, den Kardinälen, gewählt und behält sein Amt bis zu seinem Tod. Katholische Christen glauben, dass er der Nachfolger des Apostels Petrus ist. Sie sehen im Papst den Stellvertreter von Jesus Christus auf der Erde. Der Papst ist zugleich Herrscher des Kirchenstaates. Dieser kleinste Staat der Welt heißt Vatikanstadt und liegt innerhalb Roms, der Hauptstadt Italiens. ➜ Christ, Kirche

das Paradies
Eine Vorstellung vom Paradies gibt es in fast allen Religionen. Immer ist es ein Ort des vollkommenen Glücks. In der Bibel wird das Paradies als eine Art schöner Garten beschrieben. Gott schuf ihn für die ersten Menschen, Adam und Eva. Mensch und Tier konnten dort friedlich zusammenleben. Überall flossen Bäche mit Milch, Honig und Wein. Adam und Eva konnten tun, was sie wollten – mit einer Ausnahme: Gott hatte ihnen verboten, Früchte von einem bestimmten Baum zu essen. Sie taten es trotzdem. Die Bibel erzählt, wie die Menschen deshalb aus dem Paradies vertrieben wurden. Wenn wir in unserer Alltagssprache vom Paradies reden, meinen wir ebenfalls einen Ort des Glücks. ➜ Bibel, Gott, Religion

der Park
Parks sind sehr große Gärten oder Grünanlagen. Sie werden in vielen Städten angelegt, damit die Leute dort spazieren gehen und sich erholen können. Fast jedes Schloss ist von einem Park umgeben.
Parks sind oft kunstvoll gestaltet: Baumgruppen und Hecken werden auf Wiesen oder um Gewässer herum so angeordnet, dass für die Besucher schöne Ausblicke entstehen. Wege führen an Springbrunnen und Teichen entlang, und es gibt viele Bänke zum Ausruhen. Manchmal findet man sogar künstliche Ruinen und malerische Gebäude aus fernen Ländern wie Pagoden oder Tempel. In einigen Parks werden auch Tiere gehalten, zum Beispiel Hirsche oder Pfauen. Besonders schöne Parks stehen unter Denkmalschutz. Nationalparks sind sehr große Naturschutzgebiete. ➜ Naturschutz, Ruine

die Partei
Parteien spielen in der Politik eine wichtige Rolle. Menschen mit gleichen oder ähnlichen politischen Ansichten und Interessen schließen sich oft zu einer Partei zusammen. In einer Demokratie gibt es meistens eine große Zahl politischer Parteien. Sie alle haben verschiedene Vorstellungen, wie der Staat regiert werden soll. Bei einer Wahl versucht jede im Wettstreit mit den anderen, möglichst viele Wählerstimmen zu gewinnen. Die Partei, die die meisten Stimmen bekommt, kann die Regierung bilden. Manchmal wird die Regierung in einem Staat auch von mehreren Parteien getragen. ➜ Demokratie, Politik, Regierung, Staat, Wahl

der Pass
Ein Pass ist die niedrigste Stelle zwischen den Gipfeln hoher Berge. Weil der Übergang über ein Gebirge hier am leichtesten möglich ist, führen Straßen und Eisenbahnlinien über die Pässe. Der Brennerpass ist besonders wichtig für den Verkehr über die Alpen.

Pass nennt man aber auch den Reisepass. Diesen Ausweis muss jeder bei sich haben, der in ferne Länder reisen will. ➜ Alpen, Ausweis, Gebirge

der Pavian

Paviane gehören zu den Steppentieren Afrikas. Am größten sind die Bärenpaviane; Mantelpaviane fallen durch ihre dicke Schultermähne, den „Mantel", auf. Alle haben einen hundeähnlichen Kopf, ein mächtiges Gebiss mit langen, spitzen Eckzähnen und auffällig gefärbte Gesäßschwielen.
Paviane leben in großen Gruppen zusammen und halten sich meistens am Boden auf. Zum Schlafen und bei Gefahr klettern sie auf Bäume oder in steile Felsen hinauf. Innerhalb der Familien herrscht eine klare Rangordnung. Ein älteres, starkes Männchen beherrscht die Gruppe, schlichtet Streit und beschützt die schwächeren Tiere. Paviane sind überwiegend Pflanzenfresser. Wenn sie angegriffen werden, sind sie sehr kämpferisch und fügen ihren Gegnern oft riesige Bisswunden zu. Selbst Leoparden haben Respekt vor ihnen. ➜ Affe, Steppe

der Penis

Der Penis gehört zu den Geschlechtsorganen des Mannes. Er ist mit den Hoden verbunden, in denen die Samenzellen heranreifen. Der vordere Teil des Penis heißt Eichel. In ihr liegt eine Öffnung, durch die Harn und Samen nach außen gelangen. Der Penis versteift sich bei geschlechtlicher Erregung. Wenn Mann und Frau sich körperlich lieben, führt der Mann seinen Penis in die Scheide der Frau ein. ➜ Hoden, Mann, Scheide

das Pergament

Bevor das Papier erfunden war, schrieb man lange Zeit auf Pergament. Das ist dünne, glatte Tierhaut. Sie stammt von Ziegen, Schafen oder Kälbern. Sie wird enthaart und geglättet, aber nicht gegerbt wie das Leder. Pergament ist sehr haltbar, aber Bücher darauf zu schreiben, war teuer. Gegen Ende des Mittelalters wurde es durch das billigere Papier verdrängt. ➜ Buch, Leder, Papier

die Perle

Perlen wachsen in Muscheln. Sie entstehen, wenn ein Sandkorn oder ein Steinchen in die Muschel eindringt. Dieser Fremdkörper wird dann allmählich von einer kalkhaltigen Schicht überzogen, dem Perlmutt. Über zehn Jahre dauert es, bis daraus eine glänzende, ungefähr erbsengroße Perle geworden ist. Solche Naturperlen entstehen vor allem in Perlmuscheln. In der Südsee tauchen Perlfischer mehr als 20 Meter tief, um sie aus dem Meer heraufzuholen. In unseren Bächen und Flüssen war früher häufig die Flussperlmuschel zu finden. Sie ist sehr selten geworden und steht unter Naturschutz.

Perlen sind beliebte Schmuckstücke. Die meisten sind heute Zuchtperlen. Sie werden erzeugt, indem man gezielt Fremdkörper in Muscheln hineinschiebt und später die Perlen erntet. Künstliche Perlen werden zum Teil aus Glas und Kunststoffen hergestellt. ➜ Muschel

der Pfarrer

Eine christliche Gemeinde wird von einem Pfarrer betreut und geleitet. Er hält Gottesdienste und tauft Menschen, die in die Gemeinde aufgenommen werden. Zu seinen Aufgaben gehört auch die Leitung von Hochzeiten und Beerdigungen. Außerdem kümmert er sich um die Mitglieder seiner Gemeinde, wenn sie krank oder in Not geraten sind. Vor allem gibt er ihnen geistliche Beratung und übt so das Amt eines Seelsorgers aus.

Pfarrer werden in der evangelischen Kirche auch Pastoren genannt. In der katholischen Kirche können nur Männer Pfarrer werden, dagegen gibt es in evangelischen Gemeinden auch Pastorinnen. ➜ Beruf, Christ, Gottesdienst, Kirche, Taufe

der Pfau

Das Pfauenmännchen kann mit seinen langen, bunten Schwanzfedern ein prächtiges Rad schlagen. Pfauen sind Hühnervögel, die im Wald leben. Ständig suchen sie den Boden nach Körnern, Früchten, Insekten und Würmern ab.
Die Heimat der Pfauen ist Asien. Dort sind sie bei den Menschen beliebt, denn sie fressen gern junge Kobraschlangen, deren Biss sehr gefährlich ist. Außerdem stoßen sie laute Warnrufe aus, sobald sie einen Tiger oder Leoparden wahrnehmen. Bei uns werden Pfauen in vielen Parks als Ziervögel gehalten. ➜ Huhn, Park, Vogel

das Pferd

Wildpferde lebten früher in den Steppen Europas und Asiens. Als Tiere, die schnell und ausdauernd laufen können, waren sie diesem Lebensraum gut angepasst. Heute sind sie ausgestorben.
Seit ungefähr 5000 Jahren hält der Mensch Pferde als Haustiere. Aus den wildlebenden Tieren züchtete man im Laufe der Zeit verschiedene Pferderassen: Die großen, schweren Kaltblutpferde dienen als Zug- und Lasttiere. Leichtere Warmblüter sind Freizeit- und Reitpferde. Die besonders temperamentvollen Vollblutpferde werden im Rennsport eingesetzt. Ponys sind kleine, nur etwa 1 Meter hohe Pferde.
Nach ihrer Farbe unterscheidet man Pferde zum Beispiel in Schimmel, Rappen und Füchse: Das sind weiße, schwarze und rotbraune Pferde. Das weibliche Pferd, die Stute, bringt nach 11 Monaten Tragzeit ein Fohlen zur Welt. Das männliche Pferd heißt Hengst. Wird er künstlich unfruchtbar gemacht, ist er ein Wallach. Pferde sind Pflanzenfresser, aber im Unterschied zu Rindern keine Wiederkäuer.
In einigen Teilen der Welt gibt es noch Pferdeherden, die frei leben. Sie stammen von Hauspferden ab, sind aber im Laufe der Zeit verwildert. Auch in Deutschland gibt es so eine Herde; sie lebt seit mehr als 100 Jahren in einem großen Wald- und Feuchtgebiet im Münsterland. ➜ Haustier, Rind, Steppe

die Pflanze

Ohne Pflanzen könnten Menschen und Tiere nicht leben. Sie liefern uns Nahrung und Sauerstoff.
Nur Pflanzen haben die Fähigkeit, ihre Nahrung selbst herzustellen. Sie saugen mit ihren Wurzeln Wasser und Nährstoffe aus dem Boden. Über ihre Blätter nehmen sie aus der Luft das Gas Kohlendioxid auf. Diese unbelebten Stoffe können sie mithilfe des

Sonnenlichts und des Blattgrüns umwandeln; dabei entstehen Zucker und Stärke. Daraus können sie ihre Zellen, also lebendes organisches Material, aufbauen. Die Pflanzen wachsen und dienen später anderen Lebewesen als Nahrung.
Diese Stoffumwandlung, die so genannte Fotosynthese, hat noch aus einem anderen Grund große Bedeutung: In ihrem Verlauf entsteht Sauerstoff. Er wird durch die Blätter an die Luft abgegeben.
Pflanzen wachsen beinahe überall: auf dem Land und im Wasser, in unseren Zimmern, in Wüsten und auf Bergspitzen. Ihre Vielfalt ist ungeheuer groß. Es gibt winzige Arten, die aus nur einer Zelle bestehen und ohne Mikroskop nicht erkennbar sind. Manche Bäume dagegen werden weit über 100 Meter hoch und sind damit die größten Lebewesen auf der Erde.
Pflanzen speichern und verdunsten Wasser. Dadurch haben sie starken Einfluss auf unser Klima. ➜ Baum, Blatt, Klima, Nahrungskette, Sauerstoff, Wurzel, Zelle

der Pflug

Mit einem Pflug bearbeiten die Bauern ihre Äcker. Er reißt den Boden auf und wendet die Erdschollen um. Dadurch wird der Boden gelockert, und Nährstoffe gelangen tiefer in die Erde.
Der Pflug ist ein uraltes Gerät. Zuerst benutzte man einen Hakenpflug. Das war ein hakenförmiges Holz, oft sogar nur eine einfache Astgabel. Menschen oder Zugtiere zogen ihn durch das Erdreich. Später entstand der eiserne Pflug, der tiefere Furchen erzeugte und dadurch den Boden fruchtbarer machte. Er wurde von Rindern oder Pferden gezogen, und der Bauer drückte ihn in den Boden hinein. Heute ziehen Traktoren Pflüge mit mehreren Pflugscharen über den Acker.
➜ Acker, Egge, Traktor

der Pilot

Ein Pilot steuert Flugzeuge. Privatpiloten, für die Fliegen ein Hobby ist, nennt man auch Sportflieger. Sie steuern kleinere Sportflugzeuge. Verkehrsflugzeuge werden von Berufspiloten geflogen, Militärflugzeuge von Luftwaffenpiloten. Sie alle müssen einen Pilotenschein erwerben. Zu ihrer Ausbildung gehören nicht nur zahlreiche Flugstunden. Sie brauchen viele Kenntnisse, zum Beispiel in Wetterkunde, Flugtechnik und Navigation – das ist die genaue Bestimmung von Ort und Kurs. Im Motorsport heißt der Fahrer eines Rennwagens ebenfalls Pilot.
➜ Beruf, Flugzeug.

der Pilz

Pilze sind Pflanzen besonderer Art. Sie haben keine Blätter, Stengel und Wurzeln. Weil ihnen das Blattgrün fehlt, können sie keine Nährstoffe bilden wie andere Pflanzen.

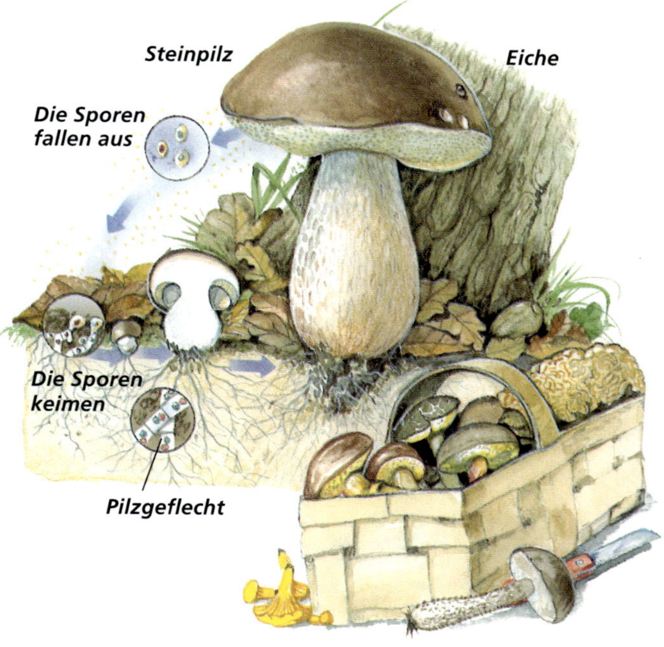

Hutpilze wachsen im Spätsommer und Herbst auf Waldböden und Wiesen. Aber was wir da sehen und „Pilz" nennen, ist nur der Fruchtkörper der Pflanze. Der eigentliche Pilz besteht aus vielen, weitverzweigten Fäden, die sich unterirdisch ausdehnen. Manche dieser Pilze umspinnen die feinen Wurzeln bestimmter Bäume und bilden mit ihnen eine Ernährungsgemeinschaft; man nennt diese Art des Zusammenlebens eine Symbiose. Deshalb sind Birkenpilze in der Nähe von Birken zu finden, Steinpilze bei Eichen und Buchen und Fliegenpilze bei Kiefern. Der Pilz zieht Nährstoffe aus den Wurzeln des Baumes. Andererseits hilft er dem Baum bei der Nahrungsaufnahme, indem er ihm den Boden auflockert. Viele Pilze sind essbar, doch etliche sind giftig. Pflücken sollte sie nur, wer sich sehr gut auskennt.
Zur großen Pflanzengruppe der Pilze gehören auch die winzig kleinen Hefepilze, die den Kuchenteig aufgehen lassen. Schimmelpilze sehen wir gelegentlich als blaugrüne Flecken auf Brot und Marmelade. ➜ Gift, Pflanze

der Pinguin

Pinguine sind Meeresvögel. Sie schwimmen und tauchen sehr gut, aber sie können nicht fliegen. Ihre kurzen, breiten Flügel sind zu Flossen umgewandelt.
Pinguine kommen nur auf der südlichen Erdhalbkugel vor. Ihr Lebensraum sind vor allem die kalten Meere und Eislandschaften der Antarktis. Ihr Körper wird von einer dicken Fettschicht warmgehalten. Pinguine ernähren sich ausschließlich aus dem Meer: Sie fressen Fische, Krebse und Tintenfische, und sie können sogar das salzige Meerwasser trinken.
Kaiserpinguine entfernen sich zum Brüten von der Küste und wandern weit auf das Festlandeis. Das Weibchen legt dort das einzige Ei und kehrt gleich darauf ans Meer zurück. Das Männchen klemmt das Ei zwischen Fußrücken und Bauch fest und bebrütet es. Mehr als 60 Tage verbringt es so auf dem Eis stehend ohne Nahrung. Wenn das Junge geschlüpft ist, kehrt die Mutter zurück und übernimmt dessen Versorgung. ➜ Ei, Vogel

Kaiserpinguine

der Planet

9 Planeten umkreisen die Sonne; einer davon ist unsere Erde. Sie sind Himmelskörper, die nicht selbst leuchten, sondern nur das Sonnenlicht zurückwerfen. Sie umlaufen die Sonne in verschiedenen Abständen: Der Merkur ist ihr am nächsten. Dann folgen Venus, Erde und Mars. Die 5 äußeren Planeten sind Jupiter, Saturn, Uranus, Neptun und Pluto. Der größte Planet unseres Sonnensystems ist der Jupiter. Ihn umkreisen noch einmal mindestens 16 Monde. ➜ Erde, Mond, Sonne, Stern, Weltall

das Plastik

Plastik ist ein häufig gebrauchter Name für Kunststoff. Aus diesem Material bestehen viele Gegenstände, die wir täglich brauchen. Es lässt sich leicht formen und kann je nach Verwendungszweck hart oder weich sein. Manche Dinge, die früher aus Holz oder Leder angefertigt wurden, werden jetzt massenhaft und viel billiger aus Plastik hergestellt, zum Beispiel Gartenstühle und Taschen. Um Plastik herzustellen, braucht man vor allem Erdöl. ➜ Erdöl, Material

die Politik

Politik beeinflusst das Zusammenleben der Menschen. Politisch nennen wir alle Handlungen, die sich auf das Leben der Bürger in einem Staat auswirken. In einer Gemeinde entscheidet zum Beispiel der Gemeinderat darüber, ob ein neues Schwimmbad oder eine neue Schule gebaut werden. Die Folgen solcher politischen Entscheidungen sieht und spürt fast jedes Gemeindemitglied.
Die Regierung eines Staates ist auch für die Außenpolitik verantwortlich, die das Verhältnis zu anderen Staaten betrifft. In einer Demokratie nehmen die Bürger Einfluss auf die Politik, indem sie Politiker wählen oder sich selbst politisch betätigen. Sie können das in Parteien oder anderen Gruppen tun. ➜ Bürger, Demokratie, Gemeinde, Partei, Staat

die Polizei

Die Polizei übernimmt wichtige Aufgaben in einem Staat: Sie soll die Bürger vor Gefahren schützen und dafür sorgen, dass die Gesetze eingehalten werden.
Schutzpolizisten sind an ihren grünen Uniformen zu erkennen. Sie überwachen zum

Beispiel den Verkehr und unternehmen regelmäßig Streifenfahrten. Angehörige der Kriminalpolizei tragen keine Uniform. Sie haben die Aufgabe, schwere Verbrechen aufzuklären und die Verdächtigen festzunehmen. Die Bereitschaftspolizei ist für die Ausbildung junger Polizisten zuständig. Sie wird auch herangezogen, wenn besonders viele Polizisten gebraucht werden. Das geschieht beispielsweise manchmal bei der Großfahndung nach einem gefährlichen Verbrecher, der aus dem Gefängnis ausgebrochen ist.
Alle Polizisten müssen sich bei ihren Einsätzen nach den Gesetzen richten. Ohne Grund dürfen sie gegen niemanden Gewalt anwenden oder ihn festnehmen. ➜ Gesetz, Staat

die Post

Die Post befördert jeden Tag Millionen Briefe und Postkarten, aber auch Päckchen und Pakete. Wer einen Brief verschicken will, steckt ihn in einen Briefkasten oder bringt ihn zum Postamt. Briefkästen werden täglich geleert. Alle Briefe und Postkarten werden im Postamt gesammelt und anschließend zu einem Versandpostamt transportiert. Automatische Briefverteilanlagen sortieren sie dort nach ihren Bestimmungsorten. Die Anschriften werden, soweit es möglich ist, von Lesemaschinen entziffert. Automatisch werden auch die Briefmarken kontrolliert und gestempelt.
Die Briefsendungen werden zum größten Teil in Lastwagen, aber auch mit Flugzeugen, Schiffen oder Zügen weiterbefördert. An ihren Bestimmungsorten verteilt man sie auf die zuständigen Postämter. Hier werden sie noch einmal nach Stadtteilen, Straßen und Hausnummern sortiert. Briefträger stecken schließlich die Post in die Hausbriefkästen der Empfänger. ➜ Adresse, Brief

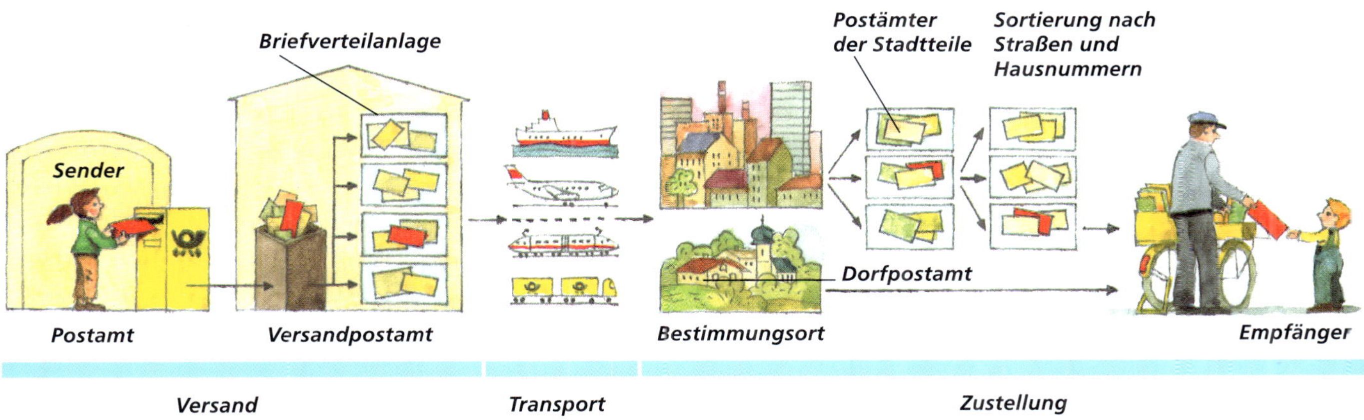

das Porzellan

Tassen, Teller und Vasen sind oft aus Porzellan. Es ist die feinste Art der Keramik. Porzellan wurde in China erfunden. Der wichtigste Rohstoff für seine Herstellung ist eine besondere Porzellanerde, das Kaolin. Zwei Arten von Mineralien, Feldspat und Quarz, werden dazu gemischt. Alles wird sehr fein zermahlen, mit Wasser zu einem Brei vermengt, geformt und gebrannt. Anschließend trägt man eine Glasur auf und brennt das Ganze nochmals. Erst jetzt entsteht die glatte, glänzende Oberfläche. Porzellan ist schön anzusehen und wird als Geschirr häufig gebraucht; es zerbricht allerdings sehr leicht. ➜ Mineralien, Töpfer

die Pubertät

Die Zeit, in der ein Mensch erwachsen wird, nennt man Pubertät. Sie tritt im Alter zwischen 10 und 14 Jahren ein. Mädchen und Jungen wachsen in dieser Zeit kräftig in die Höhe, und sie werden geschlechtsreif.
Bei den Mädchen wachsen die Brüste und die Geschlechtsorgane. Die Hüften werden

breiter. Mädchen haben ihren ersten Eisprung und damit auch die ersten Regelblutungen.
Bei den Jungen werden Brust und Schultern breiter. Penis und Hoden werden größer. In den Hoden werden von nun an Samenzellen erzeugt, und es kommt zu den ersten Samenergüssen. Jungen bekommen mit dem Stimmbruch eine tiefere Stimme, und der Bartwuchs setzt ein. Bei beiden Geschlechtern beginnen Achsel- und Schamhaare zu wachsen. ➜ Brüste, Hoden, Penis, Scheide

die Pumpe

Pumpen sind Maschinen, mit denen man Flüssigkeiten oder Gase fördert. Bei alten Brunnen sieht man manchmal noch eine Wasserpumpe. Bewegt man ihren Schwengel, wird Grundwasser nach oben gesaugt. Dabei handelt es sich um eine Kolbenpumpe. Wenn ihr Kolben sich im Brunnenrohr zurückbewegt, saugt er über ein Saugventil Flüssigkeit an. Bewegt er sich in der entgegengesetzten Richtung, wird das Saugventil geschlossen. Zugleich wird die Flüssigkeit über ein Druckventil nach oben gedrückt. Fahrradpumpen sind ebenfalls Kolbenpumpen. Wir pumpen Luft in den Reifen, indem wir den Kolben im Innern des Zylinders hin- und herbewegen.
Heute arbeitet man meistens mit Kreiselpumpen. In ihrem Innern dreht sich ein Pumpenrad, eine Art Propeller. Sie haben den großen Vorteil, dass sie nicht stoßweise pumpen, sondern gleichmäßig Flüssigkeit fördern.
➜ Brunnen, Zylinder

Kolbenpumpe

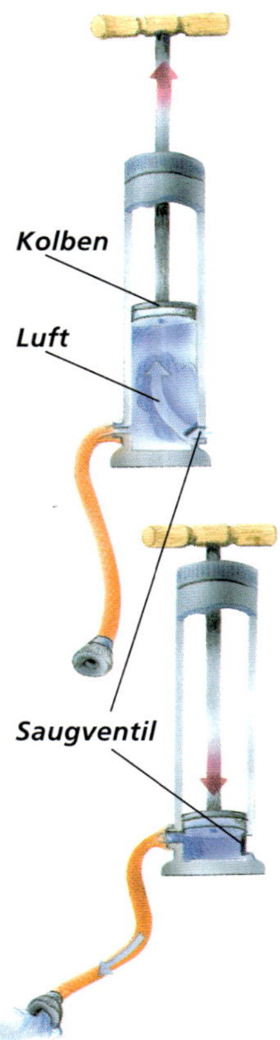

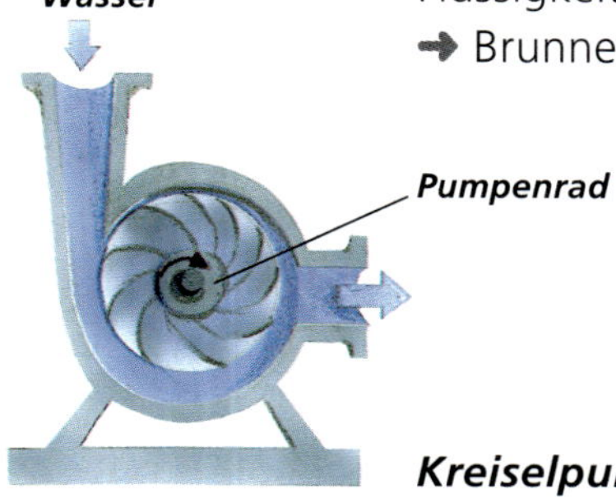

Kreiselpumpe

die Puppe

Puppe eines Schmetterlings

Puppen sind kleine Nachbildungen von Menschen. Sie können zum Beispiel aus Holz, Wolle, Porzellan oder Kunststoff sein. Kinder spielen mit ihnen seit uralter Zeit. Von manchen Erwachsenen werden sie gesammelt. Eine ganz andere Art von Puppe ist die Hülle, in die sich Insektenlarven einspinnen. Sie verwandeln sich darin in ihre endgültige Gestalt. ➜ Insekt, Larve, Made

die Pyramide

Pyramiden sind Grabgebäude. Die Herrscher im alten Ägypten, die Pharaonen, ließen sie bauen. Sie haben einen quadratischen Grundriss und dreieckige Seiten, die oben in einer Spitze zusammenlaufen. Pyramiden sind riesig, und ihr Eingang liegt ganz versteckt. Im Innern gelangt man durch lange Gänge in die eigentliche Grabkammer. Dort liegt der Pharao als Mumie in seinem geschmückten Sarg. ➜ Grundriss, Mumie, Quadrat

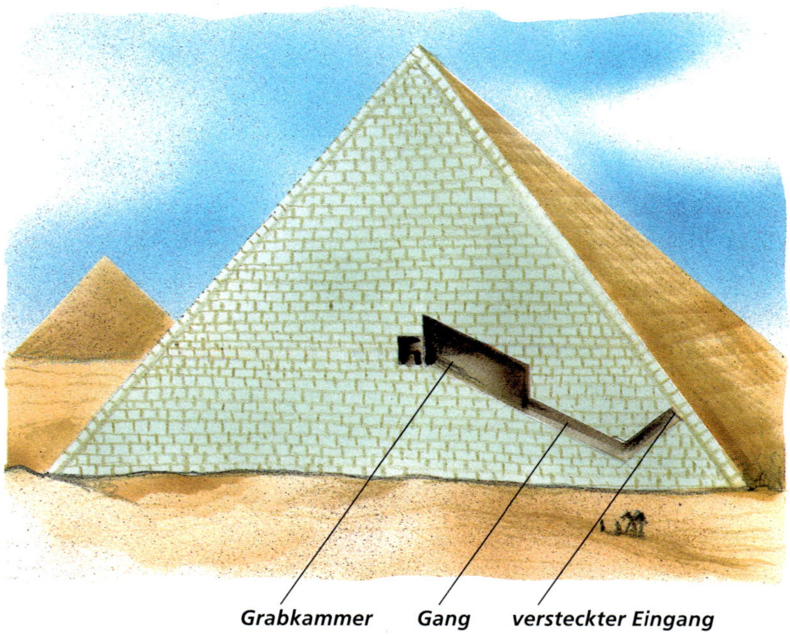

das Quadrat

Ein Quadrat ist ein Viereck mit vier gleich langen Seiten. Du findest es zum Beispiel bei einem Würfel: Jede seiner 6 Seiten ist ein Quadrat. Wenn die Seite eines Quadrats genau 1 Meter lang ist, beinhaltet es die Fläche von 1 Quadratmeter. Das ist ein Maß, mit dem wir Flächen messen. Die Größe von Wohnungen und Grundstücken wird in Quadratmetern angegeben. ➜ Meter, Würfel

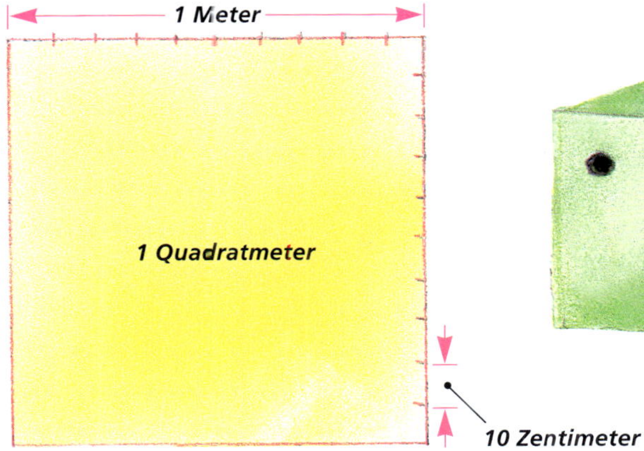

die Qualle

Die meisten Quallen leben im Meer. Sie schweben wie aufgespannte Schirme durch das Wasser. Wenn sie ihren Schirm zusammenziehen, stoßen sie nach unten Wasser aus und bewegen sich dadurch langsam fort. Ihr Körper kann durchsichtig oder leuchtend bunt sein. Den Mund der Quallen umgeben Fangarme, die wie kleine Lappen aussehen. Viele dünne Fang- und Nesselfäden sitzen außerdem am Schirmrand. Die Fangarme und Nesselfäden enthalten ein Gift. Damit lähmen Quallen kleine Meerestiere, von denen sie sich ernähren. Mit den Fangarmen werden die Beutetiere anschließend in den Mund geschoben.
Ohrenquallen, die in der Nord- und Ostsee oft vorkommen, haben so wenig Nesselgift, dass es für Menschen nicht spürbar ist. Wenn wir dagegen die Nesselfäden anderer Quallenarten berühren, verursachen sie auf unserer Haut Verbrennungen.
Quallen bestehen fast nur aus Wasser. Wenn sie von den Wellen an den Strand gespült werden, trocknen sie innerhalb kurzer Zeit aus. Es bleiben von ihnen dann nur dünne Hautschichten übrig.
➜ Gift

das Quecksilber

Quecksilber ist das einzige Metall, das bei Zimmertemperatur flüssig ist. Wie alle anderen Metalle dehnt es sich aus, wenn es wärmer wird, und zieht sich bei Abkühlung zusammen. Man verwendet es seit langem in Thermometern. Dort zeigt das Steigen oder Fallen der Quecksilbersäule die Veränderung der Temperatur an.
Quecksilber muss immer verschlossen aufbewahrt werden, denn es entwickelt sehr giftige Dämpfe. Es kann lebensgefährlich sein, sie einzuatmen. Hochgiftig sind auch alle Verbindungen von Quecksilber mit anderen Metallen. Dinge, die Quecksilber enthalten, wie Leuchtstoffröhren, Batterien und Thermometer, gehören deshalb auf den Sondermüll.
➜ Batterie, Metall, Müll, Thermometer

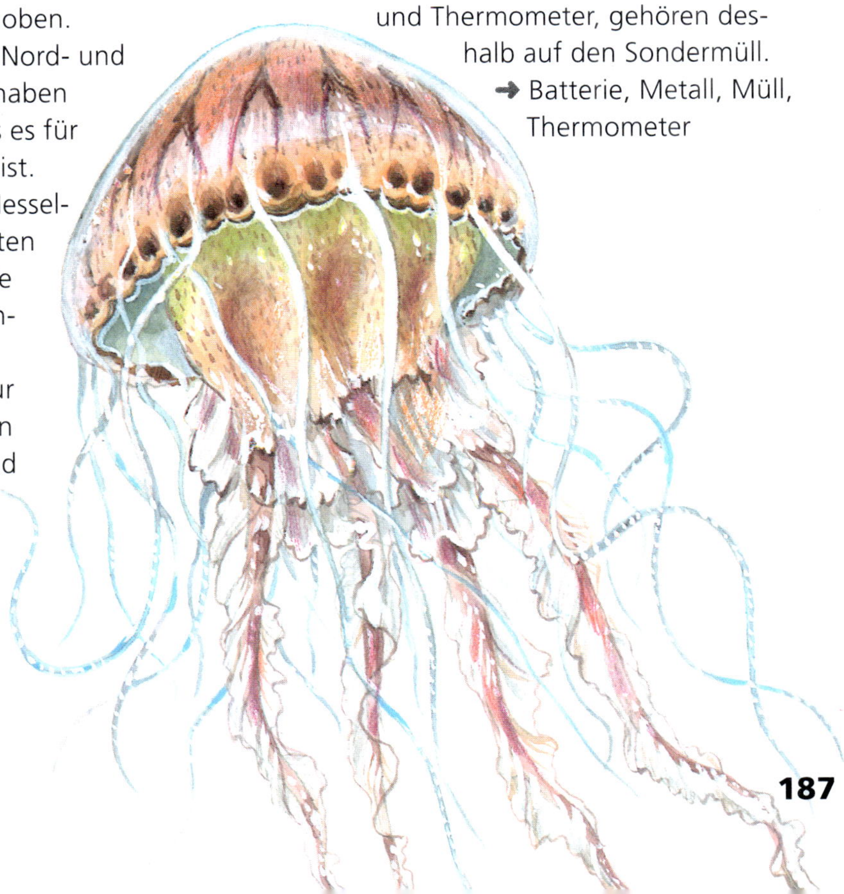

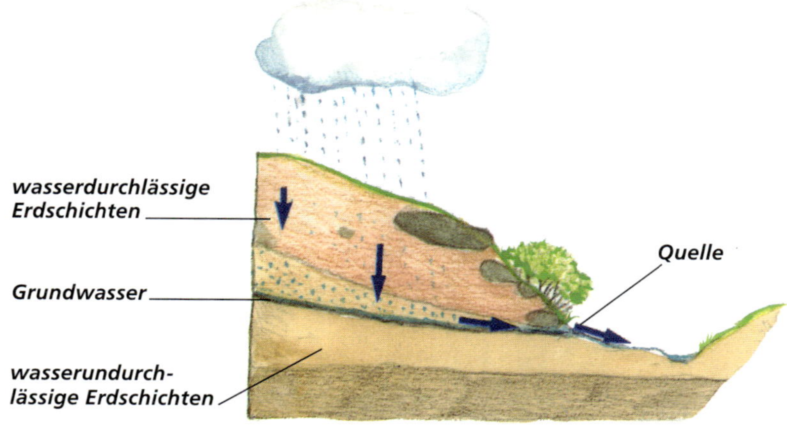

Quelle

Dort, wo Wasser aus dem Boden sickert oder fließt, ist eine Quelle. Meistens handelt es sich um Grundwasser, das aus der Erde hervortritt. Nach Regenfällen ist es in den Boden eingesickert und hat sich auf einer undurchlässigen Erdschicht angesammelt. Eine Quelle entspringt oft an einem Abhang: Wo die schräge Erdoberfläche die Grundwasserschicht schneidet, kann das Wasser leicht hervorkommen. Es sammelt sich meistens zu einem Bach, der später in einen Fluss mündet. Manchmal speist eine Quelle auch einen See. ➜ Bach, Grundwasser, Wasserkreislauf

die Quittung

Wer eine Quittung unterschreibt, bescheinigt dadurch, dass er etwas bekommen hat. Man nennt sie deshalb eine schriftliche Empfangsbestätigung. Oft erhält man eine Quittung, wenn man etwas gekauft hat. Auch die meisten Kassenzettel sind Quittungen. Der Postbote darf ein Paket nur aushändigen, wenn der Empfänger durch seine Unterschrift bestätigt, dass er es erhalten hat.

das Quiz

Das Quiz ist ein Frage- und Antwortspiel. Oft besteht die Regel, dass die Mitspieler ihre Antworten innerhalb einer vorgeschriebenen Zeit geben müssen. Wer am schnellsten richtig antwortet, gewinnt. Quizsendungen im Fernsehen werden von einem Quizmaster geleitet.

der Rabe

Der Kolkrabe ist unser größter Rabenvogel. Sein Gefieder ist glänzend schwarz, sein Schnabel sehr kräftig. Er frisst kleinere Tiere und Pflanzen, hat aber eine große Vorliebe für Aas.
Raben können sehr gut fliegen. Sie beherrschen den Gleitflug genauso gut wie die großen Greifvögel; und wenn sie in Laune sind, machen sie hoch in den Lüften Überschläge und Rollen. Es gibt nur wenige Vögel, die so klug sind wie die Raben. In Gefangenschaft werden sie sehr zahm und lernen, Wörter oder Sätze nachzusprechen. In Deutschland wurden Raben fast ausgerottet; sie stehen deshalb unter Naturschutz.
➜ Aas, Vogel, Vogelschutz

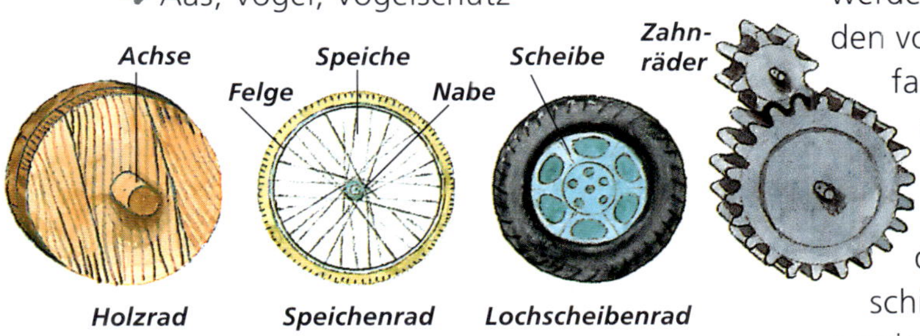

das Rad

Das Rad kommt in der Natur nicht vor. Es ist eine der größten und wichtigsten Erfindungen, die dem Menschen jemals gelungen ist. Bevor man es erfand, mussten schwere Lasten mühsam über den Boden geschliffen oder geschoben werden. Mit Rädern geht der Transport viel leichter, denn das Rad berührt immer nur mit einem Teil seiner Fläche den Boden.
Die ersten Räder waren vermutlich runde Holzscheiben. Sie hatten ein Loch in der Mitte, durch das man eine Stange stecken konnte, die Achse. Einfache Wagen besaßen zwei solcher Scheibenräder.
Heute besteht ein Rad meistens aus Nabe, Speichen oder Scheibe und Felge. Der äußere Ring ist die Felge, der innere Ring die Nabe. Beide sind durch die Speichen oder die Scheibe verbunden. Mit der Nabe steckt das Rad fest auf der Achse, um die es sich dreht.
Wir kennen das Rad vor allem als Fahrzeugrad. Als Zahnrad ist es aber zugleich Bestandteil unzähliger Maschinen.
➜ Maschine, Zahnrad

der Radar

Am hellen Tag und bei klarer Sicht können wir Gegenstände schon auf ziemlich große Entfernungen wahrnehmen. Anders verhält es sich, wenn Dunkelheit, Wolken oder Nebel unsere Sicht behindern. Dann ist es nur mit einem Radar möglich, weit entfernte Dinge sichtbar zu machen.
Eine Radaranlage sendet über drehbare Antennen Radiowellen aus. Sobald sie gegen ein Hindernis prallen – zum Beispiel ein Schiff, ein Flugzeug oder einen Felsen –, werden sie zurückgeworfen. Die Echos werden von derselben Antenne wieder aufgefangen. Das Radargerät misst die Zeit, die zwischen Aussenden und Empfang der Radiowellen vergangen ist. Daraus errechnet es die Entfernungen der Gegenstände. Auf einem Radarschirm, der wie ein Fernsehbildschirm aussieht, kann man die Ergebnisse ablesen. Schiffe benutzen Radar, um Zusammenstöße zu vermeiden. Auch auf einem Flugplatz verwendet man Radaranlagen, damit die Flugzeuge sicher landen können. Die Polizei setzt Radargeräte ein, die die Geschwindigkeit von Autos genau überwachen können. ➜ Antenne, Flughafen, Rundfunk

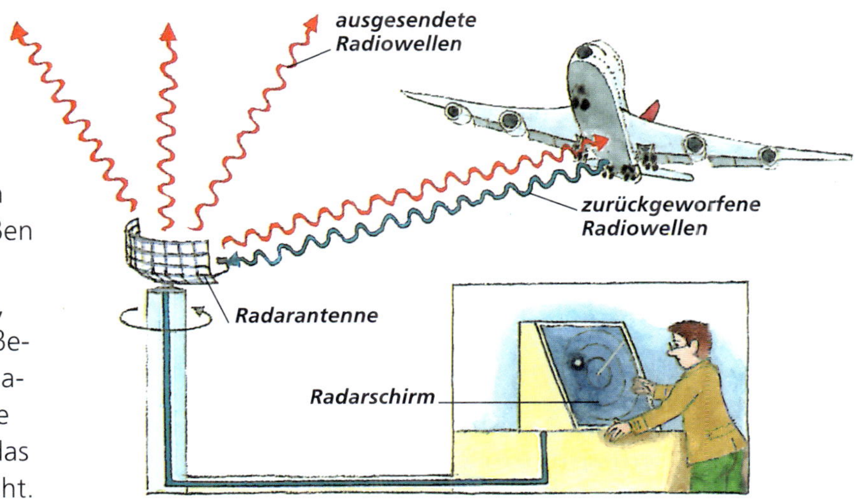

das Radio → Rundfunk

das Rathaus

In einem Rathaus befindet sich die Verwaltung einer Gemeinde. Hier arbeiten auch der Bürgermeister und die Gemeinde- oder Stadträte. Rathäuser sind oft besonders schöne Gebäude, die direkt am Marktplatz gelegen sind.
Im Rathaus sind viele Ämter untergebracht. Dazu gehören das Standesamt, auf dem Hochzeitspaare getraut werden, und oft auch das Einwohnermeldeamt, wo die Bürger ihre Ausweise bekommen. Die Beratungen der Stadt- und Gemeinderäte finden in Sitzungssälen statt.
→ Bürger, Bürgermeister, Gemeinde, Standesamt

Hausratte

die Ratte

Ratten sind Nagetiere und mit den Mäusen nah verwandt. Wie diese haben sie einen auffallend langen Schwanz. Aber Ratten sind kräftiger und größer: Sie werden bis zu 30 Zentimeter lang.
Ratten leben schon immer in der Nähe von Menschen. Die Hausratte bewohnt Ställe und Scheunen und ist häufig auf Schiffen zu finden. Dagegen lebt die weitverbreitete Wanderratte vor allem auf Müllhalden und in Abwasserkanälen. Sie kann sehr gut schwimmen und tauchen. Durch Abwasserrohre kommt sie leicht in Kellerräume und Wohnungen.
Ratten sind Allesfresser. Wo sie in großen Scharen auftreten, können sie schweren Schaden anrichten. Sie verzehren beispielsweise Getreide oder greifen Haustiere an. Sie sind außerdem gefährliche Krankheitsüberträger. Weil sie leicht zu züchten sind und sehr schnell lernen, werden sie häufig als Versuchstiere verwendet. → Maus, Nagetier

die Raumfahrt

Im Oktober 1957 brachte eine Rakete den Satelliten Sputnik 1 in eine Umlaufbahn um die Erde. Mit diesem Ereignis begann die Raumfahrt. Erstmals war es Menschen gelungen, in den Weltraum vorzustoßen. Bemannte Raumflüge folgten wenige Jahre später. Und schon 1969 betraten die ersten Astronauten den Mond.
Raumfahrt ist erst möglich, seit es genügend starke Raketen gibt. Nur sie erreichen die nötige Geschwindigkeit, um die Erdanziehung zu überwinden. Ihre Triebwerke brauchen keine Luft, um zu arbeiten. Deshalb können sie sich auch im luftleeren Weltraum vorwärts bewegen.
Heute werden unterschiedliche Flugkörper ins Weltall geschickt. Die meisten sind Satelliten, die dauernd die Erde umkreisen und verschiedene Aufgaben übernehmen. Unbemannte Raumsonden verlassen den Anziehungsbereich der Erde und fliegen zu anderen Planeten unseres Sonnensystems. Nach langdauernden Flügen umkreisen sie diese Himmelskörper, nehmen Bilder von ihnen auf und funken sie zur Erde. Sonden landeten schon auf der Venus und dem Mars. Bemannte Raumflüge finden zum größten Teil mit Raumfähren statt. In Raumstationen, die sich in einer Umlaufbahn um die Erde befinden, leben und arbeiten Astronauten oft monatelang. Man sagt, dass wir heute im Zeitalter der Raumfahrt leben.
→ Astronaut, Planet, Satellit, Weltall

die Raupe

Raupen schlüpfen aus den Eiern von Schmetterlingen. Sie sind ihnen aber überhaupt nicht ähnlich und können auch nicht fliegen. Raupen sehen wie Würmer aus. Manche haben eine unauffällige Tarnfarbe, andere sind leuchtend bunt gefärbt. Ihre zahlreichen Beine sitzen in einer Doppelreihe. Mit ihnen können sie sich auch auf glatten Oberflächen festhalten und schnell vorankriechen.
Raupen fressen pausenlos, vor allem Blätter, und können dadurch große Ernte- und Waldschäden anrichten. Viele ernähren sich nur von bestimmten Bäumen und Pflanzen. Die Raupe des Kohlweißlings frisst zum Beispiel nur Kohlblätter.
Sobald sie genug gefressen haben, spinnen sich die Raupen ein und verpuppen sich. In der Puppenhülle verwandeln sie sich in Schmetterlinge. Manche brauchen dafür nur einige Wochen; viele überwintern auch als Puppe und schlüpfen erst im Frühjahr.
➜ Insekt, Larve, Puppe, Schmetterling

das Rauschgift ➜ Droge

das Recycling

Das englische Wort recycling (sprich: rießeikling) bedeutet: „wieder in den Kreislauf bringen". Gemeint ist, dass Abfälle nicht einfach weggeworfen, sondern als neue Rohstoffe wieder verwendet werden. Man sammelt Altglas in Containern, damit es eingeschmolzen und zu neuen Flaschen gepresst werden kann. Aus Altpapier wird Umweltschutzpapier, und ebenso lassen sich Metalle und Kunststoffe wieder verwenden. Recycling spart Rohstoffe und schont unsere Umwelt, denn es verringert die Menge des Abfalls. Dadurch entstehen zum Beispiel in Müllverbrennungsanlagen weniger Abgase. Auch wer pflanzliche Abfälle zu Kompost werden lässt, betreibt Recycling. Es entsteht dabei neue, fruchtbare Gartenerde.
➜ Container, Kompost, Müll, Rohstoff

der Regen

Wenn eine dunkelgraue Wolke am Himmel aufzieht, wird es wahrscheinlich bald regnen. Eine Wolke entsteht, wenn sich feuchte Luft abkühlt. Der Wasserdampf, der in der Luft enthalten ist, wird dabei zu Wasser. Kleine Wassertröpfchen schweben in der Luft, sammeln sich an und werden zu einer sichtbaren Wolke. Wenn sie sich noch weiter abkühlt, schließen sich die Tröpfchen zu immer größeren Wassertropfen zusammen. Schließlich werden sie zu schwer, um in der Luft zu schweben: Es regnet.
Bei einem Wolkenbruch oder Platzregen prasseln für kurze Zeit große Tropfen herunter. Ein Landregen fällt dagegen gleichmäßig und anhaltend – er dauert manchmal tagelang. Wenn viele, feine Wassertröpfchen die Luft erfüllen, sprechen wir von Niesel- oder Sprühregen.
Regen ist ein wichtiger Teil des Wasserkreislaufs. Ohne ihn wäre kein Leben auf dem Land möglich. ➜ Niederschlag, Wasserkreislauf, Wetter, Wolke

der Regenbogen

Einen Regenbogen sehen wir, wenn es regnet und gleichzeitig die Sonne scheint. Er wird besonders deutlich sichtbar, wenn die Sonne tief am Himmel hinter uns steht,

während es vor uns noch kräftig regnet. Die Sonne strahlt dann die Regentropfen an. Wie kleine Linsen lenken sie die Sonnenstrahlen um und werfen sie zurück. Das weiße Licht wird dabei in seine 6 Farben aufgespalten: rot, orange, gelb, grün, blau und violett. Rot liegt immer am äußeren Rand des Kreisbogens, violett innen. Kleine Regenbogen können wir oft auch an Wasserfällen und Springbrunnen beobachten. ➜ Farbe, Licht, Linse

der Regenwurm

Der Regenwurm trägt seinen Namen, weil wir ihn gerade nach starkem Regen auf der Erdoberfläche finden. Er muss seine unterirdischen Erdgänge verlassen, wenn die Gefahr besteht, dass sie voll Wasser laufen und er darin ertrinkt. Der Regenwurm heißt also Regenwurm, weil er den Regen nicht verträgt.
Andererseits sterben Regenwürmer, wenn es zu trocken ist. Sie leben in feuchtem Boden und fressen sich buchstäblich durch ihn hindurch. Mit der Erde nehmen sie viele faulende Pflanzenteilchen auf. Sie verdauen sie und scheiden mit ihrem Kot Stoffe aus, die für den Aufbau neuer Pflanzen notwendig sind. Durch ihre Tätigkeit durchmischen Regenwürmer auch den Boden und lockern ihn auf; so machen sie ihn fruchtbarer. Jeder Gärtner wünscht sich deshalb, dass in seiner Gartenerde und vor allem in seinem Komposthaufen möglichst viele Regenwürmer am Werk sind. ➜ Kompost, Nahrungskette

die Regierung

Ein Staat wird von einer Regierung geleitet. Sie besteht aus einer Gruppe von Frauen und Männern, die wichtige politische Entscheidungen treffen.
Chef einer Regierung kann ein Ministerpräsident sein, ein Premierminister oder, wie in Deutschland und Österreich, ein Bundeskanzler. Die anderen Mitglieder der Regierung werden Minister genannt. Sie haben verschiedene Aufgaben: Eine Ministerin kann für die Außenpolitik zuständig sein, also für die Beziehungen zu anderen Staaten. Der Finanzminister verwaltet das Geld; er wacht über staatliche Einnahmen und Ausgaben, zum Beispiel auch über die Steuern. Ein Familienminister ist für die Familienpolitik verantwortlich und damit auch für Kinder und Jugendliche.
In einer Demokratie stimmen die Bürger darüber ab, welche Parteien die Regierung bilden können. Die Regierung wird nur für eine bestimmte Zeit gewählt, danach muss sie sich neu zur Wahl stellen.
Es gibt auch Staaten, in denen die Regierungsgewalt in der Hand eines Herrschers liegt. Er regiert, ohne auf den Willen der Bevölkerung Rücksicht zu nehmen. Ein solcher Staat ist eine Diktatur, der Alleinherrscher ein Diktator. ➜ Demokratie, Partei, Politik, Staat, Steuer, Wahl

das Reh

Rehe kommen in unseren Wäldern häufig vor. Nur das männliche Reh, der Bock, trägt ein kurzes Geweih. Das weibliche Reh, die Ricke, wirft jedes Jahr ein bis zwei Junge. Diese hellgefleckten Kitze werden von der Mutter gleich nach der Geburt in ein sicheres Versteck gebracht. Einige Tage lang ru-

hen sie im hohen Gras, und die Ricke sucht sie nur gelegentlich auf, um sie zu säugen. Findet man zufällig so ein scheinbar allein gelassenes Kitz, darf man es nicht berühren. Die Mutter kann durch den menschlichen Geruch abgeschreckt werden und es dann wirklich verlassen.
Rehe ernähren sich von Gras, Getreide und Waldfrüchten. Im Winter fressen sie vor allem zarte Rinde und die Knospen von Sträuchern. Der Mensch hat ihre natürlichen Feinde, den Luchs und den Wolf, ausgerottet; deshalb vermehren sich Rehe sehr stark. Wo es zu viele gibt, können sie dem Wald großen Schaden zufügen; Jäger begrenzen deshalb ihre Zahl. ➜ Säugetier, Wald

der Reif

Nach einer kalten Nacht sind Zweige, Zäune, und Grashalme oft mit Reif bedeckt. Das ist ein Niederschlag, der aus feinen Eisteilchen besteht. Er bildet sich, wenn der Erdboden nachts schnell abkühlt. Der Wasserdampf aus der Luft schlägt sich dann in Form von Eiskristallen nieder. Reif ist dem Tau ähnlich, der entsteht, wenn die Temperaturen über Null Grad Celsius liegen. ➜ Niederschlag, Tau, Verdunstung

der Reiher

Der Graureiher steht oft bewegungslos in ruhigen Teichen oder auf feuchten Wiesen: Dieser Vogel ist ein Lauerjäger. Seine Beute sind Wasserinsekten, Mäuse und kleine Fische. Kommt ein Beutetier in seine Nähe, stößt er blitzschnell mit seinem Schnabel zu und spießt es auf.
Von allen Reihern kommt der Graureiher bei uns am häufigsten vor. Seine Zahl ist stark zurückgegangen, denn immer mehr Feuchtgebiete werden trockengelegt, und damit verschwindet sein Lebensraum. Silber- oder Seidenreiher wurden schon vor vielen Jahren durch die Jagd beinahe ausgerottet, weil ihre Federn als Modeartikel sehr beliebt waren. Heute stehen Reiher unter Naturschutz. ➜ Naturschutz, Zugvogel

der Reim

Wörter bilden einen Reim, wenn sie gleich klingen. Zug/klug, Hase/Nase, Bäume/Träume sind Wortpaare, die sich reimen.
In vielen Gedichten spielen Reime eine wichtige Rolle. Sie sind ein Mittel, um dem Gedicht eine Form zu geben. Reime verbinden Verse und gliedern eine Strophe. Sie verstärken auch den besonderen Klang des Gedichts. Wenn sie am Ende eines Verses stehen, heißen sie Endreime:

Es lebt ein Ries' im Wald,
der hat ein Ohr so groß,
wenn da ein Donner schallt,
ist's ihm ein Jucken bloß.

(Christian Morgenstern)

➜ Gedicht

der Reis

Reis ist das wichtigste Getreide Asiens. Für mehr als die Hälfte aller Menschen ist er die Hauptnahrung. Die meisten Reissorten wachsen bis zur Blütezeit im flachen Wasser und brauchen viel Wärme. Die Felder werden deshalb unter Wasser gesetzt, bevor man den Reis pflanzt. Er enthält von allen Getreidearten die meisten Nährstoffe; dabei ist ungeschälter Naturreis gesünder als der weiße, polierte Reis. ➜ Getreide

Graureiher

die Religion
Es gibt auf der Welt eine große Zahl verschiedener Religionen. Menschen, die eine Religion haben, glauben an göttliche Mächte. Ihnen vertrauen sie, und an sie fühlen sie sich gebunden. Christen, Juden und Muslime glauben an einen Gott. In anderen Religionen gibt es den Glauben an mehrere Götter. Die bedeutendsten Weltreligionen sind der Buddhismus, das Christentum, der Hinduismus, der Islam und das Judentum.
➜ Christ, Gott, Jude, Muslim

die Reportage
Eine Reportage gibt einen lebendigen Bericht von einem Ereignis. Zum Beispiel sind bei Olympischen Spielen viele Reporter im Einsatz. Sie beobachten die Wettkämpfe und liefern ihre Reportagen an verschiedene Medien. Einige von ihnen schreiben Augenzeugenberichte für Zeitungen. Andere gestalten Beiträge, die im Radio oder Fernsehen gesendet werden. Jeder Zeitungsleser, Radiohörer und Fernsehzuschauer kann dadurch das spannende Geschehen hautnah mitverfolgen. ➜ Journalist, Medien

das Reptil
Reptilien heißen mit einem deutschen Wort „Kriechtiere". Viele von ihnen bewegen sich so flach am Boden, dass sie ihn mit ihrem Bauch dauernd berühren: Sie kriechen. Das tun Schlangen und die Blindschleichen, die überhaupt keine Beine haben. Bei den anderen Reptilien – zum Beispiel bei den meisten Eidechsen – ragen die Beine seitlich aus dem Körper heraus. Beim Laufen strecken sie ihre Beine nach unten, sodass sich der Bauch über den Boden erhebt.

Stirnlappenbasilisk

Im Gegensatz zu den warmblütigen Säugetieren sind Reptilien kaltblütig oder wechselwarm. Ihre Körpertemperatur steigt und fällt mit der Außentemperatur. Ihr Körper trägt Hornschuppen oder Knochenplatten. Zu den Reptilien gehören Schildkröten, Krokodile, Echsen und Schlangen. ➜ Säugetier

die Republik
Eine Republik ist ein Staat, in dem nicht ein einzelner, sondern eine Gruppe von Menschen die Macht besitzt. Oft ist im Lauf der Geschichte aus einem Kaiser- oder Königreich eine Republik entstanden. So war es auch in Deutschland und in Österreich.
Die Schweiz war seit ihrer Gründung eine Republik. In einer demokratischen Republik gibt es Abgeordnete und eine Regierung, die von allen wahlberechtigten Bürgern gewählt wird. ➜ Bürger, Demokratie, Regierung, Staat, Wahl

der Rhythmus
Ruhiges Ein- und Ausatmen geschieht in einem Rhythmus. Das ist eine gleichmäßige Bewegung und ein regelmäßiger Wechsel. Auch am Meer kannst du einen Rhythmus beobachten: Ständig wechseln Ebbe und Flut.
Jeder Gedichtvers hat einen Rhythmus. Er entsteht dadurch, dass sich betonte und unbetonte Silben abwechseln. In der Musik spielen Rhythmen eine besonders große Rolle. Der Rhythmus einer Melodie wird durch die Länge der Töne und ihre Betonung bestimmt. ➜ Gedicht, Melodie, Musik

der Richter
Richter arbeiten im Gericht. Sie leiten dort Gerichtsverhandlungen und entscheiden Rechtsstreitigkeiten. Dazu müssen sie die beteiligten Personen befragen und anhören. Danach fällen sie ein Urteil und legen auch die Strafen für den Verurteilten fest.
Richter sollen unabhängig sein. Deshalb sind sie nur an die geltenden Gesetze gebunden und dürfen zum Beispiel keine Anweisungen

von Vorgesetzten bekommen. Man kann sie auch nicht absetzen. Jeder Richter hat mehrere Jahre an einer Universität studiert und verschiedene Prüfungen abgelegt.
➜ Beruf, Gericht, Gesetz

der Riese
Riesen kommen in Märchen und Sagen vor. Sie haben Menschengestalt, sind aber unnatürlich groß und haben vor allem übernatürliche Kräfte. Oft werden sie als furchtbare Ungeheuer beschrieben. Im Märchen sind sie meist böse, aber dumm. Das tapfere Schneiderlein, der Held des berühmten Märchens der Brüder Grimm, besiegt die Riesen mit seiner Schlauheit. ➜ Märchen, Sage

das Rind
Das Rind ist das wichtigste Haustier der Erde. Es stammt vom Auerochsen ab, einem Wildrind, das schon seit langer Zeit ausgestorben ist.
Rinder sind Wiederkäuer. Sie sind reine Pflanzenfresser und haben einen mehrteiligen Magen. Ihre Nahrung wird darin vorverdaut, anschließend wieder hochgedrückt und noch einmal gründlich zerkaut.
Hausrinder liefern den Menschen Fleisch, Milch und Leder. Früher nutzte man sie auch bei uns häufig als Zug- und Lasttiere. Die weiblichen Rinder heißen Kühe, die männlichen werden Stiere oder Bullen genannt. Beide tragen Hörner. Ochsen sind kastrierte männliche Rinder: Sie werden künstlich unfruchtbar gemacht, indem man ihnen die Hoden entfernt. Dadurch werden sie zahmer und setzen auch mehr Fett an. Eine Kuh bringt fast immer nur ein Junges zur Welt, das Kalb. ➜ Haustier

die Ringelnatter
Die Ringelnatter ist die Schlange, die bei uns am häufigsten vorkommt. Sie ist oft an Teichen oder Seen anzutreffen. Eidechsen, Frösche und Fische sind vor allem ihre Beute. Vorsichtig schlängelt sie sich nahe an sie heran und packt dann schnell mit ihren Zähnen zu.
Ringelnattern werden oft mit Kreuzottern verwechselt. Sie sind aber ungiftig und für uns ganz harmlose Tiere. Sie werden bis zu 1,5 Meter lang und haben ein auffälliges Kennzeichen: An beiden Seiten ihres Hinterkopfes sitzt ein gelber Fleck in der Form eines Halbmonds.
➜ Kreuzotter, Reptil, Schlange

der Ritter
Das Mittelalter war die große Zeit der Ritter. Sie waren Krieger auf Pferden. Es war ihr Beruf, für einen Fürsten oder König zu kämpfen. Für diesen Waffendienst überließ der König jedem Kämpfer leihweise ein großes Stück Land. Die Bauern, die dort lebten, mussten den Ritter und seine Familie versorgen. Meistens wohnten die Ritter auf einer Burg, die dem Schutz der ganzen Gegend diente.
Nur wer ritterliche Eltern und Großeltern hatte, konnte Ritter werden. Schon mit 7 Jahren musste der Junge seine Familie verlassen. Auf der Burg eines anderen Ritters begann er seinen Dienst als Page. Er lernte sich ritterlich zu benehmen, Damen zu begleiten und Gäste zu bedienen. Als 14-jähriger wurde er Knappe. Jetzt begleitete er den Ritter und lernte alles, was man als Rit-

ter können musste, vor allem den Kampf mit Schwert und Lanze. Mit 21 Jahren ernannte man ihn feierlich zum Ritter.
Ritter trugen im Kampf eine schwere Rüstung aus Metall. Wenn Frieden herrschte, übten sie ihre Fertigkeiten bei Turnieren: Das waren Scheingefechte, die aber auch dem Zeitvertreib dienten. Außerdem waren sie prächtige Ereignisse; oft schauten Könige, Bischöfe und Hofdamen zu. Zu Beginn der Neuzeit kamen die ersten Feuerwaffen auf, und die Ritter verloren ihre Bedeutung.
➜ Burg, Mittelalter, Wappen

die Robbe

Robben gehören zu den wenigen Säugetieren, die im Wasser leben. Man findet sie fast nur in kalten Meeren. Eine dicke Fettschicht unter ihrem Fell schützt sie gegen das eisige Wasser. An Land bewegen sie sich nur unbeholfen fort, sie schwimmen und tauchen jedoch elegant und schnell.
Es gibt ungefähr 30 verschiedene Robbenarten. Auch Seelöwen und Seeelefanten gehören dazu. Bei uns kommen Seehunde und Kegelrobben am häufigsten vor. Die meisten Robben jagen Fische. Andere, zum Beispiel die Walrosse, fressen vor allem Muscheln. Viele Robben werden wegen ihres warmen und dichten Fells gejagt. Die Jungtiere haben in ihren ersten Lebenswochen einen besonders weichen, weißen Pelz, der noch nicht wasserdicht ist. Sie müssen deshalb an Land bleiben, und von Zeit zu Zeit kommt die Mutter, um sie zu säugen. Wegen der Schönheit ihres Pelzes werden sie in großer Zahl getötet. ➜ Säugetier, Seehund

der Roboter

Früher stellte man sich Roboter als Maschinen vor, die Menschen ähnlich sehen. Einige solcher Maschinen wurden auch gebaut: Man kann sie so steuern, dass sie sich

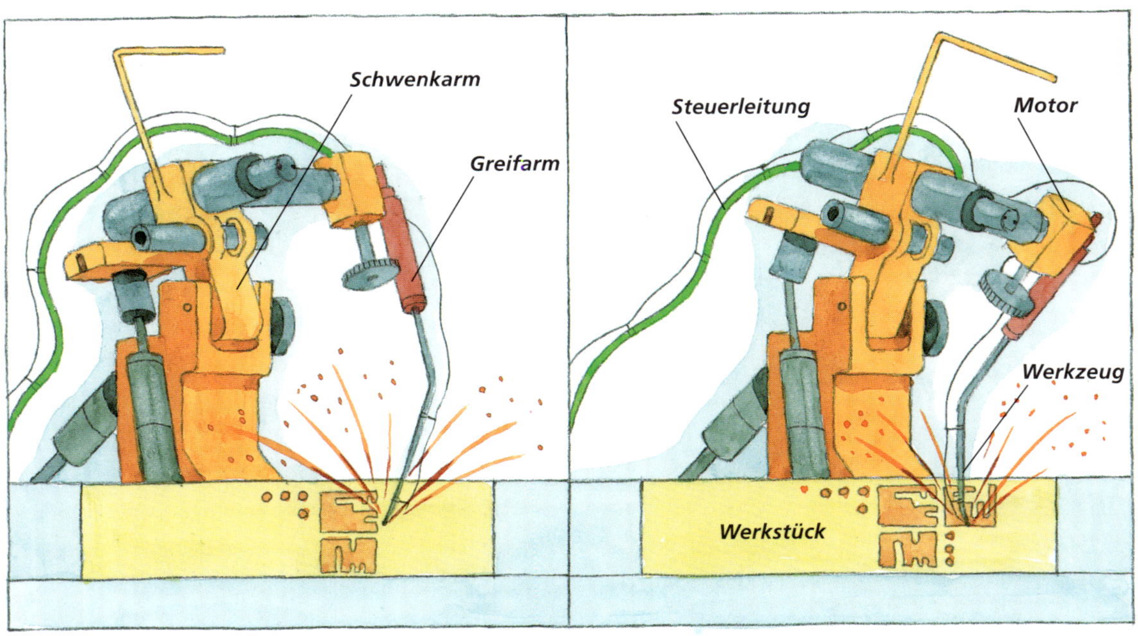

scheinbar selbstständig bewegen und gewisse Handgriffe ausführen. Sie begegnen uns aber vor allem in Filmen.
Die vielen Roboter, die heute in Fabriken eingesetzt werden, sehen ganz anders aus. Oft erkennt man nur einen oder mehrere Greifarme, die mit verschiedenen Werkzeugen bestückt sind. Sie werden von Computern gesteuert und von Motoren angetrieben. Sie verrichten Arbeiten, die sich ständig wiederholen, aber auch solche, die für Menschen gefährlich oder gesundheitsschädlich sind. Moderne Industrieroboter können äußere Eindrücke aufnehmen, sie auswerten und dadurch sehr komplizierte Arbeitsgänge erledigen. In vielen Fällen können Menschen längst nicht so schnell und genau arbeiten wie Roboter. ➜ Automat, Computer, Industrie, Maschine

der Roggen

Roggen ist ein Getreide, das auch in Ländern mit kalten Wintern wächst. Seine Halme und Ähren sind graugrün gefärbt, die Ähren tragen kurze Grannen. Die reifen Körner sind dunkler als die der anderen Getreidesorten. Aus Roggen wird dunkles Brot gebacken. Er wird außerdem in großen Mengen als Viehfutter verwendet. ➜ Ähre, Brot, Getreide

der Rohstoff

Rohstoffe werden gebraucht, um Güter aller Art herzustellen. Man gewinnt sie in der Natur und verarbeitet sie in der Industrie oder im Handwerk.
Bäume liefern den Rohstoff Holz. Er wird in großen Mengen zur Herstellung von Papier oder Möbeln benutzt. Bodenschätze wie Kohle, Erdöl und Erdgas dienen zum großen Teil dazu, Energie zu gewinnen. Sie werden jedoch auch als Rohstoffe weiterverarbeitet. Zum Beispiel stellt man viele Kunststoffe aus Erdöl her. Auch Tiere liefern dem Menschen Rohstoffe: Aus Tierhäuten macht man Leder, aus ihren Haaren spinnt man Wolle.
Unser Verbrauch an Rohstoffen ist riesengroß. Ihre Vorkommen auf der Erde sind aber begrenzt. Man geht zum Beispiel etwas sparsamer mit ihnen um, wenn man altes Material wieder verwendet oder Motoren baut, die weniger Treibstoff brauchen. Auch Altpapier und Altmetall können als Rohstoffe zur Herstellung mancher Güter dienen. ➜ Energie, Handwerk, Industrie, Material, Recycling

die Rollerskates ➜ Inline Skates

das Röntgenbild

Ein Röntgenbild hilft dem Arzt, Veränderungen in unserem Körper zu erkennen. Es zeigt ihm zum Beispiel, ob ein Knochen gebrochen ist und wie der Bruch aussieht. Bei einer Röntgenuntersuchung wird unser Körper mit besonderen Strahlen fotografiert. Diese Röntgenstrahlen sind unsichtbar, und wir spüren sie auch nicht. Sie durchdringen mühelos Haut und Muskeln, werden aber von Knochen zurückgehalten. So entsteht auf dem Röntgenfilm eine Art Schattenbild unserer Knochen. Weil Röntgenstrahlen schädlich sind, darf eine solche Untersuchung nicht zu oft durchgeführt werden. ➜ Arzt, Knochen

die Rose

Rosen werden schon seit vielen hundert Jahren als Gartenpflanzen gezüchtet, denn sie blühen prächtig und in verschiedenen Farben. Viele Sorten duften gut. Aus ihren Blütenblättern gewinnt man Rosenöl für Parfüms. An den Zweigen der meisten Rosen sitzen Stacheln. Einige Arten, wie die Hunds- und die Heckenrose, kommen bei uns auch wild vor. Die Früchte der Rosen heißen Hagebutten. ➜ Frucht, Hagebutte

das Rotkehlchen

Rotkehlchen sind kleine Singvögel mit einer auffälligen Färbung: Der Rücken ist braun, Brust und Gesicht sind orangerot und mit zartblauen Federn umrandet. Rotkehlchen

das Rotkehlchen

bauen ihr Nest am Boden, oft unter Baumstümpfen oder in den Hecken von Parks und Gärten. Im Herbst ziehen viele von ihnen nach Süden. Manche bleiben aber auch bei uns und sind häufig Gäste an den Futterplätzen, die wir im Winter für die Vögel einrichten. ➜ Zugvogel

das Rudel

Viele Säugetiere leben in Gruppen zusammen. Ein Rudel ist eine kleine Gemeinschaft von 10 bis 20 Tieren. Hirsche, Rehe und Gämsen leben die meiste Zeit in Rudeln. Sie können sich in einer Gruppe sicherer fühlen. Das Rudel wird immer von einem besonders erfahrenen Tier angeführt, oft von einem Weibchen. Auch Hyänen, Löwen und Wölfe schließen sich zu Rudeln zusammen. Sie tun es vor allem, um gemeinsam zu jagen. Andere Tiere, wie Rinder, Pferde und Elefanten, bilden dagegen große Herden. ➜ Säugetier

die Ruine

Eine Ruine ist ein verfallenes oder zerstörtes Bauwerk. Viele Burgen, die im Mittelalter erbaut wurden, sind heute nur noch als Ruinen erhalten. Von den einst mächtigen Gebäuden ist manchmal nicht mehr übrig geblieben als ein Teil der Grundmauern und ein abgebrochener Turm. Manche Burg wurde bei einem Angriff zerstört, andere sind im Laufe der Jahrhunderte verfallen.
Ruinen von Schlössern, Burgen und Klöstern werden gern besucht. Sieht man genau hin, verraten sie einiges über das Leben in vergangenen Zeiten. Auch Häuser, die im Krieg zerstört wurden, nennt man Ruinen. ➜ Burg, Kloster, Mittelalter

der Rundfunk

Der Rundfunk, den wir auch einfach Radio nennen, kann Musik und Sprache über weite Entfernungen übertragen. Dafür sind keine elektrischen Leitungen nötig, denn die Übertragung geschieht mithilfe von Radiowellen. Sie werden auch elektromagnetische Wellen genannt.
Im Studio eines Funkhauses wandelt man Töne und Geräusche mit einem Mikrofon in elektrische Signale um. Sie werden dann von einer Sendeantenne als Radiowellen ausgestrahlt. Diese unsichtbaren Wellen breiten sich ungeheuer schnell aus: Sie sind so schnell wie das Licht.
Die Empfangsantenne unseres Radios fängt die Wellen auf. Sie werden in elektrische Signale zurückverwandelt und schließlich im Lautsprecher wieder in Schallwellen umgeformt: So hören wir die Töne und Geräusche fast im selben Augenblick, in dem das Mikrofon sie aufnimmt.
Rundfunksendungen werden auf unterschiedlichen Wellenlängen übertragen. Man unterscheidet Lang-, Mittel- und Kurzwelle sowie Ultrakurzwelle, meist UKW genannt.
➜ Antenne, Mikrofon, Schall, Ton, Welle

die Saat
Im Frühjahr bringt der Landwirt Getreidekörner, Rübensamen, Kartoffelknollen oder andere Samen in den Boden. Dieses Ausstreuen oder Einsetzen des Saatgutes nennt man Saat.
Früher ging der Bauer über seinen Acker und säte mit der Hand. Heute zieht er mit dem Traktor eine Sämaschine über das Feld. Aus einem großen Vorratskasten fallen die Samen durch Rohre in den Boden. Ein großer Rechen, der hinter ihnen hängt, harkt eine lockere Erdschicht über das Saatgut. Jetzt können die Samen keimen und wachsen. ➜ Acker, Landwirtschaft, Samen

die Sage
Ihr Name verrät, worum es sich bei der Sage handelt: Sie ist eine Erzählung, die man zunächst von Mund zu Mund weitersagte. Viel später erst wurde sie aufgeschrieben. Sagen haben Ähnlichkeit mit Märchen: Häufig geschehen Wunder, und es treten auch Riesen, Zwerge, Hexen und Ungeheuer auf. Aber es gibt einen deutlichen Unterschied: Sagen erzählen meistens von einem genau beschriebenen Ort und einer bestimmten Zeit. Oft liegt ihnen auch ein Ereignis zugrunde, das wirklich stattgefunden hat. Beim Weitererzählen wurden die Einzelheiten dann immer ein wenig verändert und mit viel Fantasie ausgeschmückt.
Eine Heldensage ist das Nibelungenlied, das von Siegfried dem Drachentöter erzählt. Nach einer anderen berühmten Sage lebte im Riesengebirge der Riese Rübezahl.
➜ Drache, Hexe, Märchen, Riese, Zwerg

die Säge
Sägen sind besonders wichtige Werkzeuge für Tischler und Bauarbeiter. Sie zertrennen damit Bretter und Bohlen oder sägen Schlitze hinein. Hauptteil der Säge ist das Sägeblatt. Seine spitzen Metallzähne sind leicht nach rechts und links gebogen.
Dadurch entsteht beim Hin- und Herbewegen der Säge ein Trennspalt, der breiter ist als das Sägeblatt. So kann es sich nicht verklemmen.
Bekannte Handsägen sind die Laubsäge, die Bügelsäge und der Fuchsschwanz. In einer Tischlerei braucht man heute fast nur noch Maschinensägen: Band- und Kreissägen zertrennen blitzschnell dicke Hölzer. Eine Motorkettensäge wird zum Holzfällen benutzt. Außerdem gibt es Sägen, mit denen sich Metall, Stein und Kunststoffe zersägen lassen. ➜ Tischler, Werkzeug

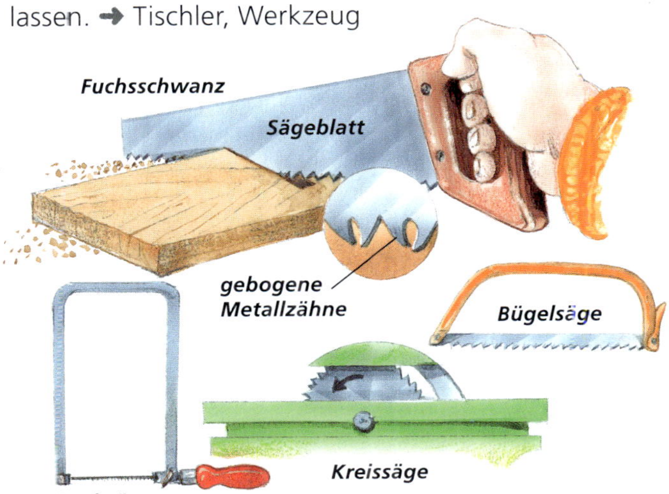

der Salamander
Salamander sehen den Eidechsen ähnlich, aber sie sind mit Fröschen und Kröten verwandt. Am auffälligsten ist der Feuersalamander. Er hat leuchtend gelbe oder orange Flecken und Streifen auf seiner schwarzen Haut.
Salamander leben in feuchten Wäldern in der Nähe von Quellen oder Tümpeln. Sie fressen Würmer, Schnecken und Insekten. Man bekommt sie selten zu sehen, denn sie sind Nachttiere und verlassen ihre Verstecke tagsüber nur, wenn es stark regnet. Ihre Haut ist sehr empfindlich gegen Austrocknung. Salamanderweibchen legen im Frühjahr 30 bis 40 Larven im flachen Wasser ab. Nach 2 bis 3 Monaten haben die Tiere ihre Lungen ausgebildet und können ans Land klettern. ➜ Larve

Feuersalamander

das Salz

Mit Salz würzen wir unsere Speisen. Für Menschen, Tiere und Pflanzen ist es lebenswichtig. Unser Körper braucht jeden Tag ungefähr 5 Gramm. Wer jedoch zuviel Salz genießt, schadet damit seiner Gesundheit. Koch- oder Speisesalz wird auf verschiedene Weise gewonnen: In Salzbergwerken fördert man das Salz, das in dicken Schichten unter der Erde liegt. Meerwasser hat einen hohen Salzgehalt, deshalb werden an den Küsten von warmen Ländern Salzgärten angelegt. Das sind flache Becken, in die man Meerwasser leitet. Dort verdunstet es, und übrig bleibt dann das wertvolle Meersalz.
➜ Bergwerk, Kristall, Verdunstung

der Samen

Fast alle Pflanzen entwickeln Samen, aus denen eine neue Pflanze heranwachsen kann. Ein Samenkorn ist von einer harten Schale eingehüllt. Darin liegt der Keimling eingebettet in Nährstoffen. Im Herbst fallen viele Samen auf die Erde und werden oft von welken Blättern zugedeckt. Wenn sich im Frühjahr die Erde erwärmt und es kräftig regnet, wird die harte Schale weich. Der Keimling beginnt zu wachsen, bricht durch die Schale und entwickelt Wurzeln und Blätter: Die neue Pflanze entsteht. Als Samen oder Samenzellen bezeichnet man auch die männlichen Fortpflanzungszellen bei Tieren und Menschen. ➜ Befruchtung, Bestäubung, Blüte, Hoden

der Satellit

Nachts sehen wir manchmal, wie sich ein kleiner Lichtpunkt über den Himmel bewegt. Er zieht seine Bahn mit gleichmäßiger Geschwindigkeit und ist nach wenigen Augenblicken verschwunden: Wir haben einen Satelliten gesehen. Das ist ein unbemannter Raumflugkörper, der mit einer Rakete ins All geschossen wurde.
Sputnik 1 hieß der erste Satellit; mit seinem Start im Jahr 1957 begann das Zeitalter der Raumfahrt. Seitdem wurden Tausende von

Satelliten in Umlaufbahnen gebracht. Wettersatelliten beobachten und erforschen das Wetter; ihre Fotos und Messungen helfen bei der Wettervorhersage. Nachrichtensatelliten übermitteln Telefongespräche sowie Rundfunk- und Fernsehsendungen von Erdteil zu Erdteil. Andere Satelliten „lauschen" und „gucken" in den Weltraum; sie funken Informationen über weit entfernte Planeten und Sterne zur Erde. ➜ Information, Raumfahrt

der Satz

Wir können Wörter in sinnloser Reihenfolge sprechen oder schreiben, aber dann versteht uns keiner. Nur wenn wir Sätze bilden, wird unsere Mitteilung verständlich. Ein Satz besteht aus Wörtern, die in einer sinnvollen Beziehung zueinander stehen.
Ein einfacher Satz ist:
„Die Sonne scheint."
Er besteht aus Satzgegenstand und Satzaussage. Nach dem Satzgegenstand fragt man: „Wer oder was?" Antwort: „Die Sonne". Nach der Satzaussage fragt man: „Was tut die Sonne?" Antwort: „Sie scheint."
Der Satz:
„Die Sonne erwärmt das Wasser."
enthält außerdem noch eine Satzergänzung: „das Wasser".
Der lateinische Name für den Satzgegenstand lautet Subjekt; der Name für die Satzaussage ist Prädikat, und die Satzergänzung heißt Objekt.
Wir unterscheiden Hauptsätze und Nebensätze. Im folgenden Beispiel geht der Haupt-

satz dem Nebensatz voran: „Das Wasser erwärmt sich, weil die Sonne scheint." ➜ Grammatik, Wort

der Sauerstoff

Sauerstoff ist ein Gas, das wir weder sehen noch riechen können. Er umgibt uns trotzdem überall, denn die Luft enthält sehr viel Sauerstoff. Fast alle Lebewesen brauchen ihn zum Leben.
Menschen und Tiere atmen Sauerstoff ein und geben beim Ausatmen ein anderes Gas ab, das Kohlendioxid. Die grünen Pflanzen nehmen dieses Kohlendioxid auf und erzeugen wiederum Sauerstoff, den sie an die Luft abgeben. So bilden die Lebewesen miteinander einen Kreislauf: Ständig wird Sauerstoff verbraucht und neu gebildet.
Wenn wir zuwenig Sauerstoff bekommen, ersticken wir. Deshalb müssen zum Beispiel Bergsteiger Sauerstoffgeräte tragen, wenn sie auf die höchsten Berge hinaufsteigen. Dort oben ist die Luft dünn und arm an Sauerstoff. ➜ Atmung, Gas, Luft, Lunge

das Säugetier

Säugetiere tragen ihren Namen, weil ihre Jungen mit Muttermilch gesäugt werden. Fast alle bringen lebende Junge zur Welt. Wie Menschenkinder saugen diese nach der Geburt Milch aus den Milchdrüsen der Mutter.
Zu den Säugetieren gehören so unterschiedliche Tiere wie die Zwergspitzmaus, die nur wenige Gramm wiegt, und der Blauwal, das größte und schwerste Tier der Erde. Säugetiere leben vor allem auf dem Land, aber auch im Wasser wie Robben, Seekühe und Wale. Ein Säugetier, das fliegen kann, ist die Fledermaus.
Alle Säugetiere haben eine gleichmäßig warme Körpertemperatur. Ihre Haut ist meist mit Haaren bedeckt. Sie atmen durch Lungen. Deshalb müssen Wale und Delphine zum Luftholen immer wieder an die Wasseroberfläche. ➜ Mensch

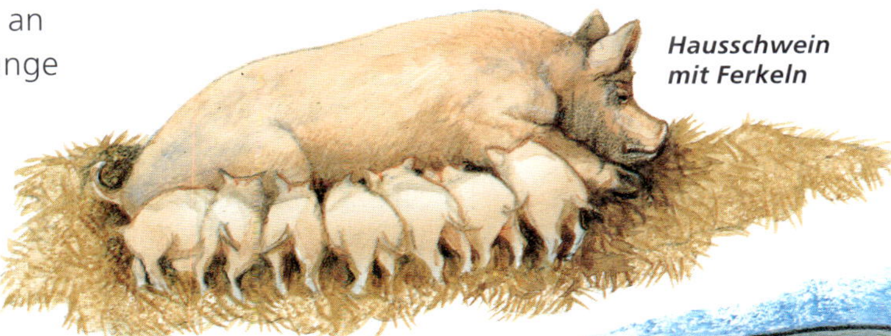

Hausschwein mit Ferkeln

Fledermaus

Buckelwal

Gorillaweibchen mit Jungem

der Schalter

Lichtschalter

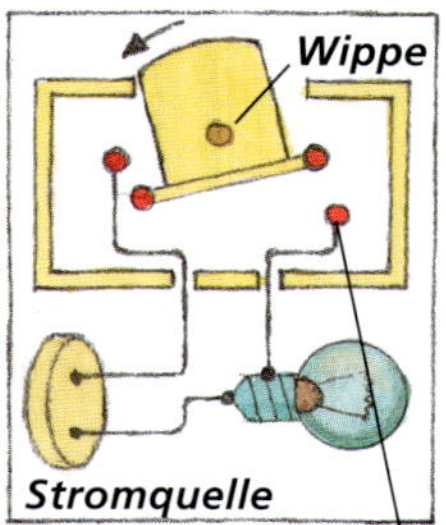

Stromkreis unterbrochen

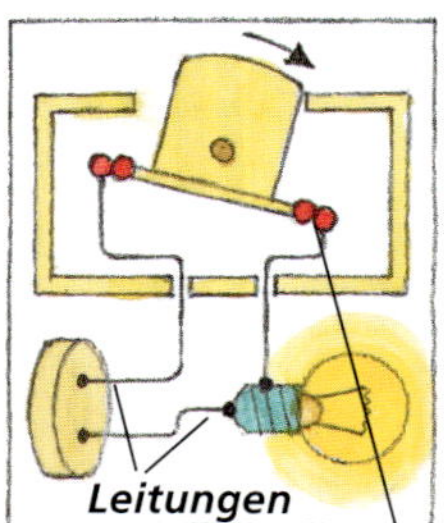

Stromkreis geschlossen

das Schaf

Neben dem Hund und der Ziege zählen Schafe zu den ältesten Haustieren. Sie kommen fast überall auf der Welt vor. Auch bei uns ziehen immer noch Schafherden von einer Weide zur nächsten. Sie werden von einem Schäfer und seinen Hütehunden geführt.

Die männlichen Schafe heißen Widder oder Böcke und tragen Hörner. Wenn sie miteinander kämpfen, rennen sie mit gesenkten Köpfen aufeinander los und stoßen ihre Stirnen mit aller Kraft zusammen. Immer wieder lassen sie ihre Köpfe aufeinanderkrachen, bis einer aufgibt und wegläuft oder betäubt liegenbleibt. Im Frühjahr werfen die weiblichen Schafe 1 bis 3 Junge, die Lämmer.

Schafe liefern uns Wolle, Pelze, Fleisch und Milch. Vielen männlichen Schafen werden die Hoden entfernt. Sie setzen danach mehr Fleisch an und sind friedlicher als Widder. Kastrierte Schafböcke nennt man Hammel.
➜ Haustier, Wolle

der Schall

Ob wir Verkehrslärm hören oder Gitarrenmusik – immer sind es Schallwellen, die wir als Geräusche oder Töne wahrnehmen.
Schall besteht aus Schwingungen. Wenn wir zum Beispiel eine Gitarrenseite anzupfen, schwingt sie gleichmäßig hin und her. Sie versetzt dabei die Luftteilchen, die sie umgeben, in dieselbe Art von Schwingungen. Diese Schwingungen der Teilchen breiten sich in alle Richtungen aus wie Wellen auf einem See. Schließlich erreichen sie unser Ohr, und wir hören einen Ton.
Schallwellen pflanzen sich nicht nur in der Luft fort, sondern auch im Wasser und in vielen festen Stoffen. Schall ist schnell: In der Luft legt er ungefähr 330 Meter in einer Sekunde zurück. Er ist damit aber viel langsamer als das Licht. Deutlich wird das bei einem Gewitter: Zuerst sehen wir den Blitz, den Donner hören wir erst einige Sekunden später. ➜ Licht, Ton

der Schalter

Wenn du nachts ein dunkles Zimmer betrittst, suchst du zuerst einen Lichtschalter. Deine Hand ertastet und betätigt ihn – im selben Moment geht die Lampe an, und das Zimmer wird hell. Ein Schalter ist ein Gerät, mit dem man einen elektrischen Stromkreis schließt oder unterbricht. Strom kann nur fließen, wenn Leitungsdrähte mit einer Stromquelle einen geschlossenen Kreis bilden. Wenn du einen Lichtschalter drückst, schließt sich in seinem Innern der Stromkreis: Die Glühbirne in der Lampe leuchtet. Sobald du den Schalter in die andere Richtung kippst, wird der Stromkreis unterbrochen, und sie leuchtet nicht mehr.
➜ Glühlampe, Strom, Stromkreis

der Schatten

Wenn wir uns im Sonnenlicht aufhalten, wirft unser Körper einen Schatten. Diese dunkle Fläche entsteht immer, wenn ein undurchsichtiger Körper von Lichtstrahlen getroffen wird. Licht durchdringt durchsichtige Stoffe wie Wasser oder Glas. Von undurchsichtigen Körpern wird es jedoch zurückgeworfen oder verschluckt. Sie verursachen einen Schatten auf der Seite, die von der Lichtquelle abgewandt ist.
Mit Schatten kann man auch spielen. Eine besondere Form des Puppentheaters ist das Schattenspiel. Man bewegt dabei Figuren zwischen einem Wandschirm und einer Lichtquelle. ➜ Farbe, Licht, Theater

die Scheide

Die Scheide ist ein Teil der inneren weiblichen Geschlechtsorgane. Mit lateinischem Namen nennt man sie Vagina. Sie ist wie eine Röhre gebaut und verbindet den Ausgang der Gebärmutter mit der Scheidenöffnung, die zwischen den Schamlippen liegt. Sie bildet den Gang, durch den ein Baby bei der Geburt auf die Welt kommt. Die Scheide kann sich deshalb stark ausdehnen und wieder zusammenziehen. Sie ist mit Schleimhaut ausgekleidet, die bei sexueller Erregung feucht wird. Wenn eine Frau und ein Mann sich körperlich lieben, nimmt die Scheide den Penis in sich auf.

➜ Frau, Geburt, Penis

die Scheidung

Durch eine Scheidung trennen sich zwei verheiratete Menschen wieder voneinander. Es kann sehr verschiedene Gründe geben, warum sie sich trennen. Jedenfalls verstehen sie sich nicht mehr gut genug, um weiter zusammenzuleben.

Für Scheidungen ist das Familiengericht zuständig. Dort wird nach einer Verhandlung von einem Familienrichter das Scheidungsurteil gefällt. Darin werden viele Dinge geregelt. Für die Kinder der Familie wird zum Beispiel festgelegt, bei welchem Elternteil sie leben sollen. Bevor diese Entscheidung getroffen wird, soll der Richter auch die Kinder anhören. Die Zeit vor und nach einer Scheidung ist in den meisten Fällen für alle Familienmitglieder sehr schwierig.

➜ Familie, Hochzeit

das Schiff

Schiffe werden auf Werften gebaut. Der Schiffskörper wird auch Rumpf genannt. Bei großen Schiffen schweißt man ihn aus riesigen Stahlplatten zusammen. Ist der Bau abgeschlossen, findet der so genannte Stapellauf statt. Das schwere Schiff gleitet ins Wasser und – schwimmt! Es geht nicht unter, weil sein Rumpf hohl ist und es nicht mehr wiegt als das Wasser, das es verdrängt. Große Schiffe haben oft mehrere Stockwerke, die Decks genannt werden. Das Geländer, das ein Deck am Rand umgibt, ist die Reling. Von der Kommandobrücke aus wird das Schiff gesteuert. Die Spitze eines Schiffes heißt Bug, der hintere Teil ist das Heck. Die Schiffsmotoren treiben große Unterwasserpropeller an, die Schiffsschrauben. Durch ihre schnelle Drehung drücken sie das Wasser nach hinten weg und schieben so das Schiff vorwärts. Am Heck befindet sich auch das Ruder: Die Stellung des Ruderblattes lenkt das Schiff in eine bestimmte Richtung.

➜ Backbord, Steuerbord, Unterseeboot, Werft

die Schifffahrt

Schiffe befahren alle Meere. Frachter transportieren Maschinen, Getreide, Kohle und viele andere Güter von Land zu Land. Tanker haben riesige Mengen Öl geladen, große Containerschiffe bieten Platz für Tausende von Containern. Für den Handel haben diese Schiffe große Bedeutung, weil sie Güter billiger transportieren als andere Fahrzeuge.

Fähre

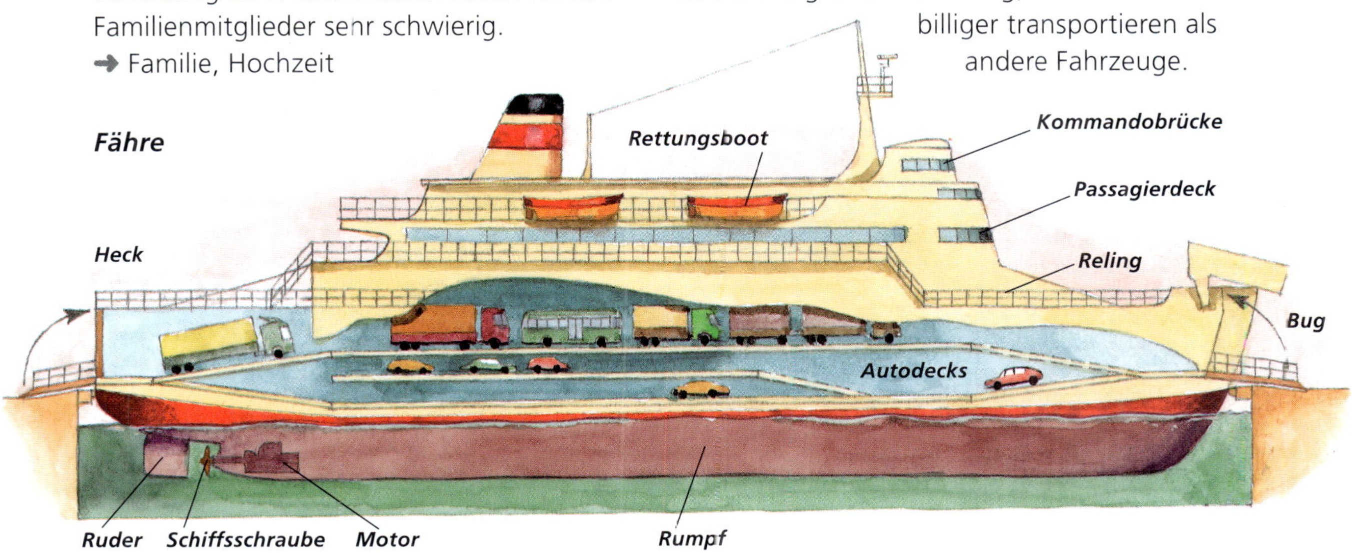

Die großen Passagierschiffe nutzt man heute vor allem für Vergnügungsreisen. Früher brachten sie regelmäßig Reisende über die Ozeane. Heute erledigen das die viel schnelleren Flugzeuge. Wichtige Verkehrsmittel sind aber Fährschiffe. Sie verbinden nahegelegene Länder und Inseln und befördern vor allem Personen und Autos. Auf Seen, Flüssen und Kanälen verkehren Binnenschiffe. ➜ Container, Fischfang, Hafen, Kanal, Verkehrsmittel

Riesenschildkröte

die Schildkröte

Schildkröten gehören zu den Reptilien. Sie haben einen Panzer, der am Rücken gewölbt und am Bauch flach ist. Bei Gefahr können die meisten Schildkröten Kopf, Schwanz und Beine ganz in ihm verschwinden lassen.

Schildkröten leben fast nur in warmen Ländern und Meeren. Es gibt unter ihnen Land- und Wasserbewohner; alle legen ihre Eier an Land in selbstgegrabenen Löchern ab. Der Boden wird von der Sonne erwärmt und brütet die Eier aus.

Zu den Landschildkröten gehören auch die Riesenschildkröten, die mehr als 1 Meter lang und mehrere Zentner schwer werden. Die eigentlichen Riesen aber sind die Meeresschildkröten. Die größten unter ihnen können bis zu 2 Meter Länge erreichen. Schildkröten können sehr alt werden: Manche Riesenschildkröten bringen es auf mehr als 150 Jahre. ➜ Ei, Reptil

das Schilf

Schilf wächst an den Ufern von ruhigen Teichen oder Seen. Man nennt es oft auch Schilfrohr oder Schilfgras. Es wird bis zu 4 Metern hoch und ist damit das größte bei uns vorkommende Gras. Seine Halme sind fest, aber sehr biegsam. Sie werden auch durch starken Wind nicht geknickt. Schilf steht meistens mit dem „Fuß“ im Wasser. Ein Geflecht dichter Wurzeln verankert es im schlammigen Boden. Früher wurde Schilfgras häufig zum Decken von Hausdächern verwendet. Man kann auch Matten daraus flechten. ➜ Ufer

der Schimpanse

Schimpansen gehören zu den Menschenaffen. Sie stehen dem Menschen besonders nahe, denn es gibt viele körperliche Ähnlichkeiten, und sie sind besonders intelligent. Wildlebende Schimpansen haben verschiedene Werkzeuge erfunden. Auf der Jagd gebrauchen sie Steine als Wurfgeschosse, und aus zerkauter Rinde stellen sie einen Schwamm her, mit dem sie Trinkwasser aufsaugen. Tierforscher fanden außerdem heraus, dass sie Aufgaben schneller lösen können als alle anderen Affen.

Schimpansen leben in den Urwäldern und Graslandschaften Afrikas. Sie fressen vor allem Pflanzen, aber auch Vogeleier und Ameisen. Gelegentlich gehen sie gemeinsam auf die Jagd und töten kleinere Affen und sogar Antilopen. Sie leben in Großfamilien zusammen, in denen eine strenge Rangordnung herrscht.

Schimpansen halten sich häufig am Boden auf und bewegen sich dabei fast immer auf allen vieren fort; selten gehen sie aufrecht. Die meiste Zeit ihres Lebens verbringen sie allerdings auf Bäumen. ➜ Affe, Urwald

der Schlaf

Wir brauchen Schlaf, um uns zu erholen. Er ist ein Ruhezustand, in dem unser Körper sich entspannt und neue Kräfte sammelt. Das Herz arbeitet langsamer, und wir atmen tiefer und ruhiger. Im Laufe einer Nacht schlafen wir unterschiedlich tief und fest. Zeitweise wird unser Schlaf von Träumen begleitet.

Jeder Mensch muss schlafen, um gesund zu bleiben. Aber das Schlafbedürfnis ist unterschiedlich: Während Kinder täglich noch 10 bis 12 Stunden Schlaf brauchen, kommen Erwachsene mit nur 7 bis 8 Stunden aus.

Auch viele Tiere schlafen. Rinder zum Beispiel schlafen mehrmals am Tage, aber immer nur wenige Minuten hintereinander. Dagegen verbringen Katzen den größten Teil des Tages im Schlaf. Von besonderer Art ist der Winterschlaf, ohne den manche Tiere die kalte Jahreszeit nicht überstehen könnten. ➜ Traum, Winterschlaf

die Schlange

Schlangen sind Kriechtiere ohne Beine; sie bewegen sich daher schlängelnd vorwärts. Sie sind reine Fleischfresser und verschlingen ihre Beutetiere im Ganzen. Das können sie nur, weil sie ihren Kiefer enorm weit auseinander dehnen können. Schlangen haben eine Schuppenhaut. Die meisten legen Eier; einige gebären auch lebende Junge.

Es gibt viele verschiedene Schlangenarten; nur ein Teil von ihnen besitzt Giftzähne. Mit dem Gift lähmen oder töten die Schlangen ihre Beute. Die meisten Giftschlangen leben in Asien und Afrika. Zu den bekanntesten und gefährlichsten gehören die Kobras. In Amerika kommt eine andere bekannte Giftschlange vor: die Klapperschlange. Unsere einzige Giftschlange ist die Kreuzotter. Die meisten Schlangenbisse sind auch für Menschen sehr gefährlich.

Riesenschlangen wie die Pythons oder Boas werden bis zu 10 Meter lang. Sie sind richtige Muskelpakete: Ihre Beute erlegen sie, indem sie das Tier umschlingen, immer stärker zusammendrücken und ersticken. ➜ Gift, Reptil

Tigerpython

die Schleuse

Beim Bau eines Kanals müssen oft Schleusen errichtet werden. Sie dienen dazu, Höhenunterschiede im Kanalverlauf auszugleichen.

Wenn ein Schiff in die Schleuse fährt, kommt es in die Schleusenkammer. Hinter dem Schiff schließt sich das Schleusentor. Der Wasserstand in der Kammer wird gesenkt oder gehoben, bis er mit dem Wasserstand des Kanals in Fahrtrichtung des Schiffes übereinstimmt. Ist es soweit, öffnet sich das vordere Schleusentor und das Schiff fährt weiter.

Schleusen gibt es auch an Flüssen, und sogar mancher Hafen an der Küste ist für Schiffe nur durch eine Schleuse zu erreichen. Sie gleicht den unterschiedlichen Wasserstand aus, der durch den Wechsel von Ebbe und Flut entsteht. ➜ Kanal, Schiff

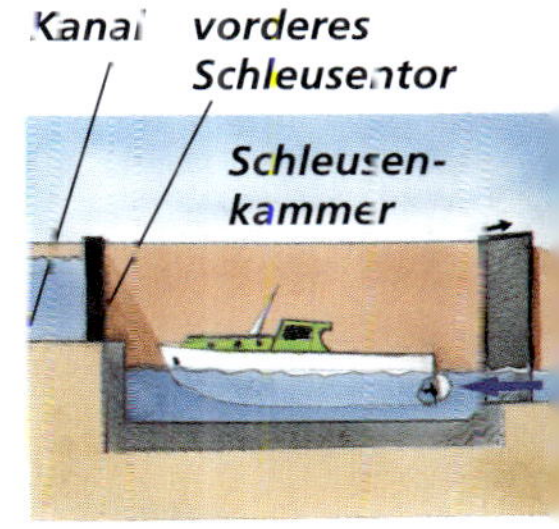

Einfahrt

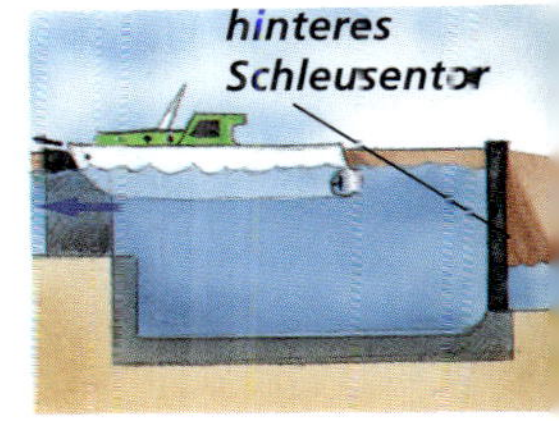

Ausfahrt

der Schmerz

Schmerzen teilen uns mit, dass etwas mit unserem Körper nicht in Ordnung ist: Sie sind ein Warnsignal.
Wenn du aus Versehen eine heiße Herdplatte berührst, wird das von Nervenenden in deiner Haut wahrgenommen. Sie melden es dem Rückenmark und dem Gehirn, und blitzschnell erfolgt die Reaktion: Deine Hand zuckt zurück. Diese so genannte Reflexbewegung hat der Schmerz ausgelöst. Er verhindert dadurch eine schwere Verbrennung. Schmerz entsteht auch im Innern unseres Körpers. Magen- oder Kopfschmerzen sind manchmal ein Zeichen dafür, dass wir uns zu stark belastet fühlen. Schmerzen können auf eine beginnende Krankheit hinweisen. Wenn Schmerzen zu stark werden, kann ein Arzt ein schmerzstillendes Medikament verschreiben. ➜ Krankheit, Narkose, Nerv

der Schmetterling

Distelfalter

Wie alle Insekten legen auch die Schmetterlinge Eier. Aus ihnen schlüpfen Larven, die man Raupen nennt. Erst nachdem sie sich verpuppt haben, geschieht die große Verwandlung. Aus der Puppenhülle krabbelt später der fertige Schmetterling.
Schmetterlinge gehören zu den prächtigsten Insekten. Auf ihren Flügeln liegen winzige Farbschuppen wie Dachziegel übereinander und bilden bunte Muster. Das Tagpfauenauge zum Beispiel hat 4 „Augen" auf seinen Flügeln. Das Schachbrett trägt seinen Namen, weil es schwarzweiß gemustert ist.
Schmetterlinge ernähren sich von Nektar und anderen Pflanzensäften. Sie saugen die Flüssigkeit mit ihrem dünnen Rüssel auf. Während sie von einer Blüte zur anderen fliegen, übertragen sie Blütenstaub und sind daher für die Bestäubung der Pflanzen wichtig.
Zu den Tagschmetterlingen gehören der Zitronenfalter und der Kohlweißling. Bekannte Nachtschmetterlinge sind der Ligusterschwärmer und der Pelzspinner.
➜ Bestäubung, Insekt, Larve, Puppe, Raupe

die Schnecke

Schnecken haben einen weichen Körper, denn sie besitzen keine Knochen. Sie sind Weichtiere, die auf dem Land und im Wasser leben. Viele Arten tragen auf ihrer Oberseite ein Gehäuse aus Kalk. Bei Gefahr können sie sich ganz in dieses Schneckenhaus zurückziehen. Die größte Gehäuseschnecke, die bei uns vorkommt, ist die Weinbergschnecke. Tiere, bei denen das Haus stark zurückgebildet ist oder ganz fehlt, heißen Nacktschnecken.
Schnecken haben einen breiten Kriechfuß. Die Fußfläche sondert beim Kriechen Schleim ab. So gleitet die Schnecke langsam auf einer glänzenden Schleimspur wie auf einer Rutschbahn dahin. An ihrem Kopf haben die meisten Schnecken 4 Fühler, die sie in den Körper zurückziehen und wie Handschuhfinger wieder ausstülpen können. An den Enden der beiden längeren Fühler sitzen die Augen. ➜ Laich

Weinbergschnecke bei der Eiablage

der Schnee

In der kalten Jahreszeit gefriert das Wasser in den Wolken, und es bilden sich Eiskristalle. Diese Kristalle verbinden sich und schweben als Schneeflocken zur Erde. Schnee ist eine feste Form des Niederschlags. Herrscht starker Frost, ist der Schnee trocken und besteht aus kleinen Eiskristallen. Dieser Pulverschnee bildet auf der Erde eine lockere, weiche Schneedecke. Bei Temperaturen um Null Grad Celsius fallen große Schneeflocken. Die Eiskristalle sind feucht und beginnen zusammenzukleben. Am Boden liegt dann Pappschnee.
Schnee hat große Bedeutung für Pflanzen und Tiere, die im Boden überwintern. Eine dichte Schneedecke schützt sie vor starkem Frost. ➜ Kristall, Niederschlag, Wolke

der Schneider

Schneider üben einen alten Handwerksberuf aus. Sie schneidern Anzüge und Kleider nach Maß. Das bedeutet, dass ihre Kunden sich den Stoff und den Schnitt aussuchen. Anschließend näht der Schneider ihnen das Kleidungsstück so, dass es genau passt.
Aber heute kommen fast alle unsere Kleider aus großen Fabriken, in denen sie maschinell hergestellt werden. Schneider trifft man deshalb vor allem in Änderungsschneidereien. Dort werden neue Reißverschlüsse eingesetzt, Kleider gekürzt und Hosen enger gemacht. ➜ Beruf, Handwerker, Kleidung

die Schokolade

Die Zutaten für Schokolade sind Kakao, Zucker, Milch, Kakaobutter und Gewürze. In der Schokoladenfabrik werden sie gemischt, sehr fein zermahlen und anschließend erwärmt. Dann ist die Schokoladenmasse flüssig, und jetzt kommen oft noch andere Zutaten hinein: zum Beispiel Nüsse, Rosinen oder Mandeln. Anschließend wird die Schokolade in Formen gegossen, gekühlt und verpackt. ➜ Kakao

der Schreiner ➜ Tischler

die Schrift

Die Erfindung der Schrift spielt in der Entwicklung der Menschheit eine besondere Rolle. Mit ihrer Hilfe können gesprochene Wörter aufgeschrieben und festgehalten werden. Man konnte auf diese Weise immer mehr Wissen sammeln, aufbewahren und weitergeben.
Allerdings kannten die Menschen zunächst noch keine Buchstaben. Sie stellten Dinge, die sie mitteilen wollten, in kleinen Bildern dar. Zum Beispiel hatten die alten Ägypter eine Bilderschrift: die Hieroglyphen. So zu schreiben war mühsam, denn für jedes Wort brauchte man ein eigenes Bild.
Erst viel später hat sich aus diesen Bilderschriften ein Alphabet entwickelt, wie wir es heute kennen. Jeder unserer Buchstaben entspricht einem Laut unserer Sprache. Wir schreiben, indem wir die Buchstaben zu Wörtern zusammensetzen und aus Wörtern Sätze bilden. Auf der Erde werden viele verschiedene Schriften verwendet. Araber beispielsweise schreiben und lesen ihre Schrift von rechts nach links. Ein Sonderfall ist die Blindenschrift. ➜ Abc, Blindenschrift, Buch

Keilschrift

Hieroglyphen

arabische Schrift

chinesische Schrift

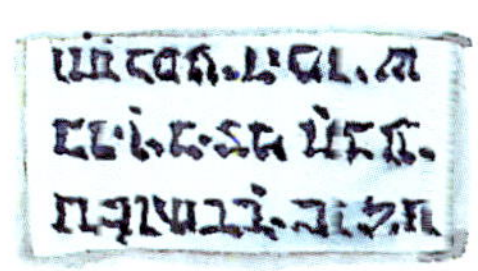

hebräische Schrift

altgriechische Schrift

moderne lateinische Schrift

der Schülerlotse

Schülerlotsen helfen ihren Mitschülern, sicher zur Schule und wieder nach Hause zu kommen. Mit orange-weißen Umhängen und Mützen sind sie für Autofahrer schon von weitem deutlich zu sehen. Sie haben außerdem eine Kelle, mit der sie den Autos ein Haltesignal geben können. Wo viele Schulkinder eine gefährliche Kreuzung oder

stark befahrene Straße überqueren müssen, steht auf jeder Straßenseite ein Schülerlotse. Sobald sich eine Gruppe von Kindern am Straßenrand angesammelt hat, treten die Lotsen mit vorgestreckter Kelle auf die Straße, und die Autofahrer müssen anhalten. Jedes Kind, das diese Aufgabe übernehmen möchte, muss bei der Verkehrswacht oder der Verkehrspolizei lernen, wie man sich als Schülerlotse richtig verhält.

die Schwalbe

Nest der Mehlschwalbe

Nest der Rauchschwalbe

Schwalben sind Zugvögel, die die kalte Jahreszeit in Afrika verbringen. Mit dem Ende des Winters kehren sie zu uns zurück. Sie haben lange, schmale Flügel. Unter allen Singvögeln sind sie die geschicktesten und schnellsten Flieger: Mal jagen sie pfeilschnell geradeaus, dann steigen sie auf und ab und vollführen die kühnsten Schwenkungen. Im Gleitflug sperren sie ihren Schnabel weit auf und schnappen nach kleinen Fliegen und Mücken.
Manchmal fliegen Schwalben besonders tief. Man sagt ihnen nach, dass sie damit Regen ankündigen. Diese „Wettervorhersage" trifft tatsächlich häufig zu, denn die Schwalben folgen immer ihrer Beute, den Fluginsekten. Und die ziehen sich in Bodennähe zurück, wenn Regenwetter naht.
Bei uns kommen vor allem Rauchschwalben und Mehlschwalben vor. Die Rauchschwalbe baut ihr Nest am liebsten in Scheunen und Ställen. Die Mehlschwalbe klebt ihr Nest an die Außenwand von Häusern, meist dicht unter dem Dach. Heute finden Schwalben oft zu wenig Brutplätze. ➜ Nest, Vogelschutz, Zugvogel

der Schwan

Schwäne sind große Wasservögel. Der Höckerschwan hat ein weißes Gefieder. Auf seinem orangeroten Schnabel sitzt ein schwarzer Höcker. Er lebt an flachen Gewässern. Oft sieht man Schwäne mit dem Kopf unter Wasser nach Nahrung suchen: Sie gründeln. Ihre Nahrung sind Wasserpflanzen.

Singschwan mit Küken

Schwanenpaare bleiben ihr Leben lang zusammen. Am liebsten bauen sie ihr Nest versteckt im Schilf. Solange das Weibchen brütet, hält das Männchen in der Nähe Wache. Im Winter sieht man bei uns manchmal auch Singschwäne. Sie kommen aus dem hohen Norden, weil es ihnen dort zu kalt wird. Sie sehen dem Höckerschwan ähnlich, haben aber einen geraden Hals und einen glatten, gelben Schnabel. ➜ Schilf, Vogel

die Schwangerschaft

Eine Frau ist schwanger, wenn in ihrem Bauch ein Kind wächst. Die Schwangerschaft beginnt mit der Befruchtung einer weiblichen Eizelle. Die befruchtete Eizelle beginnt sofort, sich immer wieder zu teilen. Diese winzige, aber ständig wachsende Zellkugel wandert durch den Eileiter in die Gebärmutter und nistet sich in ihrer Wand ein. Auch der Mutterkuchen entwickelt sich dort. Er versorgt das Kind durch die Nabelschnur mit Nahrung und Sauerstoff.
Das Baby wird in der Gebärmutter von der Fruchtblase eingehüllt. Sie ist mit Fruchtwasser gefüllt, und das Baby schwimmt da-

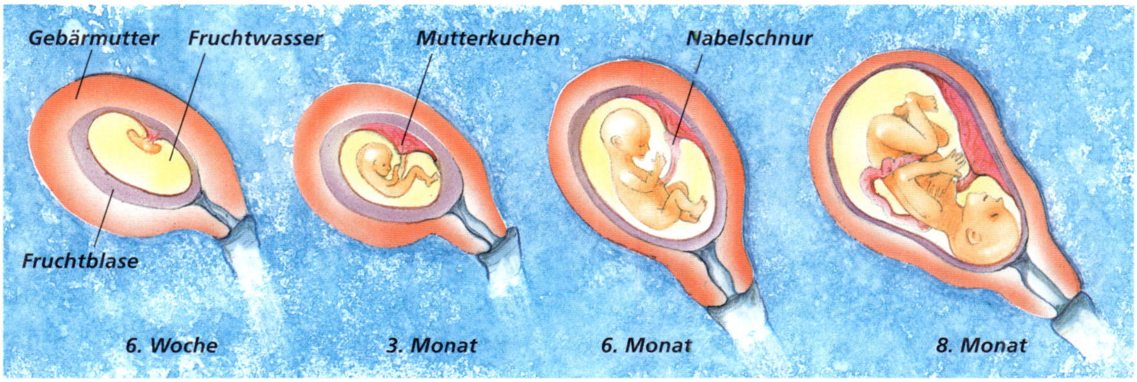

die Schwangerschaft

rin. Durch sie ist es gut geschützt. Es bewegt sich oft lebhaft. Die schwangere Frau fühlt die Bewegungen erst im 4. oder 5. Monat, wenn das Kind schon etwas größer ist.
Mit dem Wachsen des Babys wird auch der Bauch der Frau immer größer. Die Schwangerschaft geht im 9. Monat zu Ende, und die Geburt beginnt. ➜ Baby, Befruchtung, Ei, Geburt, Zelle

der See

Seen sind stehende Gewässer. Sie befinden sich im Binnenland und haben keine direkte Verbindung zum Meer. Die meisten Seen enthalten Süßwasser; es gibt nur wenige Salzseen auf der Erde. Viele unserer Seen sind während der Eiszeit entstanden. Gletscher schürften Täler aus, in denen sich später große Mengen Schmelzwasser sammelten.
Seen erhalten immer wieder neues Wasser durch Flüsse, die in sie hineinfließen, aber auch durch Niederschläge und das Grundwasser. Gleichzeitig geben sie Wasser ab: an Flüsse, die aus ihnen herausfließen, und durch die Verdunstung an die Luft.
➜ Eiszeit, Niederschlag, Verdunstung, Wasserkreislauf

der Seehund

Seehunde sind die kleinsten Robben. Ihr Kopf ist rund und ihr Fell graubraun. Sie leben an den sandigen Küsten der Nord- und Ostsee. Ihre Nahrung sind kleine Fische. Seehunde können Ohren und Nasenlöcher fest verschließen. Sie können längere Zeit unter Wasser bleiben, dann müssen sie wieder an die Oberfläche kommen und Luft holen. Kleine Seehunde haben für kurze Zeit nach der Geburt ein sehr weiches, weißes Fell. Wenn ihre Mütter auf Nahrungssuche sind, bleiben sie an der Küste liegen. Manchmal fühlen sie sich dann verlassen und fangen an, laut zu heulen, bis ihre Mutter wiederkommt. Deshalb werden sie auch Heuler genannt. ➜ Robbe, Säugetier

der Seestern

Seesterne leben im Meer. Sie gehören zu den Stachelhäutern: Auf ihrer Oberseite sitzen viele kleine Stacheln, die sie gegen Angriffe schützen. Mit ihren 5 dicken Armen sehen sie wie fünfzackige Sterne aus.
Seesterne kriechen langsam über den Meeresboden. Mit Saugfüßen an der Unterseite ihrer Arme bewegen sie sich fort. Mit ihnen heften sie sich auch auf Muscheln, ihre Hauptnahrung. Sie umfassen die Beute mit ihren biegsamen Armen und ziehen die Schalenhälften mit aller Kraft auseinander. Dann saugen sie das Muschelfleisch in sich hinein. Seesterne sind mit den Seeigeln verwandt, deren Kalkpanzer ganz mit spitzen Stacheln bedeckt ist. ➜ Muschel

die Seide

Seide ist ein glänzender, glatter Stoff. Naturseide stammt von der Raupe eines Schmetterlings, dem Seidenspinner. Er wird schon seit langer Zeit in Asien gezüchtet. Um sich in einen Schmetterling zu verwandeln, spinnt sich die Raupe in eine dicke Hülle, einen so genannten Kokon, ein. Dieser besteht aus langen, dünnen Fäden. Damit sie nicht durch das Schlüpfen der Schmetterlinge zerrissen werden, tötet man die Puppen mit heißem Wasser. Die Fäden werden vorsichtig abgewickelt. Nach einer gründlichen Reinigung werden sie zu Seidengarn gesponnen; daraus wird dann die Seide gewebt. Aus ihr stellt man Kleidung, Vorhänge, Teppiche und andere Textilien her. ➜ Puppe, Raupe, Schmetterling, Textilie

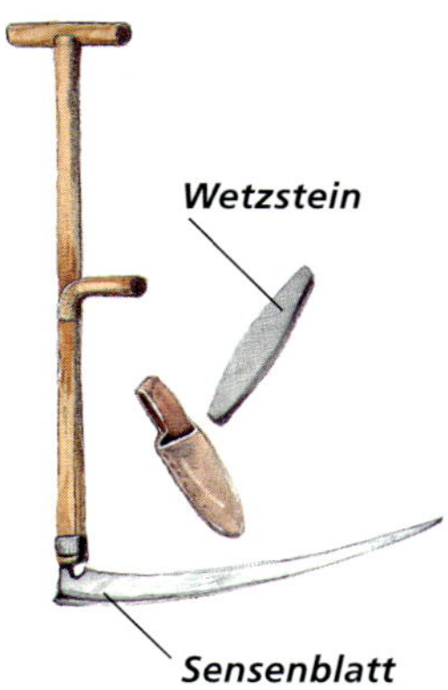

die Sense

die Seilbahn

Mit einer Seilbahn kann man schnell auf einen hohen Berggipfel kommen. Sie befördert Personen und Lasten oft über große Höhenunterschiede.

Wo das Gelände sehr steil hinaufführt, wird eine Seilschwebebahn angelegt. An einem Tragseil, das meistens über Stützen zwischen Berg- und Talstation gespannt ist, hängen Gondeln oder Kabinen. Sie werden von einem Zugseil gezogen, das in der Berg- und Talstation umläuft. Man nennt diese Bauart auch Zweiseilbahn. Sessel- und Skilifte sind dagegen Einseilbahnen. Sie haben nur ein Seil, das sich fortbewegt und an dem die Sessel oder Bügel festgeklemmt sind. Außerdem gibt es Standseilbahnen: Bei ihnen laufen die Wagen, die von einem Seil gezogen werden, auf Schienen.

die Sekunde

Die Sekunde ist eine Zeiteinheit. Wenn man eine Minute durch 60 teilt, erhält man eine Sekunde. Viele Nachrichtensendungen beginnen auf die Sekunde genau. Normalerweise halten wir die Sekunde für eine sehr kurze Zeitspanne, aber sie lässt sich in noch viel kleinere Zeitabschnitte unterteilen. Bei vielen Sportarten wie zum Beispiel dem Bobfahren kommt es auf Hundertstel- und Tausendstelsekunden an. ➜ Minute, Stunde, Zeit

die Sense

Mit einer Sense wird Gras und Getreide gemäht. Das Sensenblatt ist ein langes, leicht gebogenes Stahlmesser. Es ist am Ende eines langen Stiels befestigt, der zwei Griffe hat. Daran hält man die Sense fest und schwingt sie möglichst gleichmäßig; das ist nicht gerade einfach.

Bevor es Mähdrescher und Motormäher gab, wurden Sensen bei jeder Ernte gebraucht. Heute schneidet man mit ihnen fast nur noch an steilen oder schmalen Stellen, die Mähmaschinen nicht erreichen. ➜ Ernte, Getreide, Mähdrescher

der Sicherheitsgurt

Wer in einem Auto fährt, muss einen Sicherheitsgurt anlegen. Bei Unfällen hält er die angeschnallte Person an ihrem Sitz fest und verringert dadurch die Gefahr von Verletzungen. Ohne Gurt würde man nach vorn und mit dem Kopf durch die Windschutzscheibe geschleudert.

Zusätzliche Sicherheit bieten Airbags, die heute in die meisten Autos eingebaut werden. Diese zusammengefalteten Plastikkissen blasen sich bei einem Aufprall blitzartig vor und neben dem Fahrer oder Beifahrer mit Luft auf. Sie funktionieren aber nur gemeinsam mit dem Sicherheitsgurt und können ihn nicht ersetzen. Auch im Flugzeug tragen Reisende während des Starts und bei der Landung einen Sicherheitsgurt. ➜ Auto, Flugzeug

der Siebenschläfer

Siebenschläfer bekommt man selten zu Gesicht. Die kleinen Nagetiere halten sich tagsüber in Baumlöchern, Nistkästen, oder Mauerspalten verborgen und schlafen. Erst in der Abenddämmerung werden sie munter; dann allerdings klettern und springen sie oft die ganze Nacht lang in den Waldbäumen umher und sind auf der Suche nach Nahrung. Sie fressen Eicheln, Nüsse und Früchte, manchmal aber auch Insekten.
Siebenschläfer können in der Dämmerung mit ihren großen, dunklen Augen gut sehen. Nachts finden sie sich zurecht, weil sie ein sehr feines Gehör haben und auch sehr gut riechen können. Am besten entwickelt ist aber ihr Tastsinn. Mit ihren langen Schnurrhaaren ertasten sie ihre Umwelt sehr genau. Wenn es genug Futter gibt, sind Siebenschläfer im Herbst fast doppelt so schwer wie im Frühjahr. Die angefressene Fettschicht dient ihnen als Vorrat für den Winterschlaf. Im Oktober verkriechen sich manche in Baumhöhlen oder Spechtlöcher. Die meisten aber graben sich ins Erdreich ein und kommen abgemagert im Mai wieder hervor. ➜ Nagetier, Winterschlaf

das Signal

Signale sind Zeichen, die man sehen oder hören kann und die eine feste Bedeutung haben. Im Verkehr spielen sie eine besonders wichtige Rolle. Das Rotlicht an der Ampel stoppt den Verkehr. Blaulicht und Martinshorn eines Polizeiautos sind Warnsignale: Sie zeigen allen Verkehrsteilnehmern an, dass sie die Straße freimachen müssen.
In der Schifffahrt werden Leucht- oder Flaggensignale eingesetzt, Leuchttürme geben Lichtsignale, und bei Nebel tuten Nebelhörner. Schiffe in Seenot funken das bekannte Notsignal SOS, das jeder Funker auf der Welt kennt; wer es hört, muss es sofort weitergeben. ➜ Ampel, Leuchtturm

das Silber

Silber ist ein weißglänzendes Edelmetall. Man verwendet es seit langer Zeit zur Herstellung von Schmuck, Tafelbesteck und Münzen. Allerdings wird es bei unseren heutigen Münzen immer stärker durch andere Metalle ersetzt, denn die Silbervorkommen auf der Erde werden knapp.
Der größte Teil des Silbers dient als Rohstoff in der Industrie. Seine Eigenschaften machen es sehr begehrt: Besser als jedes andere Metall leitet es Elektrizität und Wärme. Außerdem verschmilzt es leicht mit anderen Metallen. Die Fotoindustrie verwendet Silber zum Beispiel zur Herstellung von Filmen. ➜ Industrie, Metall, Münze, Rohstoff

das Silo

Silos sind große Behälter aus Metall oder Beton, in denen man vor allem Getreide speichert. Sie sind häufig in Häfen zu sehen. Manche dieser Lagertürme enthalten auch Futtermittel, Kohle, Zement und andere lose Güter.
Auch auf vielen Bauernhöfen benutzt man Silos. Das Grünfutter, das der Bauer in ihnen einlagert, fängt an zu gären und wird sauer. Es wird dadurch haltbar gemacht, ohne dass Nährstoffe verlorengehen. Das Vieh hat dann im Winter einen wertvollen Vorrat an Futter.

die Sinnesorgane

Mit deinen Sinnesorganen nimmst du wahr, was um dich herum geschieht. Sinnesorgane sind das Auge, das Ohr, die Nase, die Zunge und die Haut. Oft spricht man daher auch von unseren fünf Sinnen: Gesichtssinn, Gehörsinn, Geruchssinn, Geschmackssinn und Tastsinn.
Jedes Sinnesorgan nimmt über Sinneszellen Eindrücke aus der Umwelt auf, die man Reize nennt. Diese werden über die Nerven an das Gehirn geleitet. Die Sinneszellen auf unserer Zunge lassen uns zum Beispiel wahrnehmen, ob etwas süß, salzig, sauer oder bitter schmeckt.
Tiere haben oft ähnliche Sinnesorgane wie Menschen, zum Teil aber auch ganz andere: Manche Schlangen besitzen eine Art Wärmemelder, mit dem sie wechselwarme Beutetiere aufspüren. Fliegen tragen auf der Unterseite ihrer Füße Borsten, mit denen sie schmecken können. ➜ Nerv, Organ, Zelle

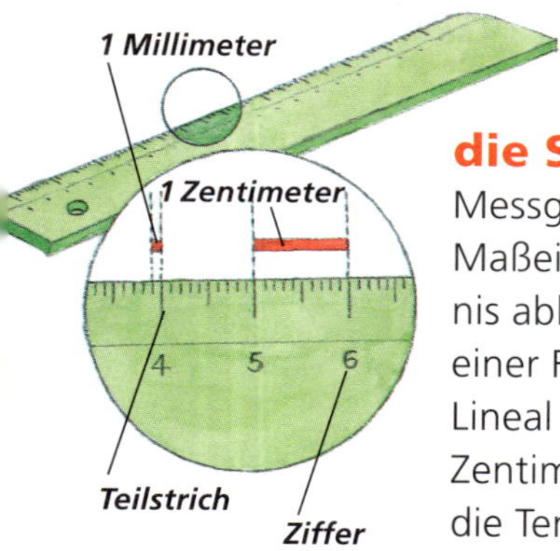

die Skala

Messgeräte haben eine Skala. Sie ist die Maßeinteilung, auf der man das Messergebnis ablesen kann. Meistens besteht sie aus einer Folge von Strichen und Ziffern. Ein Lineal hat eine Skala in Millimetern und Zentimetern. Beim Thermometer liest man die Temperatur auf einer Skala ab, die in Grad Celsius eingeteilt ist. ➜ Temperatur, Thermometer, Zentimeter

das Skateboard

Ein Skateboard ist ein Brett auf Rollen, die gefedert und sehr leicht beweglich sind. Schon mit wenig Schwung fährt das Skateboard schnell und lange. Der Fahrer stellt zuerst einen Fuß auf das Brett und holt mit dem anderen Schwung. Nun rollt es, und er stellt auch den anderen Fuß darauf. Er lenkt das Skateboard, indem er sein Gewicht verlagert. Geübte Fahrer führen mit dem Skateboard Kunststücke vor.

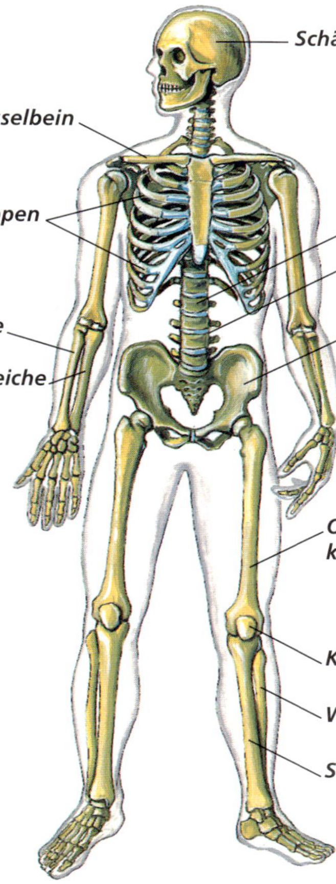

das Skelett

Das Skelett ist das Knochengerüst, das unserem Körper Halt und Festigkeit gibt. Es schützt zugleich die inneren Organe. Beim Menschen besteht es aus ungefähr 200 Knochen und Knöchelchen. Der wichtigste Teil des Skeletts ist die biegsame Wirbelsäule. Sie setzt sich aus vielen einzelnen Knochen zusammen, den Wirbeln.
Ein Skelett im Innern ihres Körpers haben auch alle Wirbeltiere. Dazu gehören Säugetiere, Vögel, Fische und Kriechtiere. Die meisten wirbellosen Tiere haben ein so genanntes Außenskelett. So wird zum Beispiel der Körper von Insekten von einem äußeren Panzer zusammengehalten. ➜ Insekt, Knochen, Organ, Wirbelsäule

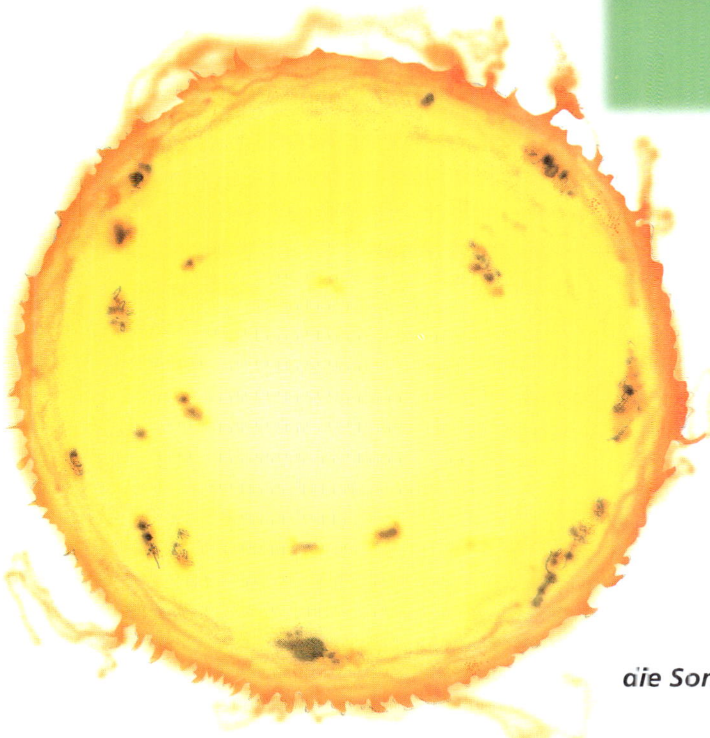

die Sonne

der Smog

Smog ist eine Art der Luftverschmutzung. Er entsteht im Winter bei bestimmten Wetterlagen besonders über Großstädten und Industriegebieten. Smog ist eine Nebelschicht, in der sich Abgase und Rauchteilchen ansammeln. Die „dicke Luft" liegt wie eine Glocke über dem Boden. Immer mehr Rauch und Schadstoffe strömen aus den Auspuffrohren und Schornsteinen und bleiben in dieser Nebelschicht hängen. Smog reizt die Atemwege und kann besonders bei Kleinkindern und alten und kranken Menschen Gesundheitsschäden bewirken. Neben diesem Wintersmog gibt es den Sommersmog, der sich vor allem durch Autoabgase bildet. An heißen Tagen lassen Sonnenstrahlen in der abgasreichen Luft das giftige Gas Ozon entstehen. Von diesem Smog sind Städte und ländliche Gebiete betroffen. Auch er ruft Atembeschwerden hervor. ➜ Abgas, Luft, Nebel, Ozon, Umweltschutz

die Sonne

Am Morgen sehen wir, wie die Sonne im Osten über dem Horizont auftaucht. Im Laufe des Tages wandert sie als leuchtende Scheibe über den Himmel und geht am Abend im Westen unter. Aber es ist die Erde, die sich um sich selbst dreht und dadurch den Eindruck entstehen lässt, als bewege sich die Sonne. In Wirklichkeit steht die Sonne im Mittelpunkt und wird von der Erde und den anderen Planeten umkreist.
Die Sonne ist eine riesige, glühende Gaskugel. Ihr Durchmesser ist mehr als 100-mal größer als der unserer Erde. Im Innern der Sonne herrscht unvorstellbare Hitze. Nur ein Teil davon kommt an ihre Oberfläche, aber auch sie ist noch mehrere Tausend Grad Celsius heiß.
Die Sonne ist ein Stern. Sie ist der Mittelpunkt unseres Sonnensystems. Aber vom fernen Weltraum aus gesehen, ist sie nur einer von etwa 100 Milliarden Sternen unserer Milchstraße.
Die Sonne versorgt uns mit Licht und Wärme. Ohne sie wäre auf der Erde kein Leben möglich. Doch die Sonne sendet auch Strahlen aus, die schädlich sind. Sie werden weitgehend abgefangen durch die Atmosphäre, die Lufthülle der Erde. Ein Teil der Atmosphäre ist die Ozonschicht, die uns vor der gefährlichen ultravioletten Strahlung schützt. Gerade diese Schutzschicht wird durch Abgase immer stärker zerstört. Dadurch ergeben sich große Gefahren für alle Lebewesen auf der Erde. ➜ Erde, Milchstraße, Ozon, Planet, Stern

die Sonnenblume

Der Samen einer Sonnenblume ist nur ungefähr 1 Zentimeter lang. Legt man ihn im Frühjahr in die Erde, kann daraus im Lauf weniger Monate eine Pflanze entstehen, die über 3 Meter hoch ist. An der Spitze des dicken Stengels sitzt dann ein mächtiger Blütenkopf, der groß wie ein Teller ist. Er wendet sich immer der Sonne zu. Aus den vielen kleinen Blüten in seiner Mitte entwickeln sich später die schwarzgrauen Samen. Aus diesen Sonnenblumenkernen presst man das wertvolle Sonnenblumenöl. ➜ Blüte, Samen

die Sonnenuhr

Auf einer Sonnenuhr kann man die Zeit ablesen – aber nur solange die Sonne scheint. Sie besteht aus einem Stab und einem Zifferblatt; das ist eine Fläche, die mit Stundenzahlen beschrieben ist. Wenn die Uhr von der Sonne beschienen wird, wirft der Stab einen Schatten. Im Laufe des Tages wandert die Sonne über den Himmel, und entsprechend bewegt sich auch der Schatten über die Ziffernskala. So wird durch ihn die Uhrzeit angezeigt. ➜ Skala, Uhr, Zeit

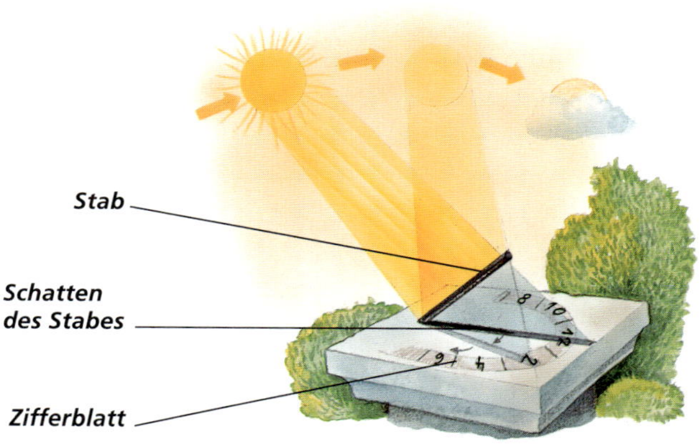

das Sparbuch ➜ Bank, Geld

der Spatz

Kein Vogel ist so bekannt wie der Spatz oder Haussperling. Er ist ein Singvogel und lebt in fast allen Teilen der Welt. Das Männchen hat ein graubraunes Gefieder mit schwarzer Kehle und grauem Kopf. Das Weibchen ist hellbraun gefärbt. Spatzenpaare bleiben ihr Leben lang zusammen. Ihre unordentlichen Nester bauen sie gern in Spalten, Nischen oder Höhlungen an Gebäuden. Sie dienen ihnen nicht nur zum Brüten, sondern auch zum Schlafen.
Mit den Spatzen eng verwandt ist der Feldsperling. Er lebt fast immer in offener Landschaft und kommt nur im Winter in Dörfer und Städte. Man erkennt ihn an dem schwarzen Fleck auf den grauen Wangenfedern. Alle Sperlinge ernähren sich von Samen, Früchten und Insekten. ➜ Vogel

der Specht

Spechte sind Klettervögel, die geschickt an Baumstämmen hinaufhüpfen können. An ihren Füßen sitzen spitze, gebogene Krallen, mit denen sie sich in der Rinde einhaken. Außerdem stützen sie sich mit ihrem Schwanz ab, der aus besonders harten Federn besteht.
Aufmerksam werden wir auf einen Specht, wenn wir im Wald plötzlich sein lautes Klopfen hören. Meistens ist er dann auf Nahrungssuche. Er benutzt seinen kräftigen Schnabel wie einen Meißel und hackt damit Löcher in die Baumrinde und ins Holz. Dort findet er Insekten und deren Larven. Mit seiner langen, klebrigen Zunge holt er sie heraus. Spechte hacken auch größere Löcher in Baumstämme, um sich Nisthöhlen zu bauen.
Der Buntspecht kommt bei uns häufig vor. Er ernährt sich im Herbst und Winter auch von Nüssen und den Samen der Zapfen. Zum besseren Halt klemmt er sie in Baumspalten oder selbstgezimmerten Löchern fest. Manchmal können wir unter einer solchen „Spechtschmiede" Hunderte leergehackter Zapfen finden. ➜ Insekt, Meißel, Vogel

die Spedition

Viele Lastkraftwagen sind täglich auf unseren Straßen unterwegs und transportieren die unterschiedlichsten Dinge, zum Beispiel Lebensmittel, Bücher oder Maschinenteile. Diese Lkws fahren oft für eine Spedition. Das ist ein Transportunternehmen, das im Auftrag von Privatpersonen oder Firmen Güter befördert. Auch wenn man umziehen will, kann man eine Spedition beauftragen. Sie schickt einen Möbelwagen und Möbelpacker, die den Hausrat und die Möbel verladen und zur neuen Wohnung fahren.

Kreuzspinne

die Spinne

Alle Spinnen haben 8 Beine und einen zweigeteilten Körper. Kopf und Brust bilden den vorderen Teil, der andere Teil ist der Hinterleib. Viele Spinnen haben in ihrem Kiefer spitze Klauen, die Gift absondern. Damit lähmen sie ihre Beutetiere. Nur wenige Spinnen sind auch für Menschen gefährlich. Dazu gehört die Schwarze Witwe, die ein sehr starkes Nervengift besitzt.
Viele dieser Tiere können mit ihren Spinnwarzen Fäden oder Netze spinnen. Auch die Kreuzspinne baut ein großes, rundes Netz. Sie hängt es senkrecht zwischen Zweigen auf. Die Netzfäden sind klebrig. Insekten, die sie berühren, bleiben hängen und werden gefressen. Andere Spinnen jagen ihre Beute ohne Fangnetz von einem Versteck aus. So macht es auch die größte Spinne, die Vogelspinne. ➜ Gift

der Sport

Das Wort „Sport“ stammt aus England und bedeutet eigentlich „Vergnügen“. Viele Menschen betreiben Sport in dieser Weise: Bewegung und Spiel machen ihnen Spaß. Sie machen zum Beispiel Dauerlauf oder spielen in der Freizeit Tischtennis. Sportliche Bewegung hält zugleich unseren Körper gesund und fit. Sie schafft einen wichtigen Ausgleich für die Zeiten, in denen wir uns wenig bewegen, etwa beim Lernen in der Schule oder bei der Arbeit.
In einem Sportverein kann man Sport regelmäßig und gemeinsam mit anderen ausüben. Beliebte Mannschaftssportarten sind Fußball, Basketball und Eishockey. Bei vielen Wettkämpfen in der Leichtathletik treten die Teilnehmer einzeln an. Dort geht es nicht nur um den Sieg, sondern auch darum, bestehende Rekorde zu brechen.
Leistungssportler trainieren oft sehr hart, um neue Rekorde aufzustellen. Wer seine ganze Zeit in das Training und die Ausübung einer Sportart steckt und damit auch sein Geld verdient, ist ein Berufssportler, ein Profi.
➜ Leichtathletik

die Sprache

Mit der Sprache können wir unsere Gedanken und Gefühle ausdrücken. Auch Tiere teilen sich durch Zeichen etwas mit: Vögel zum Beispiel durch ihren Gesang, Hunde durch ihr Schwanzwedeln. Aber nur Menschen können aus Stimmlauten Wörter bilden und sie zu Sätzen zusammenfügen. Sprechend verständigen wir uns mit anderen Menschen.
Ein Kind lernt zuerst die Sprache, die es von seinen Eltern und in seiner Umgebung hört; das ist seine Muttersprache. Menschen mit der gleichen Muttersprache haben trotzdem manchmal Mühe, sich zu verständigen: Sie sprechen oft verschiedene Mundarten oder Dialekte, die nur in bestimmten Teilen eines Landes gesprochen und verstanden werden. Auf der Erde gibt es Tausende verschiedener Sprachen. Am weitesten verbreitet ist Englisch.
Im Deutschen gibt es viele Fremdwörter. Wir haben sie aus anderen Sprachen übernommen, in der letzten Zeit vor allem aus dem Englischen. Aber es gibt auch Fremdwörter,

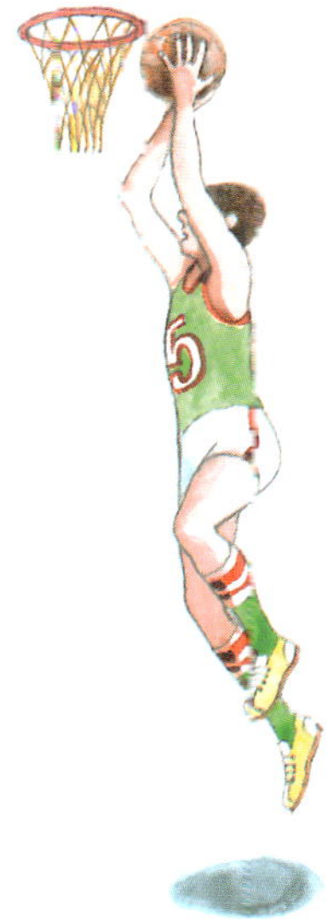

Basketball

Fußball

Radfahren

Gewichtheben

die aus alten Sprachen kommen: aus dem Lateinischen und Griechischen. Zum Beispiel gebrauchen wir in der Grammatik viele lateinische Ausdrücke. ➜ Grammatik, Wort

die Spur

Wer auf weichem oder feuchtem Boden geht, hinterlässt Abdrücke: eine Spur. Besonders deutlich kann man Fußspuren im Schnee erkennen. Jedes Tier hinterlässt seine eigene Spur, die man auch Fährte nennt. Förster, Jäger und manche Tierforscher können Fährten lesen.
Nach ganz anderen Spuren sucht die Polizei, wenn ein Verbrechen verübt worden ist. Sie versucht, Fingerabdrücke oder andere Hinweise zu finden, die sie auf die Spur des Verbrechers bringen. ➜ Förster, Polizei

der Staat

In einem Staat leben viele Menschen zusammen. Zum Beispiel ist die Bundesrepublik Deutschland ein Staat mit mehr als 80 Millionen Einwohnern. Jeder Staat erstreckt sich über ein bestimmtes Gebiet und hat feste Grenzen. So grenzt Deutschland an andere Staaten wie Österreich, Schweiz, Polen, Frankreich und Dänemark.
Menschen sollen in einem Staat möglichst gut und gerecht zusammenleben. Deshalb gelten bestimmte Regeln, die Gesetze. Außerdem gibt es verschiedene staatliche Einrichtungen: Eine Regierung ist für die Gestaltung der Gesetze mitverantwortlich. Gerichte haben die Aufgabe, im Sinn der Gesetze Recht zu sprechen. Die Polizei sorgt für die Sicherheit der Menschen. Die Verwaltung leitet zum Beispiel auch den Bau von Schulen, Krankenhäusern und Straßen. Bürger oder Staatsbürger nennt man Menschen, die einem Staat angehören. Ein Staat muss seinen Bürgern Schutz und Hilfe bieten. Es gibt verschiedene Staatsformen. Die meisten modernen Staaten sind Demokratien. ➜ Bürger, Demokratie, Gericht, Gesetz, Regierung

die Stadt

Eine Stadt hat viele Einwohner. Zum Teil leben sie in großen Häusern, die auf engem Raum zusammenstehen. Auf den Straßen sind zahlreiche Menschen unterwegs. Omnibuslinien verbinden verschiedene Teile der Stadt. In größeren Städten gibt es auch Straßenbahnen und ein U-Bahnnetz. Großstädte haben eine City und verschiedene Wohn- und Industrieviertel. An vielen Stellen findet man Geschäfte, Büros, Banken, Fabriken, Schulen und Kindergärten, aber auch Schwimmbäder, Parks, Theater, Kinos, Museen und Büchereien.
Städte werden nach ihrer Größe in Klein-, Mittel- und Großstädte unterteilt. Kleinstädte haben bis zu 20 000, Großstädte haben über 100 000 Einwohner. Eine Stadt ist immer der Mittelpunkt eines größeren Ge-

bietes. Viele Menschen aus der Umgebung kommen hierher, um zu arbeiten und einzukaufen oder auch um ins Kino oder Theater zu gehen. ➜ City, Dorf, Gemeinde

der Stadtplan

Ein Stadtplan hilft, sich in einer Stadt zurechtzufinden. Alle Straßen, Plätze, Gebäude und Verkehrslinien sind darauf eingezeichnet. Der Stadtplan ist in einzelne Quadrate eingeteilt. Sie erleichtern das Suchen und Finden.
Wer eine bestimmte Straße sucht, muss zuerst im Straßenverzeichnis nachschlagen, das zu jedem Stadtplan dazugehört. Neben dem Straßennamen steht dort eine Angabe, die auf ein bestimmtes Quadrat verweist. Hat man auf dem Stadtplan das richtige Quadrat aufgespürt, findet man darin auch die gesuchte Straße. ➜ Landkarte, Quadrat

das Standesamt

Jede Gemeinde hat ein Standesamt. Dort wird geheiratet. Fast immer gibt es dafür einen schön eingerichteten Raum, in dem die Hochzeiten stattfinden. Die Brautleute werden außerdem als Verheiratete in ein Verzeichnis, ein so genanntes Register, eingetragen. Auch wenn man sich scheiden lässt, wird das in einem Register, festgehalten. Auf dem Standesamt wird außerdem aufgeschrieben, wann ein Kind geboren und wann jemand gestorben ist. ➜ Gemeinde, Hochzeit, Rathaus

der Star

Der Star sieht der Amsel ähnlich, doch ist er etwas kleiner. Während der Brutzeit schimmert sein schwarzes Gefieder metallisch grün und purpurn. Ist die Brutzeit vorbei, färbt sich der gelbe Schnabel dunkelbraun, und die Federn sind weiß getüpfelt. Sein Gesang ist eine Mischung aus Pfiffen, Schnurr- und Schnalzlauten. Er ahmt gern andere Vogelstimmen oder Laute nach. Stare fressen Insekten, Würmer und Früchte. Sie machen sich bei den Menschen leicht unbeliebt durch ihre große Vorliebe für Kirschen, Trauben und Pflaumen. Da sie oft in großen Schwärmen auftreten, können Stare eine ganze Ernte vernichten. Im Winter zieht ein Teil von ihnen in den Süden, einige bleiben auch hier. ➜ Zugvogel

der Star

der Stausee

Ein Stausee ist ein künstlicher See. Wenn ein Fluss durch ein Tal fließt, kann man quer zu seinem Lauf eine hohe, dicke Mauer errichten. Dieser Staudamm, den man auch Talsperre nennt, schließt das ganze Tal ab und staut das Wasser. Es überschwemmt den Teil des Tales, der vor der Mauer liegt. Das Wasser wird manchmal genutzt, um Menschen in der Umgebung mit Trinkwasser zu versorgen oder um Böden zu bewässern. Meistens dienen Stauseen aber zur Gewinnung von Strom. ➜ Kraftwerk, Strom, Tal

die Steckdose

Sobald wir ein elektrisches Gerät benutzen wollen, sehen wir uns nach einer Steckdose um. Aus ihr fließt elektrischer Strom. Wenn wir den Stecker des Elektrogeräts in die Steckdose stecken, ist der Stromkreis mit dem Leitungsnetz hergestellt. Jetzt müssen wir das Gerät nur noch einschalten – schon fließt der Strom durch das Kabel, und das Gerät arbeitet. Strom kann schwere Verbrennungen verursachen und einen Menschen sogar töten. Deshalb darf man niemals mit den Fingern in eine Steckdose greifen oder irgendeinen Gegenstand hineinstecken. ➜ Kabel, Strom, Stromkreis

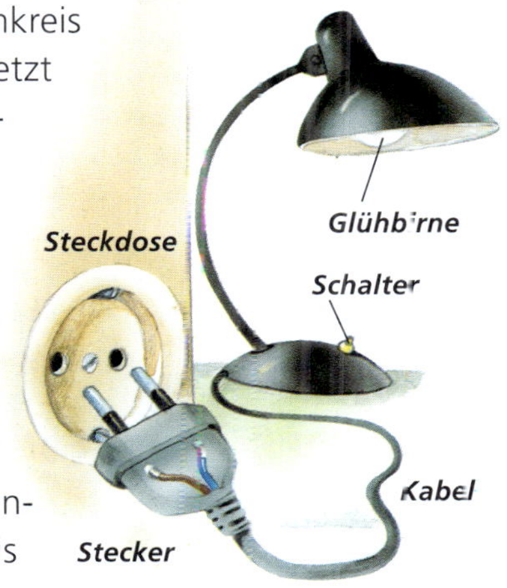

der Steinbock

Steinböcke leben im Hochgebirge. Sie sind Wildziegen, die in Rudeln zusammenleben. Die Männchen, die Böcke, haben mächtige Hörner. Sie sind nach hinten gekrümmt wie Säbel und werden bis zu 1 Meter lang. An der Zahl der Zuwachsringe kann man das Alter eines Bocks ablesen. Die weiblichen Tiere, die Geißen, haben viel kürzere Hörner.
Die kleinen Rudel der Steinböcke verweilen gern an grasigen Hängen. Dort weiden sie am frühen Morgen und steigen dabei langsam bergan. Um die Mittagszeit ruhen sie. In der Abenddämmerung suchen sie einen Schlafplatz: im Sommer auf den höchsten Abhängen, im Winter unter schützenden Felswänden.
Der Alpensteinbock stand schon einmal kurz vor der Ausrottung. Zum Glück gelang es Naturschützern, die letzten übrig gebliebenen Tiere unter strenge Bewachung zu stellen. Das geschah vor ungefähr 200 Jahren. Heute gibt es in den Alpen wieder viele Stellen, an denen man den Alpensteinbock beobachten kann. ➜ Alpen, Naturschutz, Rudel

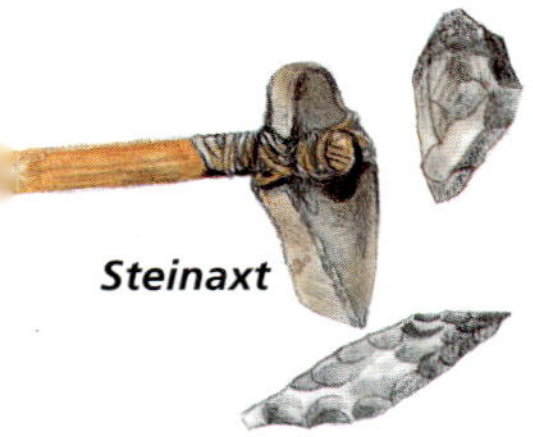

Faustkeil

Steinaxt

Speerspitze aus Feuerstein

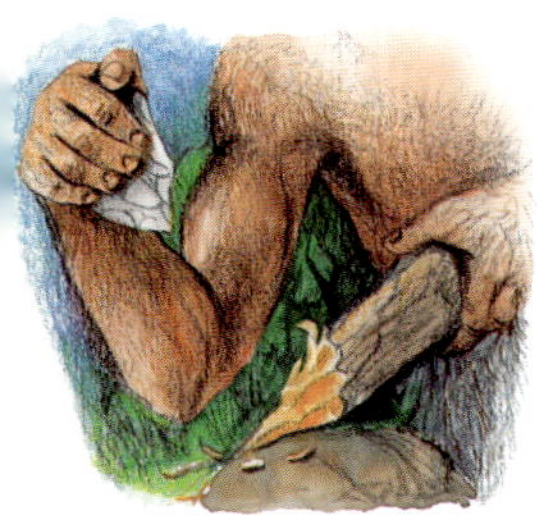

die Steinzeit

Steine waren für Menschen lange Zeit der wichtigste Rohstoff. Weil sie ihre Werkzeuge und Waffen daraus herstellten, nennt man diesen Abschnitt der Menschheitsgeschichte die Steinzeit. Sie begann vor über 2 Millionen Jahren und endete erst vor ungefähr 5000 Jahren. Wir wissen etwas über das Leben der Steinzeitmenschen, weil man bei Ausgrabungen immer wieder Spuren ihres Lebens findet. Ein oft gefundenes Werkzeug ist der Faustkeil. Er liegt gut in der Faust: An einem Ende ist er abgerundet, am anderen läuft er spitz zu. Man konnte mit ihm schneiden, graben und ihn auch als Waffe zum Schlagen benutzen. Faustkeile wurden hergestellt, indem man einen Stein mit einem anderen zurechtschlug. So entstanden auch Speerspitzen und Messer.
Die Steinzeitmenschen lebten von dem, was sie in der Natur vorfanden. Sie waren umherziehende Jäger und sammelten Beeren und Früchte. Die Steinzeit ging zu Ende, als man lernte, Metalle zu schmelzen und zu bearbeiten. ➜ Feuer, Höhle, Metall, Werkzeug

die Steppe

Steppen sind riesige, flache Landschaften, in denen Gräser, Kräuter und Büsche wachsen, aber nur wenig Bäume. Sie entstehen dort, wo es zu wenig Regen gibt, um viele Bäume wachsen zu lassen. Eine sehr bekannte Steppe ist die amerikanische Prärie. Auch in Afrika liegen weite Steppenlandschaften zwischen den Regenwäldern und den Wüsten. Sie heißen Savannen. Dort leben viele Tiere, die wir aus dem Zoo kennen, zum Beispiel Zebras, Elefanten, Löwen und Paviane. In Südamerika heißt die Steppe Pampa. ➜ Urwald, Wüste

der Stern

In einer klaren, wolkenlosen Nacht ist der Himmel über uns mit Sternen übersät. Sie scheinen unzählig zu sein. Dabei erkennen wir mit bloßem Auge nur ein paar tausend von vielen Milliarden Sternen, die zu unserer Milchstraße gehören.
Sterne sind, von der Erde aus betrachtet, winzige Leuchtpünktchen. In Wirklichkeit sind sie riesige, glühende Gaskugeln. Sie strahlen Licht aus wie unsere Sonne, die ebenfalls ein Stern ist.
Sterne unterscheiden sich von Planeten. Planeten leuchten nicht selbst, sondern erhalten ihr Licht von der Sonne. Sie bewegen sich um die Sonne, während die Sterne immer am gleichen Platz zu stehen scheinen. Man nennt sie deshalb auch Fixsterne. Sie

bewegen sich aber doch; wir können das nur nicht wahrnehmen, da die Sterne unvorstellbar weit von uns entfernt sind. Das Licht, das sie aussenden, ist jahrelang unterwegs, bevor es die Erde erreicht. Was das bedeutet, wird klar, wenn man weiß: Es gibt nichts Schnelleres in der Welt als das Licht. In einer einzigen Sekunde legt es 300 000 Kilometer zurück. Das heißt, in einer Sekunde rast es ungefähr 7-mal um die Erde. Der berühmteste und hellste Stern am Nachthimmel ist der Sirius. Verglichen mit anderen Sternen steht er unserer Erde ganz besonders nahe. Trotzdem braucht sein Licht mehr als 8 Jahre, bevor wir es am Himmel blinken sehen. ➜ Licht, Milchstraße, Planet, Sonne

die Sternschnuppe

Wenn wir eine Sternschnuppe aufleuchten sehen, scheint es, als schieße ein Stern vom Himmel. Tatsächlich entsteht diese Leuchterscheinung dadurch, dass ein winziges Teilchen aus dem Weltraum auf die Erde fällt. Oft sind es Gesteins- oder Metallstückchen, die von Kometen stammen und nicht einmal 1 Zentimeter groß sind. Wenn sie in die Lufthülle der Erde kommen, verdampfen sie und leuchten dabei kurz auf. Diese Erscheinungen werden auch Meteore genannt. Man sieht sie nicht sehr oft. Viele Menschen betrachten sie als Glückszeichen. Nachdem sie eine Sternschnuppe gesehen haben, wünschen sie sich etwas und hoffen, dass es in Erfüllung geht. ➜ Komet, Weltall

die Sternwarte

Von einer Sternwarte aus lässt sich der Sternhimmel genau beobachten. Dort arbeiten Sternforscher an riesigen Fernrohren, die man auch Teleskope nennt. Mit diesen Geräten kann man Millionen von Sternen sehen, die für das bloße Auge gar nicht sichtbar sind. Sternwarten werden oft abseits von Städten und auf Bergen errichtet. Für die Beobachtung der Sterne braucht man rundherum Dunkelheit und möglichst klare Luft. Sternforscher heißen auch Astronomen. ➜ Himmel, Linse

die Sternwarte

die Steuer

Bürger zahlen Geld an ihren Staat, damit er seine Aufgaben erfüllen kann. Diese Zahlungen nennt man Steuern. Der Staat verwendet die Steuereinnahmen, um Schulen, Krankenhäuser, Straßen und andere Einrichtungen zu bauen, die allen Bürgern zugute kommen.

Steuern werden auf verschiedene Weise gezahlt. Wer Geld verdient, muss einen bestimmten Teil seines Einkommens oder Lohns abgeben. Die Bürger bezahlen aber auch jedesmal Steuern, wenn sie etwas kaufen: Im Preis einer Ware ist immer ein bestimmter Betrag enthalten, der an den Staat abgeführt wird. ➜ Bürger, Geld, Gemeinde, Staat

das Steuerbord

Das Steuerbord ist die rechte Seite eines Schiffes. Sie heißt so, weil sich in alter Zeit das Steuer an der rechten hinteren Bordseite befand. ➜ Backbord, Schiff

der Storch

Im Frühjahr ist die Rückkehr der Weißstörche ein wichtiges Ereignis. Man freut sich, dass sie wieder da sind, denn sie gelten als Glücksbringer.
Störche haben ein weißes Gefieder; nur die hintere Hälfte der Flügel ist schwarz. Der Schnabel und die langen Stelzbeine sind leuchtend rot. Ihre großen Nester nennt man auch Horste. Sie bauen sie auf Dächern, Schornsteinen oder Strommasten. Gleich bei der Ankunft nehmen die Störche ihre alten Horste wieder in Besitz. Sie begrüßen einander durch lautes Klappern mit dem Schnabel. Bald darauf legt das Weibchen 3 bis 5 Eier. Die Eltern brüten abwechselnd und ziehen die Jungen gemeinsam groß. Ihre Nahrung suchen sie auf Sumpfwiesen und auf Feldern. Sie fressen Frösche, Mäuse und Insekten.
Ende August ziehen die Störche wieder in ihre Winterquartiere in Afrika. Durch die Trockenlegung vieler Feuchtwiesen und Sümpfe geht der Bestand an Störchen ständig zurück. ➜ Vogelschutz, Zugvogel

die Straßenbahn

Die Straßenbahn ist ein öffentliches Verkehrsmittel, das auf Schienen fährt. Sie wird von Elektromotoren angetrieben. Den Strom, der dafür notwendig ist, bekommt die Straßenbahn über einen Stromabnehmer. Diese Vorrichtung ist auf ihrem Dach befestigt und entnimmt den Strom einer Leitung, die hoch über den Gleisen verläuft.
Die Schienen der Straßenbahn sind so in die Oberfläche der Straße eingelassen, dass der übrige Verkehr nicht behindert wird. Häufig liegen sie aber auch in einem eigenen Bereich in der Mitte oder am Rand der Straße. Heute werden in vielen Städten wieder Straßenbahnen eingesetzt, denn sie sind schnell, bequem und umweltfreundlich. ➜ Strom, Verkehrsmittel

der Strauch

Sträucher unterscheiden sich von Bäumen: Sie sind zwar auch aus Holz, haben aber keinen Stamm. Dicht über dem Erdboden verzweigen sich ihre Äste. Manche Sträucher werden dennoch über 3 Meter hoch, zum Beispiel der Haselnussstrauch. In Gärten pflanzt man oft schön blühende Ziersträucher. Andere tragen Früchte, wie Stachel- und Johannisbeersträucher. Im Wald bilden Sträucher oft dichtes Unterholz.
➜ Baum

der Strauß

Der Strauß ist der größte und schwerste Vogel der Erde. Er wird bis zu 3 Meter groß. Straußen leben in den afrikanischen Savannen. Sie fressen Samen, Beeren und Insekten. Sie können nicht fliegen, laufen aber enorm schnell.
➜ Steppe, Vogel

der Stress
Das Wort Stress kommt aus dem Englischen und bedeutet Überforderung oder Überanstrengung. Wer ständig zuviel arbeitet, steht unter Stress. Im Stress läuft unser Körper auf Hochtouren: Das Herz schlägt schneller, der Blutdruck steigt, oft wird man reizbar und nervös. Für eine kurze Zeit kann unser Körper das ertragen, aber Dauerstress macht krank. Typische Stresskrankheiten sind Bluthochdruck und Herzinfarkt. ➜ Krankheit

das Stroh
Nachdem der Mähdrescher ein Getreidefeld abgeerntet hat, bleibt dort nur das Stroh liegen. Das sind die Halme des Getreides. Oft werden sie zu Ballen gepresst oder zu Walzen aufgerollt. Der Bauer verwendet das Stroh später für verschiedene Zwecke: Er streut es auf den Stallboden, oder er zerkleinert es und mischt es dem Futter bei. Früher hat man Hausdächer mit Roggenstroh gedeckt, heute verwendet man für Strohdächer gewöhnlich Schilf. ➜ Ernte, Getreide, Mähdrescher, Schilf

der Strom
Elektrischen Strom können wir nicht sehen, hören oder riechen. Er gehört aber zu unserem täglichen Leben, denn wir gehen ständig mit ihm um. Erkennbar ist er nur an seiner Wirkung: Eine Glühlampe leuchtet, wenn Strom durch sie hindurchfließt. Viele Haushaltsgeräte wie Fernseher oder Staubsauger arbeiten, wenn sie mit Strom versorgt werden.
Strom ist eine Form von Energie. Er wird in Kraftwerken erzeugt. In Hochspannungsleitungen und unterirdischen Kabeln fließt er in die Fabriken und Häuser. Unsere Lampen und Elektrogeräte verwandeln seine Energie dann wieder in Licht, Wärme, Bewegung oder Schall. So heizt der Strom zum Beispiel ein Bügeleisen auf oder bewegt den Elektromotor einer Bohrmaschine. Die Arbeit, die er dabei leistet, wird in Watt angegeben. Eine Glühlampe von 100 Watt leuchtet 4-mal so hell wie eine 25-Watt-Lampe. Sie verbraucht aber auch 4-mal soviel Energie. Die Arbeit, die Strom verrichtet, muss bezahlt werden. Jeder Haushalt bekommt regelmäßig eine Stromrechnung. Wo keine elektrische Leitung zur Verfügung steht, kann auch eine Batterie Strom liefern. ➜ Batterie, Energie, Glühlampe, Kraftwerk, Transformator

der Stromkreis
Die kleine Glühbirne einer Taschenlampe leuchtet nur, wenn elektrischer Strom durch sie hindurchfließt. Damit das geschieht, müssen Stromquelle, Leitungen und Glühlampe einen geschlossenen Kreis bilden. Die Stromquelle ist eine Batterie. Von ihr muss der Strom durch ein Kabel zur Glühlampe, durch sie hindurch und über ein zweites Kabel zur Batterie zurückfließen: Dann ist der Stromkreis geschlossen, und die Lampe leuchtet.
Wenn der Strom nicht mehr fließt, ist der Stromkreis unterbrochen. Mit einem Schalter können wir die Lampe ein- und ausschalten, also den Stromkreis schließen oder unterbrechen. Jedes Elektrogerät muss ebenfalls in einen Stromkreis eingeschaltet werden, damit es arbeitet. In diesem Fall ist die Stromquelle ein Kraftwerk. ➜ Batterie, Kraftwerk, Schalter

Stromkreis in einer Taschenlampe

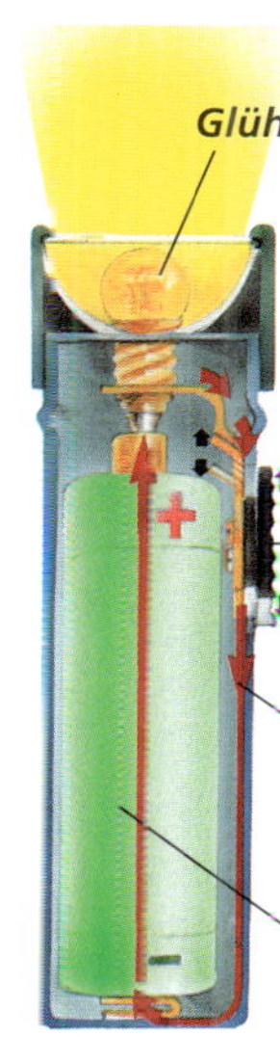

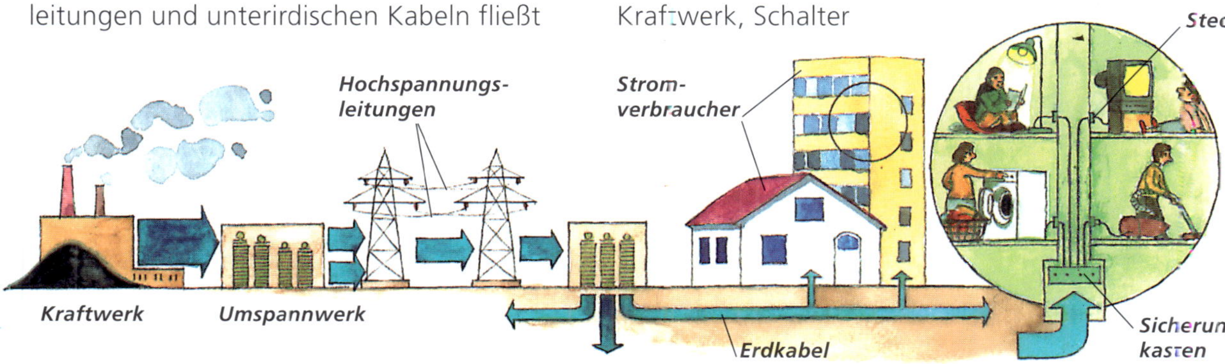

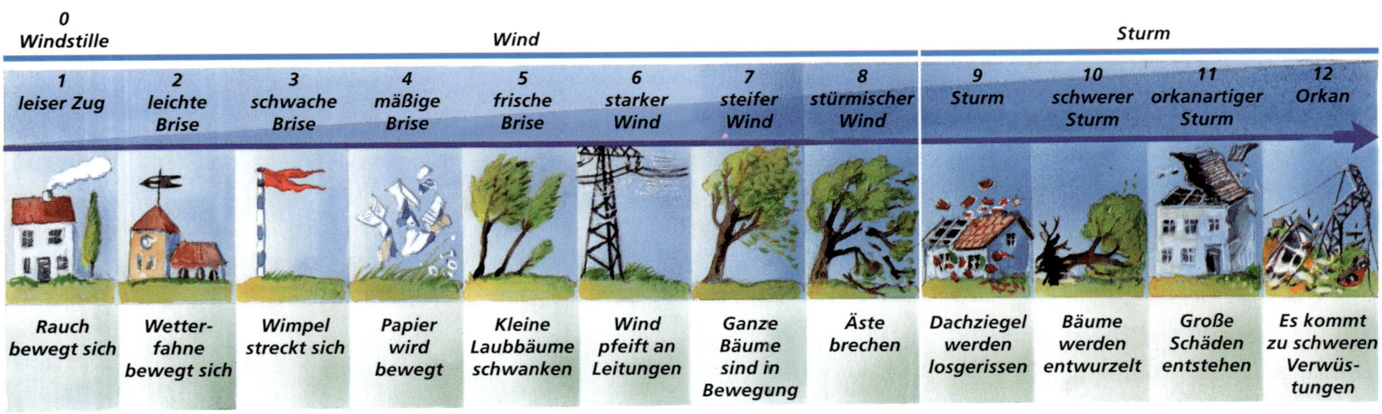

der Sturm

die Strophe → Gedicht, Reim

die Stunde

Die Stunde ist eine Zeiteinheit. Sie ist der Zeitraum von 60 Minuten. Jeder Tag hat 24 Stunden. Wenn wir eine Uhrzeit angeben, nennen wir in jedem Fall die Stunde. Wir sagen zum Beispiel, dass wir uns um 12 Uhr treffen wollen. Um 12 Uhr mittags sind genau 12 Stunden eines Tages vergangen. Schulstunden sind kürzer als Zeitstunden. Sie dauern nur 45 Minuten.
→ Minute, Tag, Zeit

der Sturm

Sehr starken Wind nennen wir Sturm. Er kann große Äste abbrechen und auch Schäden an Häusern und anderen Bauwerken anrichten. Besonders schwere Stürme decken manchmal ganze Dächer ab und entwurzeln Bäume. Auf dem Meer lassen sie hohe Wellenberge entstehen und bringen Schiffe in Gefahr. An der Küste können Sturmfluten Deiche brechen und Überschwemmungen verursachen. Im Wetterbericht wird deshalb frühzeitig Sturmwarnung gegeben.
Wir unterscheiden 12 verschiedene Windstärken. Sie geben an, mit welcher Geschwindigkeit sich die Luft bewegt. Ab Windstärke 9 spricht man von Sturm. Schwere Stürme der Windstärken 10 und 11 rasen mit über 100 Stundenkilometern über uns hinweg. Steigert sich der Sturm noch, dann wird er zum Orkan. → Deich, Wetter, Wind

das Substantiv

Das Substantiv ist eine Wortart. Mit ihm benennen wir Lebewesen und Gegenstände, zum Beispiel „der Mensch" und „die Flöte". Aber Substantive bezeichnen auch Begriffe, die wir nicht anfassen oder mit unseren Sinnen wahrnehmen können: „der Mut", „das Glück". Substantive schreibt man groß. Sie werden sehr oft von einem Artikel begleitet: „der", „die", „das" oder „ein" und „eine". Ob das Geschlecht eines Substantivs männlich, weiblich oder sächlich ist, erkennt man an seinem Artikel. Das Substantiv wird auch Nomen genannt, sein deutscher Name ist Namenwort. → Artikel, Wort

die Synagoge

Juden gehen zum Gottesdienst in die Synagoge. In diesem Gebäude versammeln sie sich, um zu beten und zu lernen. Im Mittelpunkt stehen die ersten fünf Bücher des Alten Testaments der Bibel, die man die Thora nennt. Sie wird regelmäßig vorgelesen, und man versucht, sie immer besser zu verstehen. Die Thora ist auf eine geschmückte Pergamentrolle geschrieben. In jeder Synagoge gibt es einen besonderen Platz, an dem die Thorarolle aufbewahrt wird. Die Synagoge ist auch der Ort, an dem man Hochzeiten und besondere Familienfeste feiert. → Bibel, Gottesdienst, Jude

In jeder Synagoge gibt es einen Thoraschrein, in dem die Thorarolle aufbewahrt wird

der Tabak

Die Tabakpflanze, die aus Amerika stammt, wurde zuerst von Indianern angebaut. Zu besonderen Anlässen rauchten sie Tabak in ihren Pfeifen, und sie schnupften und kauten ihn auch. Heute ist der Tabakanbau überall auf der Welt verbreitet. Fast alle Teile der Pflanze enthalten den Giftstoff Nikotin. Man verwendet vor allem ihre großen Blätter. Sie werden nach der Ernte getrocknet und auf verschiedene Weise behandelt. Den ausgereiften Tabak verarbeitet man zu Zigaretten, Zigarren und Pfeifentabak. In kleiner Menge stellt man auch Kau- und Schnupftabak her.
Tabakgenuss ist schädlich. Das Pflanzengift Nikotin, das anregend auf den Körper wirkt, kann gefährliche Krankheiten hervorrufen. Beim Rauchen entstehen außerdem viele andere giftige Stoffe, die eingeatmet werden. Sie schädigen die Lunge und verursachen Krebs. In Gefahr sind auch passive Raucher. So nennt man Menschen, die nicht selbst rauchen, sondern sich nur mit Rauchern im selben Raum aufhalten. Mit der Atemluft atmen sie den Tabakrauch ein.
➜ Droge, Gift, Nikotin

der Tachometer

Mit einem Tachometer misst man Geschwindigkeiten. Autos und alle anderen Kraftfahrzeuge müssen mit diesem Gerät ausgerüstet sein. Die Geschwindigkeit wird in Kilometer pro Stunde angegeben, abgekürzt km/h. Die Nadel des Tachometers zeigt genau an, wie viele Kilometer in der Stunde das Fahrzeug fährt. Mit dem Tachometer ist meistens ein Zählwerk verbunden, an dem man die Anzahl der gefahrenen Kilometer ablesen kann. Auch viele Fahrräder haben einen Tachometer. ➜ Kilometer

der Tag

Auf den Tag folgt die Nacht, und auf die Nacht folgt der Tag. Dieser regelmäßige Wechsel geschieht, weil die Erde sich nicht nur um die Sonne dreht, sondern auch um sich selbst. Auf dem Teil der Erde, der gerade kein Sonnenlicht empfängt, herrscht Nacht. Auf dem gegenüberliegenden Teil scheint die Sonne: Es ist Tag.
Im Unterschied zur Nacht ist der Tag die Zeit zwischen Sonnenaufgang und Sonnenuntergang. Diese Zeitspanne ist verschieden lang: Sommertage sind viel länger als Wintertage. Der 21. Juni ist der längste Tag des Jahres, der kürzeste ist der 21. Dezember. An diesen Tagen beginnen Sommer und Winter.
Aber Tag nennen wir nicht nur die helle Zeit zwischen Sonnenaufgang und -untergang. Ein Tag ist auch der ganze Zeitraum, in dem sich die Erde einmal um die eigene Achse dreht, also 24 Stunden. Dieser Tag dauert von 0 bis 24 Uhr. Sieben solcher Tage ergeben eine Woche. ➜ Erde, Jahreszeit, Nacht, Woche

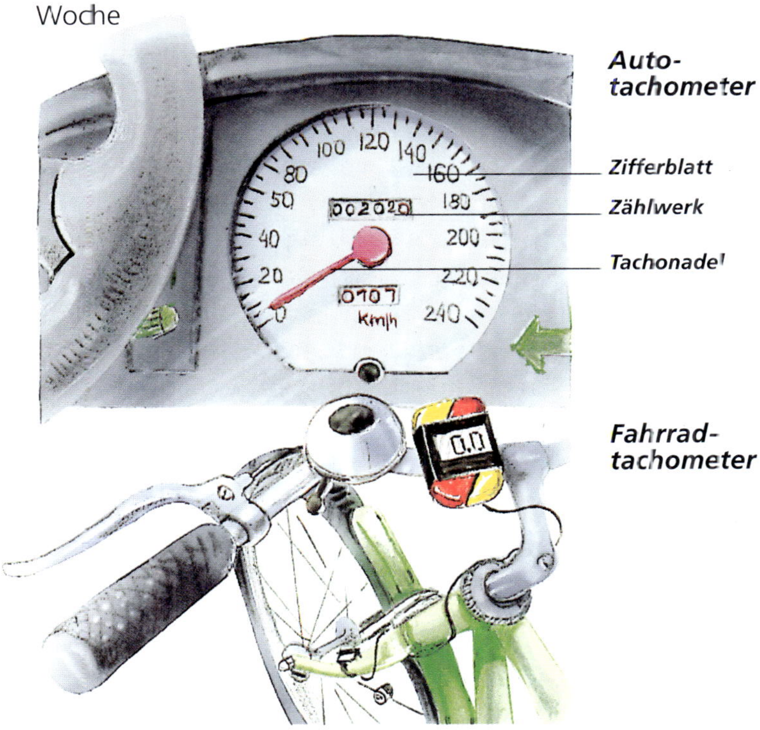

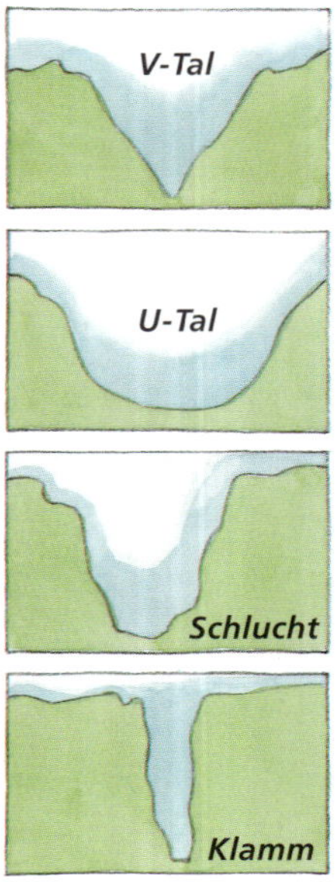

das Tal

Zwischen Bergen und Anhöhen liegen Täler. Sie sind durch fließendes Wasser entstanden. Es hat im Laufe der Zeit die Erde weggeschwemmt, das Gestein ausgewaschen und so die Vertiefung gegraben.
Täler können sehr verschieden aussehen. Viele Flüsse fließen durch ein Tal, das die Form einer Kerbe oder eines V hat. Der Fluss füllt den ganzen Talboden aus, und von seinen Ufern ziehen sich die Abhänge in die Höhe. Ganz besonders enge Täler sind die Klamm und die Schlucht. Die Felswände einer Klamm steigen senkrecht auf. Manches Tal wurde auch während der Eiszeit durch die Bewegungen von Gletschern geformt. Es ist oft breit, hat aber an seinem Rand steile Talwände. Wegen dieser Form nennt man es U- oder Trogtal. ➜ Berg, Eiszeit, Fluss, Gletscher

die Tanne

Tannenzapfen

das Tandem

Ein Tandem ist ein Fahrrad für zwei Personen. Es hat 2 Sättel, 2 Lenkstangen und 2 Pedalpaare. Die beiden Fahrer sitzen hintereinander und treten gemeinsam. So kommen sie schnell und kraftsparend vorwärts. ➜ Fahrrad

die Tanne

Tannen sind Nadelbäume. Fichten werden oft mit ihnen verwechselt. Man kann beide aber gut unterscheiden.
Die Weiß- oder Edeltanne ist bei uns am weitesten verbreitet. Sie hat eine glatte, silbergraue Rinde. Im Unterschied zur Fichte stehen ihre Zapfen aufrecht. Die weichen Nadeln sitzen links und rechts am Zweig, sind flach und haben an der Unterseite zwei weiße Streifen.
Die Weißtanne ist der höchste Baum, der in Europa vorkommt: Sie wird bis zu 70 Meter hoch. In unseren Wäldern ist sie längst nicht so häufig wie die Fichte. Einerseits reagiert sie empfindlich auf Luftverschmutzung, andererseits wächst sie nicht so schnell; daher liefert sie der Forstwirtschaft geringeren Ertrag. Ihr Holz gilt als wertvolles Bau- und Tischlerholz. ➜ Baum, Fichte, Waldsterben

Wüstenfuchs

die Tarnung

Wer sich tarnt, will nicht gesehen werden. Dafür kann es verschiedene Gründe geben. Wehrlose Tiere tarnen sich, um vor Feinden geschützt zu sein. Der Schneehase hat im Winter ein weißes Fell. Auf dem Schnee ist er durch diese Tarnfarbe kaum zu erkennen. Auch viele Schmetterlinge sind gut getarnt. Die Flügel des Birkenspanners sind schwarz-weiß. Auf der Rinde einer Birke ist er nur schwer zu entdecken.

Eine andere Art der Tarnung ist die Abschreckung. Dabei nimmt ein wehrloses Tier die Gestalt eines gefährlichen Tieres an. Wespen sind wegen ihres Giftstachels gefürchtet. Verschiedene Arten von harmlosen Fliegen ahmen mit ihrer Färbung die Wespen nach, damit sie vor Angriffen sicher sind. Ein Schmetterling, der Hornissenschwärmer, tarnt sich ebenfalls als Wespe. Aber auch Tiere, die jagen, wollen möglichst unsichtbar sein: Krabbenspinnen zum Beispiel setzen sich auf Blüten, die genauso gefärbt sind wie sie selbst. Schmetterlinge und andere Insekten, die heranfliegen, erkennen sie zu spät und werden dadurch ihre Beute.

das Taschengeld

Kinder sollen Taschengeld bekommen. Sie entscheiden selbst, wofür sie dieses Geld ausgeben wollen. Nur wer Taschengeld erhält, kann lernen, mit seinem Geld sinnvoll umzugehen. Manche Kinder bekommen viel Taschengeld, andere weniger. Wieviel ein Kind erhält, hängt von seinem Alter und vom Einkommen der Eltern ab. ➜ Geld

der Taschenrechner

Taschenrechner nehmen uns Rechenarbeit ab. Sie sind kleine, elektronische Rechengeräte, die ebenso funktionieren wie Computer. Sie bestehen aus einer Tastatur, in die man die Rechenaufgaben eintippt, dem eigentlichen Rechner und einer Anzeige. Man kann mit ihnen Zahlen zusammenzählen, abziehen, malnehmen und teilen, aber auch noch kompliziertere Rechnungen durchführen. Taschenrechner arbeiten mit Batterien oder Solarzellen.
➜ Computer, Mathematik, Zahl

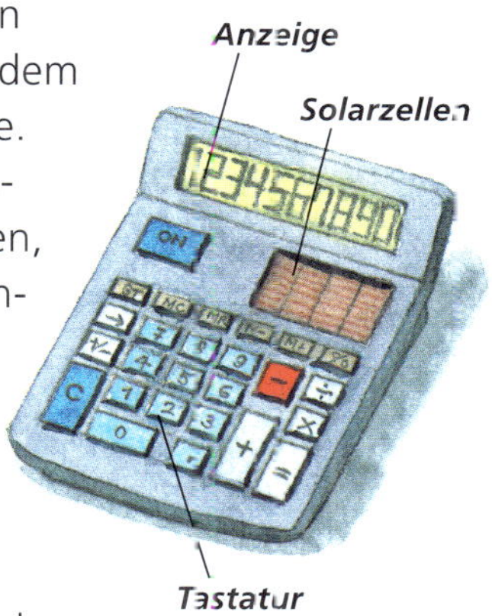

der Tau

Am frühen Morgen ist eine Wiese manchmal nass, obwohl es gar nicht geregnet hat. Auf dem Gras liegt Tau. Dieser Niederschlag bildet sich besonders in windstillen Nächten, in denen der Erdboden stark abkühlt. Warme Luft kommt dann mit dem kalten Boden in Berührung. Dabei kühlt sich der Wasserdampf ab, der in der Luft immer vorhanden ist. Er schlägt sich in kleinen Wassertröpfchen auf Gräsern, Blumen und Bäumen nieder.

Tau ist für viele Pflanzen lebenswichtig, vor allem wenn im Sommer wochenlang kein Regen fällt. Bei Temperaturen unter Null Grad Celsius entsteht kein Tau, sondern Reif.
➜ Niederschlag, Regen, Reif, Verdunstung

die Taube

Alle Haustauben stammen von der Felsentaube ab. Sie leben auf der ganzen Welt in Dörfern und Städten. Nur wenige dieser Vögel sind richtige Haustiere. Die meisten sind verwildert und fliegen in großen Schwärmen frei herum. Sie nisten in Mauernischen, unter Hausgiebeln oder in Brückenbogen. Während der Paarungszeit kann man sie oft laut gurren hören. Durch ihre große Zahl sind sie in vielen Städten zu einer Plage geworden. Ihr scharfer Kot zerfrisst das Mauerwerk von Häusern und Denkmälern, und sie können gefährliche Krankheiten übertragen.

Tauben sind schnelle und geschickte Flieger. Brieftauben können ihren heimatlichen Taubenschlag auch aus vielen hundert Kilometer Entfernung wiederfinden. An ihren Beinen befestigt man kleine Brieföllchen. So wurden sie früher eingesetzt, um eilige Post zu überbringen. ➜ Haustier, Vogel

der Taucher

Unter Wasser können Menschen nicht atmen. Deshalb kann man ohne Ausrüstung nur kurze Zeit tauchen – je nach Übung ½ bis 3 Minuten lang.
Das einfachste Tauchgerät ist der Schnorchel. Mit ihm ist es möglich, länger unter Wasser zu bleiben, allerdings nur ganz dicht an der Oberfläche.
Berufstaucher müssen tiefer ins Wasser hinunter und dort verschiedene Aufgaben erfüllen. Sie untersuchen zum Beispiel einen Schiffsboden oder reparieren Unterwasserteile einer Bohrinsel. Zu ihrer Ausrüstung gehören Tauchermaske, Taucheranzug, Flossen und vor allem ein Atemgerät. Es sind Stahlflaschen, die auf dem Rücken getragen werden; in ihnen ist Atemluft unter hohem Druck gespeichert. Die meisten Sporttaucher benutzen die gleiche Ausrüstung. Mit ihr ist man unter Wasser sehr beweglich.
Helmtaucher können in größere Tiefen hinabtauchen. Sie tragen einen geschlossenen Metallhelm, und ihr Anzug ist mit Gewichten beschwert. Über einen langen Schlauch versorgt man sie von der Wasseroberfläche aus mit Luft. Wer noch weiter in die Tiefe vordringen will, braucht Tauchkammern oder Tauchboote, die kleinen U-Booten ähnlich sind. ➜ Beruf, Unterseeboot

die Taufe

Für alle Christen ist die Taufe eine heilige Handlung. Durch sie wird ein Mensch in die Gemeinschaft der Kirche aufgenommen. Heute ist es üblich, Kinder schon bald nach der Geburt zu taufen. Die Taufe findet in einer Kirche statt. Ein Taufpate hält das Kind über das Taufbecken, und der Pfarrer benetzt den Kopf des Täuflings mit etwas Wasser. Mit der Taufe wird dem Kind auch sein Name gegeben. Auch Erwachsene können getauft werden. In manchen christlichen Gemeinschaften gibt es nur die Erwachsenentaufe. ➜ Christ, Kirche, Pfarrer

der Tausendfüßer

Ganz so viele Füße wie der Name sagt, haben Tausendfüßer nicht. Aber immerhin kommen manche Arten auf 340 Beinpaare. Der Körper dieser Tiere ist in viele gleichförmige Ringe gegliedert; jeder dieser Ringe trägt 1 oder 2 Beinpaare. Am Kopf sitzen 2 Fühler.
Die meisten Tausendfüßer ernähren sich von abgestorbenen Pflanzenteilen. Sie leben an

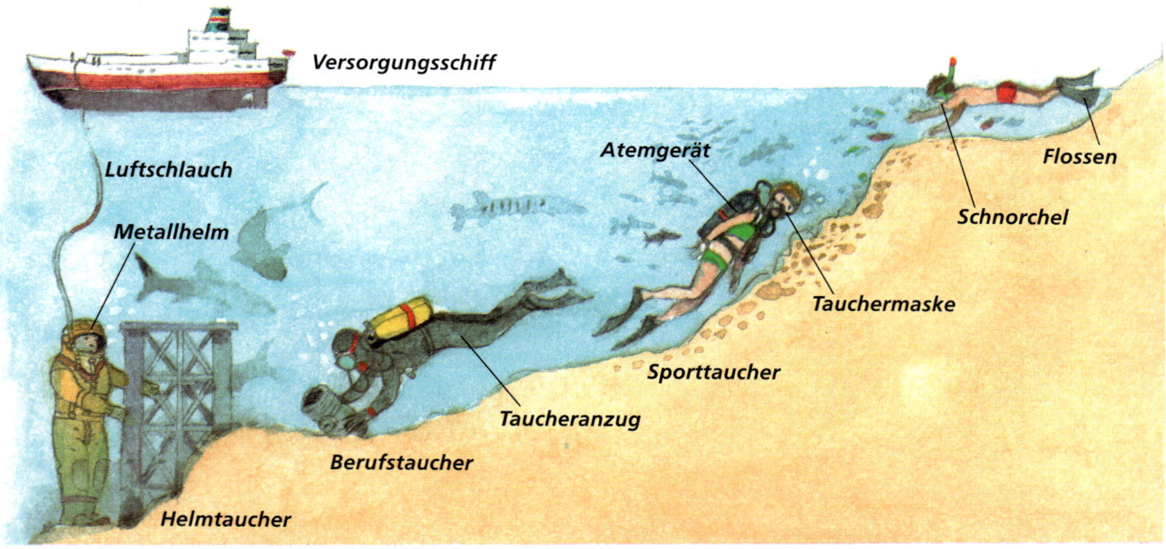

dunklen, feuchten Stellen – oft unter Steinen, in zerfallenden Baumstämmen und unter moderndem Laub. Tausendfüßer sind auf der ganzen Welt verbreitet. Es gibt sehr viele verschiedene Arten. Dazu gehören auch die Hundertfüßer, die räuberisch leben. Beutetiere wie Würmer, Schnecken und Spinnen töten sie durch einen Biss mit ihren Giftklauen. Viele Tausendfüßer können sich bei Gefahr zu einer Spirale oder Kugel zusammenrollen.

die Technik

Menschen sind erfindungsreich. mithilfe der Technik machen sie sich die Natur zunutze. Der Faustkeil, den die Steinzeitmenschen sich zurechthämmerten, erleichterte ihnen die Arbeit. Er steht neben anderen einfachen Geräten am Anfang aller technischen Entwicklung. Später wurde das Rad erfunden. Auch das war ein großer Fortschritt, denn einfache Holzräder ermöglichten den Transport schwerer Gegenstände. So bauten die Menschen im Laufe der Zeit immer kompliziertere Maschinen. Vor ungefähr 150 Jahren lernte man, aus natürlichen Energien elektrischen Strom herzustellen und ihn zu nutzen. Dadurch kam es zu Fortschritten auf vielen anderen technischen Gebieten.

Man sagt, dass wir heute im Zeitalter der Technik leben. Inzwischen gilt die bemannte Raumfahrt als ein Höhepunkt der technischen Entwicklung. Die Informations- und Computertechnik entwickeln sich in rasendem Tempo, und ihr Einfluss auf unser Leben wächst ständig.

Die Technik hat unsere Lebensbedingungen verändert und uns vieles erleichtert. Sie hat dabei aber der Natur in vielen Bereichen schweren Schaden zugefügt. Heute brauchen wir deshalb technische Verfahren, die die Umwelt schonen. ➜ Natur, Rad, Raumfahrt, Steinzeit, Strom

der Tee

Tee heißen alle Getränke, die man durch Aufgießen von heißem Wasser auf getrocknete Kräuter oder Früchte zubereitet. Für Pfefferminztee verwendet man die Blätter der Pfefferminzstaude, von der Kamille nimmt man die Blüten, und aus den zerschnittenen Hagebutten wird ein wohlschmeckender Hagebuttentee.
Schwarzer oder grüner Tee wird aus den Blättern des Teestrauches hergestellt. Dieser Tee macht munter, denn er enthält, genau wie Kaffee, den anregenden Stoff Koffein. Der Teestrauch wächst in warmen Ländern. Er kann bis zu 15 Meter hoch werden. Auf den Teeplantagen hält man die Sträucher aber auf einer Höhe von ungefähr 1 Meter. Die Chinesen trinken schon seit vielen tausend Jahren schwarzen und grünen Tee. Nach Europa kam dieser Tee erst vor ein paar hundert Jahren. ➜ Heilpflanze, Kaffee

der Teich

Ein Teich oder Weiher ist ein kleiner See. Oft ist sein Ufer mit Schilf bestanden, und auch große Teile der Wasseroberfläche sind mit Pflanzen bewachsen. Sie bieten vielen Wassertieren Nahrung und Schutz. In einem Teich und an seinen Ufern bildet sich oft eine enge Lebensgemeinschaft von Pflanzen und Tieren.
Der Teichrohrsänger ist ein kleiner Vogel, der zwischen Schilfstängeln sein Nest baut. Wasserfrösche verstecken sich zwischen Pflanzen oder im Schlamm. Sie ernähren sich von kleinen Fischen oder Insekten, die über das Wasser fliegen. Im Teich legen die Frösche auch ihre Eier ab. Daraus schlüpfen kleine Kaulquappen, die Algen und andere Pflanzen fressen. Ringelnattern schlängeln sich durchs Wasser und gehen auf die Jagd nach Fröschen und Fischen. Am Ufer bauen Enten ihre Nester aus Schilf, Gras und Blättern. Viele Fischteiche hat man künstlich angelegt, um darin Karpfen und Forellen zu züchten. ➜ Alge, Schilf, See, Ufer

das Telefax

Mit einem Telefaxgerät kann man einen Brief oder eine Zeichnung in kürzester Zeit an einen Empfänger senden. Die Übertragung geschieht über Telefonleitungen. Das beschriebene Blatt wird über Rollen in das Gerät hineingezogen. Dort tastet ein Lichtstrahl die Vorlage Zeile für Zeile nach hellen und dunklen Stellen ab. Die aufgenommenen Bildpunkte werden in elektrische Signale umgewandelt und über die Telefonleitung zum Empfangsgerät übertragen. Dort läuft der Vorgang in umgekehrter Richtung ab: Aus den Signalen werden wieder Bildpunkte, und sie werden sofort ausgedruckt. Was

aus dem Gerät des Empfängers herauskommt, ist eine genaue Kopie unserer Vorlage: das Telefax. ➜ Büro

das Telefon

Das Telefon macht Erstaunliches möglich. Wir drücken einige Tasten – und schon können wir mit Menschen überall auf der Welt sprechen.

Jeder Telefonhörer enthält ein kleines Mikrofon und einen Lautsprecher. Das Mikrofon wandelt die Schallwellen, die beim Sprechen entstehen, in elektrische Signale um. Sie werden durch die Leitungen zum Hörer unseres Gesprächspartners geschickt. Dort wandelt sie der Lautsprecher wieder in Schallwellen um, sodass man unsere Stimme hört.

Wir können aber auch ohne Kabel telefonieren. Die Telefonsignale werden dann in Radiowellen umgewandelt und per Funk ausgestrahlt. So funktionieren Autotelefone und tragbare Telefone, die so genannten Handys. Auch wenn wir in weit entfernte Länder telefonieren, werden die Signale zunächst über Kabel zu einer Bodenstation geleitet, dann aber drahtlos über Nachrichtensatelliten weitergesendet.

Wer keinen Telefonanschluss hat oder unterwegs ist, kann auch eine öffentliche Telefonzelle benutzen. Man braucht Münzen oder eine Telefonkarte, um von dort telefonieren zu können. Manchmal muss man über eine Telefonzelle die Polizei oder den Notarzt herbeirufen. Solche Notrufe kosten keine Gebühren. ➜ Mikrofon, Rundfunk, Satellit, Schall

die Temperatur

Jeder Mensch kann spüren, dass die Luft im Winter kälter ist als im Sommer. Aber für eine genaue Messung von Wärme und Kälte, also von Temperaturen, brauchen wir ein Hilfsmittel: ein Thermometer.

Temperaturen werden bei uns in Grad Celsius angegeben, abgekürzt °C. Bei 100 °C verwandelt sich Wasser in Dampf, bei 0 °C gefriert es zu Eis. Temperaturen, die unter 0 °C liegen, sind Kältegrade. Im Winter herrschen manchmal 20 Grad unter Null. Man schreibt dann ein Minuszeichen vor die Zahl: –20 °C. Unsere normale Körpertemperatur liegt bei 37 °C. Wenn wir Fieber haben, kann sie bis auf 40 °C und noch etwas darüber ansteigen. ➜ Fieber, Thermometer

das Terrarium

In einem Terrarium kann man kleine Landtiere halten, wie Eidechsen, Frösche, Schlangen und Schildkröten. Von außen hat es Ähnlichkeit mit einem Aquarium, in dem Fische leben. Es ist meistens ein Glasbehälter, der mit Erde oder Sand und Steinen gefüllt ist. Auch genügend Pflanzen sind notwendig: Sie sorgen für Luftfeuchtigkeit und dienen manchen Tieren zum Klettern. Aus größeren Steinen baut man ihnen Verstecke, in die sie sich zurückziehen können. Reptilien brauchen Wärme und Trockenheit; deshalb wird ein Heizkabel unter die Sandschicht gelegt oder eine Heizlampe aufgehängt. Eine kleine Wasserstelle zum Trinken und Baden muss auch vorhanden sein.

Die Tiere fühlen sich im Terrarium nur wohl, wenn sie dort unter ähnlichen Bedingungen wie in der Natur leben können. In Zoos gibt es riesige Terrarien, in denen man auch große Reptilien beobachten kann.

➜ Aquarium, Reptil

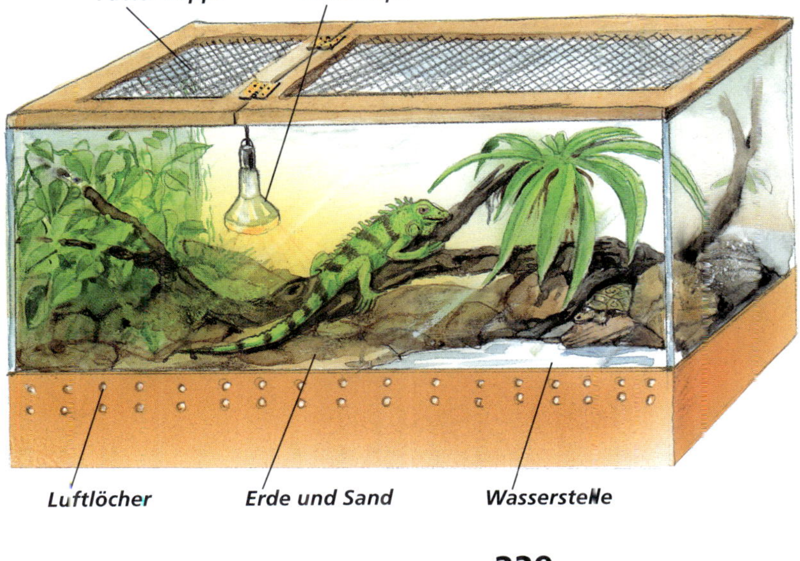

der Teufel

Der Teufel ist nach christlichem Glauben der schlimmste Feind von Gott und den Menschen. Er ist unvorstellbar böse und hat nur ein Ziel: die Menschen zu bösen Taten zu verführen. Er will Macht über sie bekommen und sie dadurch von Gott trennen.
Auf alten Bildern wird der Teufel oft als Mischwesen aus Mensch und Tier dargestellt. Er trägt Hörner, hat Bocksbeine, einen Schwanz und ein zottiges Fell; sein Gesicht ist eine Fratze. Auch viele Märchen erzählen vom Teufel. → Christ, Gott, Märchen

die Textilie

Stoffe und Kleider, Tischdecken und Vorhänge nennen wir Textilien; sie werden aus Fasern hergestellt. Naturfasern stammen von Pflanzen oder Tieren. Die Baumwollfasern wachsen am Baumwollstrauch. Tierische Fasern sind zum Beispiel Wolle und Seide: Schafe liefern uns Wolle, und Seide kommt von den Raupen des Maulbeerspinners. Naturfasern werden gereinigt, zu Garn gesponnen und gefärbt. Auch aus verschiedenen Kunstfasern, zum Beispiel „Acryl" oder „Nylon", werden Garne gesponnen. Aus Garnen stellt man durch Weben, Stricken oder Knüpfen die unterschiedlichsten Textilien her. Es hängt von den Eigenschaften der Fasern ab, von welcher Art die Stoffe sind, die daraus entstehen: leichte Baumwollstoffe, feine Seide, warme Wollstoffe oder wind- und wasserdichte Jackenstoffe. → Baumwolle, Kleidung, Seide, Wolle

das Theater

Die ersten Theater entstanden vor ungefähr 2500 Jahren in Griechenland. Die Theateraufführungen fanden zu Ehren eines Gottes statt, und man spielte unter freiem Himmel. Die Zuschauer saßen auf Steinsitzen, die sich in einem Halbkreis den Berghang hinaufzogen.
Heute sind Theater meistens feste Gebäude, in denen regelmäßig Aufführungen stattfinden. Die Schauspieler spielen das Theaterstück auf einer Bühne. Oft treten sie in Verkleidung auf, in Kostümen. Auf der Bühne befinden sich Kulissen. So heißen die verschiebbaren und bemalten Wände, die verschiedene Schauplätze darstellen. Für die Zuschauer verborgen sitzt am vorderen Rand der Bühne die Souffleuse oder der Souffleur. Sie flüstern den Schauspielern ihren Text zu, wenn sie ihn während der Aufführung einmal vergessen haben. Gibt es für die Zuschauer viel zu lachen, weil Komisches passiert, dann handelt es sich um eine Komödie. Ernste und traurige Theaterstücke nennt man Tragödien.
Theater hat viele verschiedene Formen. Auch heute wird manchmal im Freien gespielt: Es gibt Freilichtbühnen und Straßentheater. Schauspiel ohne Worte ist die Pantomime. Und wenn bei einer Aufführung keine Menschen auftreten, spielt meistens ein Puppen- oder Marionettentheater.
→ Ballett, Marionette, Oper, Pantomime

das Thermometer

Das Thermometer ist ein Gerät, mit dem Temperaturen gemessen werden: Es zeigt an, wie warm oder kalt etwas ist. Häufig werden Quecksilberthermometer benutzt. Sie bestehen aus einer engen, mit Quecksilber gefüllten Glasröhre, an deren unterem Ende sich ein kleines Vorratsgefäß befindet. Erwärmt sich das Quecksilber, dann dehnt es sich aus und steigt in der Röhre nach oben. Beim Abkühlen sinkt die Quecksilbersäule. Auf einer Skala hinter der Röhre kann man die Höhe oder Tiefe der Temperatur ablesen. Die Röhre eines Thermometers kann auch mit Alkohol gefüllt sein. Digitale Thermometer zeigen die Temperaturen in Zahlen an.

Von anderer Bauart ist das so genannte Bimetallthermometer. In ihm sind zwei Metallstreifen zu einem festen Band verbunden. Bei Erwärmung dehnen sich die Metalle verschieden stark aus, und dadurch verbiegt sich das Band. Diese Verformung wird auf einen Zeiger übertragen, der sich über einer Skala bewegt. ➜ Metall, Quecksilber, Skala, Temperatur

der Tierarzt

Kranke Tiere werden von einem Tierarzt untersucht und behandelt. Er hat in Städten vor allem mit kleinen Haustieren zu tun. Auf dem Land kümmert er sich auch um Kühe, Schweine und Pferde. Außerdem ruft man ihn oft auf einen Bauernhof, um bei Tiergeburten zu helfen.

Tierärzte arbeiten auch in Tierkliniken oder im Zoo. Auf dem Schlachthof untersuchen Tierärzte das Schlachtvieh; sie sollen dafür sorgen, dass nur das Fleisch gesunder Tiere verkauft wird. Während seines Studiums an der Universität lernt ein Tierarzt, wie man die Ausbreitung von Krankheiten verhindert und gesunde Tiere schützt. ➜ Beruf, Universität

der Tierpark ➜ Zoo

der Tierschutz

Tierschützer setzen sich dafür ein, dass Tiere nicht gequält werden. Sie kämpfen zum Beispiel um die Einhaltung der Tierschutzgesetze. Diese Gesetze verbieten das Misshandeln von Tieren und bedrohen es mit Strafe. Tierschutzvereine kümmern sich darum, dass Haustiere artgerecht gehalten werden. Sie sollen unter Bedingungen leben können, die ihren Bedürfnissen entsprechen. So darf ein großer Hund, der viel Bewegung braucht, nicht ständig in einer engen Wohnung eingesperrt werden. Tierschutzvereine errichten Tierheime, in denen verwahrloste und ausgesetzte Tiere aufgenommen werden. Man versucht dann, neue Besitzer für sie zu finden.

Alle Nutztiere wie Hühner, Schweine und Rinder sollen so gehalten werden, dass sie keine Qualen leiden müssen. Tatsächlich ist die artgerechte Nutztierhaltung aber eine Ausnahme. Man zwängt zum Beispiel Hühner in viel zu enge Drahtkäfige. Ihr angeborenes Bedürfnis, im Boden nach Würmern zu scharren, bewirkt, dass sie sich am eisernen Käfigboden ständig die Füße verletzen. Der Tierschutz kämpft außerdem gegen Versuche an lebenden Tieren. Solche Versuche sind zum großen Teil verboten. Aber in bestimmten Bereichen, zum Beispiel in der Medizinforschung, werden Tierversuche nach wie vor für notwendig gehalten. Deshalb erhalten medizinische Versuchslabors Ausnahmegenehmigungen. ➜ Gesetz, Haustier

der Tiger

Tiger sind die größten Katzen, die es auf der Erde gibt. Sie werden bis zu 3 Meter lang und sind sehr kräftig. Als Einzelgänger leben sie in den dichten Wäldern Asiens. Die Farbe ihres Fells tarnt sie auf der Jagd. Schwarze

Ausdehnungsthermometer

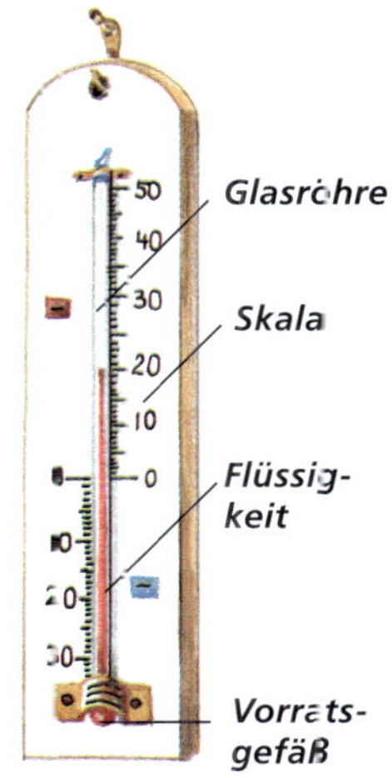

Bimetallthermometer

Streifen sind so unregelmäßig auf dem rötlichgelben Fell verteilt, dass sie den Tiger fast unsichtbar machen, wenn er durchs Dickicht schleicht. Seine Beutetiere sind Hirsche, Wildschweine und wilde Rinder. Anders als Hauskatzen lieben Tiger das Wasser. Sie können gut schwimmen und liegen an besonders heißen Tagen manchmal stundenlang im kühlen Nass.
Am größten ist der Sibirische Tiger, der fast ausgerottet war, von dem es heute aber wieder einige hundert Tiere gibt. Sie leben in Gegenden, die im Winter sehr kalt und schneereich sind. Dagegen ist der Königstiger im feuchtheißen Dschungel Indiens zu Hause. Wie für den Sibirischen Tiger hat man auch für ihn Schutzgebiete eingerichtet, um ihn zu retten. Manche andere Art ist ausgestorben, nachdem ihr Lebensraum durch den Menschen zerstört und allzu viele Tiere wegen ihres schönen Fells getötet wurden. ➜ Katze, Naturschutz, Tarnung

Krake

der Tintenfisch

Tintenfische sind keine Fische, sondern Weichtiere, die im Meer leben. Sie sind mit den Schnecken verwandt und müssten deshalb richtiger Tintenschnecken heißen. Immerhin tragen sie den ersten Teil ihres Namens zu Recht: Sie besitzen nämlich einen Tintenbeutel, der schwarzbraune Tinte enthält. Bei Gefahr wird sie ins Wasser gespritzt. Vor den Augen des Angreifers hüllt der Tintenfisch sich in eine Farbwolke, hinter der er schnell entfliehen kann.
Mehrere Fangarme umgeben den Mund dieser Meerestiere. Die Arme sind mit vielen kleinen Saugnäpfen besetzt. Beutetiere wie Muscheln, Krebse oder Fische können so gefangen und fest umklammert werden. Tintenfische haben große, scharfe Augen. Sie bewegen sich auf ungewöhnliche Weise im Wasser fort, kommen dabei aber sehr schnell voran: Wasser, das sie zum Atmen aufgenommen haben, stoßen sie ruckartig durch ein enges Rohr wieder aus. Dadurch entsteht ein starker Rückstoß, und die Tintenfische schießen wie eine Rakete durchs Wasser – allerdings immer rückwärts.
Manche Tintenfische werden nur wenige Zentimeter groß, andere dagegen über 20 Meter lang. Die bis zu 3 Meter langen Kraken leben versteckt in Felsspalten und lauern dort auf Beute. Sie sind intelligente und sehr lernfähige Tiere. In einem Zoo hat ein Krake es gelernt, mit seinen Fangarmen ein Glas zu öffnen. Anschließend verspeiste er regelmäßig die darin enthaltenen Krabben. ➜ Fisch, Schnecke

der Tischler

Tischler sind Handwerker, die Holz bearbeiten. Ihr Berufsname weist darauf hin, dass sie früher einmal als die „Tischmacher" galten. Möbeltischler stellen auch heute noch Tische und andere Möbel her. Aber die meisten Tischler bauen Fenster, Türen und Treppen. Außerdem reparieren sie die verschiedensten Holzgegenstände. In der Tischlerei arbeitet man mit Sägen, Fräsen und Bohrmaschinen. Ein wichtiges Werkzeug des Tischlers ist der Hobel, mit dem er die Hölzer bearbeitet. Tischler werden in vielen Gegenden Schreiner genannt. ➜ Beruf, Handwerker, Hobel, Säge

der Tod

Das Leben aller Menschen, Tiere und Pflanzen endet mit dem Tod. Zwischen Geburt und Tod durchlaufen alle Lebewesen eine bestimmte Entwicklung: Auf die Zeit des Wachstums, die Jugend, folgt die Reifezeit, die zugleich die Zeit der Fortpflanzung ist; danach kommt das Altern und schließlich der Tod. Im Alter verlieren die Organe allmählich ihre Leistungsfähigkeit. Das Herz wird schwächer und pumpt weniger Blut durch den Kreislauf. Auch andere Vorgänge im Körper werden langsamer und hören schließlich ganz auf.

Dabei ist die Grenze zwischen Leben und Tod manchmal schwer zu bestimmen. Beim Menschen sind die deutlichsten Merkmale des Todes das Stillstehen des Herzens und des Atems. Die meisten Ärzte halten einen Menschen dann für tot, wenn sein Gehirn nicht mehr lebt, also keine Gehirnströme mehr zu messen sind. Aber nur wenige Menschen sterben an Altersschwäche; viel häufiger ist eine schwere Krankheit oder ein Unfall die Ursache.
Der Tod ist ein großes Geheimnis. Niemand weiß, was ihn in jenem Augenblick erwartet. Viele meinen, dass mit dem Tod das Leben einfach und endgültig beendet ist. Andere glauben dagegen, dass nach dem Tod für sie eine andere Art Leben beginnt. Die Religionen geben verschiedene Antworten auf die Frage eines Lebens nach dem Tod. Christen glauben an eine Auferstehung von den Toten und damit an ein ewiges Leben. Der Buddhismus lehrt, dass Lebewesen nach dem Tod wiedergeboren werden. ➜ Friedhof, Geburt, Mumie, Religion

die Tollwut

Tollwut ist eine lebensgefährliche Krankheit, die ansteckend ist. Sie wird durch einen Virus hervorgerufen, der mit dem Speichel erkrankter Tiere übertragen wird. Betroffen sind heute vor allem Wildtiere wie Füchse, Rehe, Marder und Eichhörnchen. Wenn in einem Gebiet die Tollwut festgestellt wurde, weisen Warnschilder darauf hin. Man muss sich dort besonders vorsehen. Erkrankte Tiere verhalten sich oft ungewöhnlich zutraulich. Sie dürfen ebenso wie tote Tiere nicht angefasst werden. Wer doch ein verdächtiges Tier berührt hat oder von ihm gebissen wurde, muss sich sofort von einem Arzt impfen lassen. ➜ Impfung, Infektion, Krankheit, Virus

der Ton

Wenn wir in die Hände klatschen, entsteht ein Geräusch und kein Ton. Aber mit unserer Stimme oder mit Musikinstrumenten erzeugen wir Töne. Wir können sie deutlich nach ihrer Höhe und Lautstärke unterscheiden. Wenn man über eine Geigenseite streicht, schwingt sie, und wir hören den gespielten Ton. Wie alle Töne besteht er aus gleichmäßigen Schwingungen. Je schneller sie sind, desto höher ist der Ton. Schlägt man eine Stimmgabel an und taucht sie in ein Gefäß mit Wasser, übertragen sich ihre Schwingungen und werden als Wellen sichtbar.
Ein ganz anderer Ton ist der, aus dem viele Haushaltsgegenstände gemacht sind. Dieser Ton ist eine Erde, die aus Sand, winzigen Teilen von verschiedenen Steinen und sehr feinen Schlammteilchen besteht. Ton kann sehr viel Wasser aufnehmen und lässt sich gut formen, solange er feucht ist. Wenn man ihn in einem Ofen brennt, wird er sehr hart und haltbar. Aus Ton stellt man viele Dinge her: Ziegelsteine, Dachziegel, Kacheln, aber auch Schüsseln, Vasen und Kunstwerke. ➜ Musik, Musikinstrument, Schall, Welle

der Töpfer

Schon seit vielen tausend Jahren stellen die Menschen Gefäße aus Ton her. Ein Töpfer übt also ein sehr altes Handwerk aus. Er sitzt vor seiner Töpferscheibe, die sich dreht, und unter seinen Händen entsteht ein Gefäß nach dem anderen: Tassen, Teller, Krüge oder Schalen. Aus dem feuchten Klumpen Ton, der vor ihm auf der Scheibe liegt, formt und zieht er mit geschickten Fingern zum Beispiel einen Krug. Die fertigen Stücke stellt er auf ein Regal zum Trocknen. Sobald sie trocken genug sind, werden sie bei hohen Temperaturen gebrannt. Schließlich bemalt der Töpfer die Gefäße mit einer speziellen Farbe, der Glasur. Nachdem sie dann ein zweites Mal gebrannt wurden, sind sie wasserdicht und fertig zum Verkauf.
Viele Töpfer stellen auch Kunstwerke her, zum Beispiel Figuren oder Bilder. ➜ Beruf, Handwerker

Bayer *Nordfriesin* *Tiroler* *Schwarzwälderin*

die Tracht

Früher trugen die Leute aus einer Gegend alle die gleiche Kleidung: ihre Tracht. Eine besonders schöne zog man an Sonn- und Feiertagen an. Es gibt viele berühmte Trachten: die bayrische Lederhose, die ein wichtiger Teil der Männerkleidung ist, oder die Festkleider der Schwarzwälderinnen, zu denen die Hüte mit den leuchtend roten Pompoms gehören. Auch viele Berufsgruppen hatten früher ihre bestimmten Trachten. Heute sieht man noch ab und zu Zimmerleute, die ihre alte Tracht tragen. ➜ Kleidung

der Traktor

Der Traktor ist eine Zugmaschine, die man vor allem in der Landwirtschaft verwendet. Oft zieht er einen Anhänger, der durch eine Kupplung mit ihm verbunden ist. Bauern setzen ihn aber besonders bei der Feldarbeit ein, und dann werden Ackergeräte an ihm befestigt. Traktoren schleppen zum Beispiel den Pflug, die Egge, den Düngerstreuer oder die Sämaschine über das Feld. Sie haben starke Motoren und große, breitspurige Hinterräder, damit sie auch auf sehr weichem und unebenem Boden vorwärtskommen. ➜ Egge, Landwirtschaft, Pflug

die Träne

Am oberen Rand unserer Augenhöhlen liegen die Tränendrüsen. Sie stellen ständig Tränenflüssigkeit her, die dann das Augenlid über das Auge verteilt. So wird das empfindliche Auge feucht und sauber gehalten. Kommt ein Fremdkörper ins Auge, wird sofort mehr Tränenflüssigkeit abgesondert, um ihn wegzuspülen. Es bilden sich Tränen, die über den Lidrand und die Wangen hinunterlaufen. Tränenflüssigkeit ist etwas salzig. Tränen fließen aus verschiedenen Gründen: Wir weinen, weil wir traurig sind oder weil uns etwas wehtut, weil wir uns besonders freuen oder weil wir so sehr lachen müssen. ➜ Auge

der Transformator

Ein Transformator wird kurz Trafo, aber auch Umspanner genannt. Er hat die Aufgabe, die Stromspannung so zu verändern, dass sie dem jeweiligen Zweck angemessen ist. Elektrischer Strom aus dem Kraftwerk hat eine sehr hohe Spannung. Für das Stromnetz im Haushalt wird eine viel niedrigere gebraucht. Transformatoren setzen die Spannung herunter. Die Gebäude, in denen das geschieht, sind die Trafostationen. Man erkennt sie leicht an den Warnschildern: Vorsicht Hochspannung, Lebensgefahr! Hier wird der Strom auf die Spannung von 220 Volt transformiert, umgespannt. Diese im Haushalt üblichen 220 Volt sind aber wiederum viel zu viel für den Betrieb einer Modelleisenbahn. Hierfür braucht man noch einmal einen kleinen Trafo, der die Stromspannung auf ungefährliche 12 Volt heruntersetzt. ➜ Kraftwerk, Strom

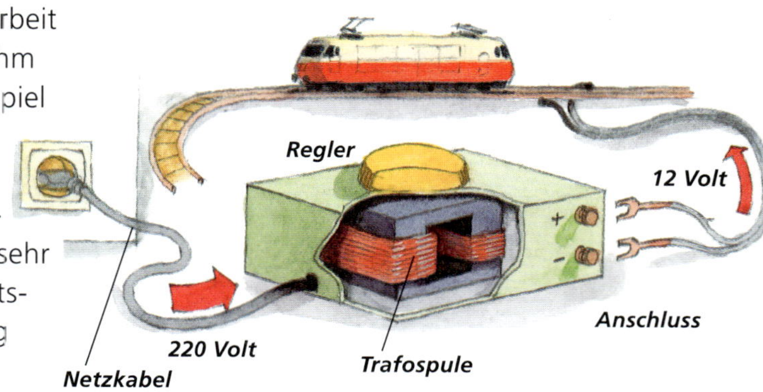

die Traube

Trauben findet man zum Beispiel an einem Johannisbeerstrauch. Es sind Ansammlungen von Blüten, die auf Stielchen sitzen; alle Stielchen zweigen von einem dickeren Stiel ab. Zur Erntezeit haben sich aus den Blüten Früchte entwickelt: Wer dann eine Traube pflückt, erntet mit einem Griff einen Mund voll leckerer Beeren. Die Weintraube ist besonders bekannt und beliebt. Ihre Früchte essen wir ebenfalls frisch als Obst, aber sie werden auch getrocknet. So werden daraus Rosinen oder Korinthen, die wir im Müsli oder Kuchen, in Schokolade oder Studentenfutter wiederfinden. Weintrauben haben außerdem besondere Bedeutung, weil aus ihrem Saft Wein gemacht wird. ➜ Blüte, Frucht, Obst

der Traum

Träume begleiten unseren Schlaf. Jeder Mensch träumt Nacht für Nacht. Oft meinen wir, traumlos geschlafen zu haben; aber das liegt daran, dass wir uns längst nicht an jeden Traum erinnern.

Im Traum geschehen die merkwürdigsten Dinge: Mal können wir fliegen, mal sind wir stark wie ein Löwe, dann wieder sind wir winzig klein und ängstlich. Mal treffen wir bekannte Menschen, die aber ganz überraschende, oft auch lustige Dinge sagen und tun. Gleich darauf sind wir nur von Fremden umgeben. Manchmal wachen wir auf, wenn ein Traum uns in Angst versetzt. Dann hatten wir einen Albtraum.

Vieles an unseren Träumen ist geheimnisvoll. Immerhin weiß man, dass in ihnen Erlebnisse nachwirken, die wir während des Tages hatten. Träume haben auch eine eigene, verschlüsselte Sprache. Sie verraten uns manchmal etwas über das, was uns im Innern stark beschäftigt. ➜ Schlaf

das Treibhaus

Es gibt Pflanzen, die bei uns nicht wachsen, weil es ihnen zu kalt ist. Nur in einem Treibhaus kann man sie heranziehen, denn dort herrschen besondere Bedingungen. Das Dach und die Wände des Treibhauses sind aus Glas. Dadurch fällt viel Sonnenlicht herein und erwärmt die Luft im Innern. Die Wärme kann nicht entweichen, denn das Glas hält sie zurück. Große Treibhäuser in Gärtnereien werden oft noch zusätzlich beheizt und künstlich beleuchtet. Alle Pflanzen werden häufig gegossen. Bei soviel Licht und Wärme ist es zum Beispiel möglich, Blumen ganz unabhängig von der Jahreszeit zum Blühen zu bringen. Auch Salat, Kräuter, Gemüse und Obst können das ganze Jahr hindurch geerntet werden. ➜ Gärtnerei

das Treibhaus

der Tresor

Einen Tresor nennt man auch Panzerschrank. Seine Wände bestehen aus so dickem Panzerstahl, dass Einbrecher ihn nicht aufbrechen können. Nicht einmal Feuer dringt bis in das Innere eines Tresors. Besondere Sicherheitsschlösser und manchmal auch elektrische Alarmanlagen sorgen zusätzlich dafür, dass sein Inhalt sicher aufbewahrt ist. In Banken gibt es große Tresorräume, in die man hineingehen kann – vorausgesetzt, man hat den richtigen Schlüssel. ➜ Bank

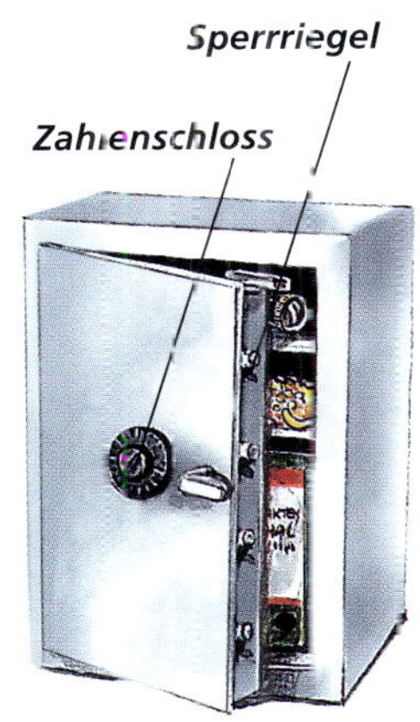

die Tulpe

Tulpen sind Gartenblumen, die eine einzige große Blüte hervorbringen. Sie wachsen und blühen schon früh im Jahr. Es sind Zwiebelgewächse, denn sie entwickeln sich aus ihrer Zwiebel, die im Boden sitzt. Die dicken, fleischigen Zwiebelwände enthalten viele Nähr-

die Tulpe

stoffe. Während die Tulpe wächst, kann sie sich daher aus sich selbst ernähren.
Tulpen blühen in sehr vielen Farben. Sie haben 6 große Blütenblätter, die wie ein Kelch angeordnet sind. Die Blüten reagieren sehr stark auf Licht und Wärme. Im Sonnenschein öffnen sie sich, abends schließen sie sich wieder. Bei trübem Wetter bleiben sie geschlossen. ➜ Blüte, Zwiebel

der Tunnel

Beim Bau einer Straße oder Eisenbahnlinie kann ein Hindernis im Weg liegen, zum Beispiel ein Berg oder Fluss. Um keinen weiten Umweg machen zu müssen, baut man dann oft einen Tunnel. Das ist ein unterirdischer Verkehrsweg, der durch Berge oder unter Flüssen und Seen, ja sogar unter dem Meer hindurchführt.
Beim Tunnelbau beginnt man meistens von beiden Seiten her und trifft sich auf halbem Weg. Früher mussten Tunnel Stück für Stück aus dem Gebirge herausgebrochen oder gesprengt werden. Heute fressen sich riesige Tunnelbaumaschinen durch die Erde wie Maulwürfe, allerdings viel langsamer. Sie stützen zugleich die Tunnelröhre ab und sorgen für den Abtransport der Schuttmassen. Die aufgebohrten Abschnitte werden sofort mit Spritzbeton und Stahlmatten gesichert.

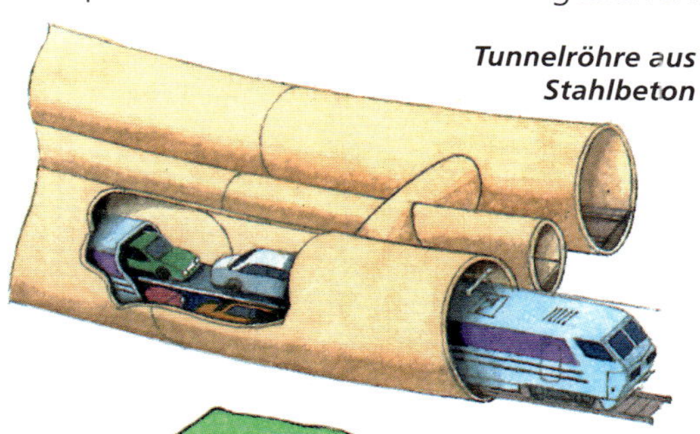

Der längste Bergtunnel liegt zwischen Italien und der Schweiz: Durch den fast 20 Kilometer langen Simplontunnel führt eine Eisenbahnlinie. Seit einigen Jahren verbindet ein 50 Kilometer langer Eisenbahn- und Straßentunnel Großbritannien und Frankreich. Die Röhren dieses „Eurotunnels" verlaufen unter dem Meer.
Unter großen Städten befinden sich oft ausgedehnte Tunnelsysteme, in denen zum Beispiel die U-Bahn verkehrt. Fußgängertunnel nennt man auch Unterführungen. Oft bieten sie die Möglichkeit, verkehrsreiche Straßenkreuzungen sicher zu umgehen. Einige Tunnel dienen als Trink- oder Abwasserkanal.
➜ Beton, Eisenbahn, Untergrundbahn

das Tunwort ➜ Verb

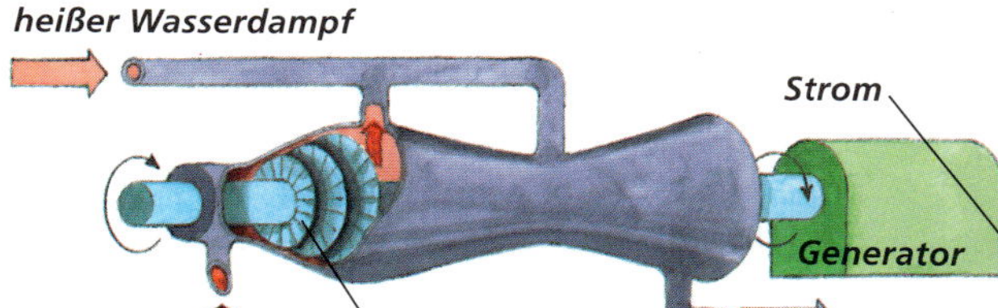

die Turbine

Eine einfache Turbine ist das Wasserrad, wie man es in alten Mühlen verwendete. Strömendes Wasser drückt gegen die Schaufeln und dreht so das Rad. Heute sind Turbinen große Räder aus Stahl, mit denen man vor allem elektrischen Strom erzeugt. Wasser, Dampf oder Gas strömen mit großem Druck

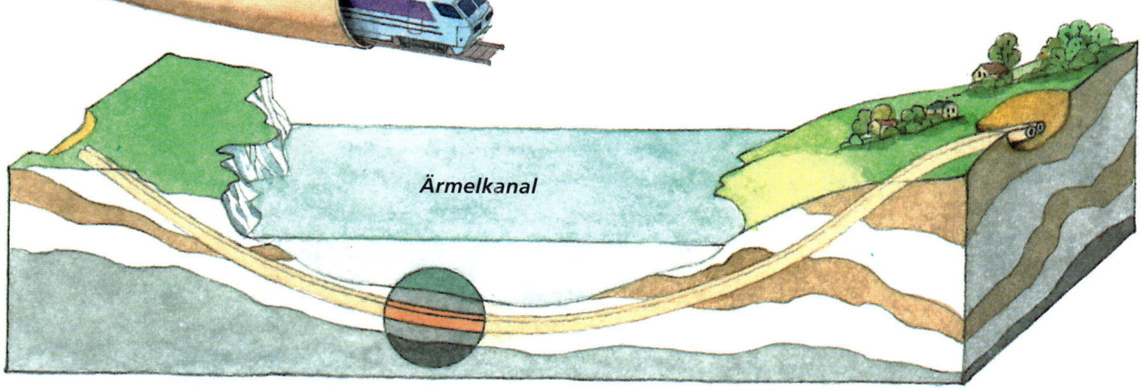

der Eurotunnel zwischen Großbritannien und Frankreich

auf die Turbinenschaufeln. Die Turbine gerät dadurch in rasende Drehung. Stromerzeuger, so genannte Generatoren, können diese Bewegung in Elektrizität umwandeln. Außer in Kraftwerken braucht man Turbinen auch als Antrieb für Schiffe, Flugzeuge und Autos. ➜ Dampf, Dynamo, Kraftwerk, Mühle, Strom

der Turm

Türme sind Gebäude, die hoch aufragen und dabei auf kleiner Grundfläche stehen. Sie werden überall auf der Welt gebaut und dienen den verschiedensten Zwecken. Auf Burgen gab es einen großen, starken Turm: den Bergfried. Von seiner Höhe konnte man Angreifer beobachten und abwehren. Wurde die Burg eingenommen, war er die letzte Zuflucht der Burgbewohner. Im Mittelalter baute man auch mächtige und sehr hohe Kirchtürme. Christen brachten damit zum Ausdruck, wie sehr sie Gott verehrten. Prachtvolle Rathaustürme zeigten den Stolz der Bürger auf ihre Stadt. Damals wie heute weisen Leuchttürme Schiffen den Weg. mithilfe neuer Baustoffe und Bauweisen ist es inzwischen gelungen, bis in Höhen hinauf zu bauen, von denen Menschen früher nur träumen konnten. Hochhäuser, so genannte Wolkenkratzer, sind bis zu 450 Meter hoch. Und schlanke Fernsehtürme reichen über 500 Meter hoch. Ein Turm ist empfindlich gegen Wind und kann umkippen. Vielleicht der berühmteste Turm der Welt ist der schiefe Turm von Pisa. ➜ Burg, Leuchtturm, Wolkenkratzer

das Tuwort

➜ Verb

1. *CN-Tower (Toronto, 553 m)*
2. *Petronas Twin Towers (Kuala Lumpur, 452 m)*
3. *World Trade Center Nord (417 m) und Süd (415 m, New York)*
4. *Empire State Building (New York, 380 m)*
5. *Eiffelturm (Paris, 320 m)*
6. *Frankfurter Messeturm (Frankfurt am Main, 254 m)*
7. *Kölner Dom (Köln, 157 m)*
8. *Schiefer Turm von Pisa (Pisa, 55 m)*

die U-Bahn ➜ Untergrundbahn

das U-Boot ➜ Unterseeboot

das Ufer

Am Ufer berühren sich das Wasser und das Land. Fluss- und Seeufer sind häufig flach. Hier wachsen bestimmte Pflanzen, zum Beispiel das Schilf. Wenn der Wasserspiegel deutlich tiefer liegt als das Land, gibt es eine Uferböschung. An manchen Stellen bilden sich sandige Steilufer. Uferschwalben und Eisvögel bauen darin ihre Nesthöhlen. Weil ein Hochwasser an flachen Flussufern zu Überschwemmungen führen kann, wird dort das Land durch Deiche geschützt.
Das Meeresufer ist die Küste. Strand nennen wir den Küstenstreifen, der von den Wellen erreicht und zeitweise überspült wird. Strandtiere und Strandpflanzen haben sich diesem Wechsel von Überflutung und Trockenwerden angepasst. An vielen Küsten stehen mächtige Deiche, die Sturmfluten abwehren sollen. ➜ Deich, Fluss, Meer, Schilf, See

das Ufo

Ufos sollen wie fliegende Zigarren oder Scheiben aussehen. Man nennt sie oft auch „fliegende Untertassen". Menschen, die Ufos beobachtet haben wollen, sind davon überzeugt, dass es sich um außerirdische Raumfahrzeuge handelt. Gesteuert werden sie demnach von fremden Wesen, die auf fernen Planeten irgendwo im Weltraum zu Hause sind. Man hat solche Beobachtungen nachgeprüft und herausgefunden: Ufos wurden in vielen Fällen mit Sternschnuppen,

Blitzen, Wolken oder irdischen Flugzeugen verwechselt. Klare Beweise für das tatsächliche Vorhandensein von Ufos gibt es nicht. Andererseits lassen sich manche Beobachtungen auch nicht eindeutig erklären. Ufo ist die Abkürzung für „unbekanntes Flugobjekt". ➜ Weltall

die Uhr

Uhren sind Geräte, die den Ablauf der Zeit messen und anzeigen. Sie können sehr verschieden aussehen, denn man kann die Zeit auf unterschiedliche Art messen. Wenn Sand durch eine Öffnung von einem Gefäß in ein anderes rinnt, geschieht das immer in der gleichen Geschwindigkeit. So einen gleichmäßig ablaufenden Vorgang braucht man als Maß, um Zeit zu messen. Sanduhren wurden schon vor langer Zeit erfunden, und manchmal verwendet man sie heute noch, etwa beim Eierkochen oder beim Zähneputzen.
Seit ein paar hundert Jahren gibt es Pendeluhren. Bei ihnen beruht die Zeitmessung auf dem regelmäßigen Hin- und Herschwingen eines Pendels. Mit jedem Pendelschlag werden Zahnräder bewegt, die wiederum die

Zeiger vorrücken lassen. Solche Uhren ticken. Das tun auch Wecker, in denen die Spannung einer kleinen Feder die Zahnräder antreibt.
In den meisten heutigen Uhren tickt aber nichts mehr. In Quarzuhren wird ein kleiner Kristall durch eine Batterie in Schwingungen versetzt. Ganz regelmäßig schwingt der Quarzkristall mehrere tausend Mal in der Sekunde; dieser Vorgang wird zur Zeitanzeige benutzt. Die genauesten aller Uhren sind Atomuhren, die sich nach den Schwingungen von Atomen richten.
Viele Uhren haben ein Zifferblatt, auf dem die Stunden eingezeichnet sind. Verschiedene Zeiger bewegen sich über das Zifferblatt. Der kleine Zeiger misst die Stunden, der große die Minuten. Oft gibt es auch noch einen Sekundenzeiger. Digitaluhren haben keine Zeiger; bei ihnen wird die Uhrzeit mit Ziffern angezeigt. ➜ Minute, Sekunde, Sonnenuhr, Stunde, Zeit

der Uhu

Der Uhu ist die größte Eule, die in unseren Wäldern lebt. In der Paarungszeit, von Februar bis April, hallen seine dumpfen „U-huu"-Rufe durch den Wald. Leider hört man sie heute nur noch selten, denn der Uhu gehört zu den gefährdeten Tierarten. Uhus müssen während der Brutzeit ganz ungestört bleiben. Wenn Menschen dem Nest zu nahe kommen, verlässt das Weibchen seine Eier und gibt sie auf. Vogelschützer versuchen deshalb, gefährdete Brutplätze abzusperren.
Uhus werden ungefähr 70 Zentimeter groß. Zwei dicke Federbüschel stehen fast waagerecht von ihrem Kopf ab, und ihre Augen sind leuchtend orangerot. Sie jagen vorwiegend nachts und erbeuten kleine Nagetiere und Vögel. ➜ Eule, Greifvogel, Vogelschutz

der Umweltschutz

Wir wollen in gesunder Umwelt leben. Wir brauchen klare Luft, reines Wasser und unbelastete Nahrung. Zugleich wollen wir mit Freude im Wald herumlaufen und im See oder Meer baden. Inzwischen wissen wir, dass das alles nicht selbstverständlich ist, denn unsere Umwelt ist bedroht: Abwässer vergiften das Wasser. Abgase belasten unsere Atemluft und zerstören Wälder. Müll verseucht den Boden und das Grundwasser. Und hoch über uns wachsen die Schäden in der Lufthülle der Erde.
Wir teilen unsere Umwelt mit Tieren und Pflanzen. Viele von ihnen werden krank oder sterben aus. Was heute den Tieren und Pflanzen geschieht, kann schon morgen auch uns passieren. Deshalb gibt es viele Versuche, unsere Umwelt zu schützen. Man reinigt Abwässer und versucht, Abgase zu vermeiden. Staaten erlassen Gesetze zum Schutz der Umwelt. Große Fabriken, die die Umwelt stark belasten, müssen strenge Vorschriften erfüllen.
Ebenso wichtig ist aber, dass der einzelne Mensch etwas für die Umwelt tut. Möglichkeiten gibt es viele. Jeder kann zum Beispiel weniger Verpackungsmaterial verbrauchen, damit weniger Müll entsteht. Auch Recycling hilft, den Müllberg zu verkleinern. Sparsamer Umgang mit Wasser sorgt dafür, dass unsere Gewässer geschont werden. Wer Energie einspart, muss weniger Rohstoffe verheizen. Umweltschäden durch Straßen-

und Luftverkehr verringern sich, wenn man weniger Auto fährt und Reiseziele auswählt, die ohne Flugzeug zu erreichen sind. ➜ Abgas, Lärm, Müll, Naturschutz, Ökologie, Recycling

die Universität

Eine Universität wird auch Hochschule genannt. Studenten werden dort in verschiedenen Fächern unterrichtet. Ihre Lehrer sind Professoren und Dozenten. Wer beispielsweise Arzt, Lehrer, Mathematiker, Richter oder Architekt werden will, muss mehrere Jahre an einer Universität studieren. Die Studenten sammeln in dieser Zeit das Wissen, das sie später in ihrem Beruf brauchen. Ein Studium kann man beginnen, wenn man die Schulzeit mit dem Abitur abgeschlossen oder diese Prüfung später nachgeholt hat. An Universitäten findet aber nicht nur Unterricht statt. Professoren und Dozenten betreiben auch wissenschaftliche Forschung. ➜ Beruf

die Untergrundbahn

Die Untergrundbahn, kurz U-Bahn, ist ein Verkehrsmittel in Großstädten. Sie fährt in Tunneln, unberührt vom Verkehr, der oben auf der Straße herrscht. Dadurch kann sie viele Fahrgäste schnell und sicher befördern. Unter der Erde liegen auch die Haltestellen, die U-Bahn-Stationen. Rolltreppen, Treppen und Aufzüge führen zu ihnen hinunter. U-Bahnen werden elektrisch betrieben; ihre Motoren erhalten ihren Strom von einer Stromschiene, die neben dem Fahrgleis liegt. In den Außenbezirken der Stadt tauchen U-Bahnen oft aus dem Untergrund auf und fahren oberirdisch. ➜ Strom, Tunnel, Verkehrsmittel

das Unterseeboot

Ein Unterseeboot ist ein Schiff, das tauchen und unter Wasser fahren kann. Es hat besondere Tauchtanks: Das sind Behälter, in die man Wasser einlässt, wenn das Boot tauchen soll. Es wird dann schwerer und

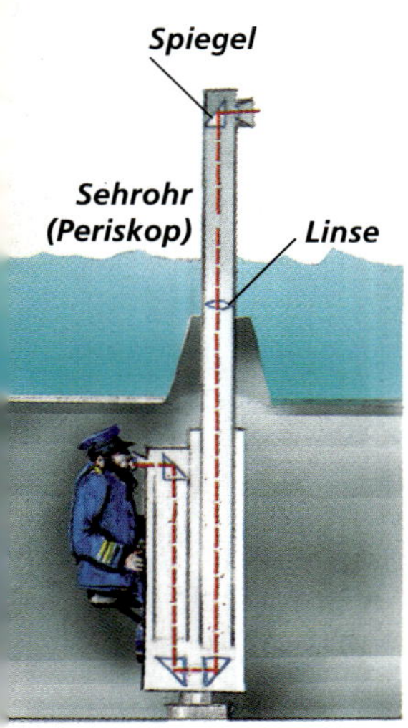

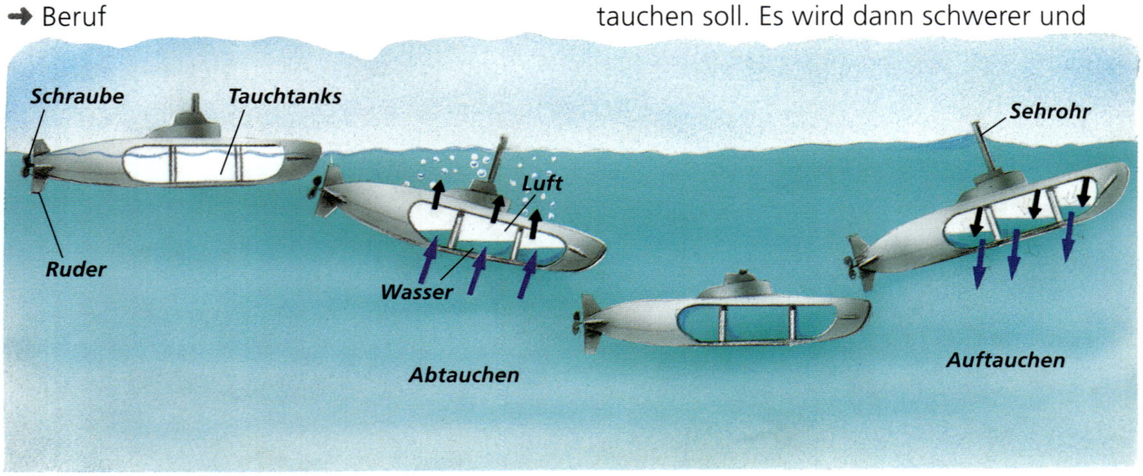

sinkt. U-Boote werden unter Wasser durch elektrische Motoren angetrieben – gelegentlich auch durch Atomkraft. Zum Auftauchen muss man das Wasser aus den Tanks hinaustreiben; das geschieht mit Pressluft. So wird das U-Boot leichter und steigt wieder an die Oberfläche. U-Boote fahren manchmal auch nur in geringer Wassertiefe. Dann wird ein Sehrohr ausgefahren. Durch dieses so genannte Periskop lässt sich unauffällig beobachten, was an der Wasseroberfläche geschieht. Als Kriegsschiffe sind Unterseeboote mit Torpedos und Raketen bewaffnet. Doch es gibt auch Tauchboote, die der Erforschung des Meeres dienen. ➜ Motor, Schiff, Taucher

der Urwald

Jeder Wald, der nicht von Menschen verändert wurde, ist ein Urwald. Unberührt wachsen Bäume, Sträucher, Farne, Pilze und Gräser. Es gibt keine Wege außer den schmalen Pfaden, die sich größere Tiere durch das wild wuchernde Dickicht gebahnt haben. Bei uns gibt es schon lange keinen richtigen Urwald mehr, denn seit vielen tausend Jahren haben hier die Menschen den Wald verändert.

Das größte Urwaldgebiet der Erde ist heute der tropische Regenwald in Südamerika. Dort leben viele seltene Tiere und Tausende verschiedener Pflanzenarten. Baumriesen mit ihrem dichten Blätterdach bilden das oberste Stockwerk des Regenwaldes. In ihrem Schatten wachsen kleinere Bäume, und Hunderte von Kletterpflanzen ranken sich an ihnen weit nach oben.

Aber der Regenwald schrumpft. Bäume und Boden versprechen schnellen Gewinn, und daher werden täglich viele Quadratkilometer Wald abgeholzt und durch Brandrodungen zerstört. Das bedeutet, dass fast in jeder Sekunde ein Urwaldgebiet von der Größe eines Fußballfeldes verschwindet. ➜ Wald

der Vampir
Vampire sind Fledermäuse, die in Südamerika leben und sich von Blut ernähren. Sie suchen schlafende Rinder, Schafe, andere Haustiere und selten sogar Menschen auf. Mit ihren scharfen Zähnen ritzen sie eine Wunde in die Haut und lecken das herausquellende Blut auf. Ihr Biss selbst ist nicht gefährlich, und auch der Blutverlust ist nicht sehr hoch, aber Vampire übertragen oft gefährliche Krankheiten, zum Beispiel die Tollwut.
Es gibt viele Gruselgeschichten von Vampiren. Hier handelt es sich aber um Vampire ganz anderer Art: Es sind verstorbene Menschen, die keine Ruhe finden und nachts aus ihren Särgen herausklettern. Sie haben riesige Eckzähne, mit denen sie andere Menschen beißen. Anschließend saugen sie ihren Opfern das Blut heraus, und diese werden dann selbst zu Vampiren. Die bekannteste dieser Phantasiegestalten ist Graf Dracula. ➜ Fledermaus, Tollwut

der Vegetarier
Vegetarier essen kein Fleisch. Die meisten ernähren sich überwiegend von pflanzlicher Kost, nehmen aber auch Erzeugnisse zu sich, die von Tieren stammen: Milch und Milchprodukte wie Butter, Jogurt und Käse, außerdem Eier und Honig. Nur strenge Vegetarier beschränken sich ganz auf pflanzliche Nahrung.
Viele Menschen ernähren sich vegetarisch, weil sie das für gesünder halten. Oft sind sie auch davon überzeugt, dass Menschen kein Recht haben, Tiere zu töten und zu essen. ➜ Ernährung, Lebensmittel

Wasserhahn

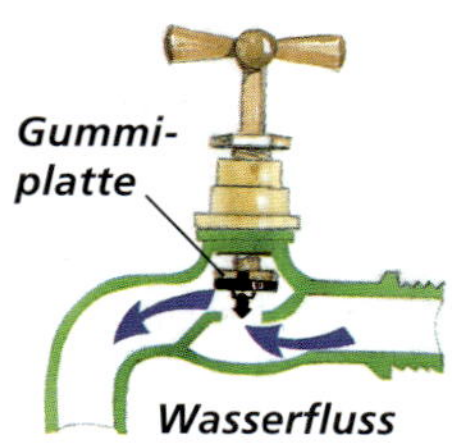

Fahrradventil

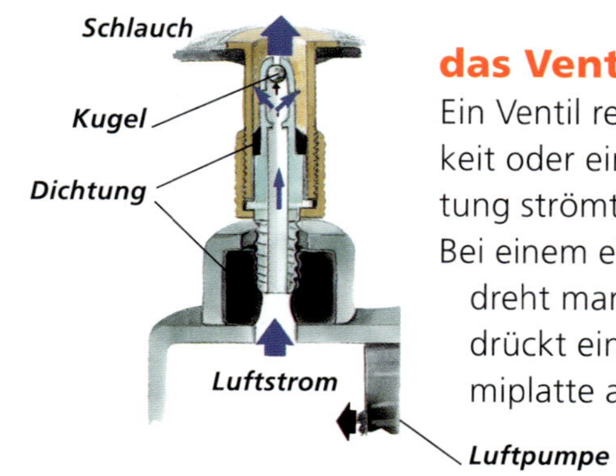

das Ventil
Ein Ventil regelt, wie eine Flüssigkeit oder ein Gas durch eine Leitung strömt.
Bei einem einfachen Wasserhahn dreht man am Griff. Dadurch drückt eine Schraube eine Gummiplatte auf die Öffnung, aus der das Wasser fließt. Das Ventil wird geschlossen und der Wasserfluss abgestellt. Das Fahrradventil arbeitet automatisch. In ihm befindet sich eine kleine Kugel. Sie sitzt vor einer Öffnung und schließt diese ab, solange der Luftdruck im Schlauch größer ist als draußen. Wenn wir mit der Fahrradpumpe den äußeren Luftdruck erhöhen, wird die Kugel weggedrückt, und die Luft strömt hinein. So lässt das Ventil die Luft nur in eine Richtung hindurch. ➜ Fahrrad, Pumpe

das Verb
Das Verb ist eine Wortart, die eine Tätigkeit oder ein Geschehen ausdrückt. Es heißt deshalb auch Tuwort oder Tunwort. Verben sind Wörter wie: bauen, gehen, rufen, schlafen. Sie können verschiedene Formen annehmen: ich schlafe – du schläfst – er, sie, es schläft – wir schlafen. ➜ Satz, Wort

die Verdauung
Speisen und Getränke, die wir zu uns nehmen, müssen verdaut werden. Die Verdauung zerlegt die Nährstoffe, die in unserer Nahrung enthalten sind, in kleine Bausteine. Nur in dieser Form können sie ins Blut aufgenommen werden. Das Blut transportiert dann die lebenswichtigen Stoffe in alle Teile unseres Körpers.

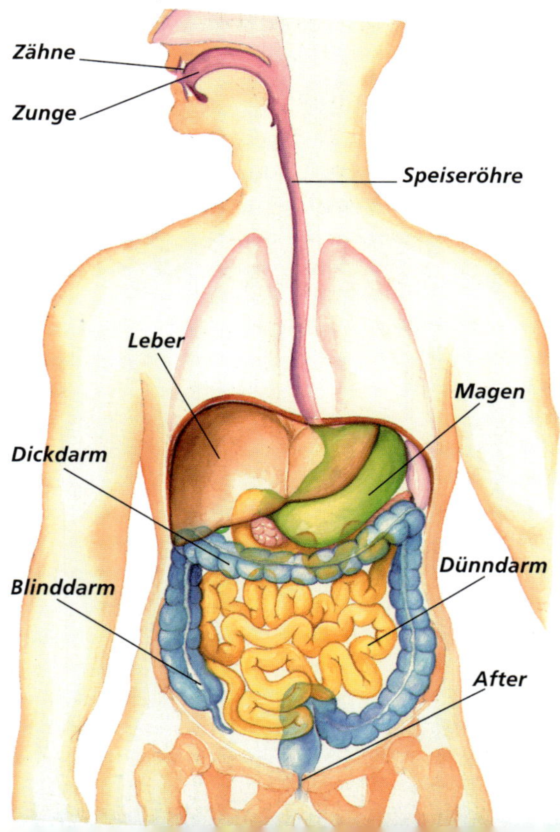

Die Verdauung beginnt im Mund. Eine ganz wichtige Vorarbeit leisten unsere Zähne. Durch sorgfältiges Kauen wird die Nahrung zerkleinert und mit Speichel vermischt. So entsteht ein Brei, der durch die Speiseröhre leicht in den Magen rutscht. Hier wird die Nahrung durch den Magensaft weiter in ihre Bestandteile aufgespalten. Der Weg des Nahrungsbreis führt anschließend in den Darm, wo noch andere Verdauungssäfte hinzukommen. Durch die Wände des Dünndarms gelangen die gelösten Nährstoffe ins Blut. Die unverwertbaren Reste der Nahrung bleiben im Darm, wandern zum After und werden als Kot ausgeschieden. Unser Verdauungsapparat arbeitet ohne Pause, Tag und Nacht. ➜ Blut, Darm, Ernährung, Magen, Zahn

die Verdunstung

Eine kleine Pfütze, die im Sommer bei einem Gewitterregen entsteht, ist oft schnell wieder verschwunden: Sie ist verdunstet. Es sieht so aus, als habe sich das Wasser in nichts aufgelöst. Tatsächlich ist es aber in gasförmigen Zustand übergegangen. Teilchen haben sich von der Oberfläche des Wassers gelöst und sind in die Luft gestiegen. Diese feinen Teilchen befinden sich jetzt als unsichtbarer Wasserdampf in der Luft. Die Luftfeuchtigkeit hat zugenommen. Wind und Sonnenwärme lassen Wasser besonders schnell verdunsten. Deshalb ist nasse Wäsche, die an einem windigen Sonnentag draußen auf der Leine hängt, schon nach kurzer Zeit trocken. Alle Flüssigkeiten können sich durch Verdunstung in Gas verwandeln. ➜ Gas, Wasserkreislauf

das Verkehrsmittel

Ein einfaches Verkehrsmittel ist das Fahrrad: Es kann einen Fahrer und Gepäck befördern. Das geschieht sehr umweltfreundlich, weil das Fahrrad nur mit Muskelkraft angetrieben wird.
Alle Verkehrmittel sind Fahrzeuge, die Personen oder Güter entweder auf dem Land, dem Wasser oder in der Luft transportieren. Dazu gehören Autos (Pkws), Omnibusse, Lastkraftwagen (Lkws), Motorräder, Straßenbahnen, U-Bahnen, Eisenbahnen, Schiffe und Flugzeuge.
Man unterscheidet öffentliche Verkehrsmittel und solche, die Privatpersonen gehören und nur von ihnen benutzt werden. Die meisten Menschen sind auf unseren Straßen mit ihrem eigenen Verkehrsmittel unterwegs, dem Auto. Fast jedes Auto befördert jeweils nur eine Person, den Fahrer. Das führt zu immer dichterem Verkehr, Lärm, Staus und immer schlechterer Luft.
Öffentliche Verkehrmittel wie Bahnen und Busse befördern viele Personen auf einmal. Auch sie verbrauchen Energie und belasten unsere Umwelt. Aber wenn viele Leute einen Bus benutzen, wird viel weniger Abgas erzeugt, als wenn jeder von ihnen in seinem Auto fährt. ➜ Abgas, Energie, Umweltschutz

das Verkehrszeichen

Verkehrszeichen sagen Verkehrsteilnehmern, wie sie sich verhalten müssen. Ohne sie gäbe es auf den Straßen ein großes Durcheinander und viele Unfälle. Dreieckige Gefahrzeichen warnen zum Beispiel rechtzeitig vor möglichen Gefahren: Sie zeigen eine Baustelle an oder die Möglichkeit, dass Kinder die Fahrbahn überqueren. Runde Vorschriftzeichen verbieten beispielweise die Durchfahrt durch eine Straße, begrenzen die Geschwindigkeit oder untersagen das Halten an bestimmten Stellen. Viereckige Richtzeichen regeln die Vorfahrt oder weisen den Weg.

Halt! Vorfahrt gewähren!

Vorfahrt gewähren!

Radfahrerweg

Fußgängerweg

Einfahrt verboten!

Einbahnstraße

Fußgängerüberweg

Haltestelle

Auch Ampeln und Signale, die von Polizeibeamten gegeben werden, sind Verkehrszeichen. Wird der Verkehr an einer Kreuzung durch Polizisten geregelt, müssen die Verkehrsteilnehmer ihren Anweisungen folgen. In diesem besonderen Fall sind die sonstigen Verkehrzeichen nicht zu beachten. ➜ Ampel, Kreuzung, Signal, Vorfahrt

die Versteinerung

Versteinerungen sind zu Stein gewordene Tiere und Pflanzen, die vor vielen Millionen Jahren gelebt haben. Nur ihre festen Teile haben sich meistens erhalten: Knochen, Schalen, Zähne oder Blattrippen. Manchmal ist auch nur ein Abdruck zu sehen, etwa von einem Blatt oder einem Flügel.
Versteinerungen von Meerestieren kommen am häufigsten vor. Die toten Tiere sanken auf den Meeresboden hinunter; dort verwesten die weichen Körperteile, und die harten blieben liegen. Allmählich wurden sie von anderen Tier- und Pflanzenteilen oder Schlamm bedeckt. Im Laufe von Jahrmillionen verwandelte sich der weiche Meeresboden in hartes Gestein. Dadurch wurden auch die übriggebliebenen Körperteile der Tiere und die Pflanzenteile zu Stein.
Wo früher Meere waren, ist heute oft festes Land. So kommt es, dass man in Steinbrüchen, die weit entfernt vom Meer liegen, versteinerte Meerestiere wie Ammoniten – das ist eine Art von ausgestorbenen Tintenfischen –, Muscheln und Seeigel finden kann. ➜ Meer

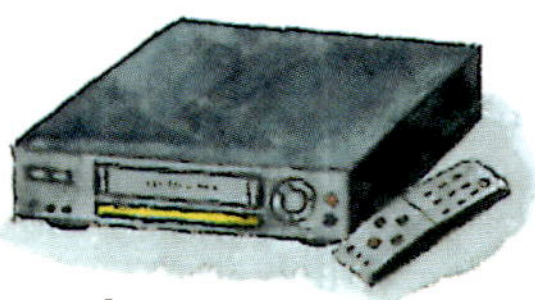

der Videorekorder

ein Ammonit

die Verwandtschaft

Wenn eine Frau und ein Mann zusammenleben und Kinder bekommen, haben sie eine Familie gegründet. Die Kinder sind mit ihren Eltern und Geschwistern eng verwandt. Aber zur Verwandtschaft gehören noch viele andere Leute, zum Beispiel die Großeltern, denn sie sind die Eltern der Mutter und des Vaters. Haben Vater und Mutter selbst auch Brüder und Schwestern, dann sind das die Onkel und Tanten der Kinder. Doch nicht nur die Erwachsenen tragen Verwandtschaftsnamen. Die Mädchen einer Familie sind für ihre Tanten und Onkel die Nichten, die Jungen sind die Neffen. Auch die Kinder von verschiedenen Onkeln und Tanten sind als Cousins und Cousinen miteinander verwandt. ➜ Familie

der Videorekorder

Mit einem Videorekorder kann man Fernsehsendungen aufnehmen und zu einem späteren Zeitpunkt wieder abspielen. Die Bild- und Tonsignale werden auf einem Magnetband gespeichert, ähnlich wie bei einem Kassettenrekorder. Auch das Videoband befindet sich in einer Kassette, die in den Rekorder eingelegt wird. Man kann mit diesem Gerät ebenso Kassetten abspielen, die man gekauft oder in einer Videothek ausgeliehen hat. Außerdem ist es möglich, mit einer Videokamera selbst Filmaufnahmen zu machen. Dieser Videofilm lässt sich über den Rekorder abspielen, sodass die Bilder auf dem Fernsehschirm sichtbar werden. ➜ Fernsehen, Kassettenrekorder

das Virus

Viele Krankheiten werden durch Viren verursacht, zum Beispiel Grippe, Windpocken oder Keuchhusten. Ein Virus ist ein ganz winziges Lebewesen, noch viel kleiner als Bakterien. Man braucht ein elektronisches Mikroskop, um es zu erkennen. Viren leben nur in und von den Zellen anderer Lebewesen. Sobald sie in unseren Körper eingedrungen sind, werden sie normalerweise

sofort von den Zellen zerstört, die uns vor solchen schädlichen „Eindringlingen" schützen. Aber es kommt vor, dass unsere Abwehrkräfte nicht stark genug sind, um genügend Krankheitserreger zu zerstören. Dann werden wir krank.
Nachdem wir eine Viruserkrankung – etwa die Windpocken – durchgemacht haben, hat unser Körper viele Abwehrstoffe gegen das Windpockenvirus entwickelt. Sie liegen von nun an in unserem Körper bereit, sodass wir keine Windpocken mehr bekommen. Man kann sich auch vorsorglich gegen bestimmte Viren impfen lassen. ➜ Bakterie, Impfung, Infektion, Krankheit, Zelle

das Vitamin

Vitamine sind für Menschen und fast alle Tiere lebensnotwendig. Die vielen verschiedenen Vitamine werden nach den Buchstaben des Alphabets benannt: Vitamin A, Vitamin B, C, D, und so weiter. Es sind Stoffe, die an den unterschiedlichsten Stellen in unserem Körper aktiv werden. Vitamin C hilft uns, Erkältungen abzuwehren. Wir brauchen Vitamin A, damit sich die Hornhaut unserer Augen erneuern kann. B-Vitamine stärken die Nervenzellen.
Pflanzen können Vitamine herstellen. In Paprika und Kartoffeln ist sehr viel Vitamin C vorhanden; Nüsse enthalten Vitamin B. Unser Körper kann Vitamine nicht selbst bilden, deshalb müssen wir sie immer wieder mit dem Essen zu uns nehmen. Wenn uns Vitamine dauerhaft fehlen, bekommen wir Mangelerscheinungen und werden krank. Deshalb ist es sehr wichtig, vitaminreich zu essen. ➜ Ernährung, Lebensmittel

der Vogel

Alle Vögel haben Federn. Sie besitzen zwei Beine und Flügel, die sie mit ihren kräftigen Brustmuskeln bewegen. Die meisten Vögel können fliegen. Durch ihren Körperbau wird ihnen das erleichtert: Viele ihrer Knochen sind hohl und daher sehr leicht. Die Art ihres Flugs unterscheidet sich nach Größe der

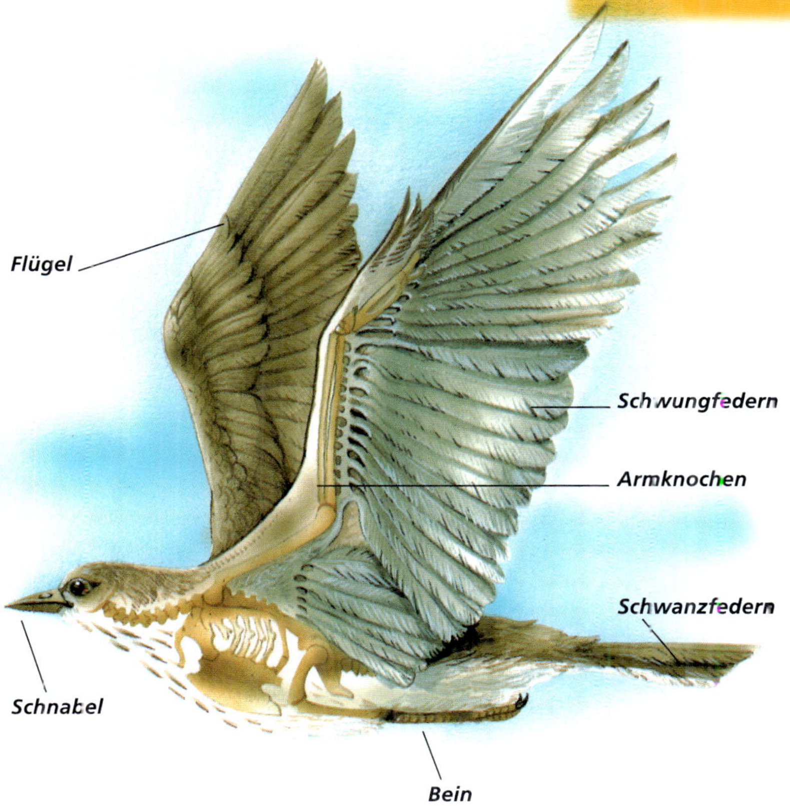

Flügel. Spatzen und Amseln müssen häufig mit den Flügeln schlagen. Dagegen können Störche und Greifvögel lange mit ausgebreiteten Schwingen segeln. Vögel, die nicht fliegen können, sind die Strauße und die Pinguine.
Vögel haben keine Zähne, dafür aber einen kräftigen Schnabel. An seiner Form kann man erkennen, wie ein Vogel sich ernährt. Körnerfresser wie die Buchfinken haben zum Beispiel einen breiten, kurzen Schnabel. Alle Vögel legen Eier und brüten sie aus. Meistens sind die Jungen nach dem Schlüpfen blind und völlig hilflos. Wochenlang bleiben sie im Nest und müssen von ihren Eltern versorgt werden: Sie sind Nesthocker. Aber es gibt auch Arten, deren Junge schon sehr weit entwickelt sind, wenn sie auf die Welt kommen. Sie können das Nest nach ganz kurzer Zeit verlassen. Solche Nestflüchter sind zum Beispiel Enten und Gänse. Schon bald nach dem Schlüpfen machen sie sich mit ihrer Mutter und den Geschwistern auf den Weg zum Wasser und gehen auf Nahrungssuche.

Vögel, die sich ständig bei uns aufhalten, nennt man Standvögel. Zu ihnen zählen die Elster, der Spatz und die Amsel. Dagegen verbringen Zugvögel den Winter in wärmeren Gebieten, wo sie mehr Nahrung finden. ➜ Ei, Feder, Greifvogel, Nest, Zugvogel

der Vogelschutz

Die Lebensbedingungen vieler Vögel haben sich verändert, weil Menschen stark in die Natur eingegriffen haben. Manche Vogelarten konnten sich dem gut anpassen, wie zum Beispiel Amseln, Elstern und Möwen. Sie sind den Menschen in die Städte gefolgt und entwickeln sich hier sogar noch besser, weil ihre natürlichen Feinde fehlen. Andere Vögel sind selten geworden oder sogar vom Aussterben bedroht. Meistens liegt es daran, dass ihr Lebensraum sich ständig verkleinert und dadurch ihre Nahrung knapp wird. Der Vogelschutz übernimmt vor allem die Aufgabe, solche Vogelarten zu erhalten. Dazu werden neue natürliche Lebensräume angelegt, so genannte Biotope. Außerdem schaffen Vogelschützer Nistgelegenheiten, Wassertränken und Winterfutterplätze. Neben staatlichen Vogelschutzwarten gibt es den privaten Deutschen Bund für Vogelschutz. ➜ Nistkasten, Tierschutz

die Vorfahrt

ohne Verkehrszeichen

mit Verkehrszeichen

die Vorfahrt

Zu den wichtigsten Verkehrsregeln zählt, dass man die Vorfahrt beachtet. Wer sich einer Straßenkreuzung ohne Verkehrszeichen nähert, muss besonders aufpassen. Vorfahrt hat hier immer das Fahrzeug, das von rechts kommt; es darf zuerst losfahren. Grundsätzlich gilt also: rechts vor links! Allerdings ist die Vorfahrt meistens durch Verkehrszeichen geregelt. Entweder erteilen sie die Vorfahrt, oder man fährt auf einer Straße, die eine Vorfahrtstraße kreuzt: Dann steht vor der Kreuzung ein Stoppschild oder das Schild „Vorfahrt gewähren!" An vielen Kreuzungen wird der Verkehr durch Ampeln geregelt. ➜ Ampel, Kreuzung, Verkehrszeichen

der Vormund

Wenn Kinder keine Eltern mehr haben, oder ihre Eltern nicht für sie sorgen können, erhalten sie einen Vormund. Er ist dafür verantwortlich, dass die Kinder ein gutes Zuhause bekommen. Das kann bei Verwandten, in einer Pflegefamilie oder auch in einem Heim sein. Ein Vormund wird immer von einem Gericht eingesetzt. Vormünder sind manchmal Privatpersonen, meistens sind sie aber bei einem staatlichen Amt angestellt und betreuen viele Menschen.

der Vulkan

Ein Vulkan ist ein feuerspeiender Berg. Von Zeit zu Zeit stößt er heiße Asche, Gase und glühendes, flüssiges Gestein aus. Man sagt: Der Vulkan bricht aus. Manche Vulkane sind häufig aktiv, bei anderen liegen viele Jahre zwischen den Ausbrüchen.

Das Innere der Erde ist so heiß, dass unter der Erdkruste die Gesteine flüssig und glühend sind. Diese glühende Flüssigkeit nennt man das Magma. Es gibt in der Erdkruste Stellen, an denen das Magma nach oben steigt und dann als Lava aus der Erde heraustritt. Solche Verbindungskanäle zum Erdinnern bilden die Schlote, die sich in den Vulkanbergen befinden. Aus ihrer Öffnung

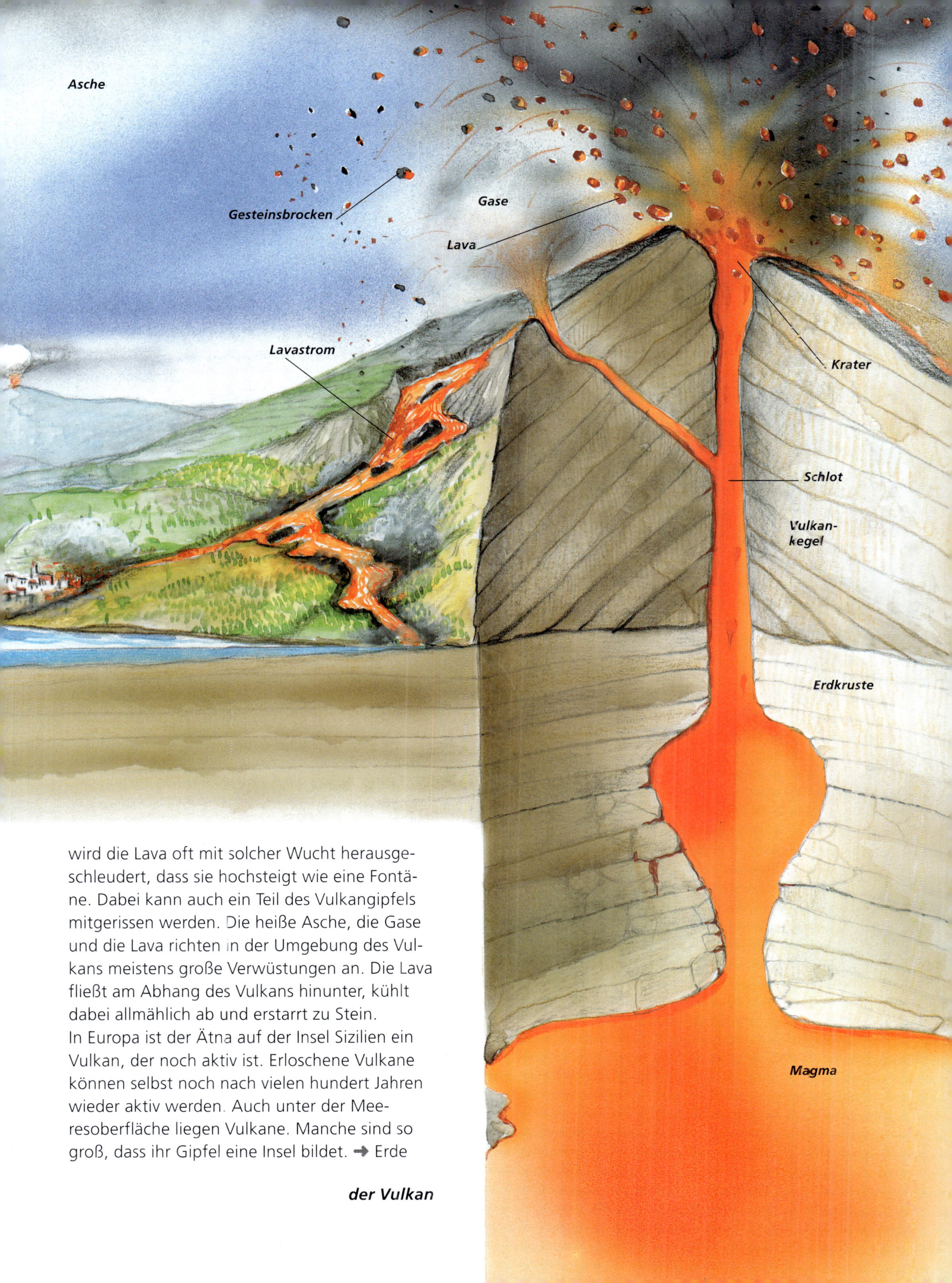

wird die Lava oft mit solcher Wucht herausgeschleudert, dass sie hochsteigt wie eine Fontäne. Dabei kann auch ein Teil des Vulkangipfels mitgerissen werden. Die heiße Asche, die Gase und die Lava richten in der Umgebung des Vulkans meistens große Verwüstungen an. Die Lava fließt am Abhang des Vulkans hinunter, kühlt dabei allmählich ab und erstarrt zu Stein.
In Europa ist der Ätna auf der Insel Sizilien ein Vulkan, der noch aktiv ist. Erloschene Vulkane können selbst noch nach vielen hundert Jahren wieder aktiv werden. Auch unter der Meeresoberfläche liegen Vulkane. Manche sind so groß, dass ihr Gipfel eine Insel bildet. → Erde

der Vulkan

die Waage

Wer wissen will, wie schwer etwas ist, braucht eine Waage. Sie ist ein Gerät zur Bestimmung des Gewichts. Ihre einfachste Form ist eine Balkenwaage. An jedem Ende des Waagbalkens hängt eine Schale. Will man zum Beispiel das Gewicht von Äpfeln feststellen, legt man sie in eine der Waagschalen. In die andere kommen Gewichtsstücke, deren Gewicht man kennt. Wenn der Waagbalken genau waagerecht steht, halten die beiden Schalen das Gleichgewicht: Sie sind also gleich schwer. An den Gewichtsstücken kann man nun ablesen, wieviel Gramm (g) oder Kilogramm (kg) die Äpfel wiegen.
Federwaagen arbeiten ganz anders. Bei ihnen wird durch das Gewicht eines Gegenstandes eine Feder gedehnt. Dabei bewegt sich ein Zeiger, der das Gewicht auf einer Skala anzeigt.
In Geschäften benutzt man heute meistens elektronische Waagen. In ihnen ändert sich der Fluss des elektrischen Stroms, wenn etwas auf der Waage liegt. Das Gewicht kann dadurch genau errechnet werden und wird in einem Sichtfenster durch Leuchtziffern angezeigt. ➜ Skala, Strom

Federwaage

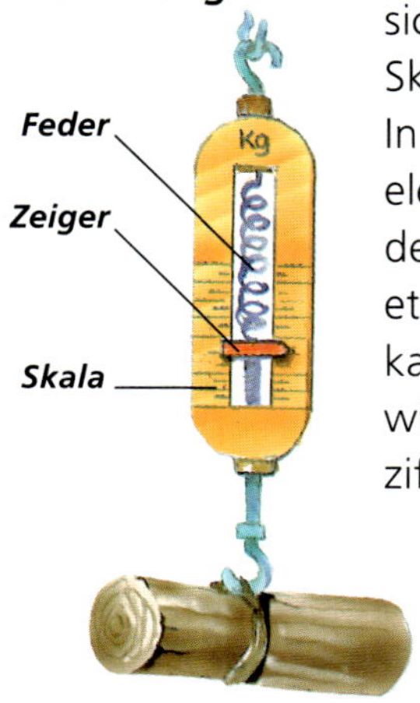

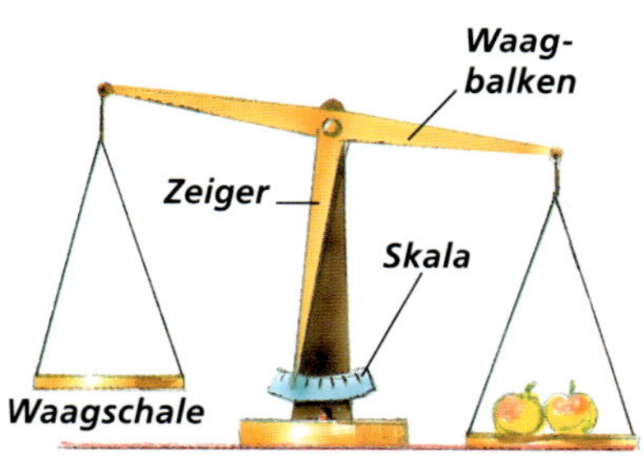

Balkenwaage

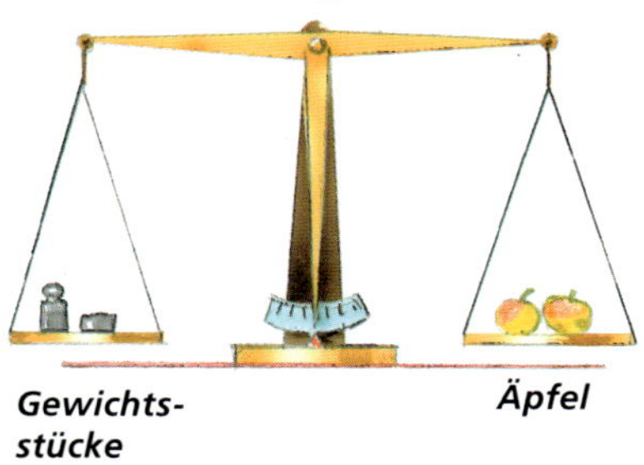

das Wachs

Bienen stellen Wachs in ihrem Körper her und scheiden es durch Wachsdrüsen aus. Sie bauen daraus ihre Waben. Häufig wird dieses Wachs aus dem Bienenstock herausgenommen, und man formt daraus Bienenwachskerzen, die sehr gut duften. Wachs ist eine fettige Masse, die sich in warmem Zustand gut kneten lässt. Wenn es heiß wird, schmilzt es. Wachs lässt sich auch künstlich herstellen. Das geschieht in großen Mengen, denn man braucht es nicht nur für Kerzen, sondern auch als Poliermittel: Man wachst Skier mit Skiwachs und poliert Fußböden mit Bohnerwachs. ➜ Biene

die Wahl

Wahlen werden abgehalten, um Menschen in bestimmte Ämter einzusetzen. In der Schule wird zum Beispiel durch eine Wahl festgelegt, wer das Amt des Klassensprechers übernimmt. Verschiedene Schüler werden vorgeschlagen, und anschließend schreibt jeder Mitschüler den Namen eines Vorgeschlagenen auf einen Wahlzettel. Alle Zettel werden gefaltet, eingesammelt und ausgezählt. Meistens werden zwei Klassensprecher gewählt. Sprecher oder Sprecherin werden die beiden, die die meisten Stimmen erhalten. Die Mitschüler haben sie gewählt, weil sie erwarten, dass sie sich besonders gut für die Klasse einsetzen werden. Man nennt so eine Wahl geheim, weil danach niemand weiß, wer wen gewählt hat.
Die erwachsenen Bürger einer Gemeinde wählen auf ganz ähnliche Weise ihren Bürgermeister und den Gemeinderat. Sie kreuzen auf Stimmzetteln die Namen derjenigen Bürger an, die sie in diese Ämter wählen wollen.
In jeder Demokratie spielen Wahlen eine besonders wichtige Rolle. Die Bürger wählen, welche Parteien und welche Politiker die Regierung bilden sollen. Auch diese Wahlen sind geheim. Außerdem sind sie frei und gleich: Niemand muss an der Wahl teilnehmen oder kann gezwungen werden, eine bestimmte Partei zu wählen. Darüber hinaus zählen die Wählerstimmen gleich – keine hat mehr Gewicht als die andere. An diesen Wahlen dürfen in Deutschland alle Staatsbürger ab 18 Jahren teilnehmen. ➜ Bürger, Demokratie, Gemeinde, Partei, Politik, Regierung

die Waise

Ein Kind ist eine Waise, wenn seine Eltern nicht mehr leben. Dann braucht es eine Ersatzfamilie. Manchmal kann das Kind bei Verwandten leben, zum Beispiel bei den Großeltern oder bei Tante und Onkel. Die meisten Kinder, die keine Eltern mehr haben, leben in einem Heim, in einer Pflegefamilie oder in einem Kinderdorf. Wenn Geschwister ihre Eltern verloren haben, werden sie fast immer zusammen in einer Heimgruppe oder Pflegefamilie untergebracht. Außerdem erhält jede Waise einen Vormund. ➜ Adoption, Verwandtschaft, Vormund

der Wal

Wale leben im Meer, aber sie sind keine Fische, sondern Säugetiere. Ihre Jungen werden im Wasser geboren und von der Mutter gesäugt. Wale atmen wie wir durch Lungen. Sie können deshalb immer nur bestimmte Zeit unter Wasser bleiben. Die riesigen Pottwale kommen bis in 1000 Meter Wassertiefe hinunter und tauchen oft länger als 1 Stunde. Wenn Wale auftauchen, stoßen sie durch zwei Spritzlöcher explosionsartig Atemluft aus. Man sieht dann eine hohe Fontäne aufschießen.
Der größte aller Wale ist der Blauwal: Er wird etwa 30 Meter lang und so schwer wie 25 Elefanten. Sein Junges misst bei der Geburt schon über 7 Meter. Blauwale gehören zu den so genannten Bartenwalen. Sie heißen so, weil sie keine Zähne haben, sondern Barten. Das sind eine Art Fransen, mit denen sie ihre Nahrung, kleine Fische und Krebse, aus dem Wasser sieben. Zahnwale dagegen besitzen Zähne. Zu ihnen zählen die Pott- und Schwertwale, aber auch die Delphine.
Wale haben einen großen Kopf und einen langgestreckten Körper. Anders als bei den Fischen steht ihre Schwanzflosse quer; sie schlägt beim Schwimmen auf und ab. Unter der Haut haben Wale eine bis zu 40 Zentimeter dicke Fettschicht, die sie vor Kälte schützt. Man kann diesen Walspeck und auch fast alle anderen Körperteile zu wertvollen Waren verarbeiten. Deshalb wurden die Tiere von modernen Walfangschiffen aus in großer Zahl getötet. Heute sind viele Walarten vom Aussterben bedroht.
➜ Delphin, Fisch, Naturschutz, Säugetier

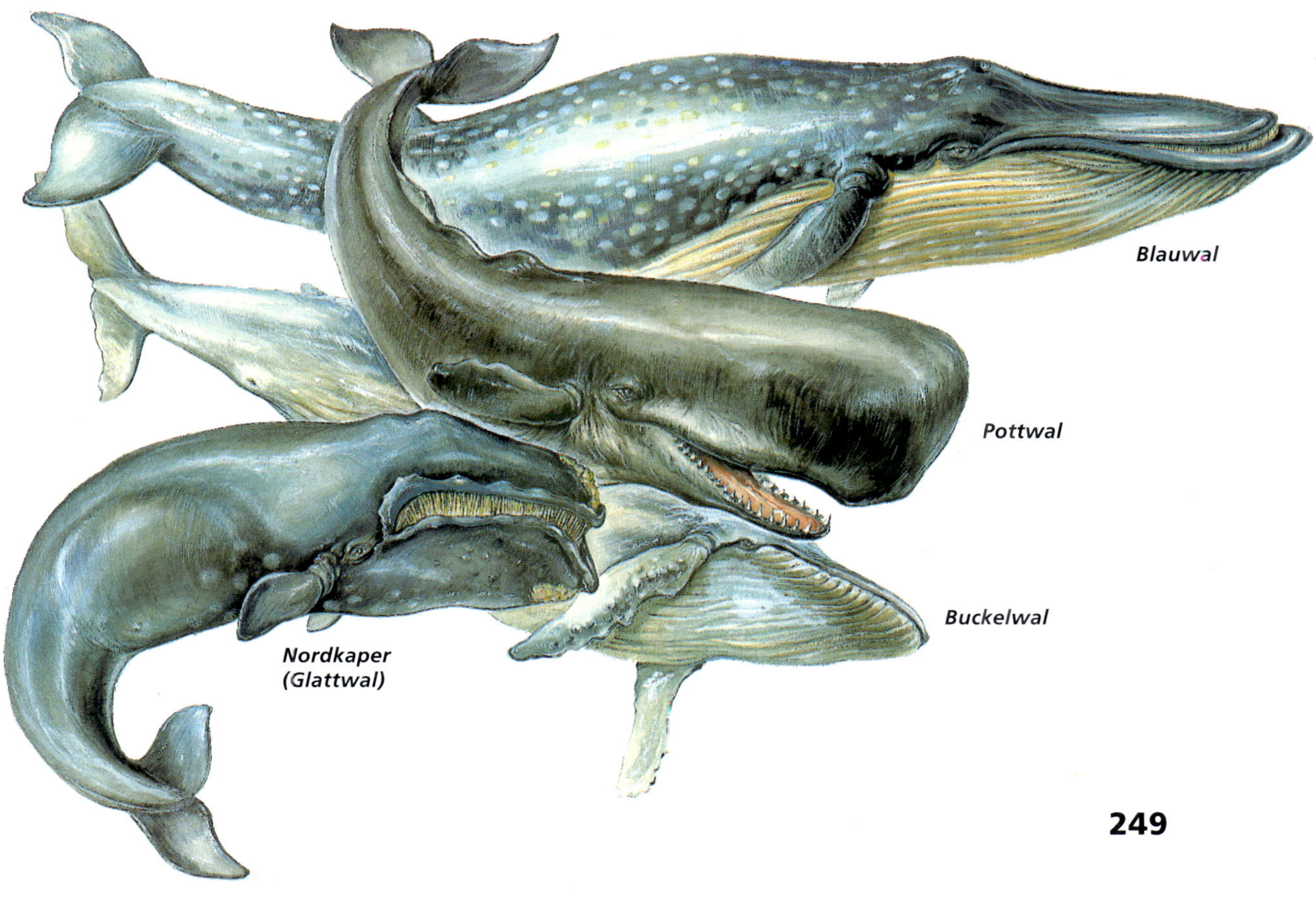

der Wald

Der Wald ist Lebensraum für viele Tiere und Pflanzen. Wenn Menschen nicht eingreifen, wächst bei uns ein natürlicher Mischwald. Er besteht aus einer Mischung von Laubbäumen wie Buchen, Eichen, Birken und Nadelbäumen wie Fichten, Kiefern und Tannen.

Das Leben in diesem Wald findet in verschiedenen Stockwerken statt. Nur in seinem Dachgeschoss, in den Baumkronen, ist es richtig hell. Hier leben viele Insekten und Singvögel. Auch Eichhörnchen verstecken ihre Kobel zwischen den Blättern. Im Stockwerk darunter, wo es weniger hell ist, wachsen Sträucher wie Haselnuss und Holunder. Spechte bauen in alten Baumstämmen ihre Nisthöhlen, und hier leben auch Fledermäuse, Hummeln und Hornissen. Im Erdgeschoss des Waldes ist es sehr schattig. Dort wachsen nur noch Moose, Farne, Pilze und Kräuter, die mit wenig Licht auskommen. Der Boden ist von Würmern und Insekten dicht besiedelt. Große Tiere wie Rehe, Wildschweine und Hirsche finden im Wald gutes Versteck und reichlich Nahrung.

Aber Wälder sind auch für den Menschen lebenswichtig. Sie reinigen und verbessern die Luft. Man findet in ihnen Ruhe und Erholung. Außerdem schützen sie die Landschaft. Baumwurzeln halten den Boden fest, und der weiche Waldboden speichert sehr viel Wasser. Er verhindert dadurch, dass es zu schnell abläuft und an anderer Stelle Überschwemmungen entstehen.

Der Wald liefert uns auch Holz. Daher hat man viele Misch- und Laubwälder in planmäßig angelegte Wälder umgewandelt. Diese Forste bestehen vor allem aus schnellwachsenden Fichten. Sie stehen oft so dicht beieinander, dass auf dem allzu dunklen Waldboden fast nichts mehr wächst. Die größte Gefahr droht dem Wald heute durch die Luftverschmutzung. Sie ist die wichtigste Ursache für das Waldsterben. → Baum, Holz, Strauch, Urwald

das Waldsterben

Viele unserer Wälder sind krank und sterben. Autoabgase, Rauch aus den Schornsteinen von Wohnhäusern und vergiftete Luft aus Fabriken werden mit dem Wind fortgetragen. Die Giftstoffe, die in ihnen enthalten sind, kehren jedoch mit dem Regen wieder auf die Erde zurück. Durch diese Gifte wird der Regen sauer. Seine Säure schädigt zuerst die Blätter und Nadeln der Bäume, dann aber auch ihre Wurzeln. Die Bäume müssen verdursten, denn die zerstörten Wurzeln können kein Wasser mehr aus dem Boden aufnehmen. Nadeln und Blätter verfärben sich und fallen schließlich ab. Die sonst dichten Baumkronen werden licht und durchsichtig. Das Waldsterben lässt sich nur bremsen, wenn unsere Luft in Zukunft weniger verschmutzt wird. → Abgas, Luft, Umweltschutz

die Walnuss

die Walnuss

Walnussbäume lieben Licht und Wärme. Deshalb sind sie von Natur aus in warmen, südlichen Ländern zu Hause. Aber seit langer Zeit werden sie auch bei uns angepflanzt. Ein Walnussbaum wächst 15 bis 20 Meter hoch. Sein hartes Holz ist wertvoll, und seine Früchte sind sehr beliebt. Sie haben eine grüne Außenhülle, die im Herbst aufspringt. Nun kommt eine hellbraune, harte Schale hervor, und darin steckt der runzlige Samen: die Walnuss. Walnüsse werden gern gegessen. Aus ihnen wird auch Speiseöl gewonnen. → Baum, Frucht

die Wanze

Wanzen sind kleine Insekten, die man an ihrem abgeplatteten Körper erkennen kann. Sie haben einen Saugrüssel, mit dem sie Pflanzen anstechen und deren Saft heraussaugen. Bekannt ist die Feuerwanze; man begegnet ihr oft in großen Scharen, besonders unter Linden.
Wanzen, die räuberisch leben, saugen mit ihrem Rüssel andere Tiere aus. Früher war bei uns die Bettwanze weit verbreitet. Sie hält sich tagsüber in Ritzen verborgen und saugt nachts das Blut schlafender Menschen. Wie viele andere Wanzenarten verbreiten auch Bettwanzen mit ihren Stinkdrüsen einen üblen Geruch. Außerdem übertragen sie oft Krankheiten.
Es gibt Wanzen, die wie Schlittschuhläufer auf dem Wasserspiegel dahingleiten. Das sind die Wasserläufer. ➜ Insekt

das Wappen

Wappen sind besondere Erkennungszeichen. Sie entstanden im Mittelalter, als die Ritter in ihren schweren Rüstungen gegeneinander kämpften. Der Kopfschutz bedeckte auch das Gesicht, und so war der Ritter nicht zu erkennen. Auf sein Schild malte man deshalb das Wappen. Seine besonderen Farben und Muster verrieten, zu welcher Familie der Ritter gehörte. Später wurden die Wappen zu festen Abzeichen von Familien, Städten, Ländern und Staaten. Man findet sie noch heute an manchen Hauseingängen, auf Münzen, an Stadttoren und vielen anderen Stellen. Erhalten geblieben ist die Schildform, die an den Ursprung der Wappen erinnert. ➜ Mittelalter, Münze, Ritter

das Wasser

Wasser ist die Flüssigkeit, die auf der Erde am häufigsten vorkommt. Es bildet Meere, Seen und Flüsse und bedeckt dadurch den größten Teil der Erdoberfläche. Unter der Erde trifft man auf Grundwasser.
Wasser begegnet uns außerdem nicht nur in flüssiger Form: Es gefriert bei 0 °C zu Eis. Und wenn man es erhitzt, fängt es bei 100 °C an zu kochen und wird zu Wasserdampf. In unserer Luft ist unsichtbarer Wasserdampf enthalten. Wolken und Nebel bestehen aus unzähligen Wassertröpfchen, die in der Luft schweben. In fester Form findet man Wasser als Schnee und Gletscher auf hohen Bergen und als riesige Eisflächen rund um den Nord- und Südpol.
Wasser ist also fast überall. Auch wir Menschen bestehen zu mehr als der Hälfte aus Wasser; das Gleiche gilt für Tiere und Pflanzen. Leben ohne Wasser ist unmöglich.
Ein Mensch kann im schlimmsten Notfall bis zu 1 Monat lang hungern, aber ganz ohne Wasser stirbt er schon nach wenigen Tagen.
Wasser enthält außer Wasserstoff auch Sauerstoff. Fische brauchen ihn zum Atmen. Die Sonne sorgt dafür, dass sich das Wasser auf der Erde in einem ständigen Wasserkreislauf bewegt. ➜ Dampf, Eis

der Wasserkreislauf

Alles Wasser auf der Erde bewegt sich in einem ständigen Kreislauf. Deshalb sind Regentropfen, die heute auf die Erde fallen, vorher schon viele Male als Niederschlag auf die Erde gekommen. Ein Teil des Regens versickert, sammelt sich unter der Erde als Grundwasser und kommt später in Quellen wieder zum Vorschein. Ein anderer Teil fließt gleich mit Bächen und Flüssen ins Meer. Wenn das Wasser dort bleiben würde, wäre das Land bald ausgetrocknet, und Menschen, Tiere und Pflanzen müssten verdursten. Aber das verhindert die Verdunstung: Die Sonnenwärme lässt das Wasser an der Oberfläche des Meeres zu Wasserdampf

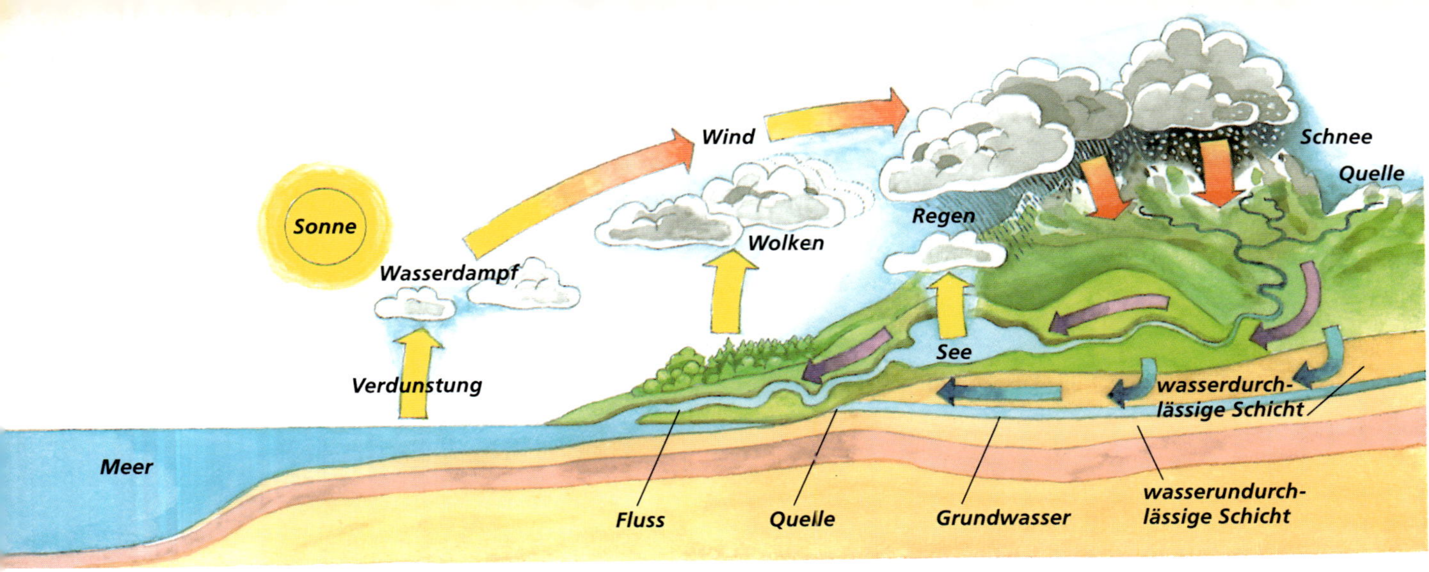

der Wasser-kreislauf

werden. Er wird von der Luft aufgenommen und steigt in die Höhe. Dabei kühlt die Luft sich ab, und der Wasserdampf verwandelt sich wieder in kleine Wassertröpfchen, aus denen die Wolken bestehen. Der Wind treibt die Wolken über Meer und Land, und aus ihnen fällt das Wasser wieder als Regen auf die Erde.
Wasser verdunstet auch von der Oberfläche von Flüssen und Seen, Blättern und Grashalmen. So geht bei diesem Kreislauf kein Tropfen Wasser verloren. ➜ Grundwasser, Niederschlag, Quelle, Verdunstung, Wolke

das Wasserwerk

Wir brauchen jeden Tag frisches Wasser. Ein Wasserwerk sorgt dafür, dass wir es bekommen. Wir müssen nur den Wasserhahn öffnen, und schon sprudelt es heraus.
Das beste Trinkwasser kommt aus der Erde, denn das Grundwasser reinigt sich beim Sickern durch Sand- und Kiesschichten. Früher konnte man deshalb aus jeder Quelle trinken. Weil das Grundwasser heute aber häufig Pflanzenschutzmittel und andere Umweltgifte enthält, muss man es in einem Wasserwerk gründlich reinigen und zu Trinkwasser aufbereiten. Man lässt das Wasser durch Sandfilter laufen und reinigt es auch durch das Hinzufügen bestimmter Stoffe, zum Beispiel Chlor. Das aufbereitete Wasser wird dann oft in Wassertürmen oder anderen Hochbehältern gespeichert. So ist immer genug Wassser vorhanden, und es kann vom Hochbehälter aus mit gleichbleibendem Druck in das Wasserleitungsnetz und bis in unsere Wohnungen fließen.
An vielen Orten reicht das vorhandene Grundwasser nicht aus. Man muss deshalb auch Wasser aus Flüssen und Seen verwenden. Zahlreiche Länder der Erde leiden unter starkem Wassermangel. Wir dagegen gehen verschwenderisch mit Wasser um. Bei uns verbraucht jeder

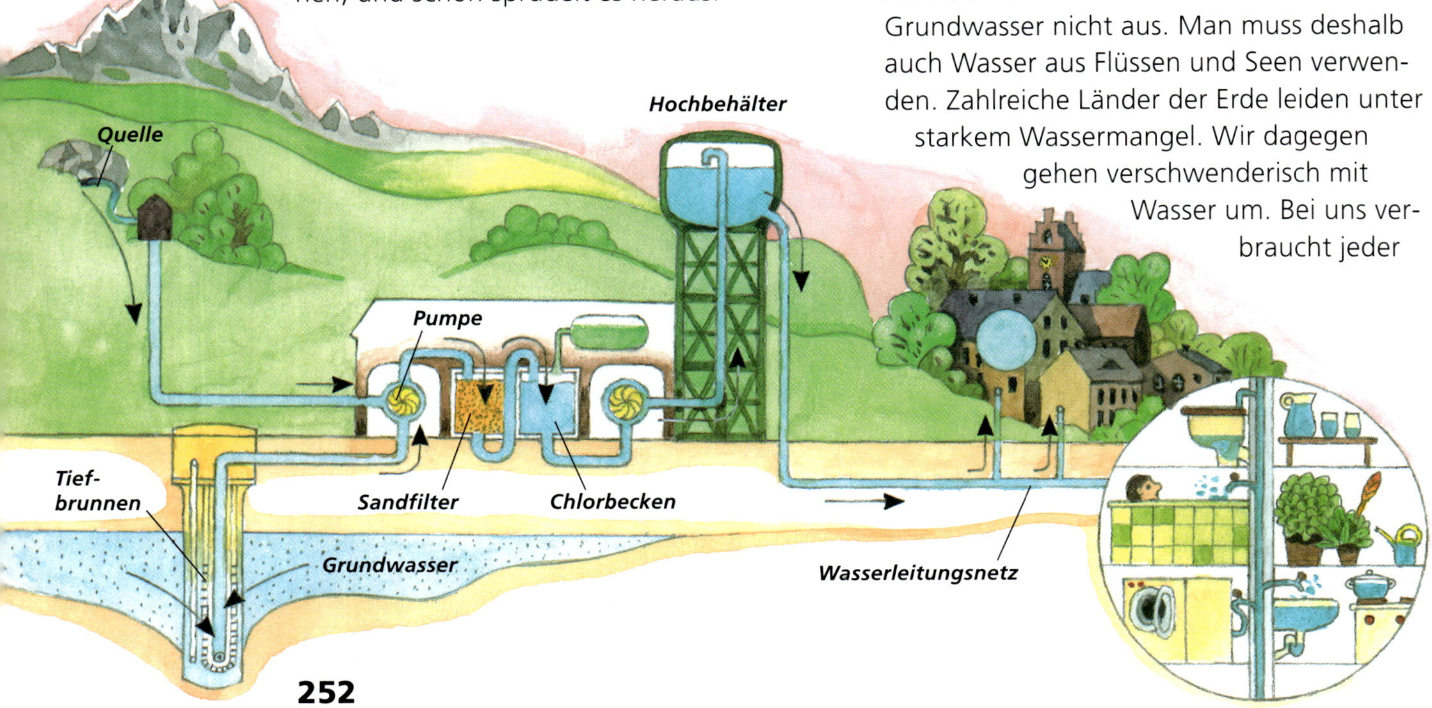

Mensch täglich mehr als 200 Liter kostbares Trinkwasser. Davon trinken wir aber nur einen winzigen Teil; das meiste wird zum Duschen, Baden, Wäschewaschen und für die Toilettenspülung verwendet. Auch die Fabriken verbrauchen riesige Wassermengen. ➜ Abwasser, Grundwasser

der Webrahmen

Webrahmen gibt es schon seit der frühen Steinzeit. Mit ihnen stellt man seitdem Bänder, Stoffe und Teppiche her.
Zuerst werden Fäden in Längsrichtung auf einen Rahmen gespannt; das sind die Kettfäden. Auf einen eingekerbten Stab, das Schiffchen, wird ein langer Faden gewickelt und nun quer durch die Kettfäden geflochten. Dabei führt man das Schiffchen abwechselnd über den einen Kettfaden hinweg und unter dem nächsten hindurch. Dieser querlaufende Faden heißt Schuss. Reihe für Reihe wird der Schuss durch die Kettfäden gewebt und mit einem Weberkamm fest an die schon gewebte Reihe angedrückt. So entsteht allmählich ein Stück Stoff.
Um lange und breite Stoffbahnen zu weben, braucht man große Webstühle. In modernen Webereien stehen riesige Maschinen, die sehr schnell große Mengen Stoff herstellen können. ➜ Maschine, Steinzeit, Textilie

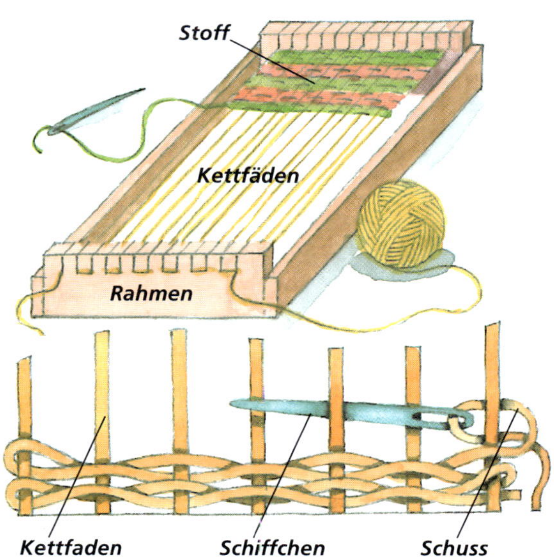

die Weide

Weiden sind niedrige Bäume oder Sträucher, die oft an Bach- oder Flussufern wachsen. Im Frühjahr erkennt man schon von weitem ihre Blüten, die Kätzchen. Sie erscheinen oft im März, noch vor den ersten Blättern. Ein silberweißes Haarkleid schützt sie gegen die kalten Frostnächte des Vorfrühlings. Besonders auffällig sind die gelben, männlichen Blüten der Salweide; sie sind zu dieser Jahreszeit die erste Nahrungsquelle für die Bienen.
Aus Weidenzweigen werden Korbwaren geflochten. Die Korbweide mit ihren besonders langen, biegsamen Zweigen hat daher ihren Namen. Wenn man bei einem heranwachsenden Weidenbaum regelmäßig die Zweige bis zum Stamm zurückschneidet, entsteht eine so genannte Kopfweide. Das obere Ende des Stammes schwillt kopfförmig an, und darüber wächst eine Krone aus langen Zweigen.
Weide heißt auch das grasbewachsene Stück Land, auf dem das Vieh seine Nahrung findet. Ist sie eingezäunt, nennt man sie eine Koppel. ➜ Baum, Blüte, Strauch

Krone aus biegsamen Zweigen

Weidenbaum (Kopfweide)

Blatt und männliche Blüten (Kätzchen) der Salweide

Weihnachten

Weihnachten ist das Fest, mit dem Christen die Geburt von Jesus Christus feiern. In der Bibel steht die Weihnachtsgeschichte, die erzählt, dass Jesus in einem Stall zu Bethlehem geboren wurde. Das genaue Geburtsdatum ist unbekannt, aber schon vor langer Zeit wurde der 25. Dezember als Weihnachtsfeiertag festgelegt. Einen Tag vorher, am Abend des 24. Dezember, feiert man den Heiligen Abend. In vielen Wohnungen steht dann ein geschmückter Weihnachtsbaum. Außerdem entstand der Brauch, dass die Menschen einander an diesem Tag mit kleinen oder großen Geschenken eine Freude bereiten. In allen Kirchen finden Weihnachtsgottesdienste statt. Die Geburt des Christkindes soll in der Nacht vom 24. auf den 25. Dezember geschehen sein.
➜ Advent, Bibel, Christ

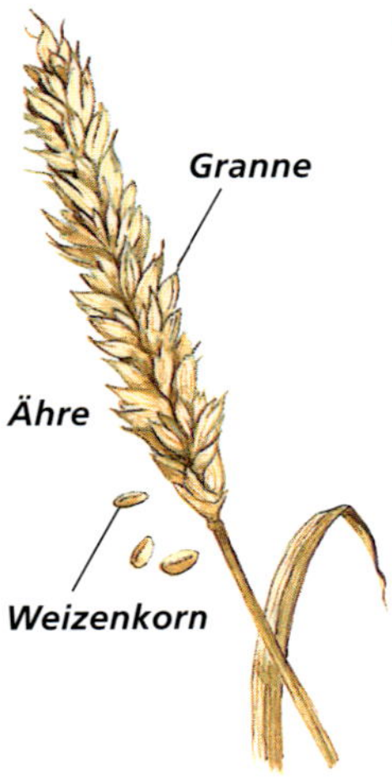

der Weizen

Weizen ist das Getreide, das bei uns am meisten angebaut wird. Er trägt seinen Namen wegen der weißen Farbe des Mehls, das man aus seinen Körnern gewinnt. Aus Weizenmehl werden vor allem Weißbrot, Kuchen und Nudeln hergestellt.
Weizenähren tragen keine oder nur sehr kurze Grannen. Eine Ähre besteht aus 40 bis 60 Körnern. Wenn der Weizen reif für die Ernte ist, färbt er sich goldgelb. ➜ Ähre, Brot, Getreide

die Welle

Wenn du einen Stein in ruhendes Wasser wirfst, entstehen Wellen. Von der Stelle, an der der Stein aufschlägt, breiten sie sich kreisförmig aus. Wasserteilchen steigen abwechselnd in die Höhe und sinken wieder ab; auf diese Weise entstehen Wellenberge und Wellentäler.
Auf dem Meer und auf Flüssen und Seen ist es der Wind, der die Wasseroberfläche bewegt und Wellen erzeugt. Dabei sieht es so aus, als ob sich das Wasser einer Welle vorwärtsbewegt. Tatsächlich schwingen die Wasserteilchen aber in kreisförmigen Bahnen und kommen gar nicht von der Stelle. Ein Wasserball tanzt daher auf den Wellen: Er wird von ihnen auf- und abgehoben und in eine Kreisbewegung gebracht, aber er bleibt immer am selben Ort. Erst in der Nähe des Strandes wird der untere Teil einer Welle gebremst. Ihr oberer Teil, der Wellenkamm, bewegt sich schneller und überschlägt sich, wenn er das Ufer erreicht.
Auch der Schall breitet sich in Form von Wellen aus. Allerdings können wir diese Wellen nicht sehen. Der Schall bringt unsichtbare Luftteilchen zum Schwingen. Töne und Geräusche kommen durch Schallwellen an unser Ohr. Unsichtbar sind auch die elektromagnetischen Wellen. Zu ihnen gehören Licht- und Radiowellen. ➜ Licht, Rundfunk, Schall

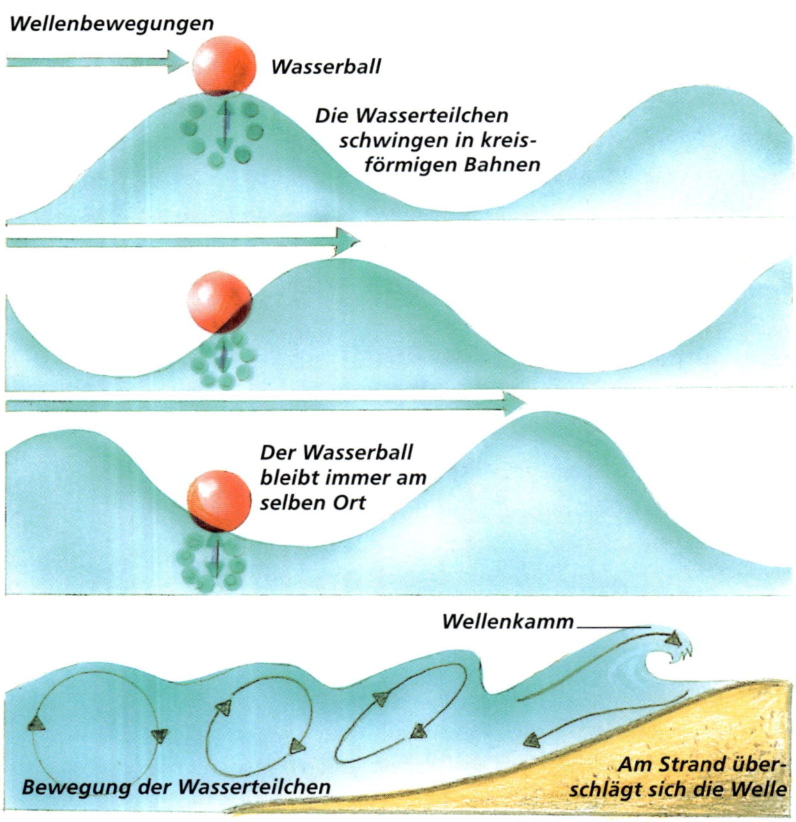

das Weltall

das Weltall

Lange Zeit haben Menschen geglaubt,die Erde sei der Mittelpunkt des Weltalls. Heute wissen wir: Das Weltall umfasst einen unvorstellbar riesigen Raum, in dem sich Milliarden von Sternen und Sternsystemen bewegen. Auch unsere Erde bewegt sich durch das Weltall, aber sie ist darin nicht mehr als ein allerwinzigstes Pünktchen. Sie ist Teil

unseres Sonnensystems, und unsere Sonne ist nur einer von Milliarden Sternen der Milchstraße.
Niemand weiß bis heute, ob das Weltall unendlich groß ist oder ob es irgendwo eine Grenze hat. Man nennt das Weltall auch Kosmos oder Universum. ➔ Erde, Milchstraße, Sonne, Stern

die Werbung

Wer wirbt, will Interesse wecken. Firmen, die Waren erzeugen, geben oft viel Geld für Werbung aus. Sie wollen damit erreichen, dass möglichst viele Leute ihre Erzeugnisse kaufen.
Werbung umgibt uns beinahe überall. Auf der Straße sehen wir sie auf großen Plakatwänden und an Litfaßsäulen. In Zeitungen und Zeitschriften wird mit Anzeigen geworben. Werbung im Radio und vor allem im Fernsehen erreicht eine besonders große Zahl von Menschen. Gesetze legen fest, welche Art der Werbung erlaubt ist und welche nicht. Für gesundheitsschädigende Tabakwaren darf zum Beispiel nicht überall geworben werden. Werbung wird meistens von Werbefachleuten gemacht. Mit ihrer Herstellung sind zahlreiche Menschen beschäftigt, unter anderem Zeichner, Fotografen, Werbetexter, Schauspieler und Filmemacher. ➔ Litfaßsäule

die Werft

Auf einer Werft werden Schiffe und Boote gebaut oder repariert. Zu einer großen Werft gehören verschiedene Hallen, Werkstätten und Docks. Der Bauplatz, auf dem der Schiffsrumpf aus vielen Einzelteilen zusammengeschweißt wird, heißt Helling. Sie ist eine schiefe Ebene, die zum Wasser hin abfällt. Wenn der Rohbau des Schiffes fertig ist, findet der Stapellauf statt. Das Schiff gleitet dann von der Helling ins Wasser. Erst danach wird es mit Maschinen, Geräten und Aufbauten ausgerüstet. Heute baut man Schiffe häufig in Werfthallen, um unabhängig vom Wetter arbeiten zu können.
Schiffe, die zur Reparatur in die Werft kommen, fahren meistens in ein Dock. Ein Trockendock ist ein großes Becken, aus dem man das Wasser herauspumpen kann. Das Schiff liegt dann auf dem Trockenen und kann rundum repariert werden. ➔ Hafen, Schiff

das Werkzeug

Jeder Handwerker braucht Werkzeug. Tischler benutzen Sägen, Feilen und Hobel; Maurer kommen nicht ohne Hammer und Kelle aus. Werkzeuge sind Hilfsmittel, mit denen man Dinge herstellt oder bearbeitet.
Handwerkzeuge werden mit der Hand geführt. Sie vergrößern die Fähigkeiten, die uns von Natur aus gegeben sind. Unsere Finger können greifen, aber eine Zange greift stärker zu; mit der Faust können wir schlagen, doch ein Schlag mit dem Hammer ist kräftiger und gezielter.
Die ersten Werkzeuge wurden in der Steinzeit benutzt. Die Menschen lernten, mit scharfen Faustkeilen und mit Pfeil und Bogen umzugehen. Erst von diesem Zeitpunkt an gelang es ihnen, auch große und gefährliche Tiere zu jagen.
Heute werden die meisten Werkzeuge aus Stahl hergestellt. In Fabriken gibt es komplizierte Werkzeugmaschinen, die von Motoren angetrieben werden. Sie bearbeiten Stoffe wie Metall, Glas, Beton und Holz.
➔ Fabrik, Handwerker, Steinzeit

Wespe (Weibchen)

Wespennest

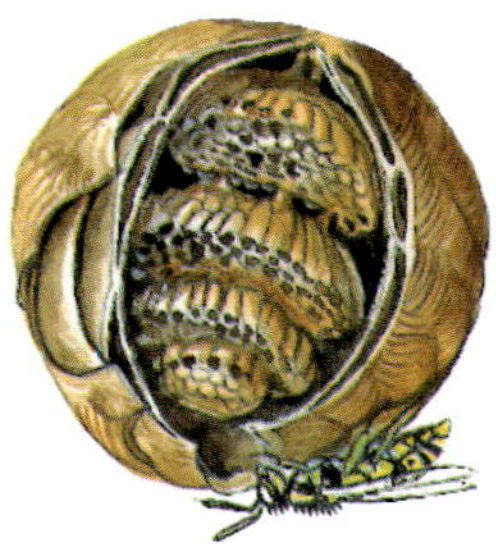

die Wespe

Wespen sind Insekten, die auffällig gelb und schwarz gefärbt sind. An der Spitze ihres Hinterleibes sitzt ein Giftstachel. Damit können sie sich wirksam gegen Feinde verteidigen und Beutetiere töten. Wespen sind sehr reizbar und greifen schnell an. Sie werden daher von den insektenfressenden Tieren in Ruhe gelassen. Mit ihren kräftigen Kauwerkzeugen verspeisen sie kleinere Insekten und benagen Aas, reifes Obst und außerdem alles, was süß ist.

Die starken Kiefer sind ihnen auch beim Nestbau behilflich: Mit ihnen zerkauen sie kleine Holzstückchen zu einem papierartigen Brei. Im Frühjahr beginnt ein befruchtetes Weibchen, die Königin, mit dem Bau wabenartiger Kammern, die sie kreisförmig anordnet. In jede Wabe legt sie ein Ei; anschließend zieht sie die Larven auf. Sind die jungen Wespen geschlüpft, arbeiten sie sofort am Bau des Nestes und an der Pflege der Eier und Larven mit. Sie bauen immer weitere Kammern und Hüllen, bis zuletzt eine große Nestkugel entstanden ist.

Bis zum Herbst wächst das Wespenvolk auf einige tausend Tiere an. Dann sterben alle Wespen bis auf die befruchteten Weibchen. Erst im nächsten Frühjahr entsteht ein neues Volk. ➜ Aas, Hornisse, Insekt, Larve

das Wetter

Das Wetter kann sich schnell ändern. An einem sonnigen, warmen Sommertag ziehen plötzlich Wolken am Himmel auf. Kurze Zeit später weht kühler Wind, und es beginnt zu regnen. Manchmal sind die dunklen Regenwolken bald darauf verschwunden, und es scheint wieder die Sonne.

Alle Wettervorgänge spielen sich in den unteren Schichten der Lufthülle ab, die unsere Erde umgibt. Diese Lufthülle, die Atmosphäre, ist in ständiger Bewegung. Wärme und Kälte, Luftdruck und Feuchtigkeit der Luft, Wolken, Windstärke und Windrichtung wirken zusammen und bestimmen das Wetter. Sie werden deshalb regelmäßig beobachtet und gemessen. Das geschieht in Wetterstationen überall auf der Welt. Außerdem steigen Wetterballons mit Messgeräten in die Luft, und Wettersatelliten funken Wolkenbilder und Messergebnisse zur Erde. Alle Messungen werden vom Wetterdienst gesammelt und ausgewertet. Auf besonderen Wetterkarten wird dann die augenblickliche Wetterlage dargestellt und die weitere Entwicklung vorhergesagt.

Die Schiff- und Luftfahrt, aber auch die Landwirtschaft und der Straßenverkehr hängen stark vom Wetter ab. Sie sind deshalb auf möglichst genaue Wetterberichte an-

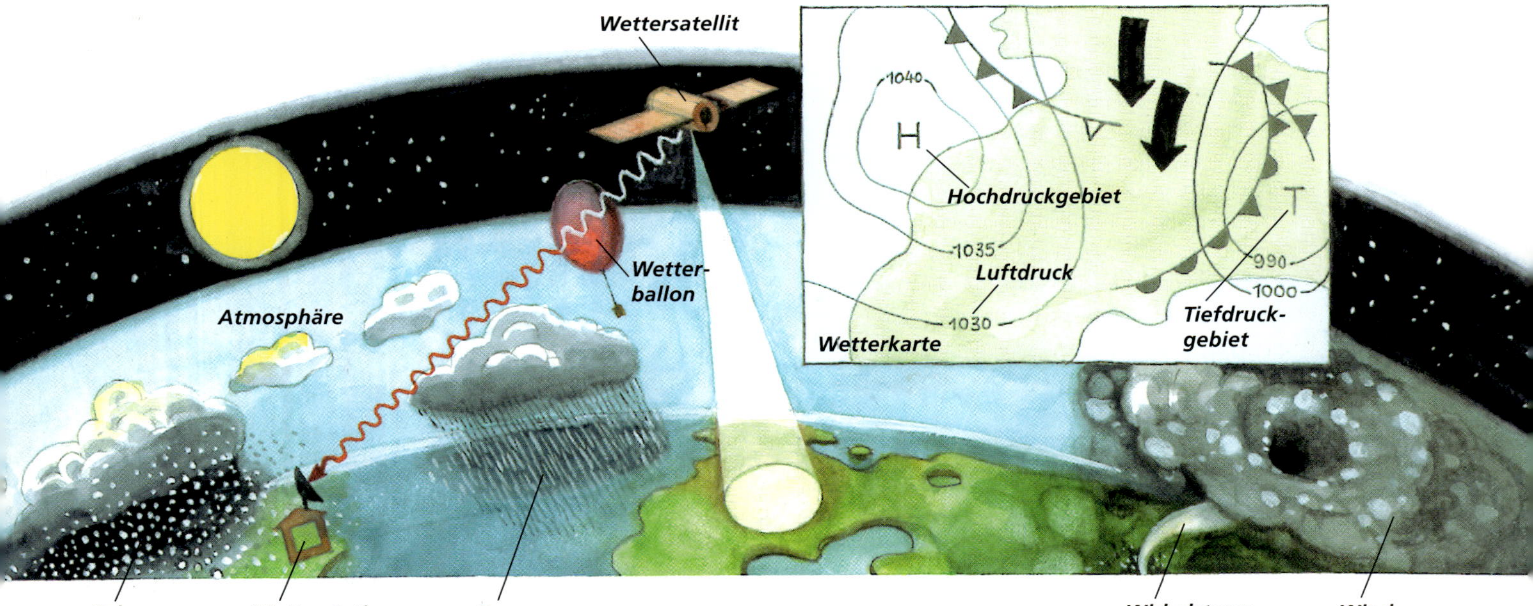

gewiesen. Man kann das Wetter aber nur für ein bis zwei Tage und auch nicht mit letzter Sicherheit voraussagen.
➜ Ballon, Barometer, Klima, Luft, Satellit

die Wiese

Auf einer Wiese wachsen viele verschiedene Gräser, Kräuter und Blumen. Häufig sieht man Löwenzahn, Hahnenfuß, Margeriten und Glockenblumen. Eine Wiese ist zugleich Lebensraum für zahlreiche Tiere: Schmetterlinge und Bienen, Fliegen, Käfer, Spinnen, Libellen, Mäuse und viele Vögel finden hier ihre Nahrung und ihr Versteck.
Wiesen spielen in der Landwirtschaft eine große Rolle: Sie werden regelmäßig gemäht. Die Bauern geben das geschnittene Gras dem Vieh als Grünfutter, oder sie lassen es trocknen und verfüttern es dann im Winter als Heu.
Viele Mähwiesen werden stark gedüngt, damit die Pflanzen schnell wachsen und man sie häufiger mähen kann. Dann verändert sich das Leben in der Wiese: Die Zahl der Blumen und Tiere nimmt ab. Viele empfindliche Wildblumen, wie zum Beispiel die Margerite, können den Dünger nicht vertragen. Und Tiere haben wegen des häufigen Wiesenschnitts nicht genug Zeit, um ihre Jungen großzuziehen. Wiesen, auf denen vom Frühling bis zum Herbst Kühe oder Pferde weiden, werden durch den Kot der Tiere täglich gedüngt. Das vertragen nur Löwenzahnpflanzen und Gras.
In Parks, Gärten und Sportanlagen wird eine Mischung aus verschiedenen Gräsern ausgesät. So entsteht eine künstliche Grünfläche, der Rasen.
➜ Dünger, Heu, Landwirtschaft, Löwenzahn

das Wiewort ➜ Adjektiv

das Wildschwein

Wildschweine leben in feuchten Laub- und Mischwäldern. In ihrem Lebensraum muss es sumpfige Stellen geben, denn sie suhlen sich gern im Schlamm. Erde und Staub schützen ihre Haut vor stechenden und beißenden Insekten.
Wildschweine halten sich tagsüber im Dickicht verborgen. Erst in der Abenddämmerung gehen sie auf Futtersuche. Mit ihrer kräftigen Rüsselschnauze durchwühlen sie den Boden nach Eicheln, Bucheckern, Pilzen, Wurzeln und Farnkraut. Aber auch Würmer, Frösche, Schlangen, Fische, Vogeleier, Jungvögel und Aas gehören zu ihrer Nahrung: Wildschweine sind Allesfresser.
Das männliche Wildschwein heißt Keiler; ihm wachsen mächtige Eckzähne, die so genannten Hauer. Das Weibchen, die Bache, bringt in einem Wurf 5 bis 6 Frischlinge zur Welt. Die Kleinen streifen mit der Mutter durch den Wald und werden von ihr beschützt. So einer Wildschweinkinderstube sollte man nicht zu nahe kommen, denn je jünger die Frischlinge sind, desto angriffslustiger ist die Mutter. Alle Hausschweine stammen vom Wildschwein ab.
➜ Aas, Wald

Igel beim Winterschlaf

der Wind

Wenn Luft sich bewegt, weht Wind. Zu solchen Luftströmen kommt es, weil warme Luft nach oben steigt. An ihre Stelle fließt sogleich schwere, kalte Luft nach. An der Küste kann man diesen Vorgang gut beobachten. Bei starkem Sonnenschein erwärmt sich die Luft über dem Land und steigt auf; vom Meer strömt kühlere Luft nach. So entsteht eine leichte Meeresbrise.
Winde werden nach der Himmelsrichtung benannt, aus der sie kommen: Westwind weht also von Westen nach Osten. Manche Winde haben besondere Namen. Föhn heißt zum Beispiel der warme Wind, der im Alpengebiet von den Bergen herabweht. Winde wehen verschieden stark. Ihre Geschwindigkeit wird in Windstärken gemessen. Besonders starker Wind ist ein Sturm. Die Kraft der bewegten Luft kann man nutzen. Früher wurde Windenergie von Windmühlen ausgenutzt. Heute baut man Windkraftwerke. Die Windkraft treibt Rotoren an, die elektrischen Strom erzeugen.
➜ Energie, Himmelsrichtung, Mühle, Sturm, Wetter

der Winterschlaf

Der Winter ist für viele Tiere eine schwierige Jahreszeit: Es ist oft bitterkalt, und es gibt nur wenig Nahrung. Manche Tiere verkriechen sich deshalb zu Beginn des Winters an eine geschützte Stelle und verschlafen die kalte Jahreszeit: Igel, Fledermaus, Siebenschläfer und Murmeltier sind Winterschläfer. Während dieser Zeit sinkt ihre Körpertemperatur auf 0 bis 5 °C ab, ihr Herz schlägt nur ein paarmal in der Minute, und sie atmen sehr langsam und flach. Sie zehren jetzt von der dicken Fettschicht, die sie sich im Sommer und Herbst angefressen haben. Andere Tiere wie das Eichhörnchen, der Hamster und der Bär halten nur eine Winterruhe. Auch sie schlafen viel, wachen aber ab und zu auf und verzehren ihre gesammelten Vorräte. Sie verändern ihre Körpertemperatur nicht. Wenn es dann im Frühjahr wärmer wird, kommen alle mager und hungrig wieder hervor und beginnen mit der Suche nach Futter. ➜ Jahreszeit

die Wirbelsäule

Die Wirbelsäule besteht aus zahlreichen einzelnen Knochen, den Wirbeln. Sie ist der Hauptträger unseres Skeletts. Beim Menschen und bei allen Wirbeltieren trägt sie den Kopf und stützt den Rumpf. Man nennt sie auch das Rückgrat unseres Körpers. Die Bandscheiben, die zwischen den Wirbeln liegen, federn Stöße ab und machen die Wirbelsäule biegsam. Die Wirbel bilden auch einen Kanal, in dem das empfindliche Rückenmark liegt. ➜ Knochen, Nerv, Skelett

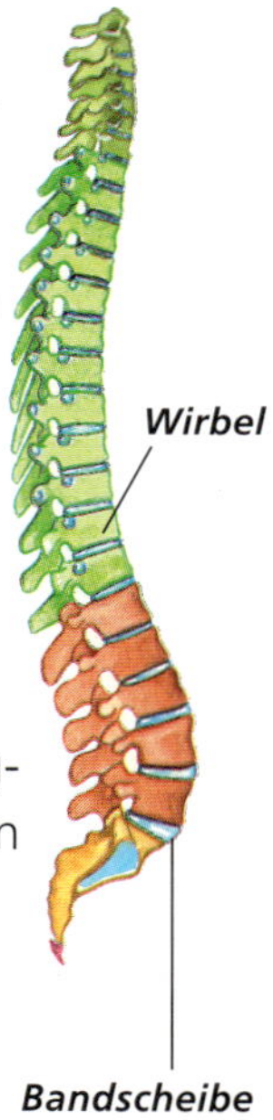

die Woche

Die Woche ist ein Zeitraum von 7 Tagen. Sie beginnt mit dem Montag und endet mit dem Sonntag. Kalender unterteilen jedes Jahr in 52 oder 53 Wochen. ➜ Jahr, Kalender, Tag, Zeit

der Wolf

Wölfe sehen aus wie große, schlanke Schäferhunde, aber ihre Stirn ist breiter, und ihre Ohren sind kürzer. Früher kamen sie auch in unseren Wäldern häufig vor, aber dort sind sie schon seit langem ausgerottet. In großer Zahl leben sie heute noch in den Waldgebieten Rußlands.

Wölfe sind Raubtiere, die ihre Beute hetzen. Sie leben die meiste Zeit in Rudeln zusammen und erbeuten bei der gemeinsamen Jagd auch große Tiere wie Wildschafe, Rehe, Hirsche und sogar Elche. Im Rudel herrscht eine strenge Rangordnung. An der Spitze steht das stärkste Tier, der Leitwolf. Wölfe gehen innerhalb des Rudels sehr freundlich miteinander um. Ein Zeichen für ihre Geselligkeit ist das berühmte Wolfsgeheul. Damit können sie sich auch über große Strecken hinweg verständigen.

Wölfe fliehen vor Menschen. Bei uns wurden sie getötet, weil sie Schafe und Rinder der Bauern überfielen und dadurch großen Schaden anrichteten. Alle Haushunde stammen vom Wolf ab. ➜ Hund, Rudel

die Wolke

Helle und dunkle Wolken ziehen über den Himmel; manche sehen sehr dicht und fest aus. Wolken bestehen aber nur aus ganz feinen, schwebenden Wassertröpfchen. Wenn sie sich in großer Höhe befinden, wo es sehr kalt ist, bestehen sie aus kleinen Eiskristallen.

Wolken bilden sich, wenn warme, feuchte Luft aufsteigt. Weil es in der Höhe kälter ist als am Boden, kühlt sich die Luft dort ab. Der Wasserdampf, den sie enthält, wird dann sichtbar: Es entstehen viele kleine Tröpfchen, die sich ansammeln und eine Wolke bilden.

Wolken haben sehr verschiedene Formen, die uns etwas über das künftige Wetter verraten können. Federwolken und Schäfchenwolken liegen sehr hoch und bestehen deshalb aus Eiskristallen. Sie kündigen meistens Wetterverschlechterung und Regen an. Dagegen werden Haufenwolken auch Schönwetterwolken genannt; ihre aufquellenden oberen Teile sehen aus wie ein Blumenkohl. Ballen sie sich allerdings zu einer großen Haufenwolke zusammen, dann bildet sich oft eine Art Wolkengebirge. Es ragt über 10 Kilometer hoch auf und bringt häufig Gewitter und Sturm. Manchmal reichen Wolken bis zum Boden, dann spricht man von Nebel. ➜ Nebel, Regen, Verdunstung, Wasser, Wetter

der Wolkenkratzer

Sehr hohe Hochhäuser, die scheinbar in den Himmel wachsen, heißen Wolkenkratzer. Die ersten entstanden vor über 100 Jahren in Amerika. Möglich wurden sie durch eine neue Bautechnik: Man errichtete zuerst ein Skelett aus Stahlträgern, das bis zum Dach hinaufreichte. Erst wenn dieses Gerüst stand, fing man an, Wände und Decken einzuziehen. Und es gab damals noch eine wichtige Erfindung: den elektrischen Aufzug. Ohne ihn wären keine Wolkenkratzer gebaut worden. Die amerikanische Stadt Chicago besaß den allerersten Wolkenkratzer. Heute steht das höchste Gebäude der Welt in Asien. Es sind Zwillingstürme in Kuala Lumpur, der Hauptstadt von Malaysia: Die Petronas Towers sind 452 Meter hoch.
➜ Turm

die Wolle

Aus den Fellhaaren verschiedener Tiere gewinnt man Wolle: Angoraziegen liefern sehr weiche, flauschige Wolle. Besonders weich ist die Wolle der Alpakakamele, während Schafswolle ganz unterschiedlich weich oder kräftig ist.
Ein- bis zweimal im Jahr werden die Tiere mit einer Schneidemaschine oder mit besonderen Scheren geschoren. Die Wollhaare werden gereinigt, gekämmt, gefärbt und zu Fäden gesponnen. Wolle kann viel Feuchtigkeit aufnehmen und gleicht Wärme und Kälte gut aus. Kleidung aus Wollstoffen hält deshalb warm, ohne dass man schwitzt.
➜ Kleidung, Textilie

das Wort

In unserer Sprache gibt es viele tausend verschiedene Wörter. Alle zusammen bilden unseren Wortschatz. Jedes Wort besteht aus Buchstaben und hat eine eigene Bedeutung. In einem Wörterbuch kann man die gebräuchlichsten Wörter finden, denn sie stehen dort nach dem Alphabet geordnet. Mehrere Wörter bilden einen Satz. Sie werden in verschiedene Wortarten eingeteilt, zum Beispiel Substantiv (Namenwort), Verb (Tuwort), Adjektiv (Wiewort) und Artikel (Begleiter).
Unser Wortschatz verändert sich ständig. Manche Wörter werden altmodisch und geraten in Vergessenheit. Für neue Dinge müssen andererseits immer wieder neue Wörter erfunden werden. So entstand beispielsweise mit der Entwicklung der entsprechenden Technik das Wort „Fernsehen“.
➜ Abc, Satz, Schrift, Sprache

das Wrack
In einem schweren Sturm kann ein Schiff sinken oder an einer felsigen Küste stranden. Solche schwer beschädigten oder gesunkenen Schiffe sind Wracks. Unzählige von ihnen liegen auf dem Meeresgrund, aber sie sind nicht leicht aufzuspüren. Taucher finden im Wrack eines jahrhundertealten Schiffes manchmal wertvolle Münzen und alte Vorratsgefäße. Auch ein Flugzeug, Auto oder sonstiges Fahrzeug, das verunglückt oder irgendwie unbrauchbar geworden ist, nennt man Wrack. ➜ Schiff, Taucher

der Würfel
Der Würfel ist ein Körper mit 6 gleich großen Flächen. Jede dieser Flächen ist ein Quadrat. Beim Würfelspiel benutzt man meistens Würfel aus Kunststoff oder Holz. Sie zeigen auf jeder ihrer Flächen eine bestimmte Punktzahl. Diese Punkte nennt man auch „Augen". Auf dem Würfel sind die Zahlen von 1 bis 6 so angeordnet, dass die Augenzahl auf zwei gegenüberliegende Seiten zusammen immer 7 ergibt. ➜ Quadrat

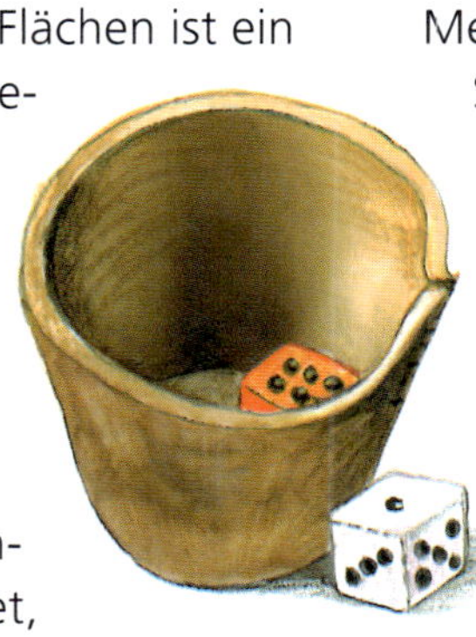

die Wurzel
Wurzeln sind die Teile der Pflanzen, die unter der Erde wachsen; mit ihnen halten sie sich im Boden fest. Durch die feinen Härchen an den Wurzelspitzen nehmen die Pflanzen Wasser und Nährstoffe auf. Ohne Wurzeln können sie nicht leben.
Verschiedene Pflanzen bilden ganz unterschiedliche Wurzeln. Der Löwenzahn hat zum Beispiel eine lange Pfahlwurzel, Rüben und Sellerie haben essbare Speicherwurzeln, und Birken oder Fichten bilden dicht unter der Erdoberfläche ein flaches, weitverzweigtes Wurzelgeflecht. Manche Pflanzen bilden zusätzlich Luftwurzeln aus, mit denen sie Feuchtigkeit aus der Luft aufnehmen können. ➜ Baum, Löwenzahn, Pflanze

Speicherwurzel

Pfahlwurzel

Flachwurzel

Luftwurzel

die Wüste
Wüsten sind Landschaften, in denen große Trockenheit herrscht. Deshalb wachsen dort kaum Pflanzen, und der Boden ist ungeschützt allen Wettereinflüssen ausgesetzt. Große Sanddünen wechseln mit Geröll- und Kiesflächen oder Felsen.
Tagsüber ist es in der Wüste sehr heiß und nachts sehr kalt. Wenn es einmal regnet, dann sind es heftige Wolkenbrüche. Innerhalb von ein paar Stunden stürzen riesige Wassermengen vom Himmel. Eine kurze Zeit lang wachsen und blühen dann Kräuter und Sträucher. Aber anschließend herrscht wieder jahrelange Dürre.
Menschen können nur an den wenigen Stellen leben, an denen es Wasser gibt: in den Oasen. Dort liegt das Grundwasser so dicht unter der Erdoberfläche, dass Pflanzen wie Dattelpalmen es mit ihren Wurzeln erreichen können. Dort gibt es auch Brunnen, und die Menschen können Felder bewässern und Nutzpflanzen anbauen.

Alle Pflanzen und Tiere, die in der Wüste leben, haben sich an die große Trockenheit angepasst. Viele dieser Pflanzen, etwa die Kakteen, haben eine dicke Lederhaut. Daher kann die Sonne sie nicht austrocknen. So haben auch die Tiere der Wüste gelernt, mit sehr wenig Wasser auszukommen. Die meisten, zum Beispiel der Wüstenfuchs und der Skorpion, sind nachts aktiv. So vermeiden sie die Hitze, die tagsüber herrscht, schwitzen nicht und verlieren dadurch keine Flüssigkeit.
Die größte Trockenwüste der Erde ist die heiße Sahara in Afrika. In den Polargebieten, wo es das ganze Jahr über sehr kalt ist, gibt es die Eiswüsten. Sie sind immer mit einer dicken Schnee- und Eisschicht bedeckt.
➜ Dromedar, Grundwasser, Kaktus, Kamel, Karawane

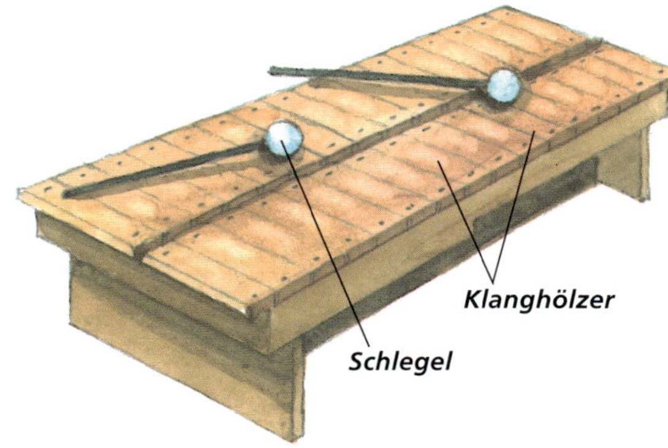

das Xylophon

Das Xylophon ist ein altes und in der ganzen Welt verbreitetes Schlaginstrument aus Holz. Auf einem Rahmen sind Klanghölzer in der Reihenfolge von Tonleitern befestigt. Je länger die Hölzer sind, desto tiefer sind die Töne. Ein Xylophon wird mit zwei Schlegeln

gespielt, die runde Köpfe aus Holz oder Filz haben. Einfache Instrumente haben nur eine Tonreihe; die großen Orchesterxylophone sind zweireihig. ➜ Musikinstrument

das Yoga

Yoga ist eine besondere Art des Trainings für Körper und Geist. Es stammt aus Indien und wird dort seit mehreren tausend Jahren ausgeübt. Bei uns werden Yogakurse angeboten, in denen man die verschiedenen Körperhaltungen und Atemübungen erlernt. Yoga ist für viele Menschen ein Mittel gegen Überanstrengung und Stress. Es hilft, sich besser zu konzentrieren und vor allem zu entspannen. ➜ Stress

die Zahl

Zum Zählen und Rechnen brauchen wir Zahlen. Sie werden durch bestimmte Zeichen dargestellt, die Ziffern: 0, 1, 2, 3, 4, 5, 6, 7, 8, 9. Diese 10 Zahlzeichen heißen arabische Ziffern. Mit ihnen können wir alle Zahlen schreiben, auch die allergrößten.
Die Zahl 10 besteht aus den beiden Ziffern 1 und 0; sie ist damit die kleinste zweistellige Zahl. Die größte ist 99, denn mit 100 beginnen die dreistelligen Zahlen.
Eine ganz besondere Zahl ist die 0. Für sich allein zählt sie nichts. Wenn man aber eine 0 an das Zahlenende anfügt, wird die Zahl dadurch zehnmal größer: 1 – 10 – 100 – 1000.
Bei den römischen Ziffern, die man noch auf Denkmälern und Uhren sieht, gibt es keine 0. Dadurch ist das Rechnen mit ihnen viel komplizierter. ➜ Mathematik

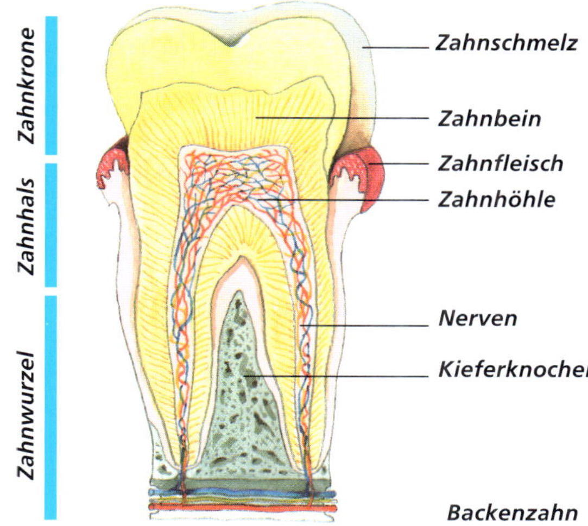

Backenzahn

der Zahn

Mit den Zähnen zerkleinern wir unsere Nahrung. Sie sind harte Gebilde, die im Ober- und Unterkiefer sitzen. Sie haben verschiedene Formen und Aufgaben. Die scharfen Schneidezähne eignen sich zum Abbeißen fester Nahrung. Die spitzen Eckzähne unterstützen sie dabei. Mit den breiten Backenzähnen wird das Essen zermahlen. Alle Zähne zusammen bilden das Gebiss.
Ähnliche Zahnformen haben alle Säugetiere. An ihren Zähnen kann man erkennen, wie Tiere sich ernähren: Fleischfresser haben scharfe, spitze Zähne, während die Zähne der Pflanzenfresser überwiegend breit und stumpf sind.
Beim Menschen wächst ab dem 6. Lebensmonat das Milchgebiss. Es ist noch unvollständig, denn es besteht aus nur 20 Milchzähnen. Ungefähr mit dem 6. Lebensjahr fallen sie aus und werden dann allmählich durch das bleibende Gebiss von 32 Zähnen ersetzt.
Jeder Zahn besteht aus der Zahnkrone, dem Zahnhals und der Zahnwurzel. Die Krone ist der sichtbare Teil, der von hartem Zahn-

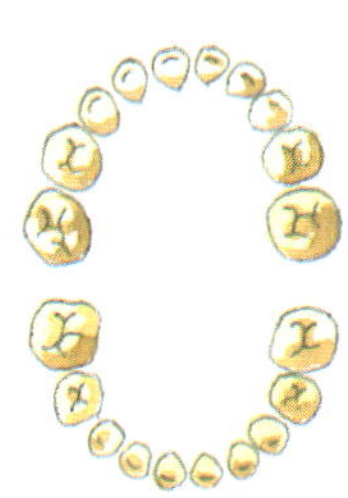

Milchgebiss

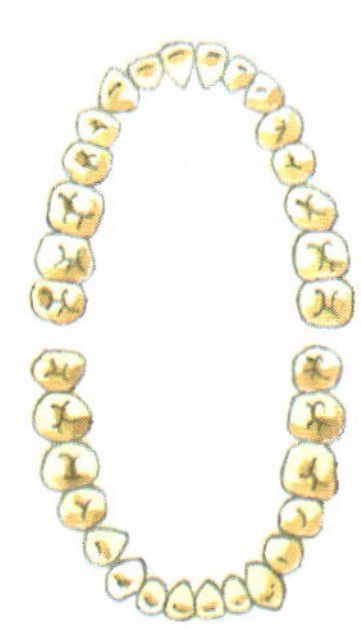

bleibendes Gebiss

schmelz überzogen ist. Der Zahnhals ist vom Zahnfleisch bedeckt, und die Wurzel ist fest im Kieferknochen verankert.
In den Zähnen liegen Nerven, was deutlich zu spüren ist, wenn man ein Loch im Zahn hat. In diesem Fall bleibt nur der Gang zum Zahnarzt. ➜ Nerv, Verdauung

der Zahnarzt

Der Zahnarzt behandelt Zahn-, Mund- und Kieferkrankheiten. Seine wichtigste Aufgabe besteht darin, unsere natürlichen Zähne zu erhalten. Falls es nötig ist, kann er sie durch künstliche Zähne ersetzen.
Die häufigste Erkrankung der Zähne ist die Zahnfäule oder Karies. Sie entsteht durch Bakterien, die sich in zurückgebliebenen Speiseresten entwickeln. Karies zerstört den schützenden Zahnschmelz, und der Zahn bekommt ein Loch. Es muss möglichst sofort vom Zahnarzt ausgebohrt werden, um die Karies vollständig zu entfernen. Der Zahnarzt füllt dann das Loch mit einer Plombe, die aus Metall, Kunststoff oder Porzellan besteht.
Für das Gesunderhalten der Zähne sind gründliche Zahnpflege und regelmäßige Besuche beim Zahnarzt notwendig. Er kann Zahnkrankheiten frühzeitig erkennen.
➜ Arzt, Bakterie, Beruf

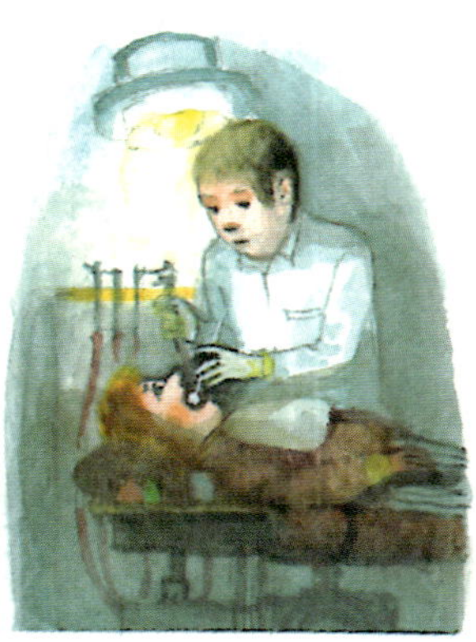

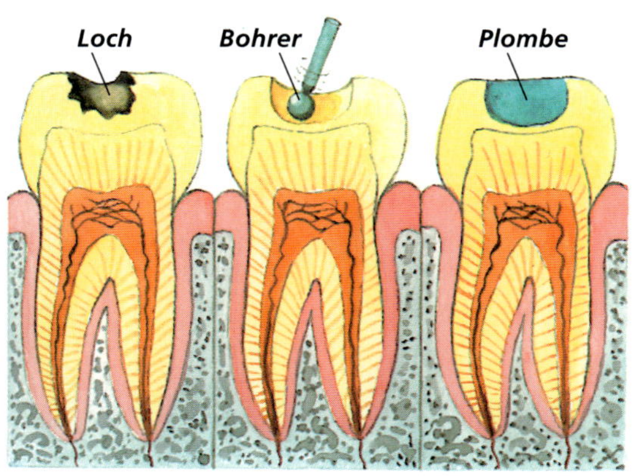

Kariesbehandlung

das Zahnrad

Zahnräder gehören in vielen Maschinen zu den wichtigsten Teilen. Sie übertragen Kräfte und Bewegungen.

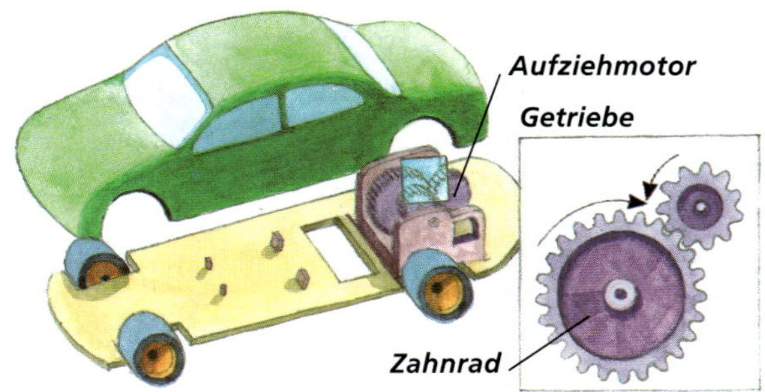

Ein Zahnrad ist ein Rad, dessen Rand mit Zähnen versehen ist. Die Zähne sind so angeordnet, dass sie in die Lücken eines zweiten Zahnrades eingreifen. Dreht sich nun das erste, dann wird seine Bewegung auf das zweite übertragen. So können zwei verschieden große Zahnräder eine Drehbewegung weitergeben und zugleich deren Geschwindigkeit verändern. Das große Zahnrad hat zum Beispiel doppelt so viele Zähne wie das kleine, mit dem es verbunden ist. Das große Rad dreht sich in die eine Richtung, das kleine in die entgegengesetzte. Und die Drehgeschwindigkeit des kleinen Zahnrads ist doppelt so schnell.
Solche Zahnräder gibt es zum Beispiel in Uhren und Autos. Man nennt die Verbindung verschiedener Zahnräder ein Getriebe. Beim Fahrrad greifen die Zahnräder nicht direkt ineinander. Die Kette überträgt die Umdrehung des großen auf das hintere, kleine Zahnrad. ➜ Fahrrad, Maschine, Rad

die Zange

Die Zange ist ein Werkzeug für viele Zwecke. Man kann mit ihr zum Beispiel einen Gegenstand greifen und festhalten, einen Nagel herausziehen und einen Draht biegen oder abschneiden. Jede Zange besteht aus zwei gekreuzten Schenkeln, die beweglich miteinander verbunden sind. Ihre längeren Hinterteile dienen als Griffe. Die kürzeren Vorderteile heißen Backen und bilden das Maul der Zange. ➜ Werkzeug

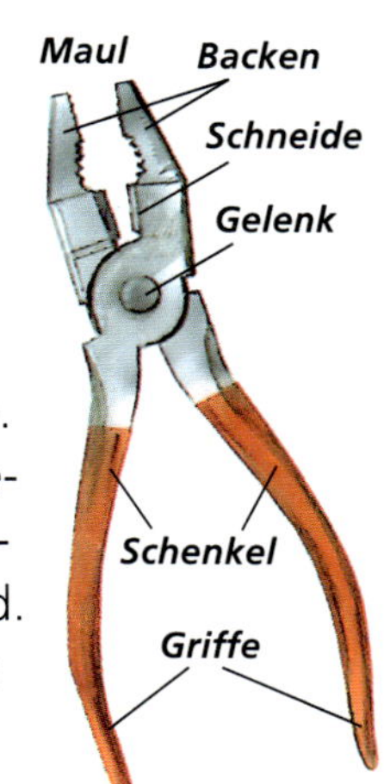

eine Kombizange

der Zaunkönig

Der Zaunkönig ist ein winziger, lebhafter Vogel. Sein Gefieder ist braun, und er hat einen kurzen, hochgestellten Schwanz. Sein kugelförmiges Nest baut er in Hecken und dichtem Gebüsch. Es dient nicht nur zum Brüten, sondern auch zum Schlafen, und bietet ihm Schutz bei Kälte und Regen. Er frisst hauptsächlich Insekten und manchmal auch Beeren und Samen.

Zaunkönige singen mit erstaunlich lauter Stimme und großer Ausdauer. Schnelle Tonreihen wechseln mit langsamen Flötenstrophen. Auch während der Paarungszeit spielt der Gesang eine wichtige Rolle: Mit weichen, einladenden Melodien lockt das Männchen das Weibchen zu dem Nest, das es für sie gebaut hat. ➜ Nest, Vogel

das Zebra

Zebras sind wilde Pferde, die nur in Afrika vorkommen. Sie leben in Herden, die von einem Leithengst angeführt werden. Ihr Fell trägt schwarze Streifen auf weißem Grund. Lange Zeit glaubte man, dass die schwarzweiße Musterung sie hauptsächlich vor Löwen schützen soll. In der flimmernden Luft der Steppe verschwimmen die gestreiften Zebras; daher können Löwen ein einzelnes Tier innerhalb der Herde schlecht erkennen. Heute vermutet man: Das Muster hält die Zebras auch vor Tsetsefliegen verborgen. Diese kleinen Plagegeister übertragen gefährliche Krankheiten. Zebras eignen sich nicht als Haustiere, denn sie lassen sich nur sehr schwer zähmen. ➜ Pferd, Steppe

der Zebrastreifen

Breite, weiße Streifen auf der dunklen Straßendecke erinnern an das Fell eines Zebras und heißen deshalb Zebrastreifen. Sie zeigen an, dass Fußgänger an dieser Stelle die Fahrbahn überqueren können. Auf dem Zebrastreifen haben Fußgänger Vorrang, und Autofahrer müssen anhalten. ➜ Signal

die Zecke

Zecken gehören zu den Spinnentieren. Fast alle Zeckenarten leben vom Blut anderer Tiere. Für Menschen hat der Holzbock Bedeutung, der auf Bäumen und Sträuchern lebt. Diese Zecken lassen sich auf Säugetiere oder Menschen fallen und bohren sich mit

der Zaunkönig

ihrem Rüssel in die Haut, um Blut zu saugen. Sie sind nur wenige Millimeter groß, haben aber einen Hinterleib, der sich bis zur Größe einer Bohne ausdehnen kann. Auf diese Weise können die Weibchen einen großen Nahrungsvorrat aufnehmen. Sie brauchen ihn, damit sie ihre Eier bilden können.

Zeckenweibchen auf der Lauer

Die Zecke hat sich mit Blut vollgesaugt

Zeckenbisse jucken stark. Da die Tiere gefährliche Krankheiten übertragen können, muss man sie so schnell wie möglich von einem Arzt aus der Haut entfernen lassen. Er dreht sie vorsichtig heraus, damit ihr Kopf nicht abbricht. Bleibt der Kopf stecken, kann er Entzündungen hervorrufen. ➜ Entzündung

die Zeit

Unaufhörlich vergeht die Zeit. Anhalten können wir sie nicht, aber wir können sie immerhin einteilen.

Als es noch keine Uhren gab, bestimmte man die Zeit vor allem nach dem Stand der Sonne. Die wichtigsten Einheiten der Zeit sind das Jahr und der Tag. Das Jahr ist die Zeitspanne, in der die Erde einmal um die Sonne kreist. Und es dauert genau einen Tag, bis sich die Erde einmal um sich selbst gedreht hat.

Durch die Entwicklung der Uhren konnte man die Zeit immer genauer messen. Der Tag wurde in 24 Stunden, die Stunde in 60 Minuten und die Minute in 60 Sekunden unterteilt. Im Kalender wird die Zeit in Tage, Wochen, Monate und Jahre eingeteilt und gezählt. Man musste auch festlegen, wann die Zählung der Jahre beginnt. Die Geburt von Jesus Christus wurde als Anfang unserer Zeitrechnung gewählt. Jahre, die vor diesem Zeitpunkt liegen, bekommen den Zusatz „vor Christus", abgekürzt „v. Chr." Am 1. Januar 2001 beginnt das 21. Jahrhundert nach Christus (n. Chr.). ➜ Jahr, Kalender, Tag, Uhr

die Zeitlupe

In Sportberichten des Fernsehens kommt es vor, dass Sportler sich plötzlich nur noch im Schneckentempo vorwärtsbewegen. Wir sehen dann eine Filmaufnahme in Zeitlupe. Dahinter steckt eine besondere Aufnahmetechnik. Man lässt die Filmkamera bei der Aufnahme viel schneller laufen als gewöhnlich. Sie nimmt dann viel mehr Bilder auf als bei normaler Geschwindigkeit. Läuft der Film nun beim Abspielen mit der normalen Geschwindigkeit von 25 Bildern je Sekunde, dann dauert die Wiedergabe der vielen Bilder länger. Die Folge ist: Wir sehen kurze Vorgänge zeitlich gedehnt. In der Zeitlupenaufnahme kann man zum Beispiel deutlicher erkennen, ob ein Fußballspieler sich unfair verhalten hat oder nicht.

Das Gegenteil der Zeitlupe ist Zeitraffer. Hier macht die Kamera in regelmäßigen Abständen immer nur ein Bild, etwa nur einmal in jeder Stunde. Später führt uns der Film dann das Wachsen und Aufblühen einer Blume, das in Wirklichkeit tagelang dauert, innerhalb weniger Sekunden vor. ➜ Fernsehen

die Zeitung

Zeitungen berichten über Ereignisse, die um uns herum, in unserem Land und in der Welt geschehen. Die meisten Tageszeitungen erscheinen täglich außer sonntags. Wochenzeitungen kommen einmal wöchentlich heraus.

Zeitungsleser werden ausführlich und über zahlreiche Themen informiert. Beim Durchblättern findet man Nachrichten über Politik, Sport, Mode, Technik, Theater, Umwelt und vieles mehr. Die wichtigsten Meldungen werden auf die Titelseiten gesetzt und durch Schlagzeilen mit besonders dicker Schrift

hervorgehoben. Neben den Artikeln sieht man Fotos, die Schauplätze wichtiger Ereignisse zeigen. Oft sind auch Personen abgebildet, von denen die Rede ist.
Redakteure sind für den Inhalt der Zeitung verantwortlich. Sie wählen Nachrichten aus und schreiben auch Artikel, in denen sie ihre Meinung vortragen. Diese Artikel heißen Kommentare.
Wichtig für jede Zeitung ist der Anzeigenteil, in dem Firmen für ihre Erzeugnisse werben. Außerdem werden dort Geburten, Hochzeiten und Todesfälle bekanntgegeben. Und auch Wohnungen, Grundstücke und Autos werden dort angeboten oder gesucht. Alle diese Anzeigen müssen bezahlt werden. Sie bringen der Zeitung Geld. Nur dadurch ist es möglich, den Kaufpreis für die Zeitung niedrig zu halten.
Spätabends und nachts werden Zeitungen in großen Druckmaschinen gedruckt. Sie sollen ihre Leser schon früh am Morgen erreichen. ➜ Information, Journalist, Politik, Reportage, Werbung

das Zeitwort ➜ Verb

die Zelle

Alle Lebewesen sind aus vielen einzelnen Teilen aufgebaut. Die kleinsten dieser Einzelteile sind die Zellen. Unser Körper setzt sich aus Milliarden unterschiedlicher Zellen zusammen, zum Beispiel aus Muskelzellen, Riechzellen und Blutzellen. Sie übernehmen ganz verschiedene Aufgaben: Muskelzellen bauen unsere Muskeln auf; Riechzellen der Nase lassen uns Gerüche wahrnehmen, Blutzellen bringen Sauerstoff in alle Teile unseres Körpers.
Alle Zellen sind winzig. Aber durch Vergrößerung unter einem starken Mikroskop kann man ihren Aufbau sichtbar machen: Jede hat einen Zellkern, einen Zellkörper und eine Zellhaut. Der Kern enthält den Bauplan für die Zelle. Die Zellhaut ist dünn und durchlässig. Hier findet der Stoffwechsel der Zelle statt: Nähr- und Aufbaustoffe und Sauerstoff gelangen hinein, verbrauchte und überflüssige Stoffe treten wieder heraus.
Zellen vermehren sich ständig. Das geschieht durch Teilung. Zuerst verdoppelt sich der Zellkern und teilt sich. Dann schnürt sich der Zellkörper in der Mitte immer enger zusammen, bis auch er sich geteilt hat. Aus einer Zelle sind auf diese Weise zwei genau gleiche Tochterzellen entstanden.
➜ Mikroskop, Sauerstoff, Schwangerschaft

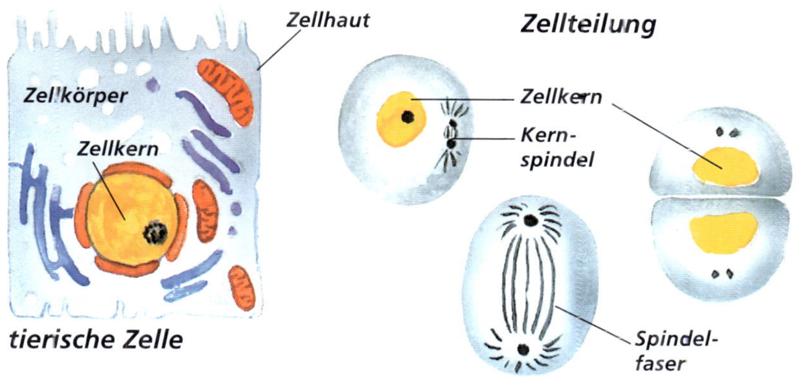

der Zement

Zement ist ein Baustoff, den man aus Kalkstein und Ton herstellt. Er ist ein feingemahlenes graues Pulver, das erhärtet, wenn man es mit Wasser mischt. Bringt man Zement mit Sand, Kies und Wasser zusammen, dann erhält man Mörtel oder Beton. Mit Mörtel werden beim Bauen die Steine miteinander verbunden. ➜ Beton, Maurer

der Zentimeter

Der Zentimeter ist ein Längenmaß. Abgekürzt wird es mit „cm". 100 Zentimeter ergeben zusammen 1 Meter. Ein Zentimeter lässt sich in 10 Millimeter unterteilen. Ein Zentimetermaß ist ein Band, mit dem man Längen misst. Es ist in Zentimeter und Millimeter eingeteilt. Dieselbe Einteilung findet man auf einem Lineal. ➜ Meter, Skala

der Zeuge

Ein Zeuge ist, wer selbst etwas beobachtet oder miterlebt hat. Auf der Straße kann man zum Beispiel Zeuge eines Unfalls werden. Die Polizei muss feststellen, wie der Unfall passiert ist. Dabei ist oft die Mithilfe von

Zeugen nötig. Der Zeuge wird von der Polizei über alles befragt, was ihm aufgefallen ist. Manchmal wird er auch vor Gericht geladen und muss dort seine Aussage wiederholen. Der Richter entscheidet dann, wer an dem Unfall schuld war.
Bestimmte Handlungen haben nur Gültigkeit, wenn Zeugen dabei sind. Auf dem Standesamt müssen bei der Trauung eines Hochzeitspaares zwei Trauzeugen anwesend sein. ➜ Gericht, Hochzeit

die Ziffer ➜ Zahl

die Zinsen ➜ Bank

der Zirkel

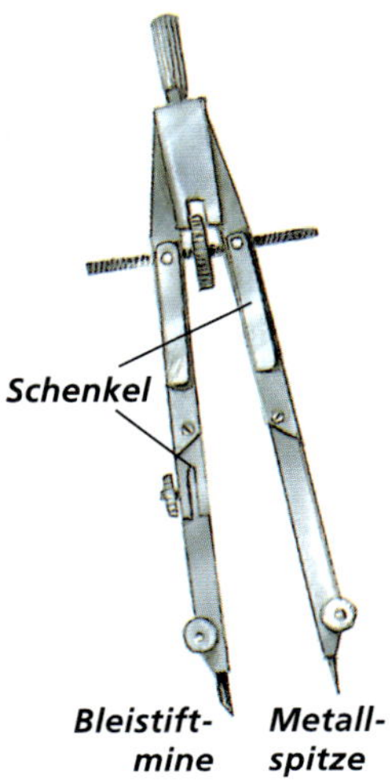

Wer einen wirklich runden Kreis zeichnen will, braucht einen Zirkel. Er besteht aus zwei Schenkeln, die beweglich miteinander verbunden sind. Am Ende des einen Schenkels ist eine Metallspitze. Sie sticht man dort ins Papier, wo der Mittelpunkt des Kreises sein soll. Am Ende des anderen Schenkels befindet sich meistens eine Bleistiftmine. Wenn man den Zirkel dreht, zeichnet sie die Kreislinie aufs Papier.
➜ Kreis

der Zirkus

Wenn ein Zirkus in eine Stadt kommt, wird zuerst auf einem großen Platz das Zirkuszelt aufgeschlagen. Drumherum entsteht eine kleine Zirkusstadt. Man sieht Wohnwagen, in denen die Zirkusleute leben, und viele Gerätewagen, außerdem Anhänger mit Käfigen für die Zirkustiere.
Nach ein paar Tagen ist alles vorbereitet. Mitten unter der hohen Zirkuskuppel liegt die kreisrunde Manege, in der die Artisten auftreten. Die Zuschauer sitzen in aufsteigenden Bankreihen um die Manege herum. Ein Orchester hat seinen Platz über dem Eingang zur Manege. Es eröffnet die Vorstellung mit lauter Musik. Bald wirbeln Akrobaten über den Boden und führen Turnübungen und andere Kunststücke vor. Seiltänzer und Trapezkünstler sind Luftakrobaten. Das Trapez ist eine Turnstange, die wie eine Schaukel hoch an der Zeltdecke aufgehängt ist. Waghalsige Darbietungen am Trapez verlangen viel körperliche Gewandtheit und Kraft. Jongleure, Zauberer und Kunstreiter treten auf. Bei Tierdressuren erscheint oft ein Dompteur mit Tigern und Löwen. Clowns

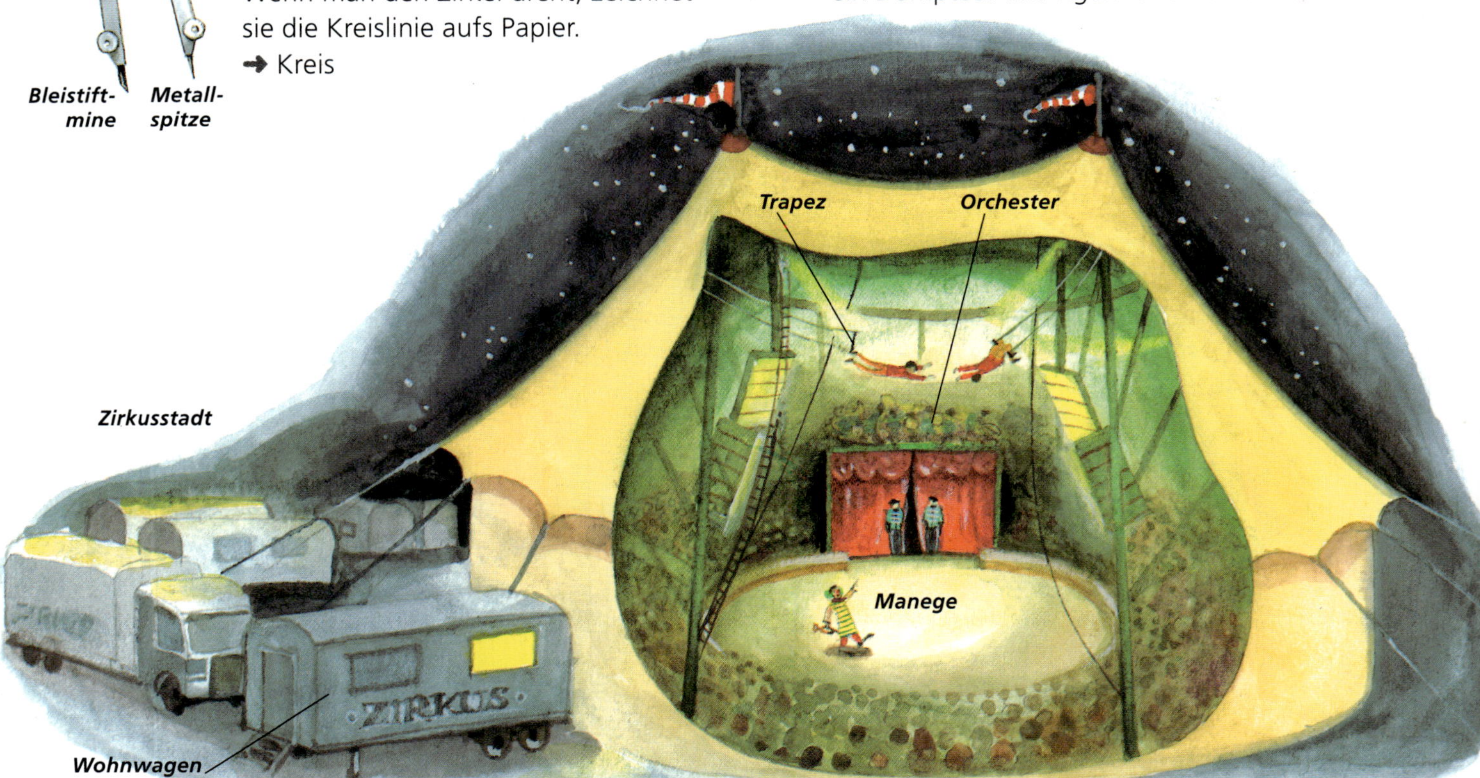

dürfen in keiner Vorstellung fehlen, denn Zirkusbesucher wollen auch lachen.
Einige Tage später verlässt der Zirkus die Stadt und zieht zur nächsten weiter. Neben solchen Wanderzirkussen gibt es in manchen Großstädten auch feste Zirkushäuser, in denen fast das ganze Jahr über Artisten auftreten. ➜ Clown, Jongleur, Orchester

der Zoo

In einem zoologischen Garten, kurz Zoo genannt, hält man Tiere aus aller Welt. Zoobesucher sehen einheimische und fremdländische Tiere, die in Käfigen, Gehegen und Freianlagen ausgestellt sind.
Viele Tiere leiden unter der Gefangenschaft. Heute versucht man deshalb, möglichst viele von ihnen in artgerechter Umgebung unterzubringen. In Freigehegen bildet man Landschaften nach, in denen die Tiere ähnlich wie in ihren gewohnten Lebensräumen leben können.
Zootiere werden von Tierpflegern und Tierärzten versorgt. Wissenschaftler nutzen die Möglichkeit, im Zoo das Leben bestimmter Tierarten näher zu erforschen. Einige Tiere, die in ihrer Heimat vom Aussterben bedroht sind, wurden in Zoos erfolgreich gepflegt und nachgezüchtet. Weil sich ein Zoo oft auf einem großen parkähnlichen Gelände befindet, nennt man ihn auch Tierpark.
➜ Tierarzt, Tierschutz

der Zucker

Mit Zucker süßen wir viele Speisen und Getränke. In warmen Ländern stellt man ihn aus Zuckerrohr her; das ist ein sehr hohes schilfartiges Gras. Bei uns wird Zucker aus der Zuckerrübe gewonnen. Die Rüben werden zerschnitten, mit Wasser vermischt und lange gekocht. Dabei entsteht ein dunkler, dickflüssiger Sirup. Er wird gereinigt und noch stärker eingedickt: So wird aus dem Sirup hellbrauner Rohzucker. Nach einer weiteren Reinigung ist der Zucker dann ganz weiß und körnig wie Sand. Er löst sich leicht in Wasser und hat außer seiner Süßkraft keinen Eigengeschmack mehr. Daher enthalten die meisten Süßigkeiten einen großen Anteil Zucker und eine kleine Menge Geschmacksstoffe.
➜ Ernährung, Kristall

das Zuckerfest

Das Zuckerfest ist für alle Muslime ein großes Ereignis. Mit ihm feiert man das Ende des Fastenmonats Ramadan. Einen Monat lang haben Muslime vom Morgen bis zum Abend gefastet: Sie haben weder Essen noch Trinken zu sich genommen. Nur in der Nacht darf gegessen und getrunken werden.
Der frühe Morgen des ersten Festtages beginnt mit einem Gottesdienst in der Moschee. Anschließend isst die Familie wieder das erste gemeinsame Frühstück. Kinder bekommen an diesem Tag kleine Geschenke und viele Süßigkeiten, und auch die Erwachsenen essen viel Süßes. Alle drei Festtage heißen deshalb das Zuckerfest. ➜ Gottesdienst, Moschee, Muslim

der Zugvogel

Zugvögel fliegen fort, bevor die kalte Jahreszeit kommt. Sie haben das Frühjahr und den Sommer bei uns verbracht und hier auch ihre Jungen ausgebrütet und großgezogen. Sie müssen die nördlichen Länder verlassen, weil sie hier im Winter nicht genug Nahrung finden.

Die meisten Zugvögel fliegen in großen Schwärmen nach Süden. Oft halten sie dabei eine bestimmte Flugordnung ein: Ein Schwarm von Graugänsen oder Kranichen bildet die Form eines Pfeils. Allein fliegen nur wenige Zugvögel, zum Beispiel der Kuckuck.

Manchen Vogelarten ist es im Süden Europas warm genug. Viele andere ziehen weiter bis nach Afrika; hierzu gehören Störche und Rauchschwalben. Während ihres Zuges legen die kleineren Singvögel viele Pausen ein, um auszuruhen und Futter zu suchen. Die größeren fliegen dagegen weite Strecken ohne Unterbrechung.

Die Fähigkeit, den richtigen Weg zu finden, ist den Zugvögeln angeboren. Junge Störche ziehen fast immer früher los als ihre Eltern, trotzdem finden sie zielsicher das vorgesehene Winterquartier.

Vögel wie Amseln und Spatzen bleiben das ganze Jahr über bei uns. Wir nennen sie deshalb Standvögel. ➜ Jahreszeit, Vogel

die Zunge

Die Zunge des Menschen ist etwa 10 Zentimeter lang. Sie ist ein sehr bewegliches Organ, das starke Muskeln hat. Wir brauchen sie beim Kauen und Schlucken und beim Sprechen. Viele Tiere, darunter alle Säugetiere, haben eine Zunge, denn sie hilft auch beim Saugen der Muttermilch.

Die Zunge ist zugleich ein Sinnesorgan: Wir schmecken mit ihr. Auf ihrer Oberfläche sitzen winzige Knötchen, die so genannten Geschmacksknospen; sie enthalten die empfindlichen Sinneszellen. Verschiedene Bereiche der Zunge sind für die vier Geschmacksrichtungen zuständig: Süß schmeckt man an der Zungenspitze, salzig am vorderen Zungenrand, sauer dahinter, und erst ganz hinten auf der Zunge nehmen wir bitteren Geschmack wahr. ➜ Säugetier, Sinnesorgan, Zelle

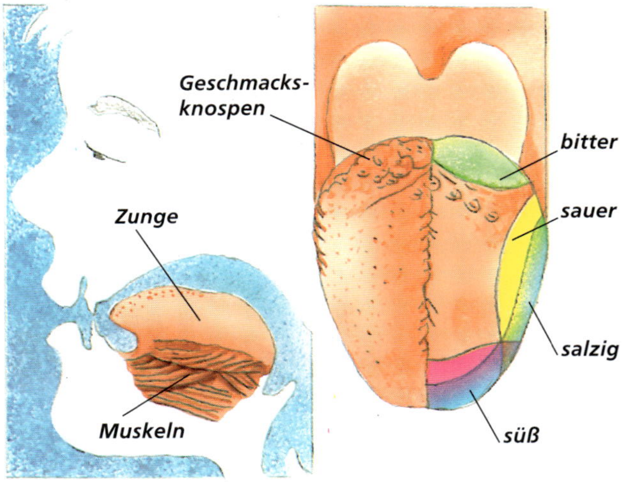

der Zwerg

Viele alte Sagen und Märchen erzählen von Zwergen. Manchmal werden sie auch Wichtel oder Gnome genannt. Sie sind kleine zauberkundige Erdgeister und haben ihr Reich in unterirdischen Gängen und Höhlen. Dort hüten die Zwerge Schätze, die im Erdinnern zu finden sind: alle Arten von Erz, vor allem aber Gold, Silber und Edelsteine. Durch ihre genaue Kenntnis der Metalle sind sie Meister in der Schmiedekunst. Zwerge besitzen oft eine Tarnkappe und können sich unsichtbar machen. Sie gelten als weise und helfen guten Menschen. ➜ Märchen, Sage

die Zwiebel

Alle Liliengewächse wie Tulpen und Narzissen wachsen aus einer Zwiebel heraus. Sie steckt in der Erde und hat an ihrem unteren Ende kurze, aber kräftige Wurzeln. Rund um ein senkrechtes Blatt in ihrem Innern stehen dicke, fleischige Schalen und bilden die typische Zwiebelform. Sie dienen der Pflanze als Speicher für Nährstoffe. Die harte, braune Blatthülle schützt die Zwiebel vor Austrocknung und Verletzungen. Die Zwiebel ist auch für die Fortpflanzung wichtig: Sie bildet kleine Brutzwiebeln,aus denen eine neue Pflanze heranwächst.
Die Speisezwiebel gehört zu den Lauchgewächsen. Durch ihren scharfen Geschmack ist sie ein wichtiges Würzmittel. ➜ Gemüse, Krokus, Tulpe, Wurzel

der Zwilling

Zwillinge wachsen heran, wenn sich zwei befruchtete Eizellen gleichzeitig in der Gebärmutter entwickeln. Sie werden kurz hintereinander geboren. Bei Menschen kommt dieses Ereignis nur selten vor, während sehr viele Tiere regelmäßig mehr als ein Junges gebären.
Es gibt eineiige und zweieiige Zwillinge. Eineiige Zwillinge stammen aus einer einzigen Eizelle. Hier hat sich die Eizelle schon bald nach ihrer Befruchtung in zwei Hälften geteilt. Beide Hälften haben sich in der Gebärmutterwand eingenistet und sind zu zwei Babys herangewachsen. Eineiige Zwillinge haben immer das gleiche Geschlecht und sehen genau gleich aus.
Zweieiige Zwillinge entstehen, wenn zwei Eizellen befruchtet werden und sich in der Gebärmutter gleichzeitig entwickeln. Sie kommen am gleichen Tag zur Welt, können aber, wie normale Geschwister, sehr verschieden aussehen. Das eine Kind kann ein Junge sein und das andere ein Mädchen.
➜ Befruchtung, Schwangerschaft, Zelle

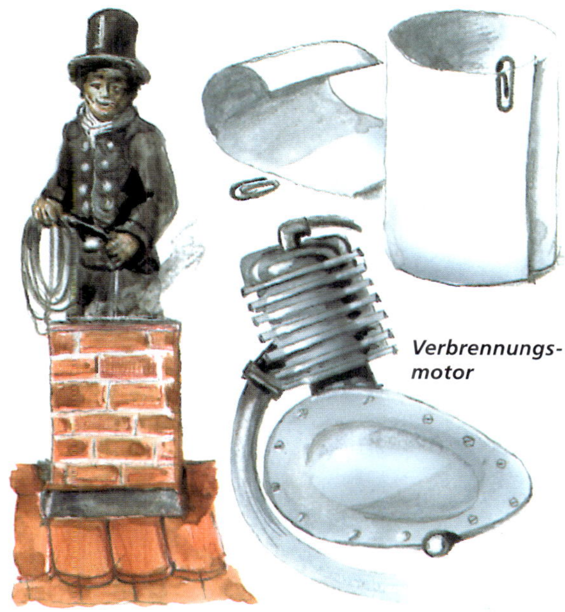

verschiedene Zylinder

der Zylinder

Wenn du ein Blatt Papier zusammenrollst und oben und unten einen kreisrunden Deckel ansetzt, entsteht ein geometrischer Körper: ein Zylinder. Dieselbe Form haben metallene Zylinder, die Bestandteil von Dampfmaschinen und Verbrennungsmotoren sind. In den Zylindern eines Automotors bewegen sich Kolben hin und her.
Von anderer Art ist der Zylinder, den manche Herren bei feierlichen Anlässen auf dem Kopf tragen. Da handelt es sich um einen hohen, steifen und meistens schwarzen Hut. Früher wurde er oft getragen, heute sieht man ihn selten. Der Zylinder gehört zur Berufstracht der Schornsteinfeger. ➜ Motor, Pumpe, Tracht

Dieses Buch wurde auf chlorfrei gebleichtem und säurefreiem Papier gedruckt.

Der Text dieses Buches entspricht den Regeln der neuen deutschen Rechtschreibung.

ISBN 3 8068 7349 6

Umschlaggestaltung: Peter Udo Pinzer
Zeichnungen auf Umschlagvorder- und -rückseite: Wolfgang Freitag, München, und Gerd Ohnesorge, Halle
Zeichnungen: Wolfgang Freitag, München, und Gerd Ohnesorge, Halle
Layout: Horst Bachmann
Lektorat und Bildredaktion: Andreas Hoffmann M. A., Punktum Verlags-Service, Bayreuth
Wissenschaftliche Beratung: Dr. Henning Unglaube, Hünstetten
Herstellung: Ulrich Klein

Gesamtkonzeption: FALKEN Verlag, D-65527 Niedernhausen/Ts.

817 2635 4453 6271